Käte Tischendorf (Hg.)

Goethes Mutter
In ihren Briefen und in den Erzählungen der
Bettina Brentano

Geschichten, Briefe, Bilder

D1664127

SE𝐕ERUS

Tischendorf, Käte (Hg.): Goethes Mutter. In ihren
Briefen und in den Erzählungen der Bettina Brentano.
Geschichten, Briefe, Bilder
Hamburg, SEVERUS Verlag 2012
Nachdruck der Originalausgabe von 1915

ISBN: 978-3-86347-251-1
Druck: SEVERUS Verlag, Hamburg, 2012

Der SEVERUS Verlag ist ein Imprint der Diplomica
Verlag GmbH.

**Bibliografische Information der Deutschen
Nationalbibliothek:**
Die Deutsche Nationalbibliothek verzeichnet diese
Publikation in der Deutschen Nationalbibliografie;
detaillierte bibliografische Daten sind im Internet über
http://dnb.d-nb.de abrufbar.

Frau Aja

Goethes Mutter

in ihren Briefen
und in den Erzählungen der
Bettina Brentano

Herausgegeben von Käte Tischendorf
Mit Zeichnungen von J. Bergmann

SEVERUS

Ich freue mich des Lebens, weil noch das Lämpchen glüht — suche keine Dornen — hasche die kleinen Freuden — sind die Türen niedrig, so bücke ich mich — kann ich den Stein aus dem Wege thun, so thue ichs, ist er zu schwer, so gehe ich um ihn herum — und so finde ich alle Tage etwas, das mich freut — und der Schlußstein, der Glaube an Gott, der macht mein Herz froh und mein Angesicht fröhlich — ich weiß, daß es mir und den Meinen gut geht — und daß die Blätter nicht einmal verwelken, geschweige der Stamm.

Inhalt

	Seite
Bettina Brentano	5
Goethe an Bettina und deren Antwort	7
Goethes Mutter bis zur Berufung ihres Sohnes nach Weimar	11
Goethes Mutter in ihren Briefen	33
Goethes Mutter reist nach Darmstadt	315
Goethes Mutter in ihren letzten Lebensjahren	345

Das neben dem Titel angeheftete Junkersche Bildnis der Frau Rat ist die Wiedergabe einer großen Gravüre der Gesellschaft zur Verbreitung klassischer Kunst, Berlin SW. 48

Bettina Brentano

Bettina, des Dichters Clemens Brentano jüngere Schwe=
ster, ist am 4. April 1785 zu Frankfurt am Main geboren.
Ihre Eltern waren der aus Oberitalien eingewanderte Kauf=
mann Pietro Antonio Brentano und dessen zweite Frau,
Maximiliane, des jungen Goethe „schöne Maxe“, die so
früh sterben mußte. Auch von der Mutter ihrer Mutter, die
einst Wielands Braut gewesen, bevor sie als Frau Sophie von
La Roche eine vielgelesene Schriftstellerin wurde, hatte Bet=
tina die frühe und treue Neigung zu Goethe geerbt, die
mehr schwärmende und verstehende als leidenschaftliche und
begehrende Liebe war, und die durch einen lebhaften Ver=
kehr mit seiner Mutter immer neue Nahrung fand.

Ihn selber sah sie zuerst im Frühjahr 1807 zu Weimar,
dann im Herbst desselben Jahres, sowie 1810 und 1811,
zuletzt 1824, als sie ihm ihren Entwurf zu dem Denkmal
überbrachte, das seine Freunde ihm in der Vaterstadt er=
richten wollten.

„Deine Briefe“, schreibt er ihr im Mai 1810 vor seiner
Abreise nach Karlsbad, „wandern mit mir und sollen mir
dort dein freundliches, liebevolles Bild vergegenwärtigen.
Mehr sage ich nicht, denn eigentlich kann man dir nichts
geben, weil du dir alles entweder schaffst oder nimmst.“
Brieflich erzählt sie Goethe das Märchen seiner Kindheit, wie
sie es seiner Mutter abgelauscht und dann doch auch selber
gestaltet hat. Denn es war ihrer Natur gemäß, was sie

5

hörte und erlebte über seine äußere Wirklichkeit hinaus gestaltend seiner inneren Wahrheit entgegenzuführen, es zu dem werden zu lassen, was es hätte sein sollen.

Im Jahre 1811 vermählte sich die südländisch dunkle Bettina Brentano mit dem blonden preußischen Edelmann, dem Dichter Achim von Arnim.

Vier Jahre nach dem Tode ihres Mannes, drei Jahre nach Goethes Tode, erschien 1835 das unsterbliche ihrer Bücher: „Goethes Briefwechsel mit einem Kinde." Acht Jahre später ließ sie „Dies Buch gehört dem König" erscheinen. Diesen beiden Büchern sowie Goethes „Aristeia der Mutter" sind die hier wiedergegebenen Erzählungen von Goethes Mutter entnommen.

Verkehr mit Menschen und lebhaftes Betreiben einer bedeutenden Angelegenheit blieb ihr zeitlebens Bedürfnis und stets trat sie, ein unerschrockener Anwalt aller Unterdrückten und Unglücklichen, persönlich und mit der Feder für das ein, was sie als recht erkannt hatte, an allen großen Fragen ihrer Zeit tätigen Anteil nehmend.

Aber nichts Schöneres ist über sie gesagt worden als dieses: „Sie brachte Licht in die Menschen und machte sie froh und zutraulich." — Am 20. Januar 1859 ist sie gestorben.

Bettina von Arnim
geb. Brentano

Der einundsechzigjährige Goethe an die fünfundzwanzigjährige Bettina Brentano

Weimar, den 25. Oktober 1810

Nun bin ich, liebe Bettine, wieder in Weimar ansässig und hätte dir schon lange für deine lieben Blätter danken sollen, die mir alle nach und nach zugekommen sind besonders für dein Andenken vom 27ten August. Anstatt nun also dir zu sagen wie es mir geht, wovon nicht viel zu sagen ist; so bringe ich eine freundliche Bitte an dich. Da du doch nicht aufhören wirst, mir gern zu schreiben, und ich nicht aufhören werde, dich gern zu lesen, so könntest du mir noch nebenher einen großen Gefallen tun. Ich will dir nämlich bekennen, daß ich im Begriff bin, meine Bekenntnisse zu schreiben, daraus mag nun ein Roman oder eine Geschichte werden, das läßt sich nicht voraussehen; aber in jedem Fall bedarf ich deiner Beihülfe. Meine gute Mutter ist abgeschieden und so manche andre, die mir das Vergangne wieder hervorrufen könnten, das ich vergessen habe. Nun hast du eine schöne Zeit mit der teuren Mutter gelebt, hast ihre Märchen und Anekdoten wiederholt vernommen und trägst und hegst alles im frischen, belebenden Gedächtnis. Setze dich also nur gleich hin und schreibe nieder, was sich auf mich und die Meinigen bezieht und du wirst mich dadurch sehr erfreuen und verbinden. Schicke von Zeit zu Zeit etwas und sprich mir dabei von dir und deiner Umgebung. Liebe mich bis zum Wiedersehen.

Bettinens Antwort

Frankfurt am Main, den 4. November 1810.

Du hast doch immer eine Ursache mir zu schreiben, ich hab' aber nichts behalten, noch in Betracht gezogen, als nur das Ende: „Liebe mich bis zum Wiedersehen". Hättest Du diese letzten Worte nicht hingesetzt, so hätt' ich vielleicht noch Rücksicht genommen auf das Vorhergehende; diese einzige Freundlichkeit hat mich überschwemmt, hat mich gefangen gehalten in tausend süßen Gedanken von gestern Abend an bis wieder heut Abend. Aus dem allen kannst Du schließen, daß mir Dein Brief ungefähr vor vierundzwanzig Stunden frische Luft ins Zimmer gebracht hat. Nun war ich aber seit=

dem wie ein Dachs, dem die Winterwelt zu schlecht ist, und habe mich in den warmen Boden meiner eigenen Gedanken vergraben. Was Du verlangst, hat für mich immer den Wert, daß ich es der Gabe würdig achte; ich gebe daher die Nahrung, das Leben zweier reger Jahre gern in Dein Gewahrsam, es ist wenig in Bezug auf viel, aber unendlich, weil es einzig ist. Nun erst, wenn alles begriffen ist, kann das Etwas seinen vollen Wert erweisen, und somit begreiffst Du mich, wenn ich Dir erzähle, daß das Wochenbett Deiner Mutter, worin sie Dich zur Welt brachte, blaugewürfelte Vorhänge hatte. Sie war damals achtzehn Jahre alt und ein Jahr verheiratet. . . .

Siehst Du, nun bist Du einmal geboren, nun kann ich schon immer ein wenig pausieren, nun bist Du einmal da, ein jeder Augenblick ist mir lieb genug, um dabei zu verweilen, ich mag den zweiten nicht herbeirufen, daß er mich vom ersten verdränge.

Goethes Mutter
bis zur Berufung ihres Sohnes
nach Weimar

Goethes Elternhaus
vor dem Umbau

Bettina Brentano erzählt Goethe von seiner Mutter

Dein Großvater (mütterlicherseits, der Stadtschultheiß Johann Wolfgang Textor in Frankfurt am Main) war ein Träumender und Traumdeuter, es ward ihm vieles über seine Familie durch Träume offenbar, einmal sagte er einen großen Brand, dann die unvermutete Ankunft des Kaisers voraus; dieses war zwar nicht beachtet worden, doch hatte es sich in der Stadt verbreitet und erregte allgemeines Staunen, da es eintraf.

Heimlich vertraute er seiner Frau, er habe geträumt, daß einer der Schöffen ihm sehr verbindlicher Weise seinen Platz angeboten habe; nicht lange darauf starb dieser am Schlag, seine Stelle wurde durch die goldene Kugel Deinem Großvater zu Teil.

Als der Schultheiß gestorben war, wurde noch in später Nacht durch den Ratsdiener auf den anderen Morgen eine außerordentliche Ratsversammlung angezeigt, das Licht in seiner Laterne war abgebrannt, da rief der Großvater aus seinem Bette: „Gebt ihm ein neues Licht, denn der Mann hat ja doch die Mühe bloß für mich!" Kein Mensch hatte diese Worte beachtet, er selbst äußerte am andern Morgen nichts und schien es vergessen zu haben, seine älteste Tochter (Deine Mutter) hatte sichs gemerkt und hatte einen festen Glauben dran; wie nun der Vater ins Rathaus gegangen war, steckte sie sich nach ihrer eignen Aussage in einen unmenschlichen Staat, und frisierte sich bis an den Himmel. In dieser Pracht setzte sie sich mit einem Buch in der Hand im Lehnsessel ans Fenster. Mutter und Schwester glaubten, die Schwester Prinzeß (so wurde sie wegen ihrer Abscheu vor häuslicher Arbeit und Liebe zur Kleiderpracht und zum Lesen genannt) sei närrisch, sie aber versicherte ihnen, sie würden bald hinter die Bettvorhänge kriechen, wenn die Ratsherrn kommen würden, ihnen wegen dem Vater, der heute zum Syndikus erwählt werde, zu gratulieren. Da nun die Schwestern sie noch wegen ihrer Leichtgläubigkeit verlachten, sah sie vom hohen Sitz am Fenster den Vater im

11

stattlichen Gefolge vieler Ratsherren daher kommen. „Versteckt euch," rief sie, „dort kommt er und alle Ratsherren mit." Keine wollt es glauben, bis eine nach der andern den unfrisierten Kopf zum Fenster hinaus steckte und die feierliche Prozeßion daherschreiten sah, liefen alle davon und ließen die Prinzeß allein im Zimmer um sie zu empfangen.

Deine Großmutter kam einst nach Mitternacht in die Schlafstube der Töchter und blieb da bis am Morgen, weil ihr etwas begegnet war, was sie vor Angst sich nicht zu sagen getraute. Am andern Morgen erzählte sie, daß etwas im Zimmer geraschelt habe wie Papier; in der Meinung das Fenster sei offen und der Wind jage die Papiere von des Vaters Schreibpult im anstoßenden Studierzimmer umher, sei sie aufgestanden, aber die Fenster seien geschlossen gewesen. Da sie wieder im Bett lag, rauschte es immer näher und näher heran mit ängstlichem Zusammenknittern von Papier, endlich seufzte es tief auf, und noch einmal dicht an ihrem Angesicht, daß es sie kalt anwehte, darauf ist sie vor Angst zu den Kindern gelaufen; kurz hiernach ließ sich ein Fremder melden. Da dieser nun auf die Hausfrau zuging und ein ganz zerknittertes Papier ihr darreichte, wandelte sie eine Ohnmacht an. Ein Freund von ihr, der in jener Nacht seinen herannahenden Tod gespürt, hatte nach Papier verlangt, um der Freundin in einer wichtigen Angelegenheit zu schreiben, aber noch ehe er fertig war, hatte er, vom Todeskrampf ergriffen, das Papier gepackt, zerknittert und damit auf der Bettdecke hin und her gefahren, endlich zweimal tief aufgeseufzt und dann war er verschieden . . .

Diese Traumgabe schien auf die eine Schwester fortgeerbt zu haben, denn gleich nach Deines Großvaters Tod, da man in Verlegenheit war das Testament zu finden, träumte ihr, es sei zwischen zwei Brettchen im Pult des Vaters zu finden, die durch ein geheimes Schloß verbunden waren; man untersuchte den Pult und fand alles richtig. Deine Mutter aber hatte das Talent nicht, sie meinte, es komme von ihrer heitern forgelofen Stimmung und ihrer großen Zuverficht zu allem Guten, grade dies mag wohl ihre prophetifche Gabe gewefen fein, denn fie fagte felbft, daß fie in diefer Beziehung fich nie getäufcht habe.

Ihr heiterer, humorvoller Sinn war es auch, der Katharina Elifabeth über das gar einförmige Leben hinweghalf, das der Syndikus Textor trotz feiner hohen Würde daheim führte. Mit fehr einfacher Schulbildung und ohne rechte Anregung von außen hatte Elifabeth doch früh Neigung zu Lektüre und reflektierenden Gedanken bei allem, was vorfiel. Ihre eifrige Befchäftigung mit religiöfen Problemen war die Veranlaffung, daß fie als junges Mädchen fich einem Kreife anfchloß, den Bettina fie felber in ihrem Frankfurter Dialekt ergötzlich fchildern läßt:

Goethes Mutter erzählt aus ihren Mädchenjahren
Aus Bettina von Arnim geb. Brentano, „Dies Buch gehört dem König".

Die Sekte, die hier in meiner liebe Stadt Frankfurt wie die Gretel im Bufch aufgeblüht war mitten im Luxus von den Reifröcken, Paniers, Andrieng, eu de Paris, Fontangen, Merluchen und wie die bizarre Modenamen all zu nennen beliebt werden, die war nach Art der Quäker; man durfte keine Schminke tragen und nichts von titulierten Kleidungsftücken. Zufammenkünfte wurden gehalten, darin wurd gefungen und gebetet in einer fchläfrig näfelnde Weis, worüber ich meine Ungeduld kaum bezwingen konnt, auch Infpirationen, vorab gingen die immer darauf aus, wie das Verhältnis vom Himmelsregiment wär. Mir wollt darüber nichts einleuchten, ich mußt fchweigen, wenn die andern ihr ungereimt Zeug vorbrachten, das war mir unangenehm.

Einmal waren wir über Land gefahren, um in einem Landwirtshaus eine Zufammenkunft zu haben, es war im Frühjahr; bis wir all uns verfammelt hatten und in einer Reih dem Tor hinaus gefahren, hatte fich die Zeit verlaufen. Wir rechneten auf den Mondfchein, der kam fehr bald und beleuchtet uns das Ziel unferer Reife. Das war eine lange

eiserne Stang, die sich ausstreckte vom ersten Stock am Wirts=
haus, woran der Schild hing. Wenn der Wind ging, so
bambelt das Schild hin und her. Wir fahren über einen
großen Anger im Abendwind, wir sehen in dem im Mond=
schein verscheidenden Tagslicht etwas Weißes schweben, was
sich von dem schwankenden Schild durchaus nicht entfernen
will. Die Wagen halten still, um ihre Bemerkungen zu
machen, wer rät nicht auf den heiligen Geist? Doller
Verwunderung, daß wir endlich einmal mit leiblichen Augen
etwas sehen könne, was der Einbildungskraft zu Hilf kommt,
fahren wir auf besagten heiligen Geist los, den wir da um
das Wirtshausschild herum schwindeln sehn. Wir fahren in
einem Bogen um das große Wiesegeländ herum auf eine Brück
zu, so daß wir den heilige Geist am Schild immer im Auge
behalte. Alleweil kommt eine Wolk die den Mond verbirgt;
sowie er durchpassiert ist, sehn wir auch den heilige Geist
wieder, und hören einen gewaltigen Tusch von Pauken und
Trompeten blasen, er schwingt sich hinauf aufs Bierschild, als
wollt er von dem volle schäumende Becher, der drauf gemalt
war, nippen. Wer denkt da nicht an dem Appelles seine
gemalte reife Trauben, nach denen die Vögel auch so lüstern
waren, daß sie mit ihre krumme Schnäbel ihm habe die
gemalte Leinewand durchgepickt? — Doch im Näherrücken
will uns die Phantasie nicht mehr so herzlich dienen. Wir
wolten gar zweiflen, wir leiden Anfechtung an unserm
Glauben, der Teufel spiegelt uns vor als wärs eine Nacht=
müh, keiner mags dem andern bekenne. Ja wie toll, sich
einzubilden, eine Nachtmüh könnt da an der lange Stang
vorne am Haken hängen und herumschwippe bald unten bald
oben über dem gemalte Bierglas. Dummer Lügen braucht der
Teufel sich nicht zu bedienen, um einem aus dem Port des
Glaubens, in den man glücklich eingelaufen war, wieder
hinaus zu stoßen auf das stürmende Meer des Unglaubens!
Es war aber doch eine Nachtmüh: ein vor Freude trunkner
Bräutigam, der da seine Hochzeit feierte mit einem schöne

14

Bauerndirndel, der hatte im Übermut seine Nachtmütz hinaus-
geschwungen, und dort blieb sie zum Wahrzeichen hängen
einer plaisirlichen Hochzeitsnacht, und die Musikanten haben
die ganze Nacht da Schelmeliedercher musiziert, und so oft
der Wind die Mütze herumdrehte, so haben sie Tusch geblasen,
und der Wirt meint sie sollt hängen bleiben bei Wind und
Wetter bis übers Jahr. Von unserer Vision war die Red
nicht mehr, wir wurden wegen unserer schlichten Kleidung
gleich recht herzlich eingeladen, und tanzten die ganze Nacht
durch in einer gemischten Gesellschaft mit den lustigen Hoch-
zeitsgästen herum. Unsere Andacht war auseinander geflogen
wie Spreu und von dem Datum an hat die Brüderschaft ein
stillschweigend End genommen ...

Um das muntere Mädchen bewarb sich der rund zwanzig Jahre
ältere kaiserliche Rat J o h a n n C a s p a r G o e t h e. Elisabeth
brachte dem schönen, in guten Verhältnissen lebenden Mann zwar
keine bestimmte Neigung entgegen, aber sie fügte sich gern dem
Wunsche des Vaters. Eine wirkliche Leidenschaft will sie nur
einmal empfunden haben und zwar noch als halbes Kind für den
Kaiser Karl VII.; diese seltsam ergreifende Geschichte erzählte sie
erst in ihren letzten Lebensjahren, sie ist im letzten Abschnitt dieses
Buches mitgeteilt.

In der jungen Ehe hielt Rat Goethe, lehrhafter Natur, wie er
war, seine junge Frau zum fleißigen Schreiben sowie zum Klavier-
spiel und Singen an; auch lernte sie notdürftig das Italienische.

Achtzehnjährig, nach einjähriger Ehe, gebar die Frau Rat am
28. August 1749 ihren Sohn Johann Wolfgang. Er würde wohl
ewig jung bleiben, sagte sie später einmal, und sein Herz würde
wohl nie erkalten, da er die Jugend seiner Mutter mit im
Kauf habe.

Bettina Brentano erzählt Goethe von seiner Mutter

Drei Tage bedachtest Du Dich, eh Du ans Weltlicht
kamst und machtest der Mutter schwere Stunden. Aus Zorn,
daß Dich die Not aus dem eingebornen Wohnort trieb, und
durch die Mißhandlung der Amme kamst Du ganz schwarz

und ohne Lebenszeichen. Sie legten Dich in einen sogenannten Fleischarden und bäheten Dir die Herzgrube mit Wein, ganz an Deinem Leben verzweifelnd. Deine Großmutter stand hinter dem Bett; als Du zuerst die Augen aufschlugst, rief sie hervor: R ä t i n , e r l e b t ! „Da erwachte mein mütter= liches Herz und lebte seitdem in fortwährender Begeisterung bis zu dieser Stunde!" sagte sie mir in ihrem fünfund= siebzigsten Jahre.

Dein Großvater, der der Stadt ein herrlicher Bürger und damals Syndikus war, wendete stets Zufall und Unfall zum Wohl der Stadt an, und so wurde auch Deine schwere Geburt die Veranlassung, daß man einen Geburtshelfer für die Armen einsetzte. „Schon in der Wiege war er den Menschen eine Wohltat", sagte die Mutter, sie legte Dich an ihre Brust, allein Du warst nicht zum Saugen zu bringen, da wurde Dir eine Amme gegeben. „An dieser hat er mit rechtem Appetit und Behagen getrunken; da es sich nun fand, sagte sie, daß ich keine Milch hatte, so merkten wir bald, daß er gescheuter gewesen war wie wir alle, da er nicht an mir trinken wollte."

Bettina Brentano über den kleinen Goethe nach den Erzählungen seiner Mutter

Aus Goethes Briefwechsel mit einem Kinde.

Von seiner Kindheit: wie er schon mit neun Wochen ängstliche Träume gehabt, wie Großmutter und Großvater, Mutter und Vater und die Amme um seine Wiege gestanden und lauschten, welche heftige Bewegungen sich in seinen Mienen zeigten, und wenn er erwachte, in ein sehr betrübtes Weinen verfallen, oft auch sehr heftig geschrien hat, sodaß ihm der Atem entging und die Eltern für sein Leben besorgt waren. Sie schafften eine Klingel an; wenn sie merkten, daß er im Schlaf unruhig ward, klingelten und rasselten sie heftig, damit er beim Aufwachen gleich den Traum vergessen möge. Einmal hatte der Vater ihn auf dem Arm und ließ ihn in den Mond sehen, da fiel er plötzlich wie von etwas erschüttert

16

zurück, und geriet so außer sich, daß ihm der Vater Luft ein=
blasen mußte, damit er nicht ersticke. — „Diese kleinen Zufälle
würde ich in einem Zeitraum von sechzig Jahren vergessen
haben," sagte die Mutter, „wenn nicht sein fortwährendes
Leben mir dies alles geheiligt hätte; denn soll ich die Vor=
sehung nicht anbeten, wenn ich bedenke, daß ein Leben damals
von einem Lufthauch abhing, das sich jetzt in tausend Herzen
befestigt hat?" . . .

Als Wolfgang gehen lernen sollte, und man der jungen
Frau riet, das Kind zu führen und zu stützen, dachte sie sich:
Man muß das Kind locken und nicht führen und muß
ihm alles wegnehmen, woran es sichs lernt nicht auf den
eignen Beinen zu stehn. Und wie nun das Kind auf einmal
ohne alle Hilf mit einer großen Courage auf freiem Fuß
dem Vater zwischen die Bein gelaufen ist, mit einem freudigen
schallenden Gelächter, da hat sein Vater auch gelacht, obschon
es ihm ans Herz gegriffen hat. — Und die Mutter ward
ganz rot und ging beiseit, um keinen nicht in ihr Gesicht
gucken zu lassen, denn sie schämte sich über die Gefühle, die
sie bei der kleinen Naturbegebenheit bestürmten . . .

Er spielte nicht gern mit kleinen Kindern, sie mußten
denn sehr schön sein. In einer Gesellschaft fing er plötzlich
an zu weinen und schrie: „Das schwarze Kind soll hinaus,
das kann ich nicht leiden," er hörte auch nicht auf mit Weinen
bis er nach Haus kam, wo ihn die Mutter befragte über
die Unart; er konnte sich nicht trösten über des Kindes häß=
lichkeit. Damals war er drei Jahr alt . . .

Zu der kleinen Schwester Cornelia (die fünfzehn Monate später
geboren war) hatte er, da sie noch in der Wiege lag, schon die
zärtlichste Zuneigung, er trug ihr alles zu und wollte sie
allein nähren und pflegen, und war eifersüchtig, wenn man
sie aus der Wiege nahm, in der er sie beherrschte, da war
sein Zorn nicht zu bändigen, er war überhaupt viel mehr
zum Zürnen wie zum Weinen zu bringen.

Die Küche im Haus ging auf die Straße. An einem

Sonntag Morgen, da alles in der Kirche war, geriet der kleine Wolfgang hinein, und warf alles Geschirr nach einander zum Fenster hinaus, weil ihn das Rappeln freute und die Nachbarn, die es ergötzte, ihn dazu aufmunterten; die Mutter, die aus der Kirche kam, war sehr erstaunt, die Schüsseln alle herausfliegen zu sehen, da war er eben fertig und lachte so herzlich mit den Leuten auf der Straße, und die Mutter lachte mit.

Bettina Brentano erzählt Goethe von seiner Mutter

Von Deinem Vater erzählte sie auch viel Schönes; er selbst war ein schöner Mann, sie heiratete ihn ohne bestimmte Neigung, sie wußte ihn auf mancherlei Weise zum Vorteil der Kinder zu lenken, denen er mit einer gewissen Strenge im Lernen zusetzte, doch muß er auch sehr freundlich gegen Dich gewesen sein, da er stundenlang mit Dir von zukünftigen Reisen sprach und Dir Deine Zukunft so glanzvoll wie möglich ausmalte . . .

Die Mutter glaubte auch sich einen Anteil an Deiner Darstellungsgabe zuschreiben zu dürfen, „denn einmal,“ sagte sie, „konnte ich nicht ermüden zu erzählen, so wie er nicht ermüdete zuzuhören; Luft, Feuer, Wasser und Erde stellte ich ihm unter schönen Prinzessinnen vor, und alles was in der ganzen Natur vorging, dem ergab sich eine Bedeutung, an die ich bald selbst fester glaubte als meine Zuhörer, und da wir uns erst zwischen den Gestirnen Straßen dachten, und daß wir einst Sterne bewohnen würden, und welchen großen Geistern wir da oben begegnen würden, da war kein Mensch so eifrig auf die Stunde des Erzählens mit den Kindern wie ich, ja ich war im höchsten Grad begierig unsere kleinen ein= gebildeten Erzählungen weiter zu führen, und eine Einladung, die mich um einen solchen Abend brachte, war mir immer verdrießlich. Da saß ich, und da verschlang er mich bald mit seinen großen schwarzen Augen, und wenn das Schicksal irgend

eines Lieblings nicht recht nach seinem Sinn ging, da sah ich
wie die Zornader an der Stirn schwoll und wie er die Tränen
verbiß. Manchmal griff er ein und sagte noch eh ich meine
Wendung genommen hatte: „Nicht wahr, Mutter, die Prinzessin heiratet nicht den verdammten Schneider, wenn er auch
den Riesen totschlägt;" wenn ich nun halt machte und die
Katastrophe auf den nächsten Abend verschob, so konnte ich
sicher sein, daß er bis dahin alles zurecht gerückt hatte, und
so ward mir denn meine Einbildungskraft, wo sie nicht mehr
zureichte, häufig durch die seine ersetzt. Wenn ich denn am
nächsten Abend die Schicksalsfäden nach seiner Angabe weiter
lenkte und sagte: „Du hasts geraten, so ists gekommen," da
war er Feuer und Flamme, und man konnte sein Herzchen
unter der Halskrause schlagen sehen. Der Großmutter, die im
Hinterhause wohnte und deren Liebling er war, vertraute er
nun allemal seine Ansichten, wie es mit der Erzählung wohl
noch werde, und von dieser erfuhr ich, wie ich seinen Wünschen
gemäß weiter im Text kommen solle, und so war ein geheimes
diplomatisches Treiben zwischen uns, das keiner an den anderen verriet; so hatte ich die Satisfaktion zum Genuß und
Erstaunen der Zuhörenden, meine Märchen vorzutragen, und
der Wolfgang, ohne je sich als den Urheber aller merk-
würdigen Ereignisse zu bekennen, saß mit glühenden Augen
der Erfüllung seiner kühn angelegten Pläne entgegen und
begrüßte das Ausmalen derselben mit enthusiastischem Beifall.
Diese schönen Abende, durch die sich der Ruhm meiner Er-
zählungskunst bald verbreitete, sodaß endlich alt und jung
daran teil nahm, sind mir eine sehr erquickliche Erinnerung.
Das Welttheater war nicht so reichhaltig, obschon es die Quelle
war zu immer neuen Erfindungen, es tat durch seine grausen-
hafte Wirklichkeit, die alles Fabelhafte überstieg, fürs erste
der Märchenwelt Abbruch. Das war das Erdbeben von Lis-
sabon; alle Zeitungen waren davon erfüllt, alle Menschen
argumentierten in wunderlicher Verwirrung, kurz, es war
ein Weltereignis, das bis in die entferntesten Gegenden alle

herzen erschütterte; der kleine Wolfgang, der damals im siebenten Jahr war, hatte keine Ruhe mehr; das brausende Meer, das in einem Nu alle Schiffe niederschluckte und dann hinaufstieg am Ufer, um den ungeheuern königlichen Palast zu verschlingen, die hohen Türme, die zuvörderst unter dem Schutt der kleinern Häuser begraben wurden, die Flammen, die überall aus den Ruinen heraus, endlich zusammenschlagen und ein großes Feuermeer verbreiten, während eine Schar von Teufeln aus der Erde hervorsteigt, um allen bösen Unfug an den Unglücklichen auszuüben, die von vielen tausend zu Grunde Gegangnen noch übrig waren, machten ihm einen ungeheuren Eindruck. Jeden Abend enthielt die Zeitung neue Mär, bestimmtere Erzählungen, in den Kirchen hielt man Bußpredigten, der Papst schrieb ein allgemeines Fasten aus, in den katholischen Kirchen waren Requiem für die vom Erdbeben Verschlungenen. Betrachtungen aller Art wurden in Gegenwart der Kinder vielseitig besprochen, die Bibel wurde aufgeschlagen, Gründe für und wider behauptet, dies alles beschäftigte den Wolfgang tiefer als einer ahnen konnte, und er machte am Ende eine Auslegung davon, die alle an Weisheit übertraf. Nachdem er mit dem Großvater aus einer Predigt kam, in welcher die Weisheit des Schöpfers gleichsam gegen die betroffne Menschheit verteidigt wurde und der Vater ihn fragte, wie er die Predigt verstanden habe, sagte er: „Am Ende mag alles noch viel einfacher sein als der Prediger meint, Gott wird wohl wissen, daß der unsterblichen Seele durch böses Schicksal kein Schaden geschehen kann."

Eine andere große Kinderherrlichkeit bildete das Puppentheater, das die Großmutter geschenkt hatte. Ein zuerst durch einen Freund des Hauses vorgeführtes Spiel von David und Goliath ließ Wolfgang keine Ruhe, bis er das Büchlein mit dem Stück heimlich entwendet, das Spiel auswendig gelernt und mit selbst gebildeten Wachsfiguren der Mutter voragiert hatte. Erfreut über sein gutes Gedächtnis, überließ ihm seitdem die Mutter die Leitung des Theaters selbst; viele, viele Jahre später, als sie die Schilderung dieser Begebenheiten im Wilhelm Meister las,

Arbeitszimmer des jungen
Goethe im Dachgeschoß des
Elternhauses

erinnerte sie sich mit großer Freude an das rege Treiben oben im Hause, wenn die Vorbereitungen zur Aufführung begannen.

Nach dem Tode der Großmutter 1754 begann Rat Goethe mit Umsicht und Bedacht einen Umbau seines Hauses, der manche Änderung in das bisher sehr abgeschlossene Leben der Familie brachte.

Von einem großen Hausbau, den Dein Vater unternahm, erzählte die Mutter auch und wie sie Dich da als junges Kind oft mit großen Sorgen habe auf den Gerüsten herumklettern sehen. Als der Bau beendigt war, der euer altes rumpeliges Haus mit Windeltreppen und ungleichen Etagen in eine schöne anmutige Wohnung umschuf, in denen wertvolle Kunstgegenstände mit Geschmack die Zimmer verzierten, da richtete der Vater mit großer Umständlichkeit eine Bibliothek ein, bei der auch Du beschäftigt wurdest.

Über Deines Vaters Leidenschaft zum Reisen erzählte die Mutter sehr viel; seine Zimmer waren mit Landkarten, Plänen von großen Städten behängt, und während Du die Reisebeschreibung vorlasest, spazierte er mit dem Finger darauf herum um jeden Punkt aufzusuchen. Dies sagte weder Deiner Ungeduld noch dem eilfertigen Temperament der Mutter zu, ihr sehntet euch nach Hindernissen solcher langweiligen Winterabende, die denn endlich auch durch die Einquartierung eines französischen Kommandanten in die Prachtstuben völlig unterbrochen wurden; hierdurch war nichts gebessert, der Vater war nicht zu trösten, daß seine kaum eingerichtete Wohnung, die ihm so manches Opfer gekostet hatte, der Einquartierung preisgegeben war: daraus erwuchs mancherlei Not, die Deine Mutter trefflich auszugleichen verstand.

Nach der Besetzung Frankfurts durch die Franzosen am 2. Januar 1759 mußte der „gut Fritzisch" gesinnte Rat Goethe den französischen Kommandanten, den „Königsleutnant" Grafen

22

Thoranc für ein paar Jahre ins Quartier nehmen, einen feinen, rücksichtsvollen Herrn, der über manche Unart gütig hinwegsah. Denn der Rat verbarg seine Empörung über die Preisgabe der kaum fertigen Prachtstuben nicht. Dasselbe Jahr brachte zu solchen Unruhen noch Trauer ins Haus. Ein Brüderchen Wolfgangs starb.

Sonderbar fiel es der Mutter auf, daß er bei dem Tod seines jüngeren Bruders Jakob, der sein Spielkamerad war, keine Träne vergoß, er schien vielmehr eine Art Ärger über die Klagen der Eltern und Geschwister zu haben; da die Mutter nun später den Trotzigen fragte, ob er den Bruder nicht lieb gehabt habe, lief er in seine Kammer, brachte unter dem Bett hervor eine Menge Papiere, die mit Lektionen und Geschichten beschrieben waren, er sagte ihr, daß er dies alles gemacht habe um es dem Bruder zu lehren. —

Die Vorliebe der Mutter für die Bibel, deren genaue Kenntnis ihre vielen Zitate daraus beweisen, hatte der junge Wolfgang geerbt, für den die heilige Schrift in diesen frühen Jahren des Aufnehmens und Lernens im Mittelpunkt stand. Auch ihre Begeisterung für Klopstock begann er zu teilen, während der Vater als Verächter reimloser Dichtung sich so ablehnend dagegen verhielt, daß Frau Rat den ihr vom Freund des Hauses, Rat Schneider, zugesteckten Messias hinter ihres Mannes Rücken lesen mußte. Die Kinder, Wolfgang und Cornelia, machten sich gleichfalls darüber her und lernten viele Stellen auswendig. Besonders das Gespräch zwischen Satan und Andramelech pflegten sie leiser und lauter vor sich hin zu murmeln und sich bei jeder Gelegenheit mit den höllischen Redensarten zu begrüßen. Eines Samstagsabends im Winter — der Vater ließ sich für den Kirchgang des kommenden Sonntags rasieren — saßen die beiden Geschwister ihre herkömmlichen Flüche ziemlich leise murmelnd hinter dem Ofen, während der Barbier einseifte. In Eifer gekommen, zitiert plötzlich Wolfgang die Stelle: „O, wie bin ich zermalmt!" mit so lauter fürchterlicher Stimme, daß der Barbier vor Schreck dem Vater das Becken über die Brust goß. Das gab einen großen Aufstand und eine strenge Untersuchung, besonders in Anbetracht des Unglücks, das hätte entstehen können, wenn man schon beim Rasieren selbst gewesen wäre. —

23

Einmal stand jemand am Fenster bei Deiner Mutter, da Du eben über die Straße herkamst mit mehreren andern Knaben; sie bemerkten, daß Du sehr gravitätisch einherschrittst und hielten Dir vor, daß Du Dich mit Deinem Geradehalten sehr sonderbar von den andern Knaben auszeichnetest. — „Mit diesem mache ich den Anfang," sagtest Du, „später werd ich mich noch mit allerlei auszeichnen," und das ist auch wahr geworden, sagte die Mutter.

Oft sah er nach den Sternen, von denen man ihm sagte, daß sie bei seiner Geburt eingestanden haben; hier mußte die Einbildungskraft der Mutter oft das Unmögliche tun, um seinen Forschungen Genüge zu leisten, und so hatte er bald heraus, daß Jupiter und Venus die Regenten und Beschützer seiner Geschicke sein würden. Kein Spielwerk konnte ihn nun mehr fesseln, als das Zahlbrett seines Vaters, auf dem er mit Zahlpfennigen die Stellung der Gestirne nachmachte, wie er sie gesehen hatte; er stellte dieses Zahlbrett an sein Bett und glaubte sich dadurch dem Einfluß seiner günstigen Sterne näher gerückt; er sagte auch oft zur Mutter sorgenvoll: „Die Sterne werden mich doch nicht vergessen und werden halten, was sie bei meiner Wiege versprochen haben? —" da sagte die Mutter: „Warum willst Du denn mit Gewalt den Beistand der Sterne, da wir andre doch ohne sie fertig werden müssen," da sagte er ganz stolz: „Mit dem was andern Leuten genügt, kann ich nicht fertig werden;" damals war er sieben Jahr alt.

„In seiner Kleidung," (erzählt Goethes Mutter aus etwas späterer Zeit) „war er nun ganz entsetzlich eigen, ich mußte ihm täglich drei Toiletten besorgen, auf einen Stuhl hing ich einen Überrock, lange Beinkleider, ordinäre Weste, stellte ein Paar Stiefel dazu, auf den zweiten einen Frack, seidne Strümpfe, die er schon angehabt hatte, Schuhe u. s. w. auf den dritten kam alles vom feinsten nebst Degen und Haarbeutel, das erste zog er im Hause an, das zweite, wenn er zu täglichen

24

Bekannten ging, das dritte zum Gala; kam ich nun am andern Tag hinein, da hatte ich Ordnung zu stiften, da standen die Stiefeln auf den feinen Manschetten und Halskrausen, die Schuhe standen gegen Osten und Westen, ein Stück lag da, das andre dort; da schüttelte ich den Staub aus den Kleidern, legte frische Wäsche hin, brachte alles wieder ins Geleis; wie ich nun so eine Weste nehme und sie am offnen Fenster recht herzhaft in die Luft schwinge, fahren mir plötzlich eine Menge kleiner Steine ins Gesicht, darüber fing ich an zu fluchen, er kam hinzu, ich zanke ihn aus, die Steine hätten mir ja ein Aug aus dem Kopf schlagen können; — „Nun es hat Ihr ja kein Aug ausgeschlagen, wo sind denn die Steine, ich muß sie wieder haben, helf Sie mir sie wieder suchen!" sagte er; und muß er sie wohl von seinem Schatz bekommen haben, denn er bekümmerte sich gar nur um die Steine, es waren ordinäre Kieselsteinchen und Sand, daß er den nicht mehr zusammenlesen konnte, war ihm ärgerlich, alles was noch da war, wickelte er sorgfältig in ein Papier und trugs fort. Den Tag vorher war er in Offenbach gewesen, da war ein Wirtshaus zur Rose, die Tochter hieß das schöne Gretchen, er hatte sie sehr gern, das war die erste von der ich weiß daß er sie lieb hatte."

Bei dieser unschuldigen Liebschaft geriet er in bedenkliche Gesellschaft, und als der strenge Vater dahinterkam, gab's für die Mutter viel zu tun, um die Sache zu einem glimpflichen Ende zu führen. —

Als der sechzehnjährige Wolfgang im Herbst 1765 das Vaterhaus verließ, um die Leipziger Universität zu beziehen, begannen für die lebhafte Frau Rat, die nun nicht mehr zu sorgen und zu vermitteln hatte, langweilige Tage. Die kleine Haushaltung war bald besorgt; ihr Mann brachte einen großen Teil des Tages mit dem Unterricht der Tochter Cornelia zu, schrieb an der weitläufigen Beschreibung einer lange zurückliegenden italienischen Reise und stimmte seine Laute länger, als er darauf spielte. An Cornelia hatte die Mutter keinen Ersatz; durch die Erziehungsmethode des pedantischen Vaters verbittert, von Natur verschlossen, ein eigentümlich problematischer Charakter — der Bruder sagte von ihr, sie sei ohne Glaube, Liebe, Hoffnung — vermochte sich Cornelia selbst der gütigen Mutter nicht zu öffnen; nur in der Liebe zu Wolfgang fanden sich beide. Von einem Briefwechsel zwischen dem Entfernten und der Mutter ist aus dieser Zeit fast nichts bekannt. Der Schwester schreibt er einmal am Ende eines Briefs:

„Grüß mir die Mutter, sprich, sie soll verzeihn,
Daß ich sie niemals grüßen ließ, sag ihr
Das, was sie weiß — daß ich sie ehre. Sag's,
Daß nie mein kindlich Herz, von Liebe voll,
Die Schuldigkeit vergißt. Und ehe soll
Die Liebe nicht erkalten, eh ich selbst
Erkalte." —

Und ein anderes Mal legte er einem Brief nach Hause ein Blatt mit dem folgenden Gedicht bei:

An meine Mutter.

Obgleich kein Gruß, obgleich kein Brief von mir
So lang Dir kömmt, laß keinen Zweifel doch
Ins Herz, als wär die Zärtlichkeit des Sohns,
Die ich Dir schuldig bin, aus meiner Brust
Entwichen. Nein, so wenig als der Fels,
Der tief im Fluß vor ew'gem Anker liegt,
Aus seiner Stätte weicht, obgleich die Flut
Mit stürmschen Wellen bald, mit sanften bald
Darüberfließt und ihn dem Aug' entreißt,
So wenig weicht die Zärtlichkeit für Dich
Aus meiner Brust, obgleich des Lebens Strom,
Vom Schmerz gepeitscht, bald stürmend drüberfließt
Und, von der Freude bald gestreichelt, still
Sie deckt und sie verhindert, daß sie nicht
Ihr Haupt der Sonne zeigt und rings umher
Zurückgeworfne Strahlen trägt und Dir
Bei jedem Blicke zeigt, wie Dich Dein Sohn verehrt.

Während des langen Fernseins ihres Sohnes fand die innerlich niemals unbeschäftigte Frau Rat in der Pflege religiöser Interessen Gehalt für ihre stillen Tage. Ihre Verwandte und

Freundin, Susanne von Klettenberg, die im Mittelpunkt des herrn-
hutischen Kreises in Frankfurt stand, wurde ihr näher und vertrauter
Verkehr. Kein Wunder, daß der Sohn, der im Spätsommer 1768
krank von der Universität heimgekehrt und nach aufopfernder
Pflege durch die Mutter zu der Untätigkeit einer langen Genesungs-
zeit verurteilt war, gleichfalls in diese Kreise hineingezogen wurde,
denen auch der Hausarzt angehörte. Man trieb mystische Studien,
versuchte die Herstellung eines heilenden Wundersalzes und befragte
die Bibel. Da fand die um das Leben des Sohnes besorgte
Mutter den tröstenden Spruch: „Du sollst wiederum Weinberge
pflanzen an den Bergen Samarias, pflanzen wird man und dazu
pfeifen."

Wie froh war die Mutter, als der endlich Wiederhergestellte
im Frühjahr 1770 die Universität Straßburg beziehen konnte und
dadurch dem Druck des Vaters entrann. Wie glücklich, als er im
Spätsommer des folgenden Jahres als wohlbestallter Lizentiat
der Rechte heimkehrte, um sich in der Vaterstadt als Rechtsanwalt
niederzulassen. Unterbrochen wurde das nun beginnende schöne
Zusammenleben mit Sohn und Tochter, davon die Mutter jede
ernstliche, von seiten des Vaters drohende Trübung fernzuhalten
wußte, durch den Sommer 1772, den Wolfgang als Praktikant am
Reichskammergericht zu Wetzlar verlebte. Den kaum von der ersten
großen Liebesleidenschaft (Friederike Brion in Sesenheim) Genesenen
erwartete dort die zweite (Lotte Buff), der er sich durch die Flucht
ins Elternhaus zu entziehen suchte. Währenddessen hatte Cornelia
sich mit einem Freunde des Bruders, dem Schriftsteller Georg
Schlosser, verlobt. Nach ihrer Verheiratung sahen sich Mutter
und Sohn in besonderer Weise aufeinander angewiesen, und an
den Plänen und Arbeiten, den Hoffnungen und dem Ruhme des
jungen Dichters, dem Götz von Berlichingen und bald Die Leiden
des jungen Werthers alle deutschen Herzen gewannen, nahm die
beglückte Mutter den lebhaftesten Anteil. Auch an dem immer
weiteren Kreise derer, die, wie der kluge und witzige Kriegs-
zahlmeister Merck aus Darmstadt, der fromme Elberfelder Augen-
arzt Jung-Stilling, der Physiognom und Zürcher Pfarrer
Lavater, von nah und fern sich einfanden, um Goethe zu sehen.
Das Haus am Hirschgraben ward nicht leer von Besuchern, und
auf jedes einzelnen Eigenart und Anliegen ging Frau Rat mit

mütterlichem Verständnis ein. Da mag mancher, der wegen des Sohnes gekommen war, um der prächtigen Mutter willen seinen Besuch wiederholt haben.

Als aber dieser schließlich „das unbestimmte Rumoren" zuviel wurde, schlug sie dem Sohne eine Reise nach Italien vor. Vorher aber, um ihn sicher an die Vaterstadt zu knüpfen, gedachte sie ihn zu verloben, mit einer jungen Frankfurterin, Anna Sybille Münch, für die er warmes Interesse zu hegen schien. So fielen denn Äußerungen, daß der Familienkreis nach Cornelias Verheiratung doch gar zu eng geworden sei; daß dem Wolfgang eine Schwester, der Mutter eine Gehilfin, dem Vater ein Lehrling abginge. Man fing an, allerlei im ersten Stock zu verändern, Frau Rat musterte den Leinwandschatz, vermehrte das Hausgerät. Einst überraschte sie der Sohn, als sie auf der Bodenkammer die alten Kinderwiegen betrachtete. Da sich nun der junge Goethe diesem halb geheimen, halb offenem Treiben gegenüber nicht ablehnend verhielt, begann schon eine hoffnungsvoll-freudige Stimmung im Hause um sich zu greifen. Bald aber lösten sich, sehr zum Leidwesen der Mutter, die angesponnenen Fäden wieder.

So schnell konnten aber die Eltern das Scheitern ihres Heirats=planes nicht verwinden, daß sie nicht von vorneherein die neue Verbindung, die der Sohn mit der reizenden Bankierstochter Lili Schönemann einzugehen im Begriff stand, mit einigem Mißtrauen angesehen hätten. Hier war für sie nichts von den Eigenschaften zu finden, die Sybille Münch als Schwiegertochter so geeignet hatte erscheinen lassen; Erziehung, Gesellschaftsklasse, Verhältnisse der Auserwählten wollten zu dem alten vornehm=einfachen Hause am Hirschgraben und seinen Bewohnern gar wenig passen. Doch ließ die Mutter, die Lili die erste Heißgeliebte ihres Sohnes nennt, es bei einem mehr passiven Widerstand bewenden, bis Wolfgang nach schweren Kämpfen selber das Verhältnis löste.

Dem Beispiel Klopstocks folgend, betrieb Goethe in jenen Jahren eifrig das Schlittschuhlaufen. Er erzählte davon später in Dichtung und Wahrheit und teilte auch eine kleine Geschichte mit, an die er wohl durch den folgenden Bericht der Bettina wieder erinnert worden war.

28

An einem hellen Wintermorgen, an dem Deine Mutter Gäste hatte, machtest Du ihr den Vorschlag, mit den Fremden an den Main zu fahren. „Mutter Sie hat mich ja doch noch nicht Schlittschuhe laufen sehen und das Wetter ist heut so schön" usw. — (Nun läßt Bettina die Frau Rat sprechen:) Ich zog meinen karmoisinroten Pelz an, der einen langen Schlepp hatte und vorn herunter mit goldnen Spangen zugemacht war, und so fahren wir denn hinaus; da schleift mein Sohn herum wie ein Pfeil zwischen den andern durch, die Luft hatte ihm die Backen rot gemacht, und der Puder war aus seinen braunen Haaren geflogen. Wie er nun den karmoisinroten Pelz sieht, kommt er herbei an die Kutsche und lacht mich ganz freundlich an. — „Nun was willst Du?" frag ich. „Ei Mutter, Sie hat ja doch nicht kalt im Wagen, geb Sie mir ihren Sammetrock." — „Du wirst ihn doch nicht gar anziehen wollen." — „Freilich will ich ihn anziehen." — Ich zieh halt meinen prächtig warmen Rock aus, er zieht ihn an, schlägt die Schleppe über den Arm, und da fährt er hin, wie ein Göttersohn auf dem Eis; Bettine, wenn Du ihn gesehen hättest!! — So was schönes giebts nicht mehr, ich klatschte in die Hände vor Lust! Mein Lebtag seh ich noch, wie er den einen Brückenbogen hinaus und den andern wieder hereinlief, und wie da der Wind ihm den Schlepp lang hinten nach trug . . .

Im Frühjahr 1775 fanden sich, auf einer Reise nach der Schweiz begriffen, die gräflichen Brüder Christian und Friedrich Stolberg, begeisterte Mitglieder des Göttinger Hainbundes, in Frankfurt ein, wo ihr Freund, der Baron Kurt von Haugwitz, der spätere preußische Minister, sich mit ihnen vereinigte. Alle drei waren leidenschaftliche Verehrer Goethes, der sie mit Herzlichkeit empfing. Man hatte erst einige Mahlzeiten miteinander eingenommen, als nach der einen und der andern genossenen Flasche bei Fritz Stolberg ein Tyrannenhaß in furchtbaren Versen ausbrach und die vier freiheitbegeisterten jungen Männer nach dem Blute solcher Wüteriche zu lechzen begannen. Der Vater Goethe schüttelte lächelnd den Kopf; die Mutter hatte in ihrem Leben kaum von Tyrannen gehört; doch erinnerte sie sich, in Gottfriebs Chronik dergleichen Unmenschen in Kupfer abgebildet gesehen zu haben. Die immer heftiger werdenden Äußerungen ins Heitere zu wenden, verfügte sie sich in ihren Keller, wo ihr von den ältesten Weinen wohlunterhaltene große Fässer verwahrt lagen. Nicht geringere fanden sich daselbst, als die Jahrgänge 1706, 1719, 1726, 1748, von ihr selbst gewartet und gepflegt, selten und nur bei feierlich bedeutenden Gelegenheiten angesprochen. Indem sie nun in geschliffener Flasche den hochfarbigen Wein hinsetzte, rief sie aus: „Hier ist das wahre Tyrannenblut! Daran ergötzt euch; aber alle Mordgedanken laßt mir aus dem Hause!" Aus solchem Anlaß erhielt Goethes Mutter den Namen Frau Aja, nach der Mutter der vier Haimonskinder, die ihre als Pilger bei ihr einkehrenden Söhne mit ihrem besten Wein bewirtet hatte.

Nach diesem kraft=genialischen Treiben kam eine Weile Ruhe ins Haus, da Wolfgang, um Lili Schönemann zu vergessen, sich den drei neugewonnenen Freunden anschloß und mit in die Schweiz reiste. Der Frau Aja aber wurde Zeit und Weile sehr lang.

Die ersten Monate nach Goethes Rückkehr wurden durch manche Mißhelligkeiten mit dem Vater getrübt, die die liebende und verstehende Mutter immer wieder auszugleichen nicht müde ward. Sie war es auch, die endlich durchsetzte, daß der mißtrauische Vater sich mit einer Reise Wolfgangs nach Weimar einverstanden erklärte, wohin diesen der junge Herzog Karl August im September auf der Durchreise dringend eingeladen hatte. Ja, sie wußte für die letzten Wochen das Verhältnis nahe und herzlich zu gestalten: Vater und Mutter kamen eines Morgens an das Bett des Sohnes, es wurde vertraulicher diskutiert, während man den Tee dazu trank. —

Am 7. November 1775, nach mancherlei Verzögerung und Miß= geschick, traf der Sohn der freien Reichsstadt in der kleinstädtischen thüringischen Residenz ein, die seine Heimat werden sollte. „Wie ein Stern ging Goethe in Weimar auf," schrieb Wieland in diesen Tagen. Im Mai des nächsten Jahres wurde durch seine Ernennung zum Legationsrat sein Verhältnis zum jungen Herzog amtlich gefestigt. Frau Rat teilte erfreut das große Ereignis allen Freunden mit. Von nun an lebt die Mutter bis zu ihrem Tode in Gedanken unablässig mit ihrem großen „Hätschelhans" in Weimar.

Goethes Mutter in ihren Briefen

In jeder ihrer Zeilen spricht sich der
Charakter einer Frau aus, die in alt=
testamentlicher Gottesfurcht ein tüchti=
ges Leben voll Zuversicht auf den un=
wandelbaren Volks= und Familiengott
zubrachte, und als sie ihren Tod selbst
ankündigte, ihr Leichenbegängnis so
pünktlich anordnete, daß die Weinsorte
und die Größe der Bretzeln, womit die Be=
gleiter erquickt werden sollten, genau be=
stimmt waren... Goethe an Zelter 1824.

Täglich erleb ich Begebenheiten,
die kein andrer Mensch beachten
würde, aber sie sind meine
Welt, mein Genuß und meine
Herrlichkeit. Wenn ich in einen
Kreis von langweiligen Menschen trete, denen die aufgehende Sonne kein Wunder
mehr ist, und die sich über alles
hinaus glauben, was sie nicht
verstehen, so denk ich in meiner Seele: ja, meint ihr nur,
ihr hättet die Welt gefressen!
Wüßtet ihr, was die Frau
Rat heute alles erlebt hat!

Schattenriß nach dem Leben

An Friedrich Maximilian Klinger

Klinger (1752—1831), aus Frankfurt stammend, gab durch sein Drama „Sturm und Drang" der damaligen Literaturepoche den Namen. Er lebte später in hoher militärischer Stellung in Petersburg. Zur Zeit des Briefes studierte er, von Goethe und seiner Mutter unterstützt, in Gießen.

[Frankfurt, Ende Mai 1776.]

Der Doctor ist Vergnügt u Wohl in seinem Weimar, hat gleich vor der Stadt einen herrlichen Garten welcher dem Hertzog gehört bezogen, Lenz[1] hat den selbigen poetisch be=schrieben, und mir zum Durchlesen zugeschickt. Der Poet[2] sizt auch dort als wenn er angenagelt wäre, Weimar muß Vors Wiedergehn ein gefährlicher Ort seyn, alles bleibt dort, nun wenns dem Völklein wohl ist, so gesegnes ihnen Gott. — Nun lieber Freund leben Sie wohl, so wohl sichs in Gießen leben läßt. Ich meine immer das wäre vor Euch Dichter eine Kleinigkeit alle, auch die schlechtesten Orte zu

Idealisiren, könnt ihr aus nichts etwas machen, so müßt es doch mit dem sey bey uns zugehen, wenn aus Gießen nicht eine Feen Stadt zu machen wäre. Darinen habe ich zum wenigsten eine große Stärke, Jammer Schade! daß ich keine Dramata schreibe, da sollte die Welt ihren blauen Wunder sehn, aber in Prosa müßte es seyn, von Versen bin ich keine Liebhaberin . . .

¹ ² Jakob Michael Reinhold Lenz (1751—1792) aus Livland, einer der eifrigsten „Stürmer und Dränger", der ohne Goethes Wissen diesem nach Weimar gefolgt war.

An Gottlob Friedrich Ernst Schönborn in Algier

Der Adressat hatte Goethe und seine Eltern 1773 in Frankfurt besucht, als er sich als dänischer Gesandtschaftssekretär auf der Reise nach Algier befand.

[Frankfurt, 24. Juli 1776.]

Liebster bester Freund! Sie müßen doch auch ein Wört= gen von mir hören, doch auch erfahren, daß ich noch lebe, oft oft an Ihnen dencke, immer gern wissen mögte was unser Freund Schönborn in Alschier betriebe u. d. m. Sie erinern Sich doch daß beynahe 3 Jahre verfloßen sind, da wir so vergnügt beysammen waren und Weintrauben assen. Ich dachte Sie wären lang genung in der Barbarey gewesen, hätten lang genung Verschleierte Menschen gesehen, mein rath den Ihnen mein Freundschafftliches Hertz gibt, ist also der, kommen Sie bald wieder zu uns, es war vor mich jederzeit eine Woluft große Menschen um und bey mir zu haben, aber in meiner jetzigen lage, /: Da meine beyde Kinder weit weit von mir entfernt sind :/ ists Himmel Freude. Folgen Sie mir und kommen je ehender je besser, es soll Ihnen wohl thun, was wollen wir einander erzählen, vor langerweile dürfen wir uns nicht fürchten, ich besitze einen schatz von Anectoten, Geschichten u. s. w. daß ich mich anheischig mache 8 Tage in einem fort zu plaudern, und wenn Sie nun gar anfangen werden — — Von Seen und Meeren, Städtten und Dörffern, Menschen und Mißgeburten, Elevanten, und Schlangen. Das soll ein gaudium werden . . .

An J. B. Krespel in Regensburg

Der Adressat, Fürstlich Thurn und Taxisscher Rat und Archivar in Regensburg, war ein Freund des Goethelschen Haufes.

Francffurth, den 5. Jenner 1777.

Lieber Sohn! Einen mächtigen großen Lobstrich soll ich Euch im Nahmen des Papas schreiben, wegen der geschwinden Bestellung des Briefs an Herrn Herrich. Nun hat der Vater noch eine Bitte, Ihr solt nehmlich die Güte haben, und Euch von ihm in Zeiten die versprochne Anweissung hier in Loco das Geld zu erheben geben lassen, wann das geschieht, so schickt sie gleich her, daß wir erfahren ob uns der hiesige Bezahler ansteht. Ich weiß Ihr nehmt die viele Mühe so Euch das Ding macht nicht übel, Ihr solt auch davor am runden Tisch sitzen, und über Euer Haupt soll ein ganzes Füllhorn vom guten ausgeschüttet werden. Gestern wäre es vor Euch ein hauptspaß gewesen, Jammerschade daß Ihr in Regenspurg sitzt! 8 junge Mädels waren bey mir, zwei Demoisellen Clermondt, die Mingen Starck u. f. w. wir spielten, stirbt der Fuchs so gielt sein Balg und da gabs Euch Pfänder daß es eine Lust war. Auch wurden Mährgen erzählt, Räßel aufgegeben, es war mit einem Wort ein groß Gaudium. Eure Grüße an die M a x ,[1] Tante,[2] Gerocks[3] habe wohl ausgerichtet, Sie haben Euch alle sampt und sonders lieb und werth, und wünscheten daß Ihr wieder da wäret. Nur vor einen gewissen Peter[4] ist Eure Abwesenheit ein groß Labsal, es ist überhaupt ein wunderlicher Heiliger. Bis die arme Max ins neue Hauß kommt, wirds vermuthlich noch manchen Tanz absetzen. Neues giebts hier auf der Gottes Welt gar nichts, als daß ein großer Schnee gefallen, und die Leute wacker im Schlitten fahren. Lebt wohl mein Lieber! Behaltet uns in gutem Angedencken, und seyd versichert, daß wir alle, besonders aber ich bin und seyn werde Eure wahre Freundin und treue Mutter C. E. Goethe.

[1] Maximiliane Brentano, geb. von La Roche.   [2] Johanna Fahlmer aus Düsseldorf.   [3] Bekannte der Frau Rat.   [4] Peter Brentano, Maximilianens Mann, Kaufmann in Frankfurt.

Franckfurth, den 1ᵗᵉⁿ Febr. 1777.

Lieber Sohn! Auf der einen Seite hat mir Ihr Brief große Freude und Wonne gemacht, denn alles was von Ihnen mein Bester kommt vergnügt mich. Aber um Gottes willen sagen Sie nur was das vor ein trauriger Thon ist, der Ihrem Brief das Ansehen vom Propheten Jeremia in seinen Klag= liedern giebt. Auf das Regensburg habe ich nun Zeit meines Lebens einen unversöhnlichen Haß, das muß ein garstiger Ort seyn wo mann unsern lieben Braven Crespel kränken und seinen trefflichen Character verkennen kan. Eine Stange Gold von 40 Pfundt ohne allen Stemppel ist doch warlich besser als ein ¼ Ducätgen welches noch so schön geprägt und von Juden und Christen vor gäng und gäbe gehalten wird. Verdinste bleiben Verdinste, und werden von allen Recht= schaffenen Leuten gefühlt und hochgeschätzt, um der andern seidnen Buben ihren Beyfall oder Thadel braucht sich ein ehrlicher Kerl nicht zu bekümmern. Denckt durch was alles Euer Bruder der Doctor sich hat durchschlagen müssen was vor Gewäsch, gedräscht Lügen u. s. w. bloß weil die Leute nicht begreifen konnten, wie mann ohne von Adel zu seyn Ver= standt haben könte. Fasset also Eure Seele in Geduldt, machtet daß Ihr Euer geschäffte bald in ordnung bringt, alsdann flieget zu uns. Mit aller Freundschafftlichen Wärme solt Ihr empfangen werden drauf verlaßt Euch. Wir kennen Euren inern Werth und was Ihr wiegt, und wir nicht allein sondern andre gute Menschen wissens auch, unter denen grüßt Euch besonders Jungfer Fahlmern, die Frau Residentin,[1] und die Gerocks. Alle Samstag reden wir vom Bruder Crespel, und bedauren daß Ihr uns nicht lachen helft. Wir haben jetzt ein Steckenpferd welches uns ein groß gaudium macht, das ist die neue Deutsche Opera von Herrn Professor Klein in Mahnheim, Günther von Schwartzburg. Sie ist von der löblichen Samstags Gesellschaft mit Noten, Anmerkun= gen, ja so gar mit Handzeichnungen verbessert und vermehrt worden. Ferner hat uns Philipp[2] ein Verzeichniß von den

Weimarer Carnevals Luſtbarkeiten zugeſchickt, wo unter an=
dern eine Tragedia mit vorkommt welche den Titel führt,
Leben und Thaten, Tod und Eliſium der weylandt berühmten
Königen Dido von Carthago. Eine noch nie geſehne Tragedia
in 31 Aufzügen. So ein Specktackel iſts unter dem Mond
weder geſehn noch gehört worden. Unter andern iſt Hanß=
Wurſt Carthaiſcher Burgemeiſter, und nebenbuhler des
Aeneas. Ferner iſt die Scene in den erſten 15 Aufzügen auf
der Erde und noch in dieſer Zeitlichkeit; bald zu Carthago,
bald im Walde, bald auf dem Marcke, bald im Zimmer u. ſ. w.
Die folgenden 10 Aufzüge werden in der Hölle tragirt. Die
6 letzten aber ſpielen im ſchönen Eliſium. Mit einem Wort,
das Ding muß mann leſen wen der Unterleib verſtopt iſt
und vor die Cur bin ich Bürge . . .

¹ Frau Brentano.   ² Phillpp Seidel, der Diener, den Goethe aus Frankfurt
mitgenommen hatte.

Franckfurth d 17ᵗᵉⁿ Mertz 1777

Lieber Sohn! nun die 6 oder 8 wochen werden ſich alſo
noch erleben laßen, was wird das vor ein gaudium ſeyn ! ! ! ! ! !
Gott ſoll denen alſdann gnädig beyſtehen die auf unſern miſt
kommen. Schwärmer, Ragetten, Feuer=Räder wollen wir
unter die Kerls werffen; Die Kleider ſollen ihnen zum
weniſten verbrannt werden, wenn ſie auch ſchon die Haut zu
ſchonen davon lauffen. Daß Er keinen Brief an die Max ge=
ſchrieben, darann hat Er ſehr weißlich gethann; was ich von
Ihr weiß iſt folgendes. Ihre große Jugendt und Leichterſinn
hielft Ihr freylich ſchwere Laſten tragen. Peter iſt immer
noch Peter, ſeine Standts erhöung iſt auf der einen Seite
betrachtet von Mama la Roche ein guter Einfall geweſen,
den da er ſich erſtaunlich viel drauf Einbildet, und es doch
niemandt als ſeinen Schwiegereltern zu verdancken hat; ſo hat
das einen großen Einfluß auf ſeine Frau. Auf der andern Ecke
aber hat das Ding wieder ſeine verteuffelte Mucken. Sein
Hauß will er /: weil die la Roche ihm in Kopf gehenckt hat, der

Churfürst würde bey ihm einkehren :/ unterst zu oberst wenden, als Resident muß er einen Bedienten hinter sich her gehen haben, Das viele zu Fuße gehen sagt er schicke sich auch vor die Max nicht mehr. Nun denckt Euch bey dieser angenommen größe den Peter, der jetzt fürchterliche Ausgaben, und sich zu einem vornehmen Mann wie der Esel zum Lautenschlagen schickt — — — So viel rathe ich Euch ihn nicht anders als Herr Residendt zu Tituliren. Neulich war er beym Papa, der im Discurs Herr Brentano sagte, wissen sie nicht daß ich Churfürstlich Thririscher Residendt bin? Ha ha ha, darnach könt ihr Euch also richten, und vor Schimpf und Schaden hüten. Wieviel nun die gute Max bey der Historia gewonnen oder verlohren hat, weiß ich nicht. Eure Schwestern sind herrliche Geschöppe, Tante und ich haben sie recht lieb. Ich vor mein theil weiß doch keine größre Glückseligkeit als mit guten Menschen umzugehn. Kommt also bald wieder und helft die Zahl der Braven Leute vermehren, mit offnen Armen solt Ihr empfangen werden. Der Papa, und die Samstags Gesellschaft grüßt Euch von Hertzen . . .

Franckfurth, den 16. Aprill 1777.

Lieber Sohn! Beschuldigt mich keiner Faulheit weil ich Euren letzten Brief jetzt erst beantworte, die Meße und was dran hängt ist einzig schuld. Hier ein Fremder der einem über dem Hals sitzt, da einer den mann Ehrenhalber zu Gaste haben muß u. s. w. Jammer schade mein Bester! daß Ihr nicht hier seydt. Affen und Katzen, Narren und Fratzen sind in menge zu sehen. Das kan ich ohne Geld überall haben, werdet Ihr sagen, ja, aber die Narren die auf die Meße kommen, sind eben so gantz aparte Narren. Da tantzt z. E. eine Frau auf einem Bret gegen die, die Jungfer B. ein Wickelkindt ist. Nur ein Wort von Peter — kein Mensch kann begreifen warum er nicht ins neue Hauß zieht, Bauen thut er auch nicht, da doch jetzt die schönste Zeit dazu wird, die Max darf nichts davon Reden, sonst ergrimmt er im Geist,

es ist ihr himmelangst, daß das bißgen Verstandt so noch
in seinem Hirn wohnt, nicht auf einmahl mit Extra Post in
Mondt reißte. Tante /: welche Euch vielmahl grüßen läßt :/
und ich haben jetzt ein groß gaudium am Schachspiel, lachen
was rechts über den Matz=Bumbs von König, den jeder laffe
Schach machen kann, verstehen nun auch die Rede des Olearius
im Götzt von Berlichingen vollkommen, wenn er sagt! das
Spiel spielt ich nicht wenn ich ein großer Herr wäre u. s. w.
Der Bruder in Weimar ist Gott sey danck Gesundt, baut
pflantz, gräbt in seinem Garten, daß es Art und schick hat.
Die Schlossern[1] liegt noch nicht in Wochen, auf Pfingsten
können wir gute neue Mähr hören. Lieber Crespel! bald,
bald, hoffe ich Euch nun wieder zu sehen, da wollen wir guter
Dinge seyn, alte Historien auf neue art erzehlen, in unserm
Cirkus vergnügt Leben und Sonne und Mondt sampt allen
Planeten ihre Wirthschafft ruhig treiben lassen . . .

[1] Cornelia Schlosser, geb. Goethe, Frau Rats Tochter.

An Johann Kaspar Lavater in Zürich

Lavater (1741—1801), bekannt durch sein Werk über Physiognomik, war Pfarrer
an St. Peter in Zürich. Die Beziehung zur Frau Rat datiert seit seinem Besuch 1774.

Franckfurth, den 23ten Juni 1777.

Er gibt den müden Kraft und Stärcke genung den ohn=
vermögenden — was Er zusagt hält Er gewiß. Ein neuer,
lebendiger, dastehnender Zeuge sind wir, die wir unsre Cornelia
unsere eintzige Tochter nun im Grabe wissen[1] — — und zwar
gantz ohnvermuthet, Blitz und Schlag war eins. O lieber
Lavater! die arme Mutter hatte viel viel zu tragen, mein
Mann war den gantzen Winter kranck, das harte zuschlagen
einer Stubenthüre erschröckte ihn, und dem Mann muste ich
der Todes Bote seyn von seiner Tochter die er über alles
liebte — mein Hertz war wie zermahlt, aber der Gedancke,
ist auch ein Unglück in der Stadt, das der Herr nicht thut
hielte mich daß ich dem Schmertz nicht erlag. Ohne den

Felsenfesten Glauben an Gott — an den Gott, der die Haare
zehlet dem kein Sperling fehlet — der nicht schläfft noch
schlummert, der nicht verreißt ist — der den Gedancken meines
Hertzens kent ehe er noch da ist — der mich hört ohne daß
ich nöthig habe mich mit messern u Pfriemen blutig zu ritzen,
der mit einem Wort die Liebe ist — ohne Glauben an den
wäre so etwas unmöglich auszuhalten — — freylich fühlt
sich der Mensch Paulus sagt: alle Anfechtung wenn sie da
ist, dünket uns nicht Freude zu seyn — aber ein anders ist
fühlen, ein anders ist mit Gottes führung unzufrieden seyn —
und sich denen gleich stellen die keine Hoffnung haben — —
aber wir! die wir wissen daß über den Gräbern unsterblich=
keit wohnet, und daß unser spannenlanges Leben auch gar
bald am Ziel seyn kan — uns ziemt die Handt zu küssen die
uns schlägt, und zu sagen /: zwar mit 1000 thränen :/ der
Herr hats gegeben, der Herr hats genommen, sein Nahme
sey gelobet. Lieber Sohn! Euer Brief hat mir sehr wohl
gethann, Ihr seyd böße auf Euch daß Ihr nicht trösten könt
— wenn ich Euch aber sage daß er mir Labsahl war, daß
ich Euer gantzes warmes, gefühlvolles, Freundschafftliches
Hertz offen vor mir hatte, da wenn ich nur eine Zeile von
Euch sehe mir alle die seeligen Augenblicke einfallen, da wir
zusammen an einem Tisch assen, da Ihr unter meinem Dach
ward, da Ihr Abends um 9 Uhr in meine Stube kamt, da
ich Euch kaum eine minute sahe, und doch gleich wuste, auf
welche Staffel von der großen Leiter worauf meine Söhne
stehen ich Euch stellen solte, daß ich mich nicht geirret —
wie ich bey Eurer Abreiße einen gantzen Tag geweint habe
— — alles das komt mir ins Gedächtniß wann ich nur Eure
Handt auf einer Adresse sehe. Verzeiht mir lieber Sohn, daß
ich Euch so ein geschreibe daher schreibe — — wißt es ist
jetzt eins meiner liebsten Beschäftigungen an die Freunde
so meinen Hertzen nahe sind die Schmertz u Vergnügen mit
mir theilen Briefe zu schreiben, ich lebe in dieser großen
Stadt wie in einer Wüste, Von meinem Geschlecht habe ich

40

nur eine Jahlmern die mich verſteht /: und die iſt jetzt zum Unglück in Düſſeldorf :/ Nun mein Beſter! Lebt wohl! . . .

¹ Cornelia Schloſſer, Goethes Schweſter, war nach der Geburt eines zweiten Kindes am 8. Juni 1777 geſtorben.

Goethe an ſeine Mutter

Weimar, 28. Juni 1777.

Ich kan ihr nichts ſagen, als daſſ das Glück ſich gegen mich immer gleich bezeigt, daſſ mir der todt der Schweſter nur deſto ſchmerzlicher iſt da er mich in ſo glücklichen Zeiten überraſcht. Ich kan nur menſchlich fühlen, und laſſe mich der Natur die uns heftigen Schmerz nur kurze Zeit, Trauer lang empfinden läßt.

Lebe Sie glücklich, ſorge Sie für des Vaters Geſundheit, wir ſind nur Einmal ſo beyſammen . . .

An Philipp Seidel, Goethes Diener

Franckfurth, 10. October 1777.

Euer Brief vom 5 October hat uns ſehr gefreut, ins= beſondre daß der Doktor geſundt und guten Houmors iſt — Wann Ihr ſo was ſchreibt ſollen euch vor jetzt und künfftig alle Vagabundereyen verziehen ſeyn, zumahl der Herr Merck viel guts von euch erzählt hat, und wie hübſch ihr alle ſachen von eurem Herrn beſorgt und in obacht nehmet — als ein braver Purſch dörft ihr auch Freude haben, und ich wünſche euch recht viele. Die Reiße von eurem Herrn mag gehen wo hin ſie will; ſo werdet ihr uns doch als im Vertrauen ſagen wo Er iſt, denn mann kann nicht wiſſen was als vor= fält, daß doch ein Brief zu euch gelangen kan. Von Herrn Wielandt habe gar ein liebes Briefgen erhalten, wo Er mir ſagt, daß Er das Chriſtkindgen bey uns holen will, wir freuen uns ſehr auf ſeine Ankunfft . . . Der Herr Rath iſt immer noch nicht recht wohl, wir brauchen Medicin, laufen ſpaziren u. ſ. w. Die Jahre kommen freylich heran, von denen es heißt, ſie gefallen mir nicht. Was aber mich anbelangt ſo bin ich Gott ſey Danck friſch und geſundt auch gutes Humors zumahl wenn ich als gute neue Mähr von euch geſchrieben bekomme, macht mir alſo öffters ſo einen ſpaß, davor ſolt ihr auch gelobt und geprieſen werden von allen beſonders aber von eurer euch ſteht gewogenen C. E. Goethe.

An den Dichter Chriſtoph Martin Wieland in Weimar.

(November 1777)

Eben da ich meinen Brief zuſieglen wolte, erhalte in= liegendes von Schloſſer nebſt einem ſchreiben an mich, weil nun verſchiedenes in meinem Brief Lentzen[1] betrift und von Ihm handelt das im pro memoia nicht ſteht; ſo wills hir beyfügen. 1.) ob die weimarer gegen Neu Jahr etwas geben wollen? 2.) daß Lentz wöchentlich 3 f alſo das Jahr 156 f koſtet, doch daß darunter 3.) keine Kleider begriffen ſind.

Es iſt ſehr unverantwortlich von Lentzens Vater ſeinen Sohn ſo zu verlaſſen und deſſen Freunden mit Moraliſchen Brühen und Chrien aufzuwarten. Auch iſts ſchlecht von Lentz daß Er lieber Faulentzt und ſeinen Freunden beſchwerlich wird, als daß Er zu ſeinem Vater nach Hauß ginge. Mit dem allen iſts aber doch ein armer Teufel und es iſt doch auch ſo eine ſache Ihn gantz zu verlaßen: Merck und ich wollen hertzlich gern auch was beytragen. In der Eil fält mir nur nachfolgendes ein, wißt Ihr was beſſers ſo thut als hätte ich nichts geſagt. Die woche 3 gulden N. B. ſchlecht Geld thut alle ¼ Jahr oder alle 13 wochen 39 gulden rechnet daß das in 6 Perſohnen getheilt wird trägt jedem alle ¼ Jahr 2 f : 10 xr. finden ſich mehere ſo verſtehts ſichs von ſelbſt daß es noch weniger macht. Wie geſagt Merck und ich ſind dabey — überlegts und ſagt mir Eure meinung nur mit ein paar Zeilen, damit ich Schloſſern Nachricht geben kan.

Inliegenden Brief gebt dem Docter, und ſagt Ihm, daß Er eheſtens eine lange ſchöne freundliche Epiſtel von Frau Aja erhalten ſoll, bißher haben es gewiſſe umſtände verhindert.

[1] Bei Lenz brach um dieſe Zeit Wahnſinn aus.

Goethe an seine Mutter

Frau Rat hatte ihrem Sohn geschrieben, daß sein Schwager Schlosser sich wieder zu verheiraten gedenke mit Johanna Fahlmer, der Freundin und Verwandten des Goetheschen Hauses.

(Weimar, November 1777.)

Sagen kann ich über die seltsame Nachricht Ihres Briefs gar nichts. Mein Herz und Sinn ist zeither so gewohnt daß das Schicksaal Ball mit ihm spielt daß es für's n e u e es sey Glück oder Unglück fast gar kein Gefühl mehr hat. Mir ist's als wenn in der Herbstzeit ein Baum gepflanzt würde, Gott gebe seinen Segen dazu, daß wir dereinst drunter sizzen Schatten und Früchte haben mögen. Mit meiner Schwester ist mir so eine starcke Wurzel die mich an der Erde hielt abgehauen worden, daß die Aeste, von oben, die davon Nahrung hatten, auch absterben müssen. Will sich in der lieben Fahlmer wieder eine neue Wurzel, Theilnehmung und Befestigung erzeugen, so will ich auch von meiner Seite mit euch den Göttern dancken. Ich bin zu gewohnt von dem um mich iezzo zu sagen: das ist meine Mutter und meine Ge= schwister ꝛc. ꝛc. Was euch betrifft, so seegnet Gott, denn ihr werdet auf's neue erbaut in der Nähe und der Riß aus= gebessert . . .

An Caroline Großmann

Gattin des Frankfurter Schauspieldirektors.

Franckfurth, d. 19ten Decembr. 1777.

Liebe Freundin! Das Vertrauen so Sie zu mir haben freut mich ungemein, ich würde es Ihnen in einer langen Epistel noch deutlicher Vorlegen, wann nicht mein Hauß von oben biß unten mit schönen Geistern vollgepfropft wäre. Wielandt ist schon einige Tage da, auch Freund Merck. Herr Docter Wagner wirds Ihnen sagen, daß von Morgens biß in die liebe Nacht alles drunter und drüber geht, denn liebe Frau Gevatterin da Sie selbst einen Poeten zum Mann haben, und also aus Erfahrung wissen daß die Gattung Menschen in einem Tag mehr unfug anrichtet, als wir andern arme Erden-würmer in einem Jahr; so können Sie Sich leicht meine dermahlige häußliche unordnung und Verwirrung vorstellen. Dieses schreibe ich Ihnen früh Morgens um 6 Uhr da alles noch in tieffen Schlaf begraben liegt. Sonst stehe ich freylich auch bey so dunckeler Jahrzeit so frühe nicht auf, aber Ihre Niderkunfft jagte mich aus den Federn. Tausendt Element dachte ich wenn die liebe Frau ins Kind-bett käme und wüßte unsre nahmen nicht und sie Taufften das arme Kind in der Angst Ursula, Angnes, oder wohl gar Tristmegistus, Diesem allen Vorzukommen berichte dann, daß ich Catharina Elisabetha, mein Sohn aber Johann Wolf-gang heisset. Nun liebe Frau Gevatterin! Gott seegne Ihre Niderkunfft ich werde mich auf alle guten Nachrichten von Ihnen freuen. Leben Sie wohl! grüßen den Herrn Gevatter, und küssen mein Goldiges Lottgen Tausendtmahl von mir und dem großpapa . . . .

An Philipp Seidel, Goethes Diener

den 2ten Jenner 1778.

Eure Neujahrs Briefe waren uns sehr angenehm, Herr Wieland soll euch auch davor einen heiligencrist mitbringen. Jetzt aber mögte ich gar gern wissen, ob die zwey Körbe Champanger wein bey Herrn von Kalb glücklich angekommen sind, ich schriebe schon neulich drum, aber ihr habts vielleicht vergessen . . . Wenn das Festein von der Regierenden Frau Herzogin vorbey ist so gebt uns auch Nachricht, wie alles zugegangen, denn eure Beschreibungen lesen wir sehr gern. Am 26ten December ist eine Schachtel an den Docter ab-gegangen, Er wird sie doch wohl erhalten haben? . . . Zuletzt vergeßt die Phisionokmik nicht.

Ich weiß noch gar zu gut wie ihr am runden Tisch den Götz v. B. abschriebet, und wie ihr das Lachen verbeißen

44

Studierzimmer von
Goethes Vater

woldet, da der junge Officier nichts beŋ der ſache zu dancken
fand. Jch freute mich damals ſchon über euch daß ihr das ſo
alles fühlen kondet Meine liebe und das Vertrauen zu euch
hat nun immer zugenommen, weil ich mich nicht betrogen und
ihr täglich Braver worden ſeŋd. Fahrt fort ein guter Menſch
zu ſeŋn, das wird euch in Zeit und Ewigkeit wohlthun. . . .

C. E. Goethe

An die Herzogin Anna Amalia

Die Herzogin Anna Amalia von Sachſen-Weimar, Mutter des regierenden Fürſten
Karl Auguſt, war im Juni und im Juli 1778, auf der Hinreiſe nach dem Rhein
und auf der Rückreiſe, in Frankfurt geweſen.

Franckfurth d 17ten Augſt 1778.

Theureſte Fürſtin! Tauſend und aber Tauſend Danck
vor alle uns erzeigte Gnade, und Liebe. O! wie ſeelig waren
wir in dem Umgang einer Fürſtin, Die die Menſchen liebt,
Jhres hohen ſtandes Sich ſo entäuſſerte, Sich herab läßt und
wird wie unſer einer, und da ſolte ſich nicht alles alles
freuen eine ſolche vortreffliche Dame wiederzuſehn? wäre es
möglich, daß es ſolche Unholden in der Natur gäbe; ſo müſten
ſie mir Staſache des Bergs Caukaſus ſeŋn, und das biß an
den jüngſten Tag. Meine Freude daß ich einen Höllen Bregel[1]
zu ſelbſt eigenem beſiß haben ſoll, können Jhro Durchlaucht
Sich ohnmöglich vorſtellen, da darf ich doch auf meine eigne
Hand lachen, ohne Herrn Krauße[2] böße zu machen — nur
ſchade daß die gnädige Freulein Thusnelde[3] nicht dabeŋ iſt,
wir wolten ein ſolches gekickerre verführen, wie über die
Moppelger[4] beŋ Herrn Ettling.[5] Jch ſtatte alſo meinen Unter-
thänigen Danck zum Voraus davor ab. Es hat mich biß zu
Thränen gerührt daß meine gnädige Fürſtin ſo gar auf der
Reiße an Mutter Aja denckt und ihr Freude zu machen ſucht.
So bald der Höllen-Bregel ankommt wird er in die kleine
Stube meinem Wohnzimmer gegenüber aufgeſtellt, ſonſt hieß
ſie gelbe, jetzt heißt ſie die Weimarer Stube, und alles

46

was ich von Weimar schon besitze, und wils Gott noch besitzen werde /: Denn Herr Krauße hat mir auch etwas versprochen:/ soll als ein Heiligthum drinnen aufbewahrt werden und wenn mir meine Einsamkeit und die schlechten Menschen um mich herum zur Last fallen, daß mirs in dem Luft Creiß zu schwer wird zum Odem zu kommen; so will ich in diese liebe Stube gehn, mich zuerst erinnern daß die Beste aller Für= stinnin auch hir auf und abgegangen ist, hernach alle meine sachen eins nach dem andern andächtig beschauen. Flugs wird mich meine Einbildungskraft nach Weimar versetzen und aller Druck — üble Laune — lange weile — und wie die bößen Geister alle heißen, werden über Hals und Kopf den reißaus nehmen. Der Vater hat eine solche Freude daß Ihro Durchlaucht sich seiner so gnädig erinnert haben und rechnet es unter den glücklichsten Zeitpunkt seines Lebens, daß er eine solche vortreffliche Fürstin die gnade gehabt hat kennen zu lernen: Er wird es ewig nicht vergeßen, und läßt sich Ihro Durchlaucht zu fernern Hulde und gnade unterthänigs emp= fehlen.

Freund Mercken habe ich seit seinem Abschied im rothen Hauß mit keinem Auge gesehen, aber ein gar herrlich Briefe= lein, worin unsere liebe Fürstin den Anfang und das Ende ausmachen, habe vorige woche von ihm erhalten. Diese woche hoffe ich ihn zu sehen — wie wird er sich freuen wann ich ihn versichere daß die herrlichste Fürstin und die vortrefflichste unter dem Menschengeschlecht noch mit wohlgefallen an ihn denckt und Sich seiner Gesellschaft so gnädig erinnert. Johann Caspar Bölling begreift biß diese Stunde nicht wie er als Kornhändler aller der großen Seeligkeiten hat theilhafftig werden können — danckt mit innigem Freuden gefühl vor das gnädige Andencken — und wird es biß an den letzten seiner Tage nicht vergeßen wie wohl es ihm vom 15ten biß den 20ten Juni /: wo er die Römergläßer ins Schiff be= sorgte :/ und vom 18ten biß den 27 Juli /: da er die gnade hatte Abschied zu nehmen :/ in seiner Seele geworden ist. Ich weiß Jhro Durchlaucht halten mir dieses lange geschreibe zu gnaden, den so lang ich von Jhnen rede oder dencke so könte ich 10 Jahre in einem fort machen und schreiben. Dor diesesmahl aber will ich doch nur noch das thun — den Dater, mich und den Docter Wolf zu fernerern gnaden Unterthänigst zu empfehlen. Jch verharre Ew. Durchlaucht Unterthänige und gehorsamste Dienerin Frau Aja.

[1] Pieter Brueghel, niederländischer Maler, nach seinen vielen Höllenbildern der Höllenbrueghel genannt. [2] G. M. Kraus, ein geborener Frankfurter, Direktor der herzoglichen Zeichenschule in Weimar, war im Gefolge der Herzogin Anna Amalia im Goethechen Haus in Frankfurt gewesen. [3] von Göchhausen, Hofdame. [4] Möpfe, kleine dicke Kinder. [5] Senator in Frankfurt.

Franckfurth den 11ten September 1778.

Theureste Fürstin! Der 8te September war vor mich ein Tag des jubels und der Freude. Zwey päcklein vom Eissenacher Postwagen wohl und schön behalten kammen bey Frau Aja Morgens um 10 Uhr richtig an, der herrliche Höllenpregel in dem einen, ein ganzer Berg voll vortrefflicher Handschu in dem andern machte mich so singend springend und wohlgemuth daß ich 20 Jahre auf der stelle jünger wurde das unvergleichliche Geschenck erfreute mein Hertz aus mehr als einer Ursach. Erstlich ist es an sich kostbahr und schön zum andern komt es von einer Fürstin vor die ich mein Leben ließe Wüsten Jhro Durchlaucht was ich fühle indem ich das schreibe so hätten Sie doch wenigstens einen kleinen Begrief von Mutter Ajas Herzen da das aber nicht möglich ist und man gemeiniglich durch das viele Reden und Schreiben die beste sache verdirbt; so ist mein inniger, herzlicher, heisser, warmer Danck das einzige was ich davor geben und sagen kan. Die seeligen Tage da ich die gnade hatte Tag täglich um Jhro Durchlaucht zu seyn machen mir wenn ich dran dencke auf der einen seite Freude die fülle, was sie mir aber auf der andern machen mag ich gar nicht sagen zumahl jetzt da wir Meße haben da erinnert mich alles an meine vorige Glückseligkeit Das ganze Rothe Haus voll Durchlauchten /: wor-

48

undter auch die Gemahlin vom Prinz Ferdinand sich befindet:/ was geht mich das aber alles an Frau Aja sahe einmahl eine Fürstin und wird außer D i e s e r schwerlich wieder so was zu sehen kriegen. Daß Docter Wolf die Gnade gehabt hat unserer b e s t e n F ü r s t i n im Stern eine kleine Freude zu machen ergötze mich sehr, Wieland hat an Bölling auch ein sehr liebes Briefelein über das Festein im Stern geschrieben, das geht aber alles gantz nathürlich und ohne Hexereyen zu Jhro Durchlaucht bringen zu großen und kleinen Festeins die Freude selbst mit, und an der sache liegt es also gar nicht, wann Bölling Merck die Tante und ich auf den punkt /: den Vater mit eingeschlossen :/ kommen; so werden wir in einem Tag nicht fertig, bekennen aber auch mit Mund und Hertzen daß Jhro Durchlaucht davon das eintzige Exempel auf Gottes weitem Erdboden Seyn. Aber Theureste Fürstin! Sie haben uns verwöhnt, es schmeckts uns nichts mehr, Frau Aja be- findet sich insbesondre vorjetzo in einer solchen dummen lage, daß wann ihr Houmor nicht gantz Rosenfarb wäre; so kriegte sie gantz gewiß das kalte Fieber. Jhro Durchlaucht kennen nachstehnende Personen nicht, können Sich also von meiner peinlichen Verfaßung keine idee machen: aber der Herr ge- heimdte Legations Rath Goethe dem dürffte ich nur sagen, dem Pfarrer Starck sein käthgen heurathet den dummen Buben Fritz Hoffmann, und Hironimus Peter Schloßer die ältste Jungfer Steitz — und mit allen den Philistern soll ich jetzt Essen, Trincken u. s. w. auch so gar pretendiren die Fratzen daß man sie Amusiren soll — aber ich hoffe zu Gott, Er wird mich auch einmahl von dem verkehrten Geschlecht befreyen, und nach überstandenem Leiden nach Weimar führen, da würde ich verjüngt wie ein Adler . . . .

Franckfurth d 16ten October 1778.

Theureste Fürstin! Tausendt Danck vor das gnädige An- den[cken] an Mutter Aja Die überschickten Lieder werden von mir gesungen und gespielt daß es eine art und schick hat,

doch über das von Ihro Durchlaucht Componierte Sieh mich
heiliger — geht nun eben gar nichts, das bleibt nun Tag
täglich auf dem Clavier Pult und wird allemahl zu erst und
zuletzt gesungen. Vor 14 Tage ist Schlosser mit seinem Weib
von hier weg, ich begleidete Sie biß nach Darmstadt und hatte
bey der Gelegenheit auch wieder einmahl einige frohe Tage
mit Mercken, daß das Andencken an Unsere Beste Fürstin
den Haubtinhalt unseres Gesprächs und unserer Freude aus=
machten, das versteht sich von selbst. Ich hatte das Vergnügen
wieder Menschenkinder von Weimar bey mir zu sehen, nehm=
lich Herrn von Stubenvoll nebst seiner Frau Gemahlin Ferner
Herrn von Staff — die musten dann wie billig mir viel viel
von Weimar erzählen. Gestern war Weinlese hir, es war
noch zimmlich Wetter und alles war frölich, mir aber fiel der
Herbst von 1772 ein da der Docter und Hoffrath Schlosser
mit wachs lichtern auf den Hüten wie geister im neuen weg
herum gingen, da waren noch viel andre und bessre Zeiten
vor Frau Aja. doch wirds vielleicht einmahl wieder Lustiger
und munterer um und neben mir: wollen das Beste hoffen.
Merck besteht drauf daß ichs Frühjahr mit Ihm nach Weimar
müßte — vor der Hand kan ich die möglichkeit noch nicht so
recht einsehen, wollens also einstweilen bey dem goldnen
spruch: Sorget nicht vor den andern Morgen, beruhen lassen.
Das Jahrmarcks=Fest von Plundersweiler möchte wohl mit
anschauen, und die austheilung der Rollen wissen — die
gnädige Freulein Thusnelde ist wohl so gnädig mir eine
getreue Relation davon abzustatten, ich werde Dieselbe
in einem eigenen Schreiben auf das höfflichste drum ersuchen.
Bölling legt sich Ihro Durchlaucht zu Füßen, und wenn Er
nur Dero Nahmen hört ist Er ein gantz anderer Mensch,
auch scheints Ihm nicht glaublich wieder so einen herrlichen
Sommer zu erleben, wie der von 1778. Ich hoffe daß die
Laterne nunmehro bey der Hand seyn und alle Sterne über=
leuchten wird. Der Vater danckt mit gerührtem Hertzen vor
das gnädige Andencken und freut sich hertzinniglich daß unsere

50

beſte Fürſtin ſeiner noch immer in gnaden denckt. Dieſes
iſt nun auch was Frau Aja vor ihre Perſon Unterthänigſt
bittet und begehret ...

Franckfurth d 24ten Novembr 1778.

Theureſte Fürſtin! Gottes reichen ſeegen über Ew.
Durchlaucht und über gantz Weimar! Das war einmahl
wieder ein Freytag der Mutter Aja Leib und Seele erfreut
hat. Ich hatte ſo ein Gaudium daß ich gar nicht wuſte ob
ich erſt leſen oder lucken, lucken oder leſen ſolte, mit einem
wort Frau Aja geberdete ſich wunderlich endlich fiel mir der
Brief von unſerer beſten Fürſtin in die Augen und nun wars
entſchieden. Alles übrige /: ſo ſchön und erfreulich es auch
war :/ muſte zurückſtehn und in dieſer Ordnung ſolls auch
jetzt gehn. Wie herrlich mir nun zu muthe ward als ich das
ſchreiben von Ihro Durchlaucht geleſen hatte, das iſt nicht
in meiner gewalt aufs papier zu übertragen, nein ſo was
iſt nicht möglich — ich wils in einem feinen guten hertzen
bewahren A m e n. Die Reiße nach dem lieben lieben Weimar
kan noch gar wohl aufs Frühjahr zuſtande kommen — Merck
beſteht ſteif und feſt darauf, und Ihre Durchlaucht können
Sich leicht vorſtellen daß das vor Frau Aja der höchſte grad
von irdiſcher Glückſeeligkeit wäre — Der Vater /: welcher
ſich Ew. Durchlaucht zu fernerem gnädigen Andencken unter=
thänig empfehlen läßt :/ nahm das gnädige anerbieten
Krantzen[1] in meiner abweſenheit zu Ihm zu ſchicken in
gantzen ernſt auf und freute Sich ſehr daß Er ſo dievertirt
werden ſolte. Ihro Durchlaucht ſehen daraus daß ſich die ſache
wohl wird machen laßen und ſo gantz ohnmöglich nicht ſcheint
— Indeſſen biß die Stunde ſchlägt erzähle ich mir die herr=
lichſten Mährlein davon und bin ſelig in der Hoffnung. Daß
uns das Jahrmarcks Feſt wieder auf lange Zeit vergnügt und
froh gemacht hat werden Ihro Durchlaucht leicht glauben.
über Ahasverus, Haman, und Mardochai, Eſter u. ſ. w. konten
wir mit lachen gar nicht fertig werden, beſonders gefiehlen

uns die 10 000 galgen — Herr Krauße soll ein apartes Dancksagungs schreiben von mir erhalten — die 3 Zeichnungen kan
man gar nicht genung ansehen, und ich glaube wenn einer
halb todt wäre er müßte lachen. Auch die Bänckelsängers
Verse und die gemahlten geschichten dazu sind gar nicht zu
bezahlen. Alles kriegt Rahmen und gläßer und wird in die
Weimarrer Stube zum ewigen Andencken aufgestellt. Bey der
gnädigen Freulein Thusnelde werde meinen ergebensten Danck
wegen der herrlichen Beschreibung und dem Verzeichnuß der
spielenden Persohnen abzustatten nicht ermangeln. Überhaubt haben mir die lieben und Braven Weimarrer in Zeit
von 8 Tagen so große Freude und Wonne gemacht, daß wenn
ich alles gehörig beantworten und in richtigkeit bringen will,
mann mir wenigstens 8 Tage Respiro verstatten muß: Dann
stellen sich Ew. Durchlaucht nur einmahl die sache vor!!!
Eine Beschreibung der Fete von Freulein Thusnelde, einen
Brief nebst present von Herrn Krauß, ein Brief von Wieland, ein ditto von der lieben Caroline Herder, noch
ein ditto nebst einschlag von Meister Phillipp u. s. w.
Nun die kurzen Tage — nun daß biß Mittwoch Catharinen
Tag ist, da mir Herr Crespel ein Concert und Soupée gibt —
ferner daß Freund Merck da ist, über das alles daß Madamm
la Roche hir ist; so kommt Suma Sumarum das Facit heraus
daß mann mit mir gedult tragen und daß ich ohnmöglich
das alles auf einen Posttag bestritten kan. Was ich thun kan
ist; daß niemand zu kurz bey der sache komen, sondern jeder,
nach standts gebühr und würden bedint werden soll. Jhro
Durchlaucht können aus meiner Laune schließen, wie glücklich
Sie mich wieder gemacht haben — Erhalten Sie mir Theureste
Fürstin diese Unschätzbahre gnade, es ist vor mich immer ein
sichrer und fester Stab woran ich mich halte wenn der Weg
meiner Wallfahrt schon über Dorn und Distlen geht. So weit
hatte ich geschrieben als die Ku[t]sche vor der Thür stand
mich in meine Montags gesellschaft abzuholen, da ich nach
Hauße kam /: nehmlich Abens um 9 Uhr :/ fande einen
52

Brief von Freulein Thusnelde /: das ist doch ein liebes gutes Mädelein die Mutter Aja vor falschem geträsch zu bewahren:/ Der von Ew. Durchlaucht Kranckheit, aber Gott sey Milioenmahl Danck gesagt auch von Dero völligen geneßung einen sehr guten Bericht abgestattet hat. Noch einmahl, und abermahl, Nun dancket alle Gott Mit hertzen, Mund, und Händen. Montags Abens um 11 Uhr.

Dinstags früh. Diese gantze Nacht träumte ich von Weimar besonders aber von Jhro Durchlaucht, da kams mir vor als ginge ich über die Zeil und Jhro Durchlaucht säßen auf dem Balcon im Rothen hauß, riefen mir zu ich solte herauf kommen ich hatte auch großen lusten, es musten aber vorher noch allerley Dinge gethann und bestritten werden, die mir im Traum sehr wichtig vorkammen, das wolte ich nun alles geschwind abthun, arbeitete mit so großer unruhe daß ich drüber wach wurde — So gantz ohne bedeutung dürfte der Traum nun wohl nicht seyn indem ich es einmahl vor ohnmöglig halte den Vater allein zu laßen — es ist gar zu abwechslend mit Jhm in der einen stunde glaubt Er selbst daß es anginge und in der andern macht Jhn der bloße gedancke meines fortgehns kranck — müßen es eben abwarten bis der Frühling komt und als dann sehen was in der sache zu thun ist. Mit mir mags werden wie es will ich mag reißen oder daheim bleiben, wenn ich nur immer höre und erfahre daß Unsere beste Fürstin /: mir und noch so vielen Tausend Menschen zum trost :/ im höchsten wohlseyn Sich befindet, und zuweilen mit Huld und gnade an Mutter Aja denck.

Theureste Fürstin! Solten Sie nur einmahl zuhören wan Merck und ich von Jhnen anfangen zu erzählen, und wie wir uns einander Glück wünschen und freuen und frölich sind daß wir Unsere herrliche und beste Fürstin von Angesicht zu Angesicht zu kennen die gnade gehabt haben. So könte ich nun noch 10 Bögen hintereinander fortschreiben . . .

[1] J. F. Kranz, Weimarer Kammermusiker, Januar 1778 zum ersten Male im Goetheschen Hause in Frankfurt.

An Wieland

Lieber Sohn! Merck war 3 Tage bey uns, da Er fort ist suche ich im Zimmer nach, raume auf, wie das bey Poeten ein sehr nötiges werck ist, wie Ihr aus vorgehendem Brief zu genüge ersehen könt. Den der arme Brief hätte gewiß gelegen und wäre niemahls an ort und stelle gekommen hätte Frau Aja weniger Einsicht in das Poeten wesen. Aber die ist Gott sey danck noch nicht aus der übung obgleich herr Wolfgang Goethe schon 3 Jahr Ihr Haus nicht mehr erfreut, sondern sein Licht in Weimar leuchten läßt. Lieber Sohn! Habt die Güte und bestelt innliegende Briefe auf beste — bey dem Anti=Pope[1] ist auch alles besorgt, jeder hat so seine Art und Kunst. Bald wünsche ich gute neue Mähr von Eurem lieben Weib u Euch zu hören. Ich bin, wiewohl in großer Eil Eure wahre Freundin C. E. Goethe.

[1] Spitzname ihres Schwiegersohnes Georg Schlosser, nach seiner 1776 erschienenen Schrift „Anti-Pope".

An die Herzogin Anna Amalia

Ihro Durchlaucht Legens recht drauf an Goetheens Vater und Mutter in ihrer Einsamkeit zu erfreuen. Kaum haben wir uns über den Jahrmarckt und alles was dabey war herrlich ergötzt; so bringt der Postwagen wieder etwas in schönem grünem Wachstuch wohl verwahrt mit — wie der Blitz ist Frau Aja dahinter her macht in einer geschwindigkeit die Cordel ab und will nun sehen was es ist — da waren aber so viele Nägel herauszuziehen daß Frau Aja eben alle ihre gedult zusammen nehmen und warten mußte biß die Zange und der Hammer das ihrige gethann und der Deckel vom Kästgen in die Höhe ging: nun lag noch ein papier drauf, rischs war das auch weg, und Frau Aja that einen großen schrei als sie ihren Häschelhanß erblickte. Wir finden viele gleichheit drinnen, und haben eine große herrlichkeit damit wie das Jhro Durchlaucht Sich leicht vorstellen können, da wir ihn selbst in 3 Jahren nicht gesehen haben, zumahl da er im Frack gemahlt ist worin ich ihn immer am liebsten so um mich herum hatte, und es auch seine gewöhnliche tracht war. Jetzt wird eine Rahm drum gemacht und es wird in die Weimarrer Stube aufgestellt, so wie auch die 3 Zeich= nungen aus dem Jahrmarckt. Nun Theureste Fürstin! nehmen Sie den innigsten wärmsten und hertzlichsten Dank von Vater und Mutter davor an, und erhalten uns und Docter Wolfen Dero Unschätzbahre gnade, wir glauben auch vestiglich daß Jhro Durchlaucht unsere Bitte erhören, und immer vor uns /: und Gott gebe :/ und unsere Nachkommen die Huldreichsle und gnädigste Fürstin seyn und bleiben werden. Vor den Musicalischen Jahrmarck dancke auch unterthänigst, und werde so bald ich alles durchgespielt habe Jhro Durchlaucht schreiben wie mir dabey zu muthe war, von aussen sieht mann schon daß es von einer Fürstin kommt, der prächtige Band, die vortreflich geschriebene Noten u. s. w. So große lusten ich hatte alles stehn und liegen zu lassen um zu Singen und zu spielen; so glaubte ich doch daß es schöner wäre unsere Besten Fürstin gleich zu dancken und keinen Posttag vorbey gehen zu laßen. Daß Jhro Durchlaucht spinnen freut mich sehr, Frau Aja hats auch einmahl starck getrieben, und kans noch so zimmlich. An der Spinnerey vom Docter habe so meine Freude daß ich ihm ehestens 25 ℔ schönen feinen Flachs zum geschenck überschicken will. Wann es nicht beynnahe 5 uhr wäre so schriebe ich so wahr ich lebe einen andern Brief, ich begreife gar nicht wie ich so entsetzlich gehudelt habe, die Federn tauchten nichts, das papier floße. Jhro Durchlaucht verzeihen nur, auf ein andermahl sols schöner werden. . . .

Franckfurth den 19 Februar 1779

Durchlauchtigste Fürstin! Was soll ich zu erst, was soll ich zu letzt sagen! Mein Hertz ist zu voll alle Ausdrücke gefallen mir nicht, sagen das nicht was ich fühle — so gern sagen wolte — Aber Theureste Fürstin Sie kennen mein Hertz und werden leicht begreifen wie mir zu muthe war als ich die Schachtel eröfnete, und das Liebreiche, Holdselige, Freundliche Anglitz meiner Großen Verehrungswürdigen A m a l i a erblickte, und zwar mit einer solchen erstaunlichen gleichheit, daß ich in meinem gantzen Leben so keine Sihlouette gesehen habe — Von der übrigen kostbahrkeit, Pracht und Schönheit der Dose kan ich weiter gar nichts sagen als daß es ein würcklich Fürstliches Geschenck ist. O! was können die großen, die Götter dieser Welt, wenn Sie Einer Amalia gleichen vor Freuden um Sich her verbreiten! So habe ich noch keinen Geburthtag gefeyert — nein warlich noch keinen! Was wird mir das herrliche Geschenck noch alles vor Freude bereiten! was werden meine Freunde Merck, Bölling, die Samstags Mädel sagen — Morgen, Gott lob schon Morgen ist Sambstag! was soll das vor ein Festtag seyn! Das was jetzt kommt hätte ich nur wünschen mögen daß Ihro Durchlaucht Davon ein Augenzeuge gewesen wären. Als der Vater herunter zum Essen kam fand er das Futteral auf seinem Teller, er machte es auf, fuhr vor Erstaunen zusammen — großer Gott das ist ja unsere Frau Herzogin mit Leib und Seele, und was ist das vor eine prächtige Dose — als ich ihm die sache erklährt hatte war er eben so erfreut und erstaunt wie ich. Mit einem Wort es war ein Tag der Freude und des Wohllebens, ein Geburths tag wie noch keiner war. Nun Durchlauchtigste Fürstin! was soll ich weiter sagen oder schreiben — ich bin über dieses neue und große Kennzeichen von Dero Gnade so gerührt so im innersten grund der Seelen bewegt daß alle dankbahre Ausdrücke zu schwach, und alle Worte zu wenig sagen würden — nur eins kan Frau Aja — So lange es noch der Göttlichen Vorsehung gefält mich hie-

56

nieden herum wandlen zu laßen, Tagtäglich das herrliche
Ideal von Einer Fürstin mit Knie=Beugung zu verehren, und
mit stillen Freudenthränen vor dieses neue Zeichen Dero
Gnade, als vor alle vorhergende, meinen innigen, hertz=
lichen und wärmsten Danck vor dem Theuren Bildnüß abzu=
statten, und mich ewig der glücklichen Tage zu erinnern, daß
das Original hir unter uns war, und meinem Hauß be=
sonders dadurch groß Heil wiederfahren ist. . . .

An Schauspieldirektor Großmann

Franckfurth d 19ten Februar 1779

Lieber Herr Gevatter! Dancke gar schön in unserm und
der Welt nahmen daß durch Ihnen abermahls ein schönes
Geschöppf mehr bey der Hand ist, die liebe Frau Gevatterin
soll auch /: und zwar den größten theil :/ dran haben —
Es ist keine geringe wohlthat vor das Menschengeschlecht, daß
noch Leute da sind die die Welt mit schönen Gestalten ver=
sehen, den warlich Fratzen und Affengesichter sieht mann die
menge, also nocheinmahl einen schönen großen Danck. Wie
gehts Ihnen den in Bonn? sind Sie zufrieden? Haben die
Leute geschmack? Vielleicht mehr als die Franckfurther. Die
günstige aufnahme des Hamlets hatte mir beynahe unser
Publicum ehrwürdiggemacht, aber beym Licht besehen, war
es nichts gar nichts als neugirde — etliche wenige aus=
genommen resoniren sie wie die Pferde. Vor einigen Tagen
trafe ich in einer Gesellschafft eine Dame von der so genandten
großen Welt an, die vom Hamlet das Urtheil fällte es wäre
nichts als eine Farse — O!!! Gevatter! Gevatter! Hamlet
eine Farse!!!!! Ich dachte ich kriegte auf der stelle eine
Ohnmacht — Ein anderer behaubtete /: noch obendrauf mit
dem ausdruck :/ Daß ihn der Teufel holen solte, wo er nicht
eben so ein Ding voll unsinn schreiben könte, und das war
ein Dicker Vierschröderischer Weinhändler. Da ist nun als

57

ein Getreiſche von unſerm Jahrhundert, von erleuchten Zeiten
u. ſ. w. und doch iſt, /: eine kleine Zahl ausgenommen die
freylich das Salz der Erden ſind :/ bey denen Herrn und
Damen alles ſo ſchal, ſo elend, ſo verſchoben, ſo verſchrumpft,
daß ſie kein ſtück Rindfleiſch kauen und verdauen können —
Milchbrey — gefrohrne ſachen — Zuckerpletzger — hogout
das iſt ihr Labſahl, freylich verderben ſie ſich den Magen
dadurch noch immer mehr, aber wer kan helfen — Wen ich
Schauſpiel Directtor wäre, /: ſo will ich ſchippen Dame
ſeyn :/ wen ſie nicht den Hermann von Frau Gottſched[1]
zu genießen kriegen ſolten, es iſt ein feines ſtück, regelmäßig,
moraliſch, mit einem wort nicht ſchwer zu verdauen — Der
Schauplatz ſtelt einen Wald vor, an den Bäumen hängen
Bildnüße von alten Helden, Herrmann und ſein Vater tretten
auf — Vater. Nun Herman höre zu, und merke mit bedacht,
warum dein Vater dich in dieſen Hayn gebracht — Sohn!!!
wo dich Muth und Glück zu edlen Thaten tragen; ſo laß dir
deine pflicht /: Er wendet Sich gegen die Bäume :/ von dieſen
Bildern ſagen u. ſ. w. Was Herman drauf zur Antwort gibt
habe ich vergeßen, den ich war 10 Jahr alt als es hir gegeben wurde. Halt — ho, ho — es war mein ſteckenpfferd
gemeint, das gar zu gern im Galopp geht, der ſpaß paſirt
ihm eben nicht oft — Wenn ich in eine honette Companie
gehe wirds vernageld. Darum thut ihm die Freyheit ſo wohl,
aber jetzt Punctum Die Commiſion nach Weimar ſo wohl
wegen der guten Muhme als auch wegen des Coffers ſind
aufs Beſte beſorgt, und erwarte ich von Phillipp Herrn
Goethens Blitz pagen eheſtens antwort die Sie ſo gleich
vernehmen ſollen. Die liebe Frau Gevatterin iſt doch wieder
recht wohl? grüßen Sie Sie ja recht ſchön — und die goldne
Lotte, und das Hänßgen, Vergeßt auch die Flittnern[2] nicht,
und zwar das alles von Herr Rath und von mir, die ich bin,
lieber Herr Gevatter! Eure wahre Freundin. C. E. Goethe.

[1] iſt nicht die Verfaſſerin; das Stück iſt von Joh. Elias Schlegel.   [2] Stieftochter des Adreſſaten, ſpäter Gattin des Schauſpielers Unzelmann.

An Lavater

Lieber Sohn! Lange schon sehr lange ist es daß wir von Euch mein Bester nichts gesehn und vernommen haben, aber was schadet daß Ihr Seydt in unser Hertz so tief ein=geprägt — Euer Andencken ist so im Seegen unter uns — Euer Liebevolles, freundliches Angesicht steht so gegenwärtig vor unsern Augen, daß keine Briefe, keine tode Buchstaben nöthig sind uns zu errinnern daß der herrliche Mensch Lavater in unserm mitte war und unter uns gewandelt hat. Was mir in dieser Werckeltags Welt am wenigsten ansteht, ist, daß die besten Menschen einander gar wenig seyn können — Der plan Gottes erfordert daß der eine in Osten und der andre in Westen die Welt einsaltzen und vor der Fäulniß bewahren muß — Meine Lieben und Freunde sind alle weit weit von mir weg — meine ewig geliebte Klettenbergern in einer bessern Welt, meine Fahlmern in Emmedingen. Es mögen wohl noch gute Menschen in Franckfurth seyn, villeicht ver=wundre ich mich einmahl in der Ewigkeit daß ich sie hir verkandt habe — aber vor der Hand, geht doch Frau Aja ihren pfad allein fort.

Was macht Ihr denn lieber bester Sohn? was Eure liebe Frau, sambst Kindern und Freunden? ich hoffe daß alles vergnügt und wohl ist, Gott erhalte Euch dabey Amen. . . .

Euer Bruder Wolf befindet sich Gott sey Danck in Weimar recht wohl — Die Herzogin Mutter war vorigen Sommer hir, eine vortreffliche Frau das glaubt mir auf mein Wort — großes edeles Menschengefühl belebt Ihre gantze Seele, aber Sie schwätz und prahlt nicht, wie das so viele falsch empfindsame zu thun gewohnt sind. Nun bester Lavater Gottes Seegen über Euch und alle die Eürigen. Grüßt alles was noch an uns denckt, und Seyd versichert, daß ich biß an das Ende meiner Wallfahrt bin Eure wahre Freundin u treue Mutter C. E. Goethe.

An Wieland

Lieber Sohn und Gevatter! Die Sünde der Undanckbahr=
keit liegt schwer auf mir — Sechs Briefger liegen mir vor
Augen, eben so viel Mercure und Frau Aja hat eben ihrem
lieben Wieland lange lange nichts gesagt ohngeachtet Er ihr
so manche Freude mit seinem Mercur gemacht hat, zu meiner
Entschuldigung kan ich weiter nichts sagen als daß unserm
Lieben Herr Gott Sein prächtig Wetter die größte Ursach
meiner Faulheit im schreiben ist, Tag täglich Marschire ich
durch Feld und Wald und Fluhr u. s. w. Gestern Abend als
ich von einem herrlichen Spazirgang nach Hauße kam lasse ich
Pervonte oder die Wünsche, hatte darob eine solche Freude,
fühlte so gantz was Ihr vor ein herrlicher Mensch, vor ein
lieber Wieland Seyd, und daß keiner vor Euch und schwerlich
einer nach Euch seyn wird der in solcher Art von Gedichten
und Erzählungen den grad erreichen wird den Ihr von Gottes
gnaden, und der Mutter Natur empfangen habt. . . . Ihr
wißt doch lieber Sohn was mir unsere Liebe Frau Herzogin
vor eine Freude gemacht hat? O wenn Ihr Frau Aja gesehen
hättet! das war ein Geburths Tag! Ich habe zwar gleich auf
der stelle meine Freude und Danckbahrkeit in einem Brief an
Ihro Durchlaucht darzulegen gesucht, allein es sind nachher
zu großem Vergnügen der Frau Aja noch solche Dinge mit
der herrlichen Dose pasirt, daß ich ein Tagbuch drüber schreiben
könte. Bölling kommt alle Tage um seine Andacht vor dem
Liebevollen Anglitz unserer Theuren Fürstin zu halten —
manchmahl reißt Ihn sein entzücken so hin daß Er sich gantz
vergißt — So soll mich der Teufel holen /: ruft Er dann
aus :/ wenn ich begreife wie mann so einen Schattenriß
machen kan — liebe Frau Aja fragen sie doch die weimarer
wer das gemacht und ausgeschnitten hat, je mehr mans an=
sieht je unbegreiflicher kommts einem vor — es ist unsere
Beste Fürstin mit Geist Seele und Leib — ich werde noch
60

ein Narr drüber, und so ist Er im stande eine glocken=stunde
immer in einem fortzureden. Freund Merck den ich seit dem
vorigen November weder gesehen noch das geringste von
Ihm gehört habe ist vermuthlich in seine Cartoffeln, seinen
Fuchs und dessen Füllen so verschammerirt daß Er alles
drüber vergißt — Sanct Velden wird Ihn doch diese Meße
herführen — O! was wird der erst zu meiner Dose sagen!
Empfehlet mich ja unsere[r] Theuren Herzogin zu fernerer
Gnade — die liebe Freulein Thusnelde versichert meiner
aufrichtigen Freundschaft und Hochachtung — Freulein von
Stein — Herrn von Einsidel[1] — Herrn Krauße alles alles
grüßt von Frau Aja den Papa mit eingeschlossen. Euer Weib
das ein rechter Fruchtbahrer Weinstock ist, und Eure Öhl=
zweige, besonders meinen lieben Paten küßt und grüßt von
uns 1000 mahl . . . Frau Aja.

[1] Kammerherr in Weimar.

An Goethes Diener, Philipp Seidel in Weimar

den 3ten Aprill 1779

Gestern erhielte die Musick, sagt unserer besten Fürstin
den unterthänigsten Danck davor — Auch Herrn Krantz ver=
sichert unserer liebe und Freundschafft — billig hätte ich Ihm
schon lange auf Seine Freundschafftliche Briefe antworten
sollen — aber wies so geht mann verschiebts von einer
Zeit zur andern u. s. w. Daß ich meine schöne Tasse wieder
habe freut mich gar sehr — Ihr solt vor die gute Besorgung
meinen großen Danck haben, auch bey erster gelegenheit, den
großen Thaler den sie gekostet hat, ferner die auslage wegen
des Koffers — Mit dem ehesten wird Euer Herr durch einen
Fuhrmann wieder 6 Krüge alten Wein — und ein gantzes
dutzendt nagelneue Strümpfe von mir erhalten — sie sind
alle von einer Hand gestrickt, und werden dem Herrn Docter
sehr wohl behagen. Jetzt Phillippus habe ich einen auftrag
der zum krancklachen ist — stelt Euch vor! es betrieft die

61

Schulmeister stelle in Umpferstedt — Der ehrliche Mann der
sie gerne hätte ist Schulmeister zu Zillbach, und heißt Johann
Valentin Hartmann, Er hat seine hiesige Freunde an mich
geschickt die mich dann sehr gebeten haben, ein Vorwort beym
Docter einzulegen — Ich dachte aber es wäre beßer Euch
davon nachricht zu geben Ihr könts Eurem Herrn vortragen
— und wens angeht so würde es mir lieb seyn — Ihr habt
Eure sachen bißhie her so gut ausgericht, daß ich an dieser
Commision auch nicht im geringsten zweifle. Wünsche von
Hertzen daß das Osterener fest möge gut abgelaufen seyn —
könte ich aber nur den 3ten Feyertag bey Euch seyn! Nun
ich werde doch das neue stück auch zu lesen bekommen — das
soll einstweilen mein trost seyn. Lebt wohl! grüßt alles
von mir besonders gevatter Wieland und sagt Ihm ich ließe
mich vor den letzten Mercur bedancken — aber von Pervonte
hätte ich die Vortsetzung vergeblich gesucht. Nun Gott be=
fohlen! Es ist Ostersambstag und Frau Aja hat noch viel
zu schaffen . . .

N. S. Zu mehrerer Deutlichkeit, kommt hir des Schul=
meister Brief in Natur mit.

An die Herzogin Anna Amalia

Franckfurth den 11ten Aprill 1779

Durchlauchdigte Fürstin! Nach dem Appetitt meiner
Samstags mädel zu rechnen müßen die kleine büßgüttiger
längst alle seyn — Ich nehme mir hir die große Freyheit,
Ew: Durchlaucht noch eine kleine Provision zu übersenden,
nehmen Sie Beste Fürstin meine Freyheit ja nicht ungnädig.
Bey uns ists Meße!!! Weitmäuligte Laffen, Feilschen und
gaffen, Gaffen und kauffen, Bestienhauffen, Kinder und
Fratzen, Affen und Katzen u. s. w.[1] — Doch mit Respect geredt
Frau Aja, Madamm la Roche ist auch da!!!! Theureste
Fürstin! Könte Docter Wolf den Tochtermann sehen, den
die Verfasserin der Sternheim[2] Ihrer zweyten Tochter Louise

62

aufhengen will; so würde Er nach seiner sonst löblichen Ge=
wohnheit mit den Zähnen knirschen, und gantz Gottloß fluchen.
Gestern stellte Sie mir das Ungeheur vor — Großer Gott!!!
Wenn mich der zur Königin der Erden /: America mit ein=
geschlossen :/ machen wolte; so — ja so — gebe ich Ihm einen
Korb — Er sieht aus — wie der Teufel in der 7ten Bitte in
Luthers kleinem Catesichmus — ist so dumm wie ein Heu
Pferd — und zu allem seinem seinem Unglück ist Er h o f f =
r a t h — Wann ich von all dem Zeug was begreife; so will
ich zur Auster werden. Eine Frau wie die la Roche von einem
gewiß nicht gemeinem Verstand, von zimlichen Glücksgütern,
von Ansehn, Rang u. s. w. die es recht drauf anfängt Ihre
Töchter unglücklich zu machen — und doch Sternheime und
Frauenzimmer Briefe schreibt — mit einem Wort, mein Kopf
ist wie in einer Mühle. Verzeihen Ihro Durchlaucht, daß ich
Ihnen so was vor erzähle, ich habe aber eben das Awentheuer
vor Augen — und die Thränen der guten Louise kan ich nicht
ausstehn — Der 3te Feyertag ist doch glücklich vorbey ge=
gangen, ich hoffe — auch etwas davon zu vernehmen? Die
Freulein Thusnelde hat eine gar schöne gabe solche Festivi=
teten zu beschreiben, und ich glaube Sie wird Ihren Ruhm
behaupten, und Frau Aja was davon zukommen laßen, dann
das Jahrmarcksfest hat Sie gantz herrlich beschrieben — thut
Sies — So haben Ihro Durchlaucht die gnade Ihr von den
Büsquittger auch Ihren antheil zu überreichen . . . .

¹ Stelle aus Goethes „Jahrmarktsfest zu Plundersweilern“. ² Sophie
von La Roche; Wieland hatte 1771 ihre „Geschichte des Fräulein von Sternheim“
herausgegeben.

Franckfurth den 26ten Juli 1779

Mittwochs als den 21 Juli Mittags 12 uhr saßen die
wackern Ritter von Einsiedel¹ und Merck an der berühmten
Taffelrunde — Speißten Welschhanen Paßtete und trancken
echten 26² — Frau Aja war frölig und wohlgemuth über alle
die guten Nachrichten die diese Brave Menschenkinder von
Weimar erzählten. Nochmehr aber wurde ihr Hertz mit

Freude und Wonne erfühlt, da Herr von Einfidel einen fehr schönen Geldbeutel hervor brachte und ihn mir zum Andencken von Unferer Beften Fürftin überreichte — Wäre ich im ftande Ihro Durchlaucht es recht lebendig darzuftellen, was da alles in meiner Seele vorgeht, wenn durch fo ein äufferliches gnadenzeichen mein Hertz die Verficherung empfängt — daß die Theurefte Fürftin Amalia noch in Liebe an Mutter Aja denckt — ich weiß Sie freuten Sich meiner Freuden — aber fo was aufs papier zu ftellen vermag ich nicht — nur den größten und hertzlichften Danck hieher zu fchreiben, das ver-mag ich ——— Mit dem Poftwagen haben wir auch zwen koftbahre Bücher die Befchreibung des Vefuvus von Ham-milton erhalten, Merck fagte /: da kein wort daben gefchrieben war und wir alfo fragten was das mit den Büchern vor eine Bewandtnüß hätte :/ Ihro Durchlaucht der Herr Herzog fchickten folche dem Papa zum anfehen weil Sie glaubten ihm dadurch eine Freude zu machen — Dürffen wir Ihro Durch-laucht Unterthänigft bitten Ihro Durchlaucht dem Herrn Herzog vor diefes gnädigfte Andencken unfern größten und beften Danck abzuftatten. Der Vater fitzt tagtäglich drüber und bewundert die erftaunliche und herrliche Arbeit, fobald er fich fatt gefehen hat, follen fie mit unterthänigftem Danck und wohl behalten zurück gefchickt werden — Ferner haben wir einen Schattenriß vons Docters gantzer geftalt erhalten fo was ähnliches ift noch gar nicht gefehn worden — das machte uns nun wieder ein groß gaudium — es wird ein glaß drüber gemacht und in die Weimarrer Stube gehengt — Mit einem Wort, alle Freuden derer ich mich nun bald an die 4 Jahr befinnen kan kommen aus dem gebenedenten Weimar. Ena wär Mutter Aja auch nur einmahl da ———————— Ihro Durchlaucht! haben die gnade Freulein Thusnelde und Gevatter Wieland hertzlich von mir zu grüßen, mit der Ver-ficherung daß ich Ihre liebe Briefger eheftens beantworten werde vor heut aber ifts ohnmöglich — Künfftigen Mittwoch ift ben einer meiner Freundinnen große gefellfchafft da wird

64

Frau Aja prangen, mit der herrlichen Dose, mit dem vor=
trefflichen geldbeutel /: den es wird starck in der Carte
gespielt :/ und endlich mit den Eissenacher handschuen die
außer mir keine lebendige Seele hat. — Es ist immer ein
großer spaß, wie mich die Baasen um das alles befragen. . . .

¹ Kammerherr der Herzogin.   ² Wein vom Jahre 1726.

Goethe an seine Mutter

Weimar, 9. August 1779.

Mein Verlangen Sie einmal wiederzusehen, war bisher
immer durch die Umstände in denen ich hier mehr oder
weniger nothwendig war, gemäsigt. Nunmehr aber kann
sich eine Gelegenheit finden, darüber ich aber vor allem das
strengste Geheimniss fordern muss. Der Herzog hat Lust den
schönen Herbst am Rein zu geniesen, ich würde mit ihm gehen
und der Kammerhr. Wedel. Wir würden bey Euch ein=
kehren wenige Tage da bleiben um den Messfreunden auszu=
weichen dann auf dem Wasser weiter gehn. Dann zurück=
kommen und bey euch unsre Städte aufschlagen um von da
die Nachbaarschafft zu besuchen. Wenn sie dieses prosaisch
oder poetisch nimmt so ist dieses eigentlich das Tüpfgen aufs i,
eures vergangnen Lebens, und ich käme das erstemal ganz
wohl und vergnügt und so ehrenvoll als möglich in mein
Vaterland zurück. Weil ich aber auch möchte daß, da an den
Bergen Samaria der Wein so schön gediehen ist auch dazu
gepfiffen würde,¹ so wollt ich nichts als daß Sie und der
Vater offne und feine Herzen hätten uns zu empfangen, und
Gott zu dancken der Euch euren Sohn im dreißigsten Jahr auf
solche Weise wiedersehen läßt. Da ich aller Versuchung wider=
standen habe von hier wegzuwitschen und Euch zu überraschen,
so wollt ich auch diese Reise recht nach Herzenslust geniessen.
Das unmögliche erwart ich nicht. Gott hat nicht gewollt dass
der Vater die so sehnlich gewünschten Früchte die nun reif
sind geniessen solle, er hat ihm den Apetit verdorben und so

feys. ich will gerne von der Seite nichts fordern als was ihm
der Humor des Augenblicks für ein Betragen eingiebt. Aber
Sie mögt ich recht fröhlich sehen, und ihr einen guten Tag
bieten wie noch keinen. ich habe alles was ein Mensch ver=
langen kan, ein Leben in dem ich mich täglich übe und täglich
wachse, und komme diesmal gesund, ohne Leidenschafft, ohne
Verworrenheit, ohne dumpfes Treiben, sondern wie ein von
Gott geliebter, der die Hälfte seines Lebens hingebracht hat,
und aus vergangnem Leiden manches Gute für die Zukunft
hofft, und auch für künftiges Leiden die Brust bewährt hat,
wenn ich euch vergnügt finde, werd ich mit Lust zurückkehren
an die Arbeit und die Mühe des Tags die mich erwartet.
Antworte Sie mir im ganzen Umpfang sogleich. Wir kommen
allenfalls in der Hälfte Septembers . . . .

¹ Die im ersten Teil dieses Buches erwähnte Bibelstelle, durch welche einst
bei der schweren Krankheit des jungen Goethe die Mutter getröstet worden war.

(Weimar, Ende August 1779.)

So eine Antwort wünscht ich von Ihr liebe Mutter,
ich hoffe es soll recht schön und herrlich werden. Also eine
nähere Nachricht von unsrer Ankunft. Ohngefähr in der
Hälfte September treffen wir ein und bleiben ganz still
einige Tage bey Euch. Denn weil der Herzog seine Tanten
und Vettern die auf der Messe seyn werden nicht eben sehen
möchte wollen wir gleich weiter und auf dem Mayn und
Rhein hinab schwimmen. Haben wir unsre Tour vollendet;
so kommen wir zurück und schlagen in forma unser Quartier
bey Ihr auf, ich werde alsdenn alle meine Freunde und
Bekannte beherzigen, und der Herzog wird nach Darmstadt
gehen und in der Nachbaarschafft einigen Adel besuchen. Unser
Quartier wird bestellt wie folgt. Für den Herzog wird im
kleinen Stübgen ein Bette gemacht, und die Orgel wenn sie
noch da stünde hinausgeschafft. Das grose Zimmer bleibt für
Zuspruch, und das Entrèe zu seiner Wohnung. Er schlafft
auf einem saubern Strohsacke, worüber ein schön Leintuch
gebreitet ist unter einer leichten Decke . . .

66

Das Caminstübgen wird für seine Bedienung zurecht gemacht ein Matraze Bette hinein gestellt.

Für Hr. v. Wedel wird das hintere Graue Zimmer bereitet auch ein Matrazzen Bette x.

Für mich oben in meiner alten Wohnung auch ein Stroh= sack x. wie dem Herzog.

Essen macht ihr Mittags vier Essen nicht mehr noch weniger, kein Geköch, sondern eure bürgerlichen Kunststück aufs beste, was ihr frühmorgens von Obst schaffen konnt wird gut seyn.

Darauf reduzirt sichs also dass wir das erstemal wenn wir ankommen iederman überraschen, und ein paar Tage vorbeygehn eh man uns gewahr wird, in der Messe ist das leicht. In des Herzogs Zimmern thu sie alle Lüstres heraus, es würde ihm lächerlich vorkommen. Die Wandleuchter mag sie lassen. Sonst alles sauber wie gewohnlich und ie weniger anscheinende Umstände ie besser. Es muss ihr seyn als wenn wir 10 iahr so bey ihr wohnten. Für Bedienten oben im Gebrochnen Dach bey unsren Leuten sorgt sie für ein oder ein Paar Lager. Ihre Silbersachen stellt sie dem Herzog zum Gebrauch hin Lavor, Leuchter x. Keinen Kaffe und dergl. Wedel wird ihr sehr behagen, der ist noch besser als alles was sie von uns Mannsvolck gesehen hat.

Also immer ein tiefes Stillschweigen, denn noch weis kein Mensch hier ein Wort. Was ihr noch einkommt schreibe sie mir. Ich will auf alles antworten, damit alles recht gut vorbereitet werde . . .

An die Herzogin Anna Amalia

Franckfurth d 24ten September 1779.

Durchlauchdigste Fürstin. Der 18te September war der große Tag da der alte Vater und Frau Aja, denen seeligen Göttern weder Ihre Wohnung im hohen Olymp, weder Ihr

Ambrofia noch Nectar, weder Ihre Vocal noch Inftrumentthal Mucic beneideten, fondern glücklich, fo gantz glücklich waren, daß fchwerlich ein fterblicher Menfch jemahls größre und reinere Freuden gefchmeckt hat als wir beyde glückliche Eltern an diefem Jubel und Freuden Tag — Niemahl hat mich mein Unvermögen eine fache gut und anfchaulich vor zutragen mehr beläftig als jetzt da ich der Beften Fürftin /: von Der doch eigendtlich alle diefe Freude ausgeht, die doch eigenlich die erfte Urfach aller diefer Wonne ift:/ fo recht aus dem Hertzen heraus unfere Freude mittheilen mögte — Es gerade nun wie es wolle, gefagt muß es nun einmahl feyn.

Ihro Durchlaucht unfer gnädigfter und Befter Fürft, ftiegen /: um uns recht zu überrafchen :/ eine ftrecke von unferm Haufze ab kamen alfo gantz ohne geräufch an die Thüre, klingelten, traten in die blaue Stube u. f. w. Nun ftellen Sich Ihro Durchlaucht vor, wie Frau Aja am runden Tifch fitzt, wie die Stubenthüre aufgeht, wie in dem Augen= blick der Häfchelhantz ihr um den Hals fält, wie der Herzog in einiger Entfernung der Mütterlichen Freude eine weile zufieht, wie Frau Aja endlich wie betruncken auf den beften Fürften zuläuft halb greint halb lacht gar nicht weiß was fie thun foll wie der fchöne Cammerherr von Wedel auch allen antheil an der erftaunlichen Freude nimbt — Endlich der Auftrit mit dem Vater, das läßt fich nun gar nicht be= fchreiben — mir war Angft er ftürbe auf der ftelle, noch an dem heutigen Tag, daß Ihro Durchlaucht fchon eine zimm= liche Weile von uns weg Sind, ift er noch nicht recht bey fich, und Frau Aja gehts nicht ein haar beßer — Ihro Durch= laucht können Sich leicht vorftellen wie vergnügt und feelig wir diefe 5 tage über geweßen find. Merck kam auch und führte fich fo zimmlich gut auf, den Mephifthoviles kan Er nun freylich niemahls gantz zu Haufz laßen, das ift mann nun fchon fo gewohnt. Wieder alle Gewohnheit waren diefes mahl gar keine Fürften und Fürftinnen auf der Meße, das

68

war nach Unsers Theuresten Herzogs Wunsch, Sie waren also
gar nicht genirt — Am Sonntag gingen Sie in ein großes
Concert das im Rothen hauß gehalten wurde, nachdem in
die Adliche Gesellschafft ins so genandte Braunenfels, Mon=
tags und Dinstags gingen Sie in die Commedie, Mittwochs
um 12 uhr Mittags ritten Sie in bestem wohlseyn der Berg=
straße zu, Merck begleidtete Sie bis Eberstadt. Was sich nun
alles mit dem schönen Cammerherrn von Wedel, mit dem
Herrn Geheimdten Rath Goethe zu getragen hat, wie sich
unsere hochadliche Freulein gänßger brüsteten und Erober=
ungen machen wolten, wie es aber nicht zu stande kam u. d. m.
das verdiente nun freylich hübsch dramatisirt zu werden.
Theureste Fürstin! Sie verzeihen diesen kalten Brief der
gegen die Sache sehr zu kurtz fält — es ist mir jetzt gantz
ohnmöglich es beßer zu machen — ich bin den gantzen Tag
vor Freude und Wonne wie betrunken, wen sichs etwas zu
Boden gesetzt hat wird meine Vernunfft auch wieder zu hauße
kommen — biß dahin Bittet Frau Aja daß Jhro Durchlaucht
Gedult mit ihr haben mögten. Uns ist jetzt nichts im Sinne,
als die Freude des wieder Zurückkomens, da soll der jubel
von neuem angehn. Gott bringe Sie glücklich und gesund
zurück, dann soll dem alten Reihnwein in prächtigen Pocalen
mächtig zugesprochen werden. Wüsten Jhro Durchlaucht wie
oft wir mit Freudenthränen an Jhnen dachten, von Jhnen
redeten, wie Frau Aja den Tag seegnete da die Beste Fürstin
Jhrem glücklichen Land einen Carl August gebohren hat,
Der wie es nun am Tage ist, nicht Seinem Land allein
zum Heil gebohren worden, sondern auch dazu um auf
unsere Tage Wonne Leben und seeligkeit zu verbreiten —
Wie dann ferner Frau Aja sich nicht mehr halten konte,
sondern in ein Eckelgen ging und ihrem Hertzen Luft machen
mußte; so weiß ich gantz gewiß die Beste Fürstin hätte Sich
unserer Freuden gefreut — dann das war kein Mondschein
im Kasten, sondern wahres Hertzens gefühl. Dieses wäre nun

so ein kleiner abriß von denen Tagen wie sie Gott /: mit
dem seeligen Werther zu reden :/ seinen heiligen aufspart,
mann kan hernach immer wieder was auf den Rücken nehmen
und durch diese Werckeltag Welt durchtraben und sein Tage=
werck mit Freuden thun, wenn einem solche erquickungs
stunden zu theil worden sind. . . .

Franckfurth d 8ten October 1779

Durchlauchdigste Fürstin! Alles alles legt es drauf an,
Frau Aja gantz glücklich zu machen — Dero letztes gnädiges
schreiben an mich, das so vortrefflich, so herrlich, so liebevoll,
so gantz dem Hertzen Der größten und Besten Fürstin ähnlich
ist, machte mich so vergnügt, daß jedermann, besonders meine
Montags Gesellschaft meinen Rosenfarben humor bewun=
derten und große Freude ob meinem thun und wesen hatten,
dieses geschahe Montags. Dinstags kam die Post aus der
Schweitz, und brachte mir einen Brief /: von wem glauben
wohl Ihro Durchlaucht? :/ von Unserm gnädigsten und
Besten Fürsten selbst eigenhändig geschrieben an Frau Aja —
und was vor ein Brief, und in was vor ausdrücken! Glück=
liche! und abermahls Glückliche Fürstin! die der im argen
liegenden Welt einen solchen Fürsten Sohn gegeben und
geschenkt hat. Gott erhalte und seegne Ihn, und Die die
Ihn gebohren — und alles Volck soll sagen Amen.

Der Brief von Unserm Besten Herrn Herzog ist den
2ten Oktober in Basel geschrieben — Sie waren die gantze
Reiße über gesundt und überaus vergnügt — Wie wir uns
auf die Rückkunfft freuen kan ich nicht beschreiben Zeit und
weile wird mir unendlich lang biß ich den Besten Fürsten
wieder in meinem hauße auf und nieder wandlen sehe. O!
hauß! was ist dir vor heil wiederfahren!!! Von Emme=
dingen habe ich von Schlosser und seinem Weib auch einen
Brief erhalten der uns Leib und Seele erfreut hat — der
Anfang und das Ende ist aber immer unser gnädigster Fürst,
der meinen Emmedinger Kindern auch die gnade erzeigt hat

70

unter ihrem Tach einzukehren und mit ihrem Bürgerlichen thun und wesen vor lieb zu nehmen. Häschelhanß habe ich zu seinem vortheil sehr verändert gefunden Er sieht gesunder aus und ist in allem betracht Männlicher geworden, seyn Moralischer Caracter hat sich aber zu großer Freude seiner Bekandten nicht im geringsten verschoben — alle fanden in Ihm den alten Freund wieder — mich hats in der Seele gefreut wie lieb Ihn alles gleich wieder hatte — den Jubel unter den Samstags Mädel, unter meiner Verwandt und Bekandschafft, die Freude meiner alten Mutter u. s. w. wie alle Welt nun auch des Goethe Seinen Herzog sehen wolte, wie meine Wohnstube immer voll Menschen war, die mit Schmerzen warteten biß Ihro Durchlaucht die Treppe herunter kammen — wie der Beste Fürst voll Freundlichkeit in die Stube tratt, Sich von allen beschauen ließ, mit einem und dem andern redete, wie alle Anwesende froh und frölig waren u. s. f. Eine Chronick müßte ich schreiben und keinen Brief, wenn ich Ihro Durchlaucht das alles berichten wolte, was sich in den 5 glücklichen Tagen bey uns zugetragen hat — es waren eben Feyer und Freuden Tage deren uns Gott mehrere gönnen wolle. So sehr ich mich auf die Rückkunfft freue, so komt der fatale gedancke des Abschieds nehmen wie ein Pfeil ins Hertz geflogen — ich will aber gar nicht dran dencken und mir meine Freude nicht verderben — Auch wäre es Undanck garstiger schwarzer Undanck wenn mann nur noch das geringste verlangen wolte. Diese große Freude kam so von ohngefähr — wer weiß was uns übers Jahr blühet — Erfahrung bringt Hoffnung — Hoffnung läßt nicht zu schanden werden. Johann Caspar Bölling danckt unter= thänig vor das gnädigste Andencken — findet Sich übrigens wohl und hat an der Erscheinung seines Freundes Goethe sich weidlich gelabet. Den Brief an unsern Herrn Herzog habe so gleich nach Basel spedirt. So wie die Hoffrath Schlossern schreibt, zeichnet Herr Geheimde Rath Goethe mächtig schöne gegenstände, Er wird also viel gutes mit=

bringen. Die Rückreiße und alles was ich sonst erfahre, werde immer so gleich an Jhro Durchlaucht einberichten. . . .

Franckfurth den 5ten Novbr. 1779.

Durchlauchdigste Fürstin! hier überschicke ich auf order und Befehl eines gewißen herrn geheimdten Raths, Goethe benamset, eine schöne und über die maßen anmuthige Reiße beschreibung — Jch wünsche von hertzen daß Jhro Durchlaucht Sich recht sehr dran ergötzen mögten — Frau Aja sahe im geiste all die herrlichen Gegenden, kletterte mit auf die Felsen, und erfreute sich von gantzer Seele über der Reißenden Glückseeligkeit und wohlbefinden: ob ich Jhnen nun das alles gleich von hertzen gönne; so kann ich doch nicht in abrede seyn, daß Jhre Rückkunfft mit sehnlichem verlangen von uns erwartet wird — Unter den vielen Ursachen /: die sich wie ein Pater noster herzehlen ließen :/ ist mein in Kammern und Stuben aufgespeicherter herbst nicht die kleinste — Denn da ich wuste daß Unser gnädigster herzog die Weintrauben sehr liebten, auch bey Jhrem hirseyn sie Sich recht gut schmecken ließen; so lasse ich nicht allein aus unserm Garten die schönsten und besten aus, sondern alle meine Baasen und Gevatterinnen /: die auch ihr Scherflein zur Bewirtung des Besten Fürsten beytragen wollten :/ machten es mir nach, mit dem anerbieten, daß sobald Jhro Durchlaucht ankämen ich drüber zu disponiren haben solte — die eine hälffte haben wir aber leider schon selbst verzehren müßen — und der andern wirds vermuthlich nicht beßer gehn — mein einziger Trost ist, daß Sie unterwegs weit beßre Trauben gekostet haben, und es eine frage wäre, ob die hiesigen jetzt drauf schmeckten. Die Nachricht wegen der Wandleuchter werden Jhro Durchlaucht nunmehro erhalten haben, und ich erwarte Dero befehl hierüber. Daß in Franckfurth der Witz sehr starck floriret hat der häschelhanß schon 1773 in reimme gebracht „Franckfurth am Mann des Witzes Flohr, nicht weit vom Eschenheimerthor u. s. w."[1] und daß Docter Faust hir=

Wohnstube von
Goethes Mutter

innen die Wahrheit gesagt, soll eine kleine Handarbeit
/: welche ich mir die Freyheit nehmen werde Jhro Durch=
laucht zu überschicken :/ sattsam beweisen. . . .

¹ Jn dem Gedicht „Ein teures Büchlein siehst du hier . . . ." (Jn das Stammbuch Johann Peter de Regniers.)

Franckfurth d 18 Jenner 1780

Durchlauchdigste Fürstin! Jetzt¹ sitzt Mutter Aja gantz
allein in den Hütten Kedar und ihre Harpfe hengt an den
Weiden — Einsam wie im Grabe, und verlaßen wie ein
Käutzlein in verstöhrten Städten. Alle die von Hertzen frölich
waren seufftzen, die Freude der Pancken feyert, und die
Herrlichkeit hat /: wenigstens vor diesmahl :/ ein Ende.
Dieses Theureste Fürstin ist meine aufrichtigte Beichte und
die lage meiner Seele — Mein sonst rosenfarber Houmor ist
etwas floh=farb geworden, und ich muß alle Kräffte an=
spannen, damit Sauls unruhiger Geist mich nicht beym Schoppf
erwische. Wundern würde ich mich nun freylich nicht, wenn
in meinem Hertzen und gemüthe noch viel wunderlichre dinge
entstünden — Denn meine g l o r i e war fast groß, und meine
F r e u d e ohne alle gräntzen. Biß ich mich nun wieder in den
ordentlichen Cammerthon hinein stimme dazu gehört Zeit.
Den Besten Fürsten Tag täglich zu sehen war herrlich, aber
Jhn reden zu hören ging über alles. Wie oft saße ich gantz
ohnbemerckt in einem eckelgen, und hörte Dinge darüber
mann erstaun mußte — Eine solche Weißheit und Klugheit,
eine solche tiefe kentnüß der Menschen biß in die innersten
kleinsten Falten und Winckel des Hertzens — Mit dem allen
die gantz erstaunliche entäuserung als wenn das alles gar
nicht da wäre — und das in einem Alter von 22 Jahren!
Wenn Er noch länger hir geblieben wäre, hätten mir die
Leute mein hauß gestürmt, den jedes das einmahl die gnade
gehabt hatte Jhn zu sehen wolte das Glück mehr haben —
Jedem sagte Er was verbindliches, jedem was ihm Freude
machte, besonders unsere Damen Frauen und Jungfrauen

74

sind so entzückt, haben in ihrem Leben noch so gar nicht ge=
sehn — So einen Herzog! Diejenigen die das unglück
gehabt haben Ihn nicht zu sehen oder zu sprechen werden von
den andern glücklichern vor halb unehrlich gehalten. Der
schöne Wedel hat auch überall Lob und preiß eingeärndet.
Herr Geheimdte Rath Goethe hat nicht minder bey seinen
Landsleuten, Freunden und Bekandten einen guten geruch
zurückgelaßen. Durchlauchdigste Fürstin! Es war mit einem
Wort das plus Ultra; und wir, und unsere Freunde, und
unsere Stadt, und die Höffe Darmstadt, Homburg und Hanau
werden diesen Zeitpunct gewiß so leicht nicht vergeßen. Gott
seegne die Fürstin die der Welt einen solchen Fürsten Sohn
gebohren hat! Amen Amen.   Dieses wäre nun so eine
kleine unvollkommene Relation, was der Vater und ich in
diesen Tagen vor glückliche Leute geweßen sind. Alles gefühl
unserer danckbahren Hertzen auszudrücken ist gantz ohnmöglich
— Aber wir wißen und sind überzeugt, daß Unsere gnädigste
Fürstin Freundlich Sind, und Ihre Güte ewiglich währet . . .

¹ Nach des Sohnes und des Herzogs Abreise, die auf der Rückreise aus der
Schweiz wieder bei Frau Aja eingekehrt waren.

[Frankfurt am Main, Anfang Februar 1780.]

Durchlauchtigste Fürstin. Die Gnade die Ew: Durchlaucht
vor den alten Vater und Frau Aja haben, ist in unsern danck=
bahren Hertzen tief, tief eingeschrieben. Wir hoffen zu Gott,
daß die nächsten Briefe die Beßerung unsers einzigen uns
versichern werden. Von uns soll seine unpäßlichkeit keine
Seele erfahren, denn ich weiß aus Erfahrung was so ein ge=
träsche einem vor unruhe machen kann. Also noch einmal
Danck, Theureste Fürstin vor die Nachricht und daß es sich
beßert. Der Vater hat große Freude daß sein Porträi gnade
vor Dero Augen funden hat — Ich weiß Sie große wür=
dige Fürstin erhalten uns diese Gnade, dieses ist unser
Wunsch, unser verlangen und begehren. Unser Durchlauch=
tigster Fürst befindet Sich doch auch wieder recht wohl? Darf

ich mich unterfangen, an den Beſten Vortrefflichſten Fürſten Tauſend ſeegens wünſche von uns, Durch Ihro Durchlaucht ausrichten zu laßen? Aber um alles in der Welt, was macht und treibt Freulein Thusnelde? in 1000 Jahren habe ich nichts von Ihr gehört noch geſehn. Dieſen Sommer hoffe ich gantz gewiß Sie wieder einmahl zu ſehen, denn Ihro Durchlaucht werden doch Franckfurth nicht gantz vergeſſen haben. Frau Aja glaubt ſteif und feſt bald wieder das große Glück zu erleben unſere Theureſte Fürſtin hir die Hände küſſen zu dörffen. Da Ihro Durchlaucht die Gnade hatten mich zu verſichern, daß ich mit eheſter Poſt, weitere nachricht von unſerm Sohn erhalten ſolle; ſo erwarte ſie mit verlangen. Die hir zurück gebliebne Gemälde von Ihro Durchlaucht unſern beſten Herzog ſind nun auch eingepackt und gehen mit dem erſten Fuhrmann ab. Dörffen wir noch um eine gnade bitten, ſo wäre es Häſchelhanß recht ſchön von uns zu grüßen und ihm zu ſagen er mögte ja bald wieder hübſch geſund werden, damit die große Freude die wir gehabt haben uns ja nicht verdorben würde — Doch ich traue es dem lieben Gott zu, daß wir bald gute Nachricht von Weimar hören werden A m e n . . .

An Goethe

den 23ten Mertz 1780.

Lieber Sohn! Dieſen Augenblick bringt mir Herr Paulſen[1] zwey Briefe, die mich ſo in einen Freuden und Jubelthon geſtimt haben, daß es gar nicht ausgeſprochen werden kan. Unſer Beſter Fürſt! hat mich mit einem gantz herrlichen ſchreiben begnadig, und unſere Theureſte Fürſtin Amalia that des gleichen. O thue mir die einzige liebe und dancke unterthänigſt auch vor dieſe der Frau Aja gemachte Freude. Wenn es aber auch kein Weimar und keine ſolche herrliche Menſchen drinne gäbe — ferner keinen Häſchelhanß — So würde ich Catholiſch und machts wie Mahler Müller. Da uns aber Gott ſo begnadig hat, ſo freuen wir uns auch

76

diefes Erdeleben /: nach unferer Fafon und wie wirs eben
haben können :/ fehen den 3ten Feyertag den Julius von
Tarendt u. f. w. In deinem Garten muß es jetzt wieder fchön
feyn, wiewohl heut bey uns noch garftig kalt wetter im
Schwang geht. Der Vater und alle Auserwählte grüßen
dich — Der Poftwagen will fort, lebe wohl! Ich bin ewig
deine treue Mutter Aja. . . .

¹ Der Bürgermeifter von Jena.

An die Herzogin Anna Amalia

Franckfurth d 31ten Mertz 1780.

Durchlauchdigfte Fürftin! Ja wohl ift mir alles was
von Weimar kommt, ein Bote und Herold der Freude und
des Vergnügens. Was kümmerts michs wie er geftaltet, was
kümmerts michs was er treibt und was fonft feines thuns
und Wefens ift; kriegt Frau Aja doch Nachricht, wies in dem
Lieben lieben Weimar geht und fteht — kriegt Nachricht
wie die wahren großen Fürften feelen Sich befinden — wird
überzeugt daß noch, noch in allen gnaden an Mutter Aja
gedacht wird. Ja Gnädigfte Fürftin Dero liebevolles gnädiges
Schreiben und der ganz vortreffliche Brief unfers Gnä=
gigften und Beften Fürften, haben mir Feyertage gemacht,
die nur Gott und ich weiß. Freylich hätte ich nur eine einzige
Freundin, eine einzige theilnehmende Seele, fo hätte meine
Wonne und Freude den höchften giepfel erreicht, denn ein
Vergnügen das mann niemand fagen kan, bleibt allemahl
nur halb. Was kan ich aber machen — vor der Hand ift das
nun jetzt eben Frau Aja ihr trauriges Looß — doch Gedult,
es hat fich in meinem Leben fchon fo manches wunderbahre
zu getragen, das am Ende immer gut war, daß ich gewiß
hoffe, mann fpielt jetzt am 4ten Act, der 5te ift nahe, es
entwickelt fich und geht alles brav und gut. Wielands tref=
liches Werck genandt Oberon, habe zum erftenmahle ver=
fchlungen, hernach wie ein vernünfftiger Menfch mich dabey
geberdet und es langfam und ordendtlich gelefen. Sohn,

77

Freund und Gevatter Wieland, soll so bald sich nur die Meße ein wenig verlaufen hat /: denn jetzt habe ich manchen Tag keine halbe stunde frey :/ ein eigenhändiges Schreiben von mir erhalten: worinnen nebst dem wärmsten Danck eine Beurthteilung in Frau Aja manir erfolgen soll. Theureste Fürstin! So eben kommt die Büste von unserm Besten Fürsten bey wohlbehalten an. Die Freude und Wonne den Jubel, über dieses so gnädigste Fürstliche Andencken nur einiger maßen zu beschreiben, das ist mir platerdings ohnmöglich. Weimar ist eben dazu erkohren, uns mit Freude und Wonne zu überschütten — da ists nun freylich kein Wunder alles was von Weimar komt, und nur einem Menschen gleich sieht, mit einem freundlichen Anglitz anzublicken — zumahl wenn es noch obendrauf, so höfflich und dinstfertig wie Herr Commerien Rath Paulsen ist. Ich habe den braven Mann nicht so betrüben wollen diesen Brief auf die Post zu geben, damit Er mich gar angelegenlich bate, durch Ihn die Rück= antwort an Jhro Durchlaucht gelangen zu laßen, sonst hätte ich gewiß ehender auf Dero gnädiges schreiben geantwortet....

Franckfurth d 16 May 1780

Durchlauchdigste Fürstin! Den Todtesfall von Dero Hochseeligen Herrn Vater habe ich von Hertzen beklagt — Alters wegen hätten Hochdieselben noch lange Sich auf diesem Erdenrund aufhalten, und Jhrer Theuren Gemahlin und allen Jhren Fürstlichen Söhnen und Töchtern zur Freude noch viele Jahre leben mögen — doch in keinem, am wenig= sten in diesem stück läßt sich das Schicksal in die Karte gucken, es spielt nun so sein spiel im Verborgnen fort, und 1000 gegen 1 gewettet am Ende müßen wir doch gestehen, daß es das spiel aus dem grunde versteht. Wenn ich meine eigne Erfahrung zur Hand nehme, und dencke, was ich alles, diesen punct betreffend vor Narrens poßen gewünscht und nicht gewünscht, und wie wann es so gekommen wäre, die herrliche Epoche meines jetzigen Lebens gar nicht hätte erscheinen

78

können, im gegentheil alles alles wäre verdorben und ver=
hunzt geworden; so habe ich heilig geschworren, mich mit
meinem Maulwurfs Gesicht in gar nichts mehr zu meliren,
und zu mengen, es immer einen Tag, dem andern sagen
laßen, alle kleine Freuden aufzuhaschen, aber sie ja nicht zu
anatomiren — Mit einem Wort — täglich mehr in den
Kindersinn hineingehn, denn das ist Summa Sumarum doch
das wahre, wozu mir dann Gott seine gnade verleihen wolle
Amen. Hoffendlich werden Jhro Durchlaucht jetzt in Gottes
freyer Welt seyn, den Balsam der Blüthen, Blumen und
Kräuter einathmen, und dadurch neues Leben, neue Wonne
und Seeligkeit empfinden. O! wie freue ich mich Theureste
Fürstin, Jhrer Freuden! Auch Frau Aja hat im sinn sich
diesen Sommer hübsch zu nutzen zu machen — freylich muß
ich Abens allemahl wieder in mein Häußlein zurück kehren
— kan also die Sonne wenn sie geschmückt wie ein Bräutigam
hervor tritt nicht sehen, habe sie /: solten das Jhro Durch=
laucht wohl glauben :/ nie aufgehn sehen — davor will ich
oft bey ihrem Untergang mich einfinden, um doch etwas zu
genießen. Künftige woche habe vor Freund Merck zu besuchen,
die fahrt ist jetzt wegen dem frischen grün in denen Wäldern
gantz herrlich — da nehme ich ein paar brave Mädels mit,
und einen wackern Bursch der uns gegen die Räuber ver=
deigigt, und dann singen wir den gantzen weg allerley, was
wir aus Operetten und andern Liedern wißen, z. E. Es lebe
der Herzog mein Töffel und ich, der Herzog vor alle mein
Töffel vor mich u. s. w. Von dem lieben Gevatter Wieland,
habe am Samstag einen Brief bekommen — Einen Brief!
der gar nicht zu bezahlen ist, davor ist Er aber auch Wie=
land. Was mir sein Oberon vor seelige Tage gemacht hat,
und noch macht, das belohne Jhm Gott. Auch vom schönen
Wedel habe gar ein liebes Briefelein gekriegt — Wollen
Jhro Durchlaucht die gnade haben, und Jhm sagen, Er solle
mit den gläßern im Sack, den Bruder Wolf besuchen und
diesem andeuten, wie daß es der Mutter Aja ihr ausdrück=

79

licher Wille wäre, daß besagte gläßer von dem wahren est, est angefühlet und unter dreymahligen hoch auf meine Gesundheit ausgelehrt werden solten. Daß Unser Bester Fürst /: Dessen Andencken bey uns immer im Seegen grünt und blüht :/ den Häschelhanß wieder mit nach Leipzig genommen haben, hat mir eine große Freude gemacht, so was Circulirt allzeit biß zu uns, da sind die Franckfurther Kaufleuthe, die, die Leipsiger Meße besuchen, da wird nun das dem gantzen Abdera erzählt wie der Herr Geheimdte Rath mit seinem Fürsten auf der Meße war — das gibt dann unter meinen Basen, Gevatterinnen u. s. w. große Discurse, darob dann Frau Aja eine große Freude hat. Ihro Durchlaucht verzeihen allem diesem Geschwätze — Wann ich die gnade habe, an unsere Beste Fürstin schreiben zu dürfen; so über= treibe ichs allemahl, und weiß weder Ziehl noch maß. . . .

An Schauspieldirektor Großmann

Franckfurth d 19ten May 1780

Lieber Herr Gevatter! Sehr, recht sehr hat es mich gefreut, daß Sie glücklich in Bonn angelangt auch Ihre lieben Kinder wieder hübsch frisch und munter angetroffen haben — Halten Sie ja Ihr versprechen künfftige Meße mich wieder eins dieser lieben geschöpfe sehen zu laßen, doch /: versteht sichs :/ der Lotte ohnbeschadet, den die ist und bleibt nun einmahl mein Ideal. Küßen und grüßen Sie das herrliche Mädgen, und sagen Ihr, daß ich, und die kleinen Büßquitger mit schmertzen auf Ihre Rückkunft warten. Nochmahls vielen Danck vor alle die Freuden und vergnügten Tage die Sie mir vier hübsche Wochen lang tag täglich verursacht und gemacht haben. Bey meiner Lage, bey der stille die um mich herum herscht ists nöthig, ists Wohlthat wenn mir was vor die Seele gestelt wird das sie aufzieht, in die höhe spant, daß sie ihre anziehende kraft nicht verliehrt. Doch da mir Gott die Gnade gethan, daß meine Seele von Jugend auf

80

keine Schnürbrust angekriegt hat, sondern daß Sie nach
hertzens lust hat wachsen und gedeihen, Ihre Äste weit
ausbreiten können u. s. w. und nicht wie die Bäume in den
langweiligen Zier Gärten zum Sonnenfächer ist verschnitten
und verstümmelt worden; so fühle ich alles was wahr gut
und brav ist, mehr als villeicht Tausend andre meines Ge-
schlechts — und wenn ich im Sturm und Drang meines
hertzens im Hamlet vor innerlichem Gefühl und Gewühl
nach Luft und Odem schnappe, so kan eine andre die neben
mir sitzt, mich angaffen, und sagen, es ist ja nicht wahr, sie
spielens ja nur so — Nun eben dieses unverfälschte und
starcke Nathur gefühl bewahrt meine Seele /: Gott sey ewig
Danck :/ vor Rost und Fäulniß. Den letzen Tag Ihres hir-
seyns ware ich zum Beschluß noch recht vergnügt — Henriette[1]
hat mir gantz auserordentlich behagt, bittens uns auf künfftige Meße zum Regal und hertzens weide wieder aus. Heut
ist mit Schiffer Frantz Matheus mein und meines Sohns
Gibs Gesicht, wie auch die Nackäsche[2] an Ihnen abgegangen —
Wünsche viele Freude dran zu erleben. Leben Sie recht wohl!
Grüßen vielmahls von mir /: besonders aber vom Papa :/
Ihre liebe Frau, Lotte, Hänßgen, Fritze, Fräntzgen und
Antonette /: Sie sehen doch daß ich die nahmen hübsch behalten kan :/ Kommen Sie die Meße gesund und vergnügt
wieder zu uns — Laßen Sie Ihre Herrn Schauspieler nebst
Frauen und Jungfrauen ihre Rollen recht schön einstudiren
— damit ich und andre brave Menschen in der herrlichen
Täuschung erhalten werden, Im Hamlet und andern ihm
ähnlichen stücken, von gantzer Seele flennen — In den
6 Schüßlen,[3] in der Jagdt[4] von gantzer Seele lachen — In
Trau schau wem[5] — bald über das unglückliche paar hertziniglich betrübt sind — bald über den drolligen pips tränen
lachen. Summa Summarum — daß alles hübsch klapt und
paßt. . . .

[1] Lustspiel von Großmann. [2] wohl nackte Gipsfiguren. [3] Lustspiel von
Großmann. [4] Oper von Chr. F. Weiße. [5] Lustspiel von Brandes.

An die Herzogin Anna Amalia

den 14ten Juli 1780

Durchlauchdigſte Fürſtin! Die gnädige Vorſorge ſo Jhro Durchlaucht vor das Leben der Frau Aja bezeugt, und das freundſchafftliche Anerbieten in dem unerſchütterten Weimar[1] mein junges Blut in Salvo zu bringen, und nicht vor der Zeit in die Grube zu fahren hat mich auserordentlich gerührt und erfreut. Ferne ſeye es von mir, mit den neuen Propheten ſpaß zu treiben, dieſe gattung Leute können einem auch noch im Tode Schabernack und herzeleid anthun. Jch werde alſo drauf bedacht ſeyn, meine beſten habſeligkeiten beſonders die alten Weine dem untergang zu entreißen und alles unter ſichererm geleit nach Weimar ſpediren. Die neuen und minder guten Weine aber, zu erſparung des Transports biß auf den letzen tropfen austrincken. Den Frachtbrief werde ich an Den hochwohlgebohrnen herr Baron und Cammerherrn von Ein= ſidel adreſiren, mit Bitte Sich dieſer armen vertriebenen und verjagten Emigranten anzunehmen, und ihrer in einem hübſchen trockenen Keller, beſt möglichſt zu pflegen. Freund Bölling dem ich aus Menſchenliebe dieſe Schreckens= poſt auch mitgetheilt habe, bittet um die gnädige Erlaubnüß mit 50 Fäßer Caffe und etlich 100 Kiſten Zucker ſeinen Einzug in Weimar halten zu dürfen — überhaupt ſolte das eine ganz hübſche Emigration werden, den das Sündhaffte Darmſtadt, das ſich unterſteht Preſidenten abzuſetzen geht gewiß am erſten Cabut — Merck mit ſeinem Fuchs wird auch ſchlechten Luſten haben, Sich in der hälfte ſeiner Tage Lebendig begraben zu laßen, den bringen wir dann auch mit. Jhro Durchlaucht haben die Gnade einſtweilen davor zu ſorgen, daß uns ein hübſcher Romantiſcher platz zu auferbauung eines Dörfgens angewißen werde, damit wir da, in Ruhe und Frieden, wies guten und treuen Untherthanen zuſteht, unſer Leben in Zucht und Erbarkeit führen mögen. Das Dörfelein ſoll Zoar, und wir Coloniſten die flüchtigen Franckfurther

82

benamſet werden. Ach! wie mirs ſo wohl ums Hertz iſt, daß meine häußliche Angelegenheiten ſo vortrefflich beſorgt ſind, nun kan ich mich freuen und fröhlich ſeyn! Auf die Weimarer Vögel bin ich auserordentlich neugirig, und mich verlangt mit Schmertzen, den Dialog zu hören zwiſchen einem Spatzen und einen Reihger. Daß Jhro Durchlaucht in Jhrem Etter-burg Geſund und vergnügt Sind, hat mich unendlich erfreut — Aber — aber eine große Kluft iſts doch alle mahl vor Frau Aja!!! Dieſer Sommer geht alſo leider wieder vorbey, ohne daß ich die Seeligkeit genüße meiner Theuren, Beſten und Holdſeligen Fürſtin Liebevolles Angeſicht zu ſehen — O! was muß mann doch alles in dieſer Werckeltag welt ent-behren!...

¹ Jn Franckfurt gingen damals Gerüchte von drohendem Erdbeben um.

den 30ten October 1780

Durchlauchdigſte Fürſtin! Die glückliche Ankunft von Jhro Durchlaucht in dem lieben Weimar¹, hat Frau Aja hoch und hertziniglich erfreut. Freylich wäre es vor mich Freude und Wonne geweßen, wenn unſere Beſte Fürſtin Sich noch länger in dem ſo Weltberühmten Franckfurth zum troſt oben benamter Frau Aja hätten aufhalten mögen; ſo aber war leider, dieſe Herrlichkeit, dieſer Sonnenſchein von gar kurtzer Dauer — und des Vaters Kranckheit hätte zu keiner ungelegnern Zeit kommen können — dann das gab meiner Glückſeligkeit einen ſehr harten ſtoß. Das Schickſal hat von je her vor gut gefunden mich in etwas kurtz, und die Flügel unter der Scheere zu halten, mag auch bey dem allen, ſo gar unrecht nicht haben. Zu Ende dieſer Woche, gehen auch meine Kinder² und Kindes Kinder wieder fort, und da mag ich dann zuſehen, wie ich mich zu Hauße in der dunckelen blauen Stube, und außer dem ſelben in den Noblen Com-panigen der Frau Baaßen und andern hübſchen Leuten zurecht kome. Mein einziger Troſt ſind die 12 Spiegel im Rothen Hauß Saal, und ſo ohngefähr in der mitte des Novembers

6*

hebt sich diese große Epoche des Vergnügens an — haben Jhro Durchlaucht die gnade manchmahl des Freytags Abens um 6 uhr an mich zu dencken — ich werde es nie unterlaßen, und zwar immer mit dem inbrünstigstem Wunsche, daß Jhro Durchlaucht und Dero gantze Reiße=Gesellschafft auch da seyn, und diese übergroße herrlichkeiten mit anschauen und genißen könten: Dann etwas dem neuen Jerusalem ähnliches muß doch allemahl dabey heraus komen — und Tausend gegen eins gewettet, so sind die 12 Spiegel unsern Damen erbaulicher als die 12 Perlen=Thore. Jch werde mir die Freyheit nehmen, wann die sache in ihrem gantzen Lüster ist, Jhro Durchlaucht eine genaue Beschreibung von allem zu überschreiben, zumahl da Dieselben unsere vortrefliche Nobleße von Angesicht zu Angesicht haben kennen lernen — Jnsonderheit werde nicht ermanglen, der lieben Freulein Thusnelde, von Jhrer hertzens Freundin der Frau von Drintz, getreuliche und wahrhafftige nachrichten mitzutheilen. Was Merck treibt, das mögen die großen Götter wißen, ich höre und sehe nichts von Jhm. Der Vater ist immer noch wie Er war — der himmel verleihe uns nur Gedult Amen. . . .

¹ Herzogin Anna Amalia war kurz zuvor besuchsweise in Franckfurt gewesen.
² Schlosser und Familie.

An Schauspieldirektor Großmann

Franckfurth den 16ten November 1780

. . . Daß die Geselllschafft deutscher Schauspieler in Deobalds Saal noch tag täglich ihre Bühne eröffenen und Trauer und Lustspiel nach hertzens gelust aufführen, wird Jhnen durch die Fama wohl zu Ohren gekommen seyn. Am vergangenen Samstag war ich zum erstenmahl auch drinnen; es wurde ein Moralisch Ding Armuth und Tugend[1] aufgeführt, und ohngeachtet es hundekalt im Saal war, so kriegte ich doch vor Angst so rothe Backen, als wenn fingers dick der Der Carmin drauf läge. Die armen Leute heulten und Greinten so erschröcklich, als wenn sie die Daumen schrauben

84

an Händen und Füßen hätten — Besonders war das auf die Knie fallen vor einem Wohlthäter u. s. w. ausnehmend ängstlich, und that allemahl einen solchen plotz, daß ich alle Kniescheiben vor verlohren gab — der Vorhang fiel endlich zu meiner großen erquickung — drauf wurde die Weinlese[2] gegeben, und das gerithe nicht übel, der Prinzipal der Fischer heißt, ist ein guter Comischer Schauspieler und die andern waren auch alle beßer in ihrem Fach — Mann konte doch vor seine 30 xr sich satt lachen, und das war doch allemahl das Geld unter Brüdern werth — zumahl da wir auch noch mit einem Balet Regalirt wurden. Einen jungen Mann haben sie, der, wenn Er gute Muster vor sich sähe, zu Liebhaber Rollen, gut werden könte weil Er auf dem Theater sehr gut aussieht, vorjetzt merckt mans ihm aber noch zu viel an, daß es nur gespielt ist. Die Weiber machens doch im Schreiben wie im Reden ists einmahl im gang klipp klapp gehts wie eine Mühle — Gott seye dem gnädig der mit vielen Correspondite! Jetzt nur noch viele grüße an Weib und Kinder, und dann Gott befohlen. . . .

[1] Schauspiel von Chr. F. Weiße. [2] von Gurene.

An die Herzogin Anna Amalia

Franckfurth d 15ten December 1780

Durchlauchdigste Fürstin! Die unvermuthtete Erscheinung des Herrn Krantzens, hat uns sehr gefreut — Seine Reiße wird gewiß von großem Nutzen seyn — Er wird seine Musicalische Thalende erweitern und als ein herrlicher Virtuose nach Weimar zurück kehren. Mir ist das vor den guten geschickten Menschen überaus lieb; Gott seegne Ihro Durchlaucht und unsern Besten Herzog vor diß alles — Krantz hat uns mit gerührtem Hertzen die große Gnade so Ihro Durchlaucht vor Ihn haben der länge nach vorerzält. Dero hohen Befehl zu folge habe ich Ihn gütig aufgenommen, und am Rundentisch meine Protection Ihm angedeihen laßen. Wir waren recht vergnügt zusammen, und trancken in uhralten Reihnwein auf das Wohlseyn des hochfürstlichen Haußes Weimar und Eissenach die Gläßer wacker lehr. Der alte Vater wurde so gar von Freude belebt, druckte Krantzen einmahl über das andre die Hände, weinte aber bey seinem Abschied die bittersten Thränen — Ich habe den Mann in langer Zeit nicht so gerührt gesehen. . . . Mit dem sehen der Iphigenie, des Jahrmarckts und den übrigen schönen sachen des Herren Häschelhantzens, wirds wohl noch Zeit haben: Frau Aja muß noch im glauben leben, das schauen muß sie mit Gedult erwarten. Von dem berühmten Herrn Generahl Supprindtenten Herder habe ich zwey Predigten gelesen, auf die Geburth und Taufhandlung der Printzßeß von Weimar — Wan ich Sontags immer so was hören könte, würde mein Kirchengehen auch in beßerer Ordnung seyn, als leyder jetzt, da des Herrn Pfarrers Starcks seine Gemeinplätze, und Wiedergeburthen mein warmes Bett in keine Wege ersetzen. Aber Gnädigste Fürstin! was treibt denn das gnädige Fräulein Thusnelde? macht Sie Verse, oder spint Sie Ihr Braut Hembt? so etwas muß es doch seyn — noch keine Zeile habe ich von Ihr gesehn, und wenn Ihro Durchlaucht nicht die Gnade gehabt hätten, viele grüße von Ihr an mich auszurichten; so würde gewiß geglaubt haben, Sie wäre in das Reich der Schatten hinüber marschirt. Klinger hat aus Petersburg an Schloßern geschrieben, daß er glücklich angelangt, und bald sein Glück zu machen gedächte — Lentz lebt noch, ist noch närrisch — ist Hoffmeister geworden, wo, habe ich vergeßen. . . .

An Schauspieldirektor Großmann

Franckfurth den 4ᵗᵉⁿ Februar 1781

Lieber Herr Gevatter! Längst hätte ich Ihren mir so angenehmen Brief beantwortet, wäre nicht beykommende Theater Zeitung /: die ich doch gern mitschicken wolte :/ bey Buchbinder geweßen. Ja lieber Herr Gevatter Ihr Brief

86

hat mich recht gefreut! Das wird ja die Meße recht hübsch werden, da Sie so gute Leute mitbringen — vor mich wirds ein groß gaudium seyn, meiner Leibstücker mir vortragiren und vor Comisiren zu laßen — Als da sind Hennriette, trau schau wem, die Schwiegermütter,[1] den Schmuck,[2] und wenn die Nobleße eine glatte Haut hätte — die 6 Schüßlen aber aber das Stück ist vor die art Menschen zu starcker Taback — den Berlinern verdirbts den Magen nicht — das ist unerhört wie ofts Döbelin[3] aufgeführt hat — und ich habe eine Berliner Dame gesprochen, die mich versicherte, das hauß seye jedes= mahl zum erdrücken voll geweßen. Emilia Galotti, Hammlet, Clavigo, Ariadne[4] — und beynnahe hätte ich meine Minna von Barnhelm vergeßen — wan ich noch an das Stück dencke, und wie alle rollen so gut besetzt waren; so ist mirs immer noch ein Jubel. Vorstehendes und was ihm ähnlich ist währe nun so ohngefähr mein geschmack — Was aber Franckfurth überhaupt betrieft, so mag der liebe Gott wißen was sie wollen — Schon vor 40 Jahren /: sagte mir mein alter Agend S c h n e i d e r :/ hätte Madam Neuberin beynnahe eben das gesagt und geklagt. Solte ich aber in Erfahrung bringen was dieser oder jener gern sähe und wolte; so will ichs Ihnen /: verlaßen Sie Sich drauf :/ redlich melden. Von dem schönen Geleße des Königlichen Verfaßers[5] habe mir gar viel erzählen laßen — Aber sonderbahr ists doch, daß so gar unsere Philister sagen — Ihro Könignichkeiten hätten Sich damit, doch etwas prostituirt. Ich laße neulich eine Anneckdotte von der großen Königin der Britten Elisabeth, die die Aufschrift hatte — Die größte Königin ist doch nur ein Weib — Hier mögte ich sagen, der größte König ist doch nur — ein Mensch! Meinem Sohn ist es nicht im Traum eingefallen seinen Götz vor die Bühne zu schreiben — Er fand etliche spuren dieses vortrefflichen Mannes in einem Juristischen Buch — ließ sich Götzens Lebens Beschreibung von Nürmberg kommen, glaubte daß es anschaulicher wäre in der Gestalt wies vor Augen liegt, webte einige Episoden hinein, und ließ es aus gehn in alle Welt.

Meiner lieben Frau Gevatterin, wünsche Heil und Seegen ins Wochenbett — Hoffen doch daß es wieder was hübsches geben wird — so ohngefähr wie Lotte und Hanß Wolf. Frau Bettmann Metzler und ich haben unsere Loge No. 9 schon beym Kopfe gekriegt, andre Leute mögen auch zusehn, wie sie zurechte kommen. Nun leben Sie recht wohl! ...

¹ Lustspiele von Großmann und Brandes. ² von Sprickmann. ³ Döbbelin, Theaterdirektor in Berlin. ⁴ von Brandes. ⁵ Friedrich des Großen Schrift De la littérature allemande enthält eine sehr abfällige Bemerkung über Götz von Berlichingen.

An die Herzogin Anna Amalia

den 19ten Februar 1781

Durchlauchdigste Fürstin! Die Büste ist glücklich angekommen, und steht in der Weimarrer Stube neben des Herrn Herzogs Seiner. Aber ist es möglich einem Stein so viele ähnlichkeit und Wahrheit zu geben! Alle meine Bekandten die die gnade haben Ihro Durchlaucht zu kennen, stunden alle vor Erstaunen mit offenen Mäulern da, konten sich gar nicht satt sehen — ja bey der Brentano gings gar so weit, daß Sie sich anfing zu fürchten — Mir ist Himmelangst der Stein fängt an zu reden sagte Sie — Mit einem Wort, es ist ein Meisterwerck wo die /: ohne all ihr Verdinst und würdigkeit :/ glückliche Frau Aja Besitzerin davon ist. Ja Theureste Fürstin! Dieser neue und große Beweiß von Dero Huld und Gnade gegen mich thut meinem Hertzen so wohl, erfült mich so mit Freude, Leben und Wonne, daß das alles, so wie ichs fühle auszudrucken oder an den Tag zu geben platterdings ohnmöglich ist. Nehmen Ihro Durchlaucht! den wärmsten und innigsten Danck von Mutter Aja in Gnaden auf und an — Und ich glaube, Unsere Beste Fürstin können doch so etwas ahnden, wie glücklich und selig mich dieses herrliche und über alles gehende Geschenck gemacht hat. Unser Freytags Concert ist sehr Brilant würde es aber noch weit mehr seyn, wenn die Spiegel vom Fürst Razevill aufgehengt wären, da sind sie schon lange — aber die Rahmen

88

kommen zu theuer, da wartet den der alte Dick auf beßre Zeiten — und 200 Frauen und Jungfrauen müßen sich einst= weilen mit einem Spiegel behelfen. Das liebe Frühjahr komt freylich heran aber ich habe weder Ahndung noch Freude — Gebe mann einem Menschen alle Herrlichkeiten der Welt was hielfts ihm wen er keinen Freund hat dem ers sagen kan — Eine Glückseligkeit die wir allein genüßen bleibt ewig nur halb — und das ist so ohngefähr mein fall — weder in noch außer dem Hauß habe ich jemand mit dem ich so ein Hertzens gesp[r]ächsel führen könte. Wissen Jhro Durchlaucht so etwas Freudenbringendes; so haben Sie die Gnade michs gantz in der stille mercken zu laßen niemand sols erfahren, und die vor=freuden haben auch einen großen Werth. Der lieben Freulein Thusnelde Brief habe erhalten und werde Pflicht= schuldiger maßen ehestens antworten — Auch Gevatter Wie= land soll eine Epistel voll Ruhm und Lob seiner guten Auführung wegen von mir zu theilwerden. Der alte Vater empfielt sich zu Gnaden, hatte große Freude über die Büste erkente Sie gleich, und wallfahrtete den gantzen Tag nach der Weimarer Stube. . . .

An Goethe

Sonntag den 17 Juni 1781. Morgens 9 uhr

Noch ist Printz Constantin[1] nicht hir — Jch werde Jhn nach meiner gewohnlichen art — freundlich und holdselig empfangen, und am Ende dieses, dir den ferneren Verlauf erzählen. Von Kalb[2] und von Seckendorf[3] waren bey mir, und schienen vergnügt zu seyn, da ich aber wuste daß erster dein so gar guter Freund nicht mehr ist; so war ich Jhm zwar überaus höfflich, nahm mich aber übrigens sehr in acht, um nicht nach Frau Aja ihrer sonstigen Gewohnheit gleich vor Freude aufzufahren wenn mann deinen Nahmen nent — Jch machte im gegentheil meine sachen so fein, als wenn der größte Hof meine Säugamme gewesen wäre — Sie waren

89

aber kaum 10 oder 12 Tage nach Düsseldorf gegangen so
kamen Sie schon wieder hir an — da ließen Sie mir ein
Commpliment sagen — ging nach Darmstadt, und versprachen
in der Rückreiße mich nocheinmahl zu sehen. Das was ich
hätte zuerst schreiben sollen, komt jetzt, nehmlich, Tausend
Danck vor deinen Brief, der hat mir einen herrlichen Donner=
stag gemacht, daher auch dieser gute Tag mit einigen meiner
Freunde, auf dem Sandhof mit Essen Trincken Tantzen und
Jubel fröhlig beschloßen wurde. Da du aber ohnmöglich
rathen kanst, warum gerade dieser Brief mir so viele Wonne
verursacht hat; so ließ weiter, und du wirfts verstehen. Am
vergangen Montag den 11 dieses kam ich aus meiner Mon=
tags Gesellschafft nach Hauß, die Mägdte sagten daß Merck
da gewesen und morgen wieder komen wolte — Ich kleidete
mich aus, wolte mich eben zu Tische setzen /: es war gleich
10 Uhr :/ als Merck schon wieder da war — Dieses späte
kommen befremdete mich schon etwas — noch unruhiger
wurde ich als Er fragte, ob ich keine gute Nachrichten von
Weimar hätte — weiter erzählte Er daß von Kalb und
von Seckendorf wieder hir wären, Er mit Ihnen gesprochen,
und auch noch diesen Abend mit Ihnen speiste — Ich habe
gar keine Nachrichten von Weimar, Sie wißen herr Merck
daß die Leute dort, so oft nicht schreiben — Wenn Sie aber
was wißen so sagen Sies — Der Docter ist doch nicht kranck
— Nein sagte Er davon weiß ich nichts — aber allemahl
und auf alle fälle solten Sie suchen Ihn wieder her zu
kriegen, das dortige Infame Clima ist Ihm gewiß nicht
zuträglich — Die Hauptsache hat Er zu stande gebracht —
der Herzog ist nun wie Er sein soll, das andre Dreckwesen —
kan ein anderer thun, dazu ist Goethe zu gut u. s. w.. Nun
stelle dir vor wie mir zu muthe war, zumahl da ich fest
glaubte — daß von Kalb oder Seckendorf etwa schlimme
Nachrichten von Weimar gekriegt und sie Mercken erzählt
hätten. So bald ich allein war stiegen mir die grillen mächtig
zu kopf. Bald wolte ich an den Herzog, bald an die Herzogin

90

Mutter, bald an dich schreiben — und hätte ich Dinstags nicht meine Haut voll zu thun gehabt; so wäre gewiß was pasirt, nun aber war der Postag versäumt Aber Freytags solte es drauf loß gehen, mit Briefen ohne Zahl — Donnerstags kam nun dein lieber Brief meinem geschreibe zu vor — und da du schreibst daß du wohl wärst, waren meine Schruppel vor das mahl gehoben. Lieber Sohn! Ein wort vor Tausend! Du mußt am besten wißen was dir nutzt — da meine Verfaßung jetzt so ist, daß ich Herr und Meister bin, und dir also ungehindert gute und ruhige Tage verschaffen könte; so kanst du leicht dencken, wie sehr mich das schmertzen würde — wenn du Gesundheit und kräffte in deinem dinste zusetzen, das schaale bedauern hintennach, würde mich zuverläßig nicht fett machen. Ich bin keine Heldin, sondern halte mit Chilian[1] das Leben vor gar eine hübsche sache. Doch dich ohne Noth aus deinem Würdungs=Kreß heraus reißen, wäre auf der andern seite eben so thörig — Also du bist Herr von deinem Schicksahl — prüfe alles und erwähle das beste — ich will in Zukunft keinen Vorwurf weder so, noch so haben — jetzt weiß du meine Gedancken — und hiermit punctum. Freylich wäre es hübsch wenn du auf die Herbstmeße kommen könstes, und ich einmahl über all das mit dir reden könte — doch auch das überlaß ich dir. Der Vater ist ein armer Mann Cörpperliche Kräffte noch so zimmlich — aber am Geiste sehr schwach — im übrigen so zimmlich zufrieden, nur wan Ihn die langeweile plagt — dann ists gar Fatal — An der Reparatur des untern Stocks hat Er noch große Freude — meine wohnstube die jetzt gantz fertig ist, weißt Er allen Leuten — dabey sagt Er, die Frau Aja hats gemacht, gelt das ist hübsch — nun wird die Küche gemacht, das ammusirt auch gar sehr, und ich dancke Gott vor den glücklichen einfall den ich da hatte — wenigstens geht der Sommer dabey herum /: denn vor Augst werd ich nicht fertig :/ vor den winter mag die Zukunft sorgen. Wen die Herzogin einen Sohn bekommt; so stelle ich mich vor

91

Freude ungeberdig — laße es mich ums Himmels willen
gleich erfahren. Der Kayser Joseph hat unserer Stadt ein
groß gaudium gemacht, Er kam zwar im strengsten Inconito
— aber das half alles nichts — die Franckfurther als echte
Reichbürger stunden zu Tausenden auf der Zeil am Römischen
Kayser /: wo das Quartir bestelt war :/ Drey Kuschen
kamen, alles hatte schon das Maul zum Vivat rufen auf=
gespert — aber vergebens — Endlich kam Er in einer schäße
mit 4 pferden — Himmel und Erde was vor ein Lermen!
Es Lebe der Kayser! Es lebe unser Kayser — nun komt
aber das beste — nachdem Er gespeißt /: um 4 uhr :/ ging
er zu Fuß in sein Werbhauß im rothen Ochsen auf der
Schäffer gaß — vor Freude ihren Kayser zu Fuß gehen zu
sehen hätten Ihn die Menschen bald erdrückt. Die Soldaten
wolten zuschmeisen um platz zu machen — loßt sie holter
gehn — schlagt ja nit — sagte Er sahe alle freundlig an,
zog den Hut vor jedem ab — Als Er zurück kam stelte Er
Sich in ein Fenster /: nicht auf den Balcon :/ und der Lermen
ging mit Vivat rufen von neuen an. So groß aber die Freude
der gantzen Stadt war; so übel machte die Ankunft des
Monarchen dem Herrn von Schmauß, du wirst dich des dicken
Kerls noch wohl erinnern — Als Kriegs Commissair hatte
Er alle Liefferungen — betrog aber so, daß so wie der Kayser
hir an kam — aus Furcht zur Rechenschafft gezogen zu
werden — Sich in Mayn stürze und ersoff. Du fragst, wie
der Kayser aussieht — Er ist gut gewachsen, sehr mager,
von der Sonne verbrant — hat einen sehr gütigen Blick im
Auge — Sein Anzug war, ein grauer überrock die Haare in
einem Zopf — Stiefflen — Bastienne Manscheten — Jetzt
wartes alles auf Sein Zurück kunft den es ist ein spaß, und
eine halbe Krönung. Franckfurth ist ein curioser Ort, alles
was durchpasirt muß den nehmlichen weg wieder zurück —
Vivat Franckfurth!!!

[1] Jüngerer Bruder des Herzogs von Weimar.   [2] Kammerpräsident in
Weimar.   [3] Kammerherr in Weimar.   [4] gemeint ist wohl die volkstümliche
Figur Kilian Brustfled.

92

Dienstag d 19ten Juni Morgens 10 uhr

So eben erschiene Prinz Constantin mit Seinem Begleiter — Frisch, gesund, und über unsere Gegenden und lage
besonders den Maynstrohm sehr vergnügt. Wir waren ungemein aufgeräumt und behaglich zusammen, Fra Aja, Ajate
das kanst du leicht dencken, doch alles hübsch mit Maß und
Ziel — Sie wird ja einmahl gescheid werden — Unserer lieben
Frau Herzogin dancke zum voraus vor Jhren Brief —
Ehestens komt die Antwort — In optima Forma — So
viel vor dießmahl — Lebe wohl! Vergieß die herbstmeß nicht
— Gott befohlen. Frau Aja.

An die Herzogin Anna Amalie

Durchlauchtigste Fürstin! Alle Kayser, Könige, Churfürsten, Fürsten im gantzen heiligen Römischen Reich —
können meinetwegen kommen und gehen bleiben und nicht
bleiben, wies die Majestetten und Hoheitten vor gut finden,
das kümmert Frau Aja nicht das geringste, macht ihr Hertzs
nicht schwer — Essen, Trincken, schlaffen geht bey der guten
Frau so ordendtlich seinen gang, als ob gar nichts vorgefallen
wäre. Aber dann geht es aus einem gantz andern thon,
wenn so eine Freudenpost aus dem rothen hauß komt —
ja da klopfts Hertz ein bißgen anders, da bleibt alles liegen
und stehen — und nun geschwind zu der Besten aller
Fürstinnen Der ich eine ewige Untherthanigkeit — und Anbethung geschworen habe. Ja Theureste Fürstin! Ein einziger
gütiger Blick der mich fest überzeugt ich stehe noch in gnädig-
stem Andencken bey unserer Holden Fürstin macht mir mehr
Freude und Wonne als alles übrige in der gantzen weiten
Welt. Vor die Strumpfbänder dancke untherthänig — So
vornehm war ich in meinem Leben nicht — werde sie aber
auch alle Morgen und Abende mit gehöigem Respect und
Devotion an und aus ziehen — Jhro Durchlaucht müßen
aber eine große Jdee von meiner Corpulentz gehabt haben

den eins gibt gerade zwey, vor mich freylich desto beßer, denn eine solche Ehre wird meinem Leichnam wohl schwerlich mehr wiederfahren, dahero werde ich diese 2 paare so in Ehren halten, daß meine morgen und abend Andacht un-unterbrochen viele Zeiten hindurch dauren soll. Bey der lieben Freulein Thusnelde komme ich in eine solche erstaunliche Schuldenlast, daß mir bey meiner angebohrnen Faulheit angst und bange wird — So ein prächtiges machwerck, brächte ich biß an jüngsten tag nicht zu stande — und doch kommt mein Stoltz und weibliche Eitelkeit ins gedränge — Da weiß ich nun freylich nicht so recht, wie ich mich geberden soll — Doch da nur gegen den Tod einzig und allein kein mittel ist; so hoffe ich mich doch noch mit Ehren aus dieser Verlegenheit zu ziehen und bitte Ihro Durchlaucht daß Sie die Gnade haben mögten, einstweilen biß mein Meisterwerck erscheint /: den Spott und Schande wäre ein simpler Brief :/ meiner Lieben besten Fräulein Tausendt Danck in meinem Nahmen zu sagen und Sie zu versichern, wie Ihr gütiges und liebes Andencken mir Freude und Wonne in großem maße gemacht hat. Ferner wie das herrliche Porteföille mich überall all überall hinbegleiten soll — in große und kleine Gesellschafften und wie Frau Aja so /: als geschehe es von ohngefähr :/ einen Brief oder ein Liedgen sucht — wie das nun alles die Augen aufspert — Ey Frau Räthin, ums himmels willen! was haben sie da? und wie ich mich dann in Positur zurechte rücke, mich räuspre, mir ein Ansehn gebe, und nun die Geschichte beginne — und wie da, zu meinem großen gaudium, Lob, Preiß, Ehre und Ruhm, auf meine liebe Freulein herab-träufflen wird — Ich weiß zuverläßig daß unsere beste Fürstin die Gnade haben wird, diß alles wohl zu besorgen....

Goethe an seine Mutter

Weimar d. 11. Aug. 1781.

... Auf Ihren vorigen lieben Brief zu antworten, hat es mir bisher an Zeit und Ruhe gefehlt. In demselben ihre

94

alten und bekannten Gesinnungen wieder einmal ausgedrukt zu sehen und von Ihrer Hand zu lesen, hat mir eine große Freude gemacht. Ich bitte Sie, um meinetwillen unbesorgt zu seyn, und sich durch nichts irre machen zu laßen. Meine Gesundheit ist weit beßer als ich sie in vorigen Zeiten vermuthen und hoffen konnte, und da sie hinreicht um dasienige, was mir aufliegt wenigstens großentheils zu thun, so habe ich allerdings Ursache damit zufrieden zu seyn. Was meine Lage selbst betrift, so hat sie, ohnerachtet großer Beschweer-niße, auch sehr viel erwünschtes für mich, wovon der beste Beweiß ist, daß ich mir keine andere mögliche denken kann, in die ich gegenwärtig hinüber gehen mögte. Denn mit einer hypochondrischen Unbehaglichkeit sich aus seiner Haut heraus in eine andere sehnen, will sich dünkt mich nicht wohl ziemen. Merck und mehrere beurtheilen meinen Zustand ganz falsch, sie sehen das nur was ich aufopfre, und nicht was ich gewinne, und sie können nicht begreifen, daß ich täglich reicher werde, indem ich täglich so viel hingebe. Sie erinnern sich, der lezten Zeiten, die ich bey Ihnen, eh ich hierhergieng zubrachte, unter solchen fortwährenden Umständen würde ich gewiß zu Grunde gegangen seyn. Das Unverhältniß des engen und langsam bewegten bürgerlichen Kreyses, zu der Weite und Geschwindig-keit meines Wesens hätte mich rasend gemacht. Bey der leb-haften Einbildung und Ahndung menschlicher Dinge, wäre ich doch immer unbekannt mit der Welt, und in einer ewigen Kindheit geblieben, welche meist durch Eigen-dünkel, und alle verwandte Fehler, sich und andern unerträglich wird. Wie viel glücklicher war es, mich in ein Verhältniß gesezt zu sehen, dem ich von keiner Seite gewachsen war, wo ich durch manche Fehler des Unbegrifs und der Uebereilung mich und andere kennen zu lernen, Gelegenheit genug hatte, wo ich, mir selbst und dem Schicksaal überlaßen, durch so viele Prüfungen ging die vielen hundert Menschen nicht nöthig seyn mögen, deren ich aber zu meiner Ausbildung äußerst bedürftig war. Und noch iezt, wie könnte ich mir, nach meiner Art zu seyn, einen glücklichern Zustand wünschen, als einen der für mich etwas unendliches hat. Denn wenn sich auch in mir täglich eine neue Fähigkeit entwickelte, meine Begriffe sich immer aufhellten, meine Kraft sich vermehrte, meine Kenntniße sich erweiterten, meine Unterscheidung sich berichtigte und mein Muth lebhaffter würde, so fände ich doch täglich Gelegenheit, alle diese Eigenschaften, bald im großen, bald im kleinen, anzuwenden. Sie sehen, wie entfernt ich von der hypochondrischen Unruhe bin, die so viele Menschen mit ihrer Lage entzweyt, und daß nur die wichtigsten Betrachtungen oder ganz sonderbare, mir unerwartete Fälle mich bewegen könnten meinen Posten zu verlaßen; und unverantwortlich wäre es auch gegen mich selbst, wenn ich zu einer Zeit, da die gepflanzten Bäume zu wachsen anfangen und da man hoffen kann bey der Aerndte das Unkraut vom Waizen zu sondern, aus irgend einer Unbehaglichkeit davon gienge und mich selbst um Schatten, Früchte und Aerndte bringen wollte. Indeß glauben Sie mir daß ein großer Theil des guten Muths, womit ich trage und würke aus dem Gedanken quillt, daß alle diese Aufopferungen freywillig sind und daß ich nur dürfte Postpferde anspannen laßen, um das nothdürftige und Angenehme des Lebens, mit einer unbedingten Ruhe, bey Ihnen wieder zu finden. Denn ohne diese Aussicht und wenn ich mich, in Stunden des Verdrußes, als Leibeignen und Tagelöhner um der Bedürfniße willen ansehen müßte, würde mir manches viel saurer werden. Möge ich doch immer von Ihnen hören, daß Ihre Munterkeit Sie, bey dem gegenwärtigen Zustande des Vaters, nie verläßt. Fahren Sie fort Sich so viel Veränderung zu verschaffen, als Ihnen das gesellige Leben um Sie herum anbietet. Es ist mir nicht wahrscheinlich, daß ich auf diesen Herbst mich werde von hier entfernen können, auf alle Fälle nicht vor Ende Septembers, doch würde ich suchen zur Weinlese bey Ihnen zu seyn. Schreiben Sie mir daher, ob diese vielleicht wegen des guten Sommers früher fallen möchte . . .

96

An Lavater

Lieber Sohn! ... Bey uns gehts — so — so. Ich vor
mein theil befinde mich Gott sey Danck, noch immer wie ich
war, gesund, munter, und guten Houmors — aber der arme
Herr Rath, ist schon seit Jahr und Tag sehr im abnehmen —
vornehmlich sind seine Geistest kräffte gantz dahin — Gedäch=
nüß, Besinnlichkeit, eben alles ist weg. Das Leben das Er
jetzt führt ist ein wahres Pflantzenleben — Die Vorsehung
findet eben vor gut, mich durch allerley Wege zum Ziel zu
führen — denn daß ich dabey was rechts leide — brauche
ich einer so gefühlvollen Sele wie Ihr seyd — nicht lange
vorzuerzählen — Zumahl da ich keinen Ersatz an meinen
Kindern habe — Alles ist ja von der armen Frau Aja weit
weit weg — Ich hatte mir mit der Hoffnung geschmeichelt
mein Sohn würde die Herbmeße herkommen, aber da wird
auch nichts draus — Er hat so viele Geschäffte, so viel durch=
einander zu thun — hat mir aber zu einer kleinen ent=
schädigung einen gar herrlichen Brief geschrieben — Ich
muß nun auch darüber meine Sele in Gedult faßen. Vor jetzt
wärens nun der Klaglieder genung — Behaltet mich in
guten liebevollen Andencken, so wie ich Euch Zeitlebens nicht
vergeßen werde /: ob Ihr gleich mein Gesicht nicht ge=
würdigt habt etwas in Euren 4 großen Büchern[1] drüber zu
sagen :/ Grüßt alles! Ich bin ewig — Eure treue Mutter
C. E. Goethe. ...

[1] Der „Physiognomik".

An die Herzogin Anna Amalie

Durchlauchdigste Fürstin! Also haben Sie, Beste und
vortrefflichste Fürstin! meinen Sohn an seinem Geburths
tag so hoch geehret:[1] wie schmeichelhafft Der gantze Plann
die gantze Jde auch vor Frau Aja ist können Ihro Durchlaucht

Sich leicht vorstellen. Aber so was, gedeihet auch nur in Weimar, wird auch da nur reif wo Fürstinnen, wie u n s e r e Amalia die Hand mit im Spiele haben. O könte ich nur so glücklich seyn, eine solche Haupt Freude mit anzusehen! . . . — Aber du lieber Gott! So gut Wein und Früchte /: besonders in diesem Jahr :/ bey uns gedeihen, desto stupider werden die Menschen um mich herum — Ich habe diese Meße die deutlichsten proben davon — Unsere vorige Schauspieler konten mit Hammlet, Emilia Galotti, Minna von Barnhelm u. s. w. auf keinen grünen Zweig kommen, und nur noch Gestern trug dem jetzigen Nahmens Böhm, ein hertzlich dumes Ballet über 1000 gulden ein — Besonders aplaudirten meine Lands Leute die Teufel, die mit dem brenenden Werg so gut umzugehen wusten, daß kein Unglück damit geschahe — Auch waren die Furien gar schön frisirt — und Satan und Ada-melech sahen auch gar nicht bitter aus — Mit einem Wort, es war eine Hölle die sich gewaschen hatte. Tante Fahlmer, hat mich mit einem Mädelein abermahlen zur Großmutter gemacht — es solte über alle gewalt ein Knabe werden und Henrich heißen — ging aber vordießmahl nicht an — Gibt nur Gott der Frau Herzogin von Weimar einen Printzen — So mag die Schlossern meinetwegen noch 10 Töchter be-kommen, es sterben keine Lehen aus. Es ist jetzt wieder ein solches Gewirre und Geschwire in Franckfurth, daß einem der Kopf Sumst — unter den vielen Fremden, war auch die berühmte Herzogin von Kinston — Sie wiegt zuverläßig ihre 300 ℔. Ich habe mein gantzes unterstes Stockwerck besonders meine Wohnstube; so schön aufgetackelt und ausgeziehrt, daß der prächtige Tisch welchen mir Ihro Durchlaucht verehrten ohne schamroth zu werden drinnen paradiren darf und auch wirklich als mein Arbeitstisch sitz und stimme an meinem gewöhnlichen platz genommen hat — was Basen und Ge-vatterinnen alles drüber fragen und Resoniren, wäre freylich werth nach gevatter Wielands Manier erzählt und dagestelt zu werden — Dieser Brief ist ein wahres Quotlibet, dran ist die verdamte Meße schuld — Da komt nun gar die politica Delphin[2] — glaubte gantz gewiß Herrn Goethe hir zu finden — fande Ihn aber nicht — macht darob ein Gesicht wie eine Nachteule u. s. w. Heute wird Agamenon — Clytemnestra — und Gott weiß wer noch alles mehr ermordet — und das hübsch nach dem Tackt — es mag wohl lustig werden — wollens beschauen. Nun der Himmel laße mich bald gute Nachrichten von Weimar hören! . . .

¹ Die Herzogin hatte ein Festspiel, betitelt „Minervens Geburt, Leben und Taten", aufführen laßen. ² Dorothea Delph aus Heidelberg, die in den Beziehungen Goethes zu Lili Schönemann eine Rolle gespielt hatte.

Franckfurth d 16 Novembr 1781

Durchlauchdigste Fürstin! Schon längst würde ich Dero gnädiges Schreiben vom 20 October beantwortet haben, aber viele Geschäffte die sonst der Vater besorgte, und die mir nun allein über dem Hals liegen, haben mich dran gehindert. Dem Himmel sey Danck! Daß doch ein Transport von Trauben glücklich angelandet ist — Ich wäre sonst gantz untröstlich gewesen — es bleibt eben immer eine böße Frucht zum verschicken — Ewig schade ists, daß Ihro Durchlaucht diesen Herbst nicht hir waren, denn so einen Seegen haben die älsten Menschen sich nicht erinnert. Aber es ist ebenfals schade, daß Frau Aja nicht bey dem herrlichen Chinesischen Fest, das der Frau Marckgräffin von Barenth zu Ehren gegeben worden gegenwärtig war. Philippus[1] hat mir eine solche entzückende und anschauliche Beschreibung da von gemacht, Daß die bloße Erzählung, mich mit Freude und Wonne erfült hat — In dieser Werckeltags Welt, kan man freylich nicht alles beysammen haben, und ein jeder muß schon mit seinem Looß zufrieden seyn — den mit murren, und knurren bringts niemand um ein Haar weiter, und das Schicksahl dreht seine Maschine, ob wir lachen, oder greinen — Darum wollen wirs mit unserm bißgen Leben auch noch gantz gut betreiben, uns ohne die größte Noth keinen trüben Tag machen

— hübsch in Zucht und Ehren lustig seyn — ins Freytags und Mittwochs Concert gehen — und sonst den Winter über manchen gespaß haben. Freylich hat Weimar auf unsere Freud und Leid den größten Einfluß — haben doch Jhro Durchlaucht die gnade und helfen mitdazu daß mein Sohn den Winter in der Stadt eine Wohnung bekomt — So oft wir hir schlimme Witterung haben /: wie eben jetzt der Fall ist, da des Regens kein Ende werden will :/ so fält mirs schwer aufs Hertz, daß der Docter Wolf in seinen Garten gehn muß, daß allerley übels draus entstehen kan u. s. w. Jhro Durch- laucht! werden Frau Aja unendlich verbinden, wenn Sie ihr diesen Hertzendruck helfen wegnehmen. So eben erhalte den Mercur vom Lieben Gevatter Wieland — haben doch Jhro Durchlaucht die Gnade, und grüßen Jhn rechtherzlich von mir — den Er ist nun einmahl mein Bester Gevatter, Freund, und Sohn — und das Vergnügen das ich im Winter 1777 von Seinem hirseyn hatte — wird keine Zeit aus meinem Hertzen auslöschen. Der Lieben Freulein Thusnelde bitte doch auch in meinem Nahmen, viel schönes und gutes sagen, unter anderm, daß meinem Machwerck nur noch die Blicker, und der Schlagschatten fehlt — so dann ists fertig — und macht zuverläßig noch in diesem Jahr seine Aufwartung, bey meinem werthgeschätzten Freulein . . .

¹ Goethes Diener Philipp Seidel.

den 30ten November 1781

Durchlauchdigste Fürstin! Es hat mich sehr gefreut, daß mein Sohn sich ins künftige wie andre Christenmenschen geberden und auf führen will¹ — Daß Jhro Durchlaucht die Gnade haben wollen, dem guten Wolf, sein neues Hauß aus- schmücken zu helfen — davor statte den Unterthänigsten Danck ab. . . . Wenn Gevatter Wieland auf ein Hertz Stoltz ist, das mit wahrer Freundschaffts und Mutter Liebe an Jhm hengt, und keine Zeit anders machen wird und kan; so läßt Er mir Gerechtigkeit wiederfahren. Auf das tiefurther

100

Küche der Frau Rat

Journal freue ich mich von Hertzens Grund — den Frau
Aja sitzt in einer Sand=wüste, wo die frischen Quellen rahr
sind, und mein armes bißgen Witz und Verstand, ist dem
verschmachten oft schon nahe geweßen. Häschelhanß hat mich
auch mit verschiednen herrlichen sachen erquickt — davor Ihm
ein eignes Dancksagungs schreiben zu theile werden soll. ....

¹ Goethe hatte für Ostern 1782 ein Haus in der Stadt gemietet, das ihm
später der Herzog schenkte.

Franckfurth d 10ten Mertz 1782

Durchlauchdigste Fürstin! Mit unterthenigstem Danck,
komt hir das große Meisterwerck¹ zurück. Die Freude und den
Jubel welches es mir und andern guten Selen gemacht hat,
ist gantz ohnmöglich zu beschreiben; nur von dem gaudium
des 5ten Mertzens muß ich doch etwas sagen. Merck war
punct 12 Mittags in unserm Hauß, zur Gesellschaft hatte
Freund Bölling und Rieße² auch eingeladen. Wir speißten
mit großer Behaglichkeit, und der 26ger versetzte alle in
sehr gute Laune. Nach Tisch holte ich eine Staffeley, stelte
sodann das Opus drauf, führte Mercken davor, ohne ein
einziges Wort zu reden, hatte auch den andern verboten keinen
thon von sich zu geben. Merck stand eine Weile, mit ver=
schränckten Armen, gantz betäubt ob all der Wunder — auf
einmahl fuhr Er in die höhe — Um Gottes willen! da bin
ich auch — seht Ihr den Kerl der die alten Kleider ausklopft
— bey meiner Seele das bin ich! Das ist Nicolai³ der sägt
an den Stelzen — die in der Laube, sind die göttinger —
das ist der Werther — den Mann im Talar hielt Er vor
Lavater — die gruppe wo in die Steine gebißen und lauter
grimiges Zeugs betrieben wird behagte Ihm gar sehr —
Nach langem Beschauen von oben und unten, von rechts und
lincks — fragte Er endlich, ob dann gar keine Beschreibung
dabey wäre daß das alles noch anschaulicher würde. Jetzt
rückte ich mit den Versen heraus, und Declamirte mit solcher
Kraft und Wärme daß es eine Lust war es anzuhören. Alle
die Freude die uns /: das gewiß in seiner art unschätzbahre

102

Werck, und wodurch auch Herr Krauße einen großen Ruhm erworben hat :/ in dem allen zu theil ward — kan ich, ich sags noch einmahl nicht ausdrücken. Mercks Hände haben wir auch vor Misethat bewahrt, Er kriegte Papier und bleystift aus der Tasche, und wolt, ich glaube gar was von der Zeich= nung abstelen — aber flugs truge ichs fort, und Er bekam es nicht wieder zu Gesicht. Freylich was Er davon in seinen Hirnkasten eingesteckt hat, Davor kan ich nun nicht stehen. Theureste Fürstin! Noch einmahl meinen innigsten, wärm= sten, und hertzlichsten Danck vor die Erquickung in meiner Einsamkeit. Freulein Thusnelde auch alles gebührende Lob, vor die schöne Abschrieft der Verse — Dieses Opus darf ich doch behalten, und als mein Eigenthum ansehn? So oft ich etwas von Weimar erhalte, freut sich mein Geist, sambt Seele und Leib; es ist mir immer ein sicherer Beweiß, daß mein Gedächtnüß noch im Segen grünt und blüht . . . .

¹ ein von Kraus ausgeführtes Bild zu Goethes satyrischem Gedicht: Das Neueste von Plundersweilern. ² Aktuar der Armenverwaltung, Jugendfreund Goethes. ³ Buchhändler in Berlin.

Franckfurth d 11 Juni 1782

Durchlauchdigste Fürstin! Den Antheil den Jhro Durch= laucht an dem Ableben meines Mannes¹ zu nehmen die Gnade gehabt, hat mich sehr gerührt — Freylich war eine Beßerung ohnmöglich, vilmehr mußte man das was am 25 May erfolgte täglich erwarten — Doch so schnell vermuthete ich mirs doch nicht — Jhm ist wohl, den so ein Leben wie die letzten zwey Jahre, davor bewahre Gott einen jeden in Gnaden! Mit Herrn Krauße, und dem sehr gesprächigen Herrn Paulsen habe ich mich schon sehr ergötzt — Jhro Durchlaucht können leicht dencken wovon wir reden — Ich Catechisire die guten Leute so arg, daß Jhren Lungenflügeln so lang Sie hir bleiben, eine sehr starcke Bewegung bevorsteht. Theureste Fürstin! Aus einem Schreiben von meinem Sohn ersehe mit Er= staunen, daß Unser Bester und Gnädigster Fürst, zu allen, nun bald an die 7 Jahre erzeigten Gnaden und Wohlthaten, noch eine mir gantz ohnerwartete hinzugefügt hat — über so was kan ich nun gar nichts sagen, denn der größte Danck ist stumm — Gott segne und erhalte unsern Liebens würdigen Fürsten — Unsere Dortrefliche Fürstin Amalia, Die uns diesen wahren Fürsten-Sohn gebohren hat — Das gantze Hochfürstliche Hauß müße grünen und blühen biß ans Ende der Tage — dieß ist der heißeste, eifrigste und hertzinniglichste Wunsch, von Mutter Aja Amen. Durchlaubigste Fürstin! Jetzt verzält sich Frau Aja die prächtigsten Mährgen, von einer Reiße nach Weimar — Ich hoffe zuverläßig, daß mir der Himmel diese auserordentliche Freude gewähren wird — so geschwind kan es aber freylich noch nicht seyn — Doch Gedult! Wollen schon unsere sieben sachen suchen in Ordnung zu bringen, und dann auf Flüglen des Windes an den Ort eilen, der vor mich alles enthält, was mir auf diesem Erden= rund hoch, theuer und werth ist. In diesen süßen Gedancken will ich einstweilen Leben . . .

¹ Goethes Vater war am 25. Mai 1782 gestorben.

Franckfurth d 22 October 1782

Durchlauchdigste Fürstin! Was dem müden Wanderer ein ruhe plätzgen, Dem Durstigen eine klahre Quelle und alles was sich nun noch dahin zählen läßt; was die armen Sterb= lichen stärckt und erlabt, war das gnädige Andencken unserer Besten Fürstin! Du bist also noch nicht in Vergeßenheit gerathen — Die Theureste Fürstin denckt noch an Dich — fragt nach Deinem Befinden — Tausend sacher Danck sey Jhro Durchlaucht davor dargebracht! Jhro Durchlaucht haben die Gnade zu fragen was ich mache? O beym Jupiter so wenig als möglich! und das wenige noch obendrauf von Hertzen schlecht — Wie ists aber auch anders möglich! Einsam, gantz allein mir selbst überlaßen — wen die Quellen abgeleitet oder verstopt sind, wird der tiefste Brunnen lehr — ich grabe zwar als nach frischen — aber entweder geben sie gar kein Wasser — oder sind gar trübe, und beydes ist dann freylich

104

sehr schlimm. Die Noble allgerorie könte ich nun bis ins
Unendliche fortführen — könte sagen, daß um nicht Durst
zu sterben ich jetzt Mineralisch Wasser tränke — welches sonst
eigentlich nur vor Kranke gehört u. s. w. Gewiß viele schöne
sachen ließen sich hir noch anbringen — aber der Witz, der
Witz! den habe ich imer vor Zugluft gehalten — er kühlt
wohl — aber man bekommt einen steifen Hals davon. Also
ohne alle den schnick schnack — Alle Freuden die ich jetzt
genüßen will, muß ich bey Fremden, muß ich außer meinem
hauß suchen — Den da ists so still und öde, wie auf dem
Kirchhoff — sonst wars freylich gantz umgekehrt — Doch
da in der gantzen Natur nichts an seiner stelle bleibt, sondern
sich in ewigem Kreislauf herum dreht — wie könte ich mich
da zur Ausnahme machen — nein so absurd denk Frau Aja
nicht — Wer wird sich grämen daß nicht immer vollmond ist,
und daß die Sonne jetzt nicht so warm macht wie im Julius
— nur das gegenwärtige gut gebraucht und gar nicht dran
gedacht daß es anders seyn könte; so komt mann am besten
durch die Welt — und das durchkommen ist doch /: alles
wohl überlegt :/ die hauptsache. Jhro Durchlaucht könen
nun so ohngefähr aus obigem ersehen, daß Frau Aja imer
noch so ohngefähr Frau Aja ist, ihren guten Houmor bey=
behält, und alles thut, um bey guter Laune zu bleiben —
auch das mittel das weiland König Saul gegen den bößen
Feind probat fand, fleißig gebraucht; und so hats mensch=
lichem Ansehn nach noch lange keine Noth mit der guten Frau.
Zumahl da herr Tabor[1] /: den Jhro Durchlaucht wenigstens
dem Nahmen nach kennen :/ vor unser Vergnügen so stattlich
gesorgt hat. Den gantzen Winter Schauspiel! Da wird ge=
geigt, da wird trompett — ha! den Teufel mögte ich sehen,
ders Currage hätte einem mit schwartzem Blut zu Incomo=
diren — Ein einziger Sir John Fallstaff treibt ihn zu paaren
— das war ein gaudium mit dem dicken Kerl — Christen
und Juden alles lachte sich die Galle vom hertzen. Diese
Woche sehen wir auch Clavigo — da geht gantz Franckfurth

hinein, alle Logen sind schon bestelt — Das ist vor so eine Reichsstadt, allemahl ein großer spaß. . . .

¹ Frankfurter Kaufmann, der 1786—88 die Schauspieltruppe leitete.

Franckfurth d 7ten Februar 1783

Durchlauchdigste Fürstin! Ich habe Gott sey danck in meinem Leben viele Freuden gehabt — Das Schicksahl hat mir manchen frohen Tag geschenckt — aber niehmahls kam mir eine Freude so unvermuthet — niemahls bin ich so von Wonne truncken gewesen — als über die Geburth des Printzen von Sachsen Weimar. Da ich kein Wort von der Schwanger-schafft der herzogin wußte; so stellen Sich Ihro Durchlaucht mein Erstauen über die gantz unerwartete glückliche nachricht vor! Als ich an die Worte in Freuleins Thusneldens Brief kam „Wenn ich den Printzen selbst gemacht hätte u. s. w." so zitterte ich am gantzen Leibe, ließ den Brief aus der hand fallen — bliebe eine Zeit starr und gleichsam ohne Empfin-dung stehen — auf einmahl wurde mein gantzer Cöpper siedend heiß, mein Gesicht sahe aus, als wens doppelt mit Carmin belegt wäre — nun mußte ich Luft haben — Ein Printz! ein Printz! schriehe ich meinen Wänden zu — O wer mich in dem Augenblick gesehen hätte! Ich war gerade gantz allein, zum Glück bliebe ich es nicht lange, Frau Bethmann kame mich ins Schauspiel abzuholen, nun konte ich, Gott sey Danck! meinem hertzen Luft machen — Alle meine Bekandten, wer mir vors Gesicht kam, mußte die frohe Neuigkeit hören. Abens hatte ich ein paar Freunde zum Nachteßen und wir singen Corus — Fröliger, Seliger, herrlicher Tag. Voll von diesen Ideen, wars kein Wunder, daß mirs träumte ich ich seye in Weimar — Was hatte ich da alles vor Freude! nur Schade, daß Morgens beym Erwachen, die gantze Seligkeit dahin war. Theureste Fürstin! Gott Erhalte den neuge-bohrnen P[r]intzen — Laße Ihn zu nehmen an Alter und Gnade bey Gott und den Menschen — die Zukunft müße dem glücklichen 2ten Februar noch Jubellieder Singen Amen. . . .

106

... Unser Theurer Erbprintz befindet Sich also wohl
— Gott sey Taußend Danck davor gesagt! nach Dero Beschreibung, gibt das ja einen zweyten Reinhold[1] — und da
ich zuverläßig weiß, daß Er die beste Erziehung nach Leib
und Seele bekommen wird; so kan auch der Wachsthum an
beyden nicht fehlen — und alles Volck soll sagen Amen.
Wieland und meinem Sohn würde ich es ewig nicht verzeihen,
wenn Sie bey dieser frohen Begebenheit Jhren Pegasus nicht
weidlich tummeltten, und mich verlangt recht hertzlich, Jhre
Gebuhrten zu sehen. Freylich komt es mir vor als ob mein
Sohn, sich in etwas mit den Musen Brouliert hätte — doch
alte Liebe Rostest nicht — sie werden auf seinen Ruf, schon
bald wieder bey der Hand seyn. Mit Wieland — ja das ist
gantz was anders, Das ist ein gar beständiger Liebhaber —
die 9 Mädger mögen lachen oder sauer sehen — Er schlckt
sich in alle Jhre Launen — und ich weiß von sichrer Hand,
daß so was, die Damen überaus gut aufnehmen. Jhro
Durchlaucht haben die Gnade Sich zu erkundigen was ich
mache — Jch befinde mich Gott sey Danck, gesund, vergnügt,
und fröliges Hertzens — suche mir mein bißgen Leben noch
so angenehm zu machen als möglich — Doch liebe ich keine
Freude, die mit unruhe, wirrwar und beschwerlichkeit ver-
knüptf ist — Den die Ruhe liebte ich von jeher — und
meinem Leichnam thue ich gar gern seine ihm gebührendte
Ehre. Morgens besorge ich meine kleine Haußhaltung und
übrigen Geschäffte, auch werden da Briefe geschrieben —
Eine solche lächerliche Correßpontentz hat nicht leicht jemand
außer mir. Alle Monath raume ich meinen Schreibpult auf
— aber ohne lachen kan ich das niehmals thun — Es sieht
drinnen aus, wie im Himmel. Alle Rangordnung aufgehoben
— Hohe und geringe, Fromme und Zöllner und Sünder, alle
auf einem Haufen — Der Brief vom frommen Lavater liegt
gantz ohne groll, beim Schauspieler Großmann u. s. w. Nachmittags haben meine Freunde das Recht mich zu besuchen,

aber um 4 uhr, muß alles wieder fort — dann kleide ich
mich an — fahre entweder ins Schauspiel oder mache Be=
suche — komme um 9 uhr nach hauß — das ist es nun so
ungefähr was ich treibe. . . .

[1] Beziehung auf den Reinhold in den Heymonskindern.

Goethe an seine Mutter

W. d. 7. Dez. 83.

Aus Ihrem Briefe liebe Mutter habe ich mit vieler
Freude gesehen daß Sie wohl sind und der Vergnügen des
Lebens so weit es gehen will genießen. Ehstens erhalten Sie
das vierte Buch von Meistern den ich Ihnen zu der übrigen
dramatischen Liebhaberey bestens empfehle. . . .

Frau Bätty[1] hat übrigens gegen alle Lebensart ge=
handelt, gegen alles mütterliche Gefühl, daß sie Ihnen mit
einer solchen Klatscherey nur einen Augenblick verderben
konnte als die Nachricht von mir ist. Sie haben mich nie mit
dickem Kopf und Bauche gekannt, und daß man von ernst=
hafften Sachen ernsthaft wird, ist auch natürlich, besonders
wenn man von Natur nachdencklich ist, und das Gute und
Rechte in der Welt will.

Hätte man Ihnen in dem bösen Winter von 69 in einem
Spiegel vorausgezeigt, daß man wieder auf solche Weise an
den Bergen Samariä Weinberge pflanzen und dazu pfeifen
würde, mit welchem Jubel würden Sie es angenommen
haben.

Lassen Sie uns hübsch diese Jahre daher als Geschenck
annehmen, wie wir überhaupt unser ganzes Leben anzusehen
haben und iedes Jahr das zugelegt wird mit Danck erkennen.

Ich bin nach meiner Constitution wohl, kann meinen
Sachen vorstehn, den Umgang guter Freunde genießen und
behalte noch Zeit und Kräffte für ein und andre Lieblings=
beschäfftigung. Ich wüßte nicht mir ein bessern Plaz zu

108

dencken oder zu erfinnen, da ich einmal die Welt kenne, und mir nicht verborgen ift wie es hinter den Bergen ausfieht.

Sie an Jhrer Seite vergnügen Sie Sich an meinem Dafeyn ietzt und wenn ich auch vor Jhnen aus der Welt gehen follte. Jch habe Jhnen nicht zur Schande gelebt, hinterlaffe gute Freunde und einen guten Nahmen, und fo kann es Jhnen der befte Troft feyn daß ich nicht ganz fterbe.

Indeffen leben Sie ruhig, vielleicht giebt uns das Schickfal noch ein anmutiges Alter zufammen das wir denn auch mit Danck ausleben wollen . . .

Jch weiß nicht ob Jhnen fchon gefchrieben ift daß ich den Sohn der Oberftallmeifter von Stein, meiner wertheften Freundin, bey mir habe, ein gar gutes fchönes Kind von 10 Jahren, der mir viel gute Stunden macht und meine Stille und Ernft erheitert. Er ift mit mir auf dem Harz gewefen. . . .

[1] Betti Jacobi, die Gattin von Goethes Freunde Fritz Jacobi in Düffeldorf, die zu Anfang des folgenden Jahres ftarb.

An Fritz von Stein in Weimar
geb. 1773, ein Sohn der Frau von Stein, deffen Erziehung Goethe damals leitete.

Frankfurt, den 9. Jenner 1784.

Lieber Sohn! Vielen Danck vor Jhren lieben Brief, er hat mir große Freude gemacht, — es geht Jhnen alfo recht gut bei meinem Sohne, — o, das kann ich mir gar wohl vorftellen. Goethe war von jeher ein Freund von braven jungen Leuten und es vergnügt mich ungemein, daß Sie fein Umgang glücklich macht. Aber je lieber Sie ihn haben, und alfo gewiß ihn nicht gern entbehren, je zuverläßiger werden Sie mir glauben, wenn ich Jhnen fage, daß die Abwefenheit von ihm mir ofte trübe Stunden macht. Sie, mein kleiner Freund, könnten nun da ein großes gutes Werk thun, — zumahl da Sie mich lieb haben, fo wird es Jhnen gewiß nicht fauer ankommen, hören Sie, lieber Freund, meinen Vorschlag, — da Sie beständig um meinen Sohn sind, also mehr von ihm wissen, als Jeder andere, wie wäre es, wenn Sie so ein kleines Tagebuch hielten, und schickten es mir alle Monath, — viele Arbeit soll das Ihnen gerade nicht machen, nur ohngefähr auf diese Weise; „Gestern war Goethe im Schauspiel, Abends zu Gaste, — heut hatten wir Gesellschaft", u. s. w. Auf diese Weise lebte ich gleichsam mitten unter Euch, — freute mich eurer Freuden, — und die Abwesenheit verlöre viel von ihrer Unbehaglichkeit, — eine kleine Zeile Morgens oder Abends geschrieben, — macht Ihnen wenig Mühe, mir aber würde es unbeschreiblich wohl thun, — überlegen Sie die Sache einmahl, ich glaube, es geht.

Wenn mein Sohn einmahl nach Frankfurt kommt, müssen Sie mitkommen, an Vergnügen soll es dann nicht fehlen, wenigstens wollte ich Alles zur Freude stimmen. Nun, das kann ja wohl einmahl geschehen, — Inzwischen behalten Sie mich lieb, ich verspreche Ihnen desgleichen, . . .

Fr. den 12 Februar 1784.

Lieber Sohn! Das ist ja recht brav, daß Sie so Wort gehalten haben — das Tagebuch ist so ganz recht, und hat mich außerordentlich gefreut, machen Sie mir das Vergnügen und schicken alle Monath so eine Beschreibung Ihres Lebens und Ihrer Beschäftigungen — die Entfernung von meinem Sohne wird mir dadurch unendlich leichter, weil ich im Geiste Alles das mitgenieße, was in Weimar gethan und gemacht wird, — ich bitte, fahren Sie so fort, und Sie sollen mein lieber, lieber Sohn seyn. Die Zeichnung von Ihrer Stube hat sich recht gut conservirt, — sie liegt auf meinem Arbeitstisch und in Gedanken bin ich gar öfters bei Ihnen. Hier giebts nicht viel Neues, das interessant wäre, wir haben diesen Winter nur alle Dienstage Schauspiel. Die Schauspieler sind in Maynz und Schnee und Eis machen die Wege überaus schlimm. . . .

An die Herzogin Anna Amalie

den 2ten Mertz 1784

Durchlauchdigste Fürstin! Ich vermag nichts als Danck zu stammeln — Die Gefühle meines inniggerührten Herzens bin ich nicht imstande auszudrucken — nur das kan sagen, daß kein Ordens Band so lang die Welt steht mit mehr Freude, Stoltz und tieffem Gefühl unverdienter Gnade ist umgethan worden als dassotrefende Bild meiner Vortreff= lichen und Gnädigen Fürstin Amalia. Nie soll bei allen Festlichen Gelegenheiten ein anderer Schmuck mich zieren — schon zweymahl habe ich mir diese Wonne gemacht — Ihro Durchlaucht müßten doch lächlen, wen Sie sähen wie Frau Aja sich in die Brust wirft — daher rauscht in einem weißen seidnen Kleid — das mir ewig Theure Bild an einem breiten schwartzen Band auf der Brust — und ein Ausdruck in gang und mienen, daß alles meine gantze Selbstzufriedenheit aus den Augen leßen kan — und nun das gucken, das fragen ohne Ende wer die schöne Dame seye — nun das Dickthun Derjenigen die die Gnade haben Ihro Durchlaucht zu kennen — wo immer eins stärcker als das andre schreit — Bey Gott! das ist die Herzogin Amalia, wie aus dem Spiegel gestohlen! Ihro Durchlaucht! würden lächlen /: noch einmahl seye es gesagt :/ und empfinden, wie so gantz glücklich Sie mich gemacht haben. Der Blumen=korb ist ein solches Meisterwerck, das gar nicht genung bewundert werden kan — Er steht in meinem besten Zimmer auf einem Marmor Tisch, und wer ihn noch gesehen hat, bekent, daß Franckreichs und Italiens Blumen steifes Papier gemächte dagegen ist — Beym auf= machen des Kastens stunde ich wie bezaubert — ich wuste gar nicht was ich dencken und machen solte — Alles trägt jetzt hir Blumen, alt und jung und niemand ist im Er[n]st auf= getackelt der nicht wenigstens eine vorsteken hat, aber du Lieber Gott! das ist alles gegen diese Stroh eitel Stroh — besonders die Blätter und die Stiele sind der Natur so ähnlich, daß ich in der Täuschung an der Hiazinte roch. Dieser herrliche Weimarer product, soll als ein Heiligthum bey mir aufgehoben werden, und wehe dem! der nur einem Stengel dran zerknickte. Der Geldbeutel hat mich sehr gefreut — Gott mache mich noch einmahl so glücklich die Hände zu küssen, die ihn verfertigt haben! Die Luftreiße wolte ich mit Vergnügen anstellen — nur fürchte ich daß es so bald noch nicht ge= schieht — von unserm Luftballon ist alles Maußestill, mich dünckt die Verfertiger sind ihrer sache nicht gantz gewiß, und fürchten das auspfeifen.

Gott seegne die Bergwercks Geschäffte! und schencke meinem Sohn Gesundheit und kraft Dero Hohen Fürstlichen Hauße alle erprießliche Dinste zu leisten. Wir haben hir eine große Überschwemmung gehabt — noch heute da ich dieses schreibe ist mein Keller noch voll Wasser — auf unserer Straße fuhr man in Schiffen — An niedrigen Orten wie am Fahrthor stunde das Wasser im ersten Stockwerck — Das Elend war viel größer als 1764 Unsere Dorfschafften stehen meist unter Wasser — Das Unglück abgerechnet, war der Eißgang ein prächtiges Schauspiel — Das krachen an den Eißbrechern — die schrecklichen großen Schollen die wie Berge sich aufthürmten mit großen gethön sich überein ander wältzten — das brausen des Maynstrohm — Der Donner der Canonen der dazwischen brüllte, um der Stadt Maynz das Singnahl zu geben, daß der Mayn auf sey — Der Lermen der Menschen, das raßlen der wagen die die Kaufmans Gewölbe lehr machten u. s. w. das alles zusamen konte den Hertzhafftesten in Furcht jagen. In dem jetzt beschriebenen Wirr Warr — kam Dero herrliches Geschenck bey mir an. Das kan ohnmöglich alles vor dich seyn — villeicht steht in dem dicken Brief die Order wo der große und kleine Kasten hin gehört — also risch rasch den Brief auf — und nun die Freude, den Jubel! Ich vergaß alles, zog ein Band durch und nun gleich mich mit damit geschmückt. Da ich ferner bemerckt, daß das übrige auch mein Eigenthum wäre, da

112

gings an ein auspacken — und mein Erstaunen über alle
den Pracht, habe ich schon die Gnade gehabt Jhro Durchlaucht
oben zu beschreiben. Gott sey der Vergelter aller der Freuden!
Er bestreue mit Blumen den Lebens pfad Unser Theuren
Fürstin! . . .

An Fritz von Stein

Fr. den 30 März 1784.

Lieber Sohn! Sie können nicht glauben, wie mich Jhr
Schattenriß gefreut hat. Nun kann ich mir doch eine Vor=
stellung von meinem lieben Correspondenten machen, ich
danke recht sehr davor. Es wäre mir gar lieb, wenn Sie mit
meinem Sohne nach Eisenach gingen, da erführe ich doch
auch wie es da herginge, und Jhre Briefe lese ich mit vielem
Vergnügen. Jch wünsche von Herzen, daß der ewige Schnee
einmahl aufhören wollte, damit Sie in Jhrem Gärtchen sich
recht erlustiren könnten, — bei uns ists noch dicker Winter,
heut kann fast kein Mensch aus dem Haus vor entsetzlichem
Schnee und Wind — vor einigen Tagen ist ein kleiner Luft=
ballon von zwei Schuh in die Höhe gestiegen, es war spaßhaft
anzusehn. Vor heut muß ich schließen, die Post will fort und
doch lasse ich nicht gern einen Brief von Jhnen, mein lieber
Sohn, unbeantwortet, besser ists doch immer, ein wenig als
gar nicht . . .

Fr. am ersten Ostertag 1784.

Lieber Sohn! Jch wünschte sehr, daß sie jetzt bei mir
wären. Uebermorgen geht unser Schauspiel wieder an, und
zwar wird ein ganz neues Stück gegeben, Kabale und Liebe
von Schiller, dem Verfasser der Räuber, — Alles verlangt
darauf und es wird sehr voll werden. Vor Jhren lieben recht
schönen Brief und vor das Wochenblatt danke aufs Beste. Daß
Sie das Tagebuch wieder anfangen wollen, freut mich gar
sehr, doch verlange ich keineswegs, daß Sie sich geniren sollen,
denn wenn man auf der Reise ist, oder sonst Vorfälle kommen,

fo verfteht es fich von felbft, daß das Schreiben warten muß. Anbei fchicke ich Ihnen ein kleines Meßgefchenk — und wünfche, daß es Ihnen gefallen möchte. . . .

An die Enkelin Louife Schloffer

1774 als Tochter Georg Schloffers und der Kornelia Goethe geboren.

Den 21ten Aprill 1784

Liebes Enckelein! Mich hat dein Brief fehr gefreut. Der Eduart, das muß ja ein ganßer Burfche fein! Der kan dir fchon die Hände drücken — Aber was wird das vor ein fpaß fein, wenn Er mit dir und deinen zwen Schweftern im Garten herum laufen kan — hübfch achtung muß du frenlich auf ihn geben, daß er nicht auf die Naße fält. Wegen der fchönen Strümpfe die du mir geftrickt haft, fchicke ich dir hiemit einen Strickbeutel — dem Julgen auch, damit es auch fleißig wird — die Bilder find dem Henriettgen. Der Strickbeutel und die fielbernen Mafchigen mit dem rothen Band find dein, die mit blau dem Julgen. Jeßt Lebe wohl und behalte mich Lieb. Ich bin immer, deine treue Großmutter Goethe.

An die Herzogin Anna Amalia

den 13ten Juni 1784

Durchlauchdigfte Fürftin Hoffrath Bode war mir ein gar lieber Bothe, den Er brachte gute Nachrichten von Unferer Beften Fürftin und ein fo gnädiges, herrliches Briefgen das mir die frohe Gewißheit gab, mein Andencken grüne und blühe noch ben einer Fürftin Dero Gnade und Wohlwollen mir über alles in diefer Welt geht. Ihro Durchlaucht haben die Gnade zu fragen, wie es mit mir fteht? Gott fen Danck! immer noch auf die alte Art und weiße, das ift verdolmefchts, Gefund, vergnügt, guten Houmors u. f. w. Frenlich ift das in meiner Lage eben fo keine große Kunft — Aber doch mit= alledem liegt es mehr an der innern Zufriedenheit mit Gott,

114

mit mir, und mit den übrigen Menschen als gerade zu an den
äußern Verhältnüßen — Ich kenne so viele Menschen die gar
nicht glücklich sind, die das arme bißgen von Leben sich so blut
sauer machen, und an allen diesem Unmuth und unmuster=
haftem Wesen ist das Schicksahl nicht im geringsten schuld —
In der Ungenügsamkeit da steckt der gantze fehler. Ihro
Durchlaucht verzeihen mir dieße Moralische Brühe — es ist
sonst eben meine sache nicht, aber seit einiger Zeit bin ich
die Vertraute von verschiedenen Menschen worden, die sich
alle vor unglücklich halten, und ist doch kein wahres Wort
dran — Da thut mir dann das kräncken und Martern vor die
armen Seelen leid u. d. m. Der erschröcklich lange Winter,
macht einem die Freuden des Frühling doppelt fühlbar —
Auch die Theureste Fürstin! genüße so viel immer möglich
die Herrlichkeit der schönen Natur — und das Vortreffliche
Bild unserer Besten Fürstin begleidet mich zu allen Freuden
des Lebens — nur nocheinmahl wünschte ich das Glück zu
genüßen das mir so Theure Originahl zu sehen! Ist denn
dazu gar kein Anschein? gar keine Möglichkeit? Auch Sohn
Wolf komt nicht! und da kommen doch von Osten und Westen,
Süden und Norden allerley Figuren die ——— wegbleiben
dürften — Das gehört nun freylich alles unter die Leiden
dieser Zeit. Wie befindet sich denn meine Liebe Gnädige
Freulein von Goechhaußen? Das Theure Freulein scheint
etwas Tintenscheu zu seyn — ein Übel das mich auch oft
überfält. . . .

An Fritz von Stein

Fr. den 2. Juli 1784.

Lieber Sohn! Ich erkenne aus Ihrem letzten Schreiben
Ihre gantze freundschaftliche Gesinnung gegen mich, auch mir
würde es großes Vergnügen machen Sie und meinen Sohn zu
sehen, — aber das ist auf keine Weise thunlich, — das Reisen
war nie meine Sache und jetzo ists beinahe gantz unmöglich,
— alle die Ursachen, die mich verhindern, anzuführen, wäre

weitläufig, und Sie, mein lieber Sohn, würden weil Sie das Innere meiner Verhältnisse nicht wissen, mich doch nicht begreifen. Die Vorsehung hat mir schon manche unverhoffte Freude gemacht, und ich habe das Zutrauen, daß dergleichen noch mehr auf mich warten, — und Sie und meinen Sohn bei mir zu sehen, gehört sicher unter die größten, — und ich weiß gewiß, meine Hoffnung wird nicht zu Schanden. . . .

Frankfurth, den 9. September 1784.

Lieber Sohn! Ungeachtet Sie dieses Schreiben durch die Post ehnder würden erhalten haben, so konnte es dem Ueberbringer dieses ohnmöglich abschlagen, der mich sehr ersuchte, ihm etwas mitzugeben. Ich danke Ihnen von ganzem Herzen vor die Schilderung Ihrer mir so lieben und interessanten Person — besonders freut es mich, daß Sie Ihr Gutes und Nichtgutes schon so hübsch kennen. Bravo! lieber Sohn! das ist der einzige Weg, edel, groß, und der Menschheit nützlich zu werden; ein Mensch, der seine Fehler nicht weiß, oder nicht wissen will, wird in der Folge unausstehlich, eitel, voll von Pretensionen, — intolerant, — niemand mag ihn leiden, — und wenn er das größte Genie wäre, ich weiß davon auffallende Exempel. Aber das Gute, das wir haben, müssen wir auch wissen, das ist eben so nöthig, eben so nützlich, — ein Mensch, der nicht weiß, was er gilt, der nicht seine Kraft kennt, folglich keinen Glauben an sich hat, ist ein Tropf, der keinen festen Schritt und Tritt hat, sondern ewig im Gängelbande geht und in seculum seculorum — Kind bleibt. Lieber Sohn, bleiben Sie auf diesem guten Wege, und Ihre vortrefflichen Eltern werden den Tag Ihrer Geburt segnen. Es ist ein großes Zeichen Ihrer Liebe und Freundschaft, daß Sie eine genaue Beschreibung von meiner Person verlangen, hier schicke ich Ihnen zwei Schattenrisse, — freilich ist an dem großen die Nase etwas zu stark, — und der kleine zu jugendlich, mit alle dem ist im Ganzen viel Wahres drinnen. Von Person bin ich ziemlich groß und ziemlich

116

korpulent, — habe braune Augen und Haar, — und getraute
mir die Mutter von Prinz Hamlet nicht übel vorzustellen.
Diele Personen, wozu auch die Fürstin von Dessau gehört,
behaupten, es wäre gar nicht zu verkennen, daß Goethe mein
Sohn wäre. Ich kann das nun eben nicht finden, — doch
muß etwas daran seyn, weil es schon so oft ist behauptet
worden. Ordnung und Ruhe sind Hauptzüge meines Cha-
rakters, — daher thu' ich Alles gleich frisch von der Hand
weg, — das Unangenehmste immer zuerst, — und verschlucke
den Teufel /: nach dem weisen Rath des Gevatters Wieland :/
ohne ihn erst lange zu bekucken; liegt denn Alles wieder in
den alten Falten, — ist Alles unebene wieder gleich, dann
biete ich dem Trotz, der mich in gutem Humor übertreffen
wollte. Nun, lieber Sohn, kommen Sie einmal und sehen
Sie das Alles selbst mit an, — ich werde Alles anwenden,
um Ihnen Freude und Vergnügen zu verschaffen . . .

Frankfurth, den 23. Dezember 1784.

Lieber Sohn! Glauben Sie ja nicht, daß ich Ihnen vergessen hätte, das ist meine Gewohnheit gar nicht — die
Ursach meines Nichtschreibens liegt vor jetzt an den kurzen
Tagen, — ich kann, ohne mir an meiner Gesundheit zu
schaden, nicht gleich nach Tische und eben so wenig bei Licht
schreiben. Morgens wirds vor halb neun nicht Tag und bis
ich angekleidet bin und meine übrigen Sachen in Ordnung
habe, so ist es Mittag, man weiß nicht wie — kommen gar
noch Morgenbesuche /: welches bei mir nichts Seltenes ist :/
so fällt das Schreiben gar weg. Ich bin überzeugt, daß
Ihnen diese Gründe einleuchten. Nun weiter. Die Zeichnungen habe wohl erhalten und danke dafür. Ich will auch
mit helfen bitten, daß Ihro Durchlaucht glücklich in die
Wochen kommen möchten. Der Herr Herzog ist noch in Darmstadt und erlustigt sich mit der Jagd. Er kam über Frankfurth und ich hatte die Freude ihn in meinem Hause mit
einem Frühstück zu bewirthen. Ich bin viel glücklicher als

die Frau von Reck.[1] — Die Dame muß reifen um die gelehrten
Männer Deutfchlands zu fehen, bei mich kommen fie Alle
ins Haus, das war ungleich bequemer, — ja, ja, wems Gott
gönnt, giebt ers im Schlaf. Lieber Sohn, feft überzeugt, daß
Sie meinen guten Willen höher fchätzen, als die That, fchicke
ich Ihnen hier etwas vom hiefigen Chrift, Bonbons nebft
einem Geldbeutel weil mir die Gattung und Farbe artig
däuchte. Schnee haben wir hier auch, — das mag ich nun
wohl leiden, — aber fo großes Waffer, wie vorm Jahre, das
will mir fehr verbeten haben. Leben Sie recht wohl. . . .

[1] Elife von der Recke, Schriftftellerin, die, von dem Dichter Tiedge begleitet,
viel auf Reifen war.

Fr. den 16. Mai 1785.

Lieber Sohn! diefe Meffe war kalt und fehr unfreundlich
Wetter, auch ifts noch nicht fonderlich behaglich. Den 16. April
wäre bald der ganzen Stadt Luft und Freude in Trauer und
Wehklagen verwandelt worden. Nach Mitternacht brach in
dem neuen, prächtigen Schaufpielhaufe Feuer aus, und wäre
die Hülfe eine Viertelftunde fpäter gekommen, fo war alles
verloren. Der Direktor hat Alles eingebüßt — nichts als
fein und feiner 6 Kinder Leben davon gebracht. — In folchen
Fällen da ehre mir aber Gott die Frankfurther, — fogleich
wurden drei Collekten eröffnet, eine vom Adel, eine von den
Kaufleuten, eine von den Freimäurern, die hübfches Geld
zufammenbrachten, — auch kriegten feine Kinder fo viel Ge=
räthe, Kleider u. f. w. daß es eine Luft war. Da das Unglück
das Theater verfchont hatte, fo wurde gleich 3 Tage nachher
wieder gefpielt, und zwar „der teutfche Hausvater",[1] worin
der Direktor Großmann den Maler ganz vortrefflich fpielt.
Ehe es anging, hob fich der Vorhang in die Höh', und er
erfchien in feinem halbverbrannten Frack, verbundenen Kopf
und Händen, woran er fehr befchädigt war, und hielt eine
Rede — die ich Ihnen hier fchicke — feine 6 Kinder ftunden
in armfeligem Anzug um ihn herum, und weinten alle fo,
daß man hätte von Holz und Stein feyn müffen, wenn man

118

nicht mitgeweint hätte, auch blieb kein Auge trocken, und um
ihm Muth zu machen, und ihn zu überzeugen, daß das
Publikum ihm seine Unvorsichtigkeit verziehen habe, wurde
ihm Bravo gerufen und Beifall zugeklatscht. . . .

¹ Drama von Gemmingen.

An Schauspieldirektor Großmann
der wegen seiner Wiederverheiratung um Rat gefragt hatte.

[Anfang Juli 1785.]

Lieber herr Gevatter! Da No. 3 die wichtigste numer
in Ihrem Brief ist, da Ihre Zufriedenheit davon abhengt;
so verdient sie billig den vorzug, die beyden andern können
und sollen nachkommen. Sie verlangen, daß ich deusch, gerade,
und bieder meine Meinung sagen soll — das ist viel begehrt!
denn um das recht und mit wahrer Treue zu thun — müßte
man ja die Person genau kennen — ihre Tugenden und Fehler
klar einsehen — alsden erst laßen sich gründe davor und
darwieder abwiegen — und da läßt sich sehen, ob die Schaale
fält oder steigt. Das ist nun mein Fall in der that nicht —
Ich kenne die Demoiselle Schrott, nur als Schauspielerin —
wäre also die Frage von Ihren Theatralischen Talenten da
mögten meine Kentnüße noch wohl hinreichen — aber wer
sagt mir ob Sie ein gutes braves W e i b eine treue M u t t e r
eine ordentliche und spahrsame h a u ß f r a u ist oder werden
wird — und doch möchte ich Ihnen so gern meinen besten
Rath geben, weil Ihre Ruhe, Ihre Glückseligkeit auf Ihr
übriges gantzes Leben, das Glück Ihrer Kinder Suma
Sumarum alles davon abhangt. Wenn es wahr ist, daß des
Volk Stimme Gottes Stimme ist; so sieht es mit Ihrer wahl
freylich bedencklich aus — den das ist doch sonderbahr, daß,
alle wie abgeredt Freunde und Feinde ja so gar Menschen
die Ihnen gar nicht kennen, das Theater nie besuchen gegen
diese Verbindung laut declamiren — Da Sie nun mein
Lieber herr Gevatter! längst überzeugt sind, daß mir Ihr
wohl und Glück nicht gleichgültig ist, so wahr sehr natürlich

daß auch ich /: bloß aus Freundschaft vor Ihnen, den was
vor Vortheil oder Schaden hätte ich sonst davon :/ diese wahl
nicht billigen konte. Sie wißen daß nicht alle hiesigen Men=
schen Freunde von Ihnen sind — und daß es Leute gibt,
die nur auf der lauer stehn um etwas zu erhaschen, um
Ihnen beym Pupplicum ein Bein unterzuschlagen — das
wuste ich mußte es mit anhören, und da wünschte ich die
sache anders. Aber etwas ist mir bey der Begewenheit doch
sehr aufgefallen — nehmlich der allgemeine Lerm gegen diese
Heurath — die ursach läßt sich aber doch begreifen und ist so
schwer nicht einzusehn. Die Lebensbeschreibung Ihrer Seeligen
Frau ist in jedermans Händen — Sie erscheint in derselben
in einem solchen Licht, das beynahe blendet — Besonders
die gantz gräntzen lose Liebe zu Ihnen, das anhangen an Ihre
Kinder — die genaue und gute führung Ihrer wirtschaft, das
alles setzt die Verklährte in ein solches Licht — daß freylich
die demoiselle Schrott zu starck in Schatten und in Hinter=
grund stelt. Lieber Großmann! bedencken Sie Sich wohl!
Heurathen ist warlich kein spaß, es ist ein wichtiger Schritt!
Phillipp in den 6 Schützlen hat gantz recht — daß man ein
weib so geschwind am Hals hat wie das Fieber, nur daß die
China nicht so dagegen hielft. Noch einmahl sage ichs, über=
legen Sie die sache reiflich — Sie Sind ein Mann von Ein=
sicht, Klugheit und Erfahrung — aber eben deßwegen
mehrerem Tadel ausgesetzt — und es zeigt doch allemahl
eine Achtung und Theilnehmung von seiten des Pupplicums
an, daß es sich so erstaunliche Mühe gibt diese Heurath zu
verhindern, und ich zweifle sehr obs Ihnen nach diesm Schritt
noch mit Wohlwollen begegnen würde. Hier haben Sie alles
was ich Ihnen sagen kan — Obs Ihnen gefält weiß ich nicht,
aber Deusch, Gerade und Bieder ist es, das weiß ich. An
Schlossern will ich schreiben — an meinen Sohn kan ich deß=
wegen nichts gelangen laßen, weil ich nicht weiß wo er gegen=
wärtig ist — man sagt in Böhmen. Leben Sie wohl!
Kommen Sie gesund und vergnügt wieder zu uns ...

120

Goethe an seine Mutter

W. d. 3. Oktbr. 1785.

Sie haben mir liebe Mutter in diesem Jahre viele Wohlthaten erzeigt wofür ich Ihnen herzlich dancke. Die gute Aufnahme des lieben Fritz[1] und die Sorgfalt für ihn, macht mir Freude als etwas das ganz eigens mir zu Liebe geschieht. Sie werden finden daß es ein köstliches Kind ist und mir machen nun seine Erzählungen grose Freude. Wenn man nach Art Schwedenborgischer Geister durch fremde Augen sehen will, thät man am besten wenn man Kinder Augen dazu wählt . . .

[1] Fritz von Stein, der in Frankfurt gewesen war.

An Fritz von Stein

Fr. d. 20. October 1785.

Mein lieber Cherubim! Ihre glücklich abgelaufene Reise und die ausführliche Beschreibung davon hat mich sehr gefreut, — auch ergötzte mich herzinniglich, daß mich mein lieber Fritz in gutem Andenken hat. Ich vergesse aber meinen lieben Pathen eben so wenig — Alles erinnert mich an ihn, — die Birn', die ihm früh morgens so gut schmeckten, während ich meinen Thee trank, — wie wir uns hernach so schön auftackeln ließen, er von Sachs, ich von Zeitz, und wie's hernach, wenn die Pudergötter mit uns fertig waren, an ein Putzen und Schniegeln ging, und dann das vis a vis bei Tische, und wie ich meinen Cherubim um zwei Uhr /: freilich manchmal etwas unmanierlich :/ in die Messe jagte, und wie wir uns im Schauspiel wieder zusammen fanden, und das nach haus führen, — und dann das Duodrama in Hausehren, wo die dicke Catharine die Erleuchtung machte, und die Greineld und die Marie das Auditorium vorstellten — das war wohl immer ein Hauptspaß. Hier schicke ich Ihnen auch eine getreue und · wahrhafte von Sternen und Ordensbändern unterzeichnete ausführliche Beschreibung des zuerst zerplatzten,

hernach aber zur Freude der ganzen Christenheit in die Luft
geflogenen Luftballons nebst allem Klingklang und Singsang,
kurzweilig zu lesen und andächtig zu beschauen. Uebrigens
befinde mich wohl und werde heute den Grafen Effer ent=
haupten sehen, — auch war gestern der transparente Saul
bei der Hand und erfreute jedermänniglich; — aber Du
lieber Gott, was sieht man auch nicht Alles in dem noblen
Frankfurth, der Himmel erhalte uns dabei, Amen. Leben Sie
vergnügt und glücklich . . .

An Frau Charlotte von Stein in Weimar

Franckfurth d 14ten Novemb 1785.

Gnädige Frau Theureste Freundin! . . . Es hat mich
sehr gefreut, daß Dero Herr Sohn mit seinem Auffendhalt
bey mir so zufrieden war — Ich habe wenigstens alles gethan,
um Ihm meine Vaterstadt angenehm zu machen — und bin
froh daß es mir geglückt ist — Zwar habe ich die Gnade
von Gott, daß noch keine Menschenseele mißvergnügt von
mir weggegangen ist — weß Standes, alters, und Geschlecht
sie auch geweßen ist — Ich habe die Menschen sehr lieb —
und das fühlt alt und jung gehe ohne pretention durch diese
Welt und das behagt allen Evens Söhnen und Töchtern —
bemoralisire niemand — suche immer die gute seite aus
zuspähen — überlaße die schlimme dem der den Menschen
schufe und der es am besten versteht, die scharffen Ecken ab=
zuschleifen, und bey dieser Medote befinde ich mich wohl,
glücklich und vergnügt. . . .

An Fritz von Stein

Fr. d. 10. Dezember 1785.

Lieber Sohn! Das ist brav, daß Sie noch an mich
denken, auch ich und meine Freunde, bester Fritz, haben
Sie noch nicht vergessen, werden es auch nie. Wir haben

diesen Winter drei öffentliche Concerte, ich gehe aber in keins, wenigstens bin ich nicht abonirt, das große, welches Freitags gehalten wird, ist mir zu steif, das montägige zu schlecht, in dem mittwöchichen habe ich Langeweile, und die kann ich in meiner Stube gemächlicher haben. Die vier Adventswochen haben wir kein Schauspiel, nach dem neuen Jahr bekommen wir eine Gesellschaft von Straßburg, der Direktor heißt Koberwein. Uebrigens bin ich noch immer guten Humors, und das ist doch die Hauptsache. In meiner kleinen Wirthschaft gehts noch immer so, wie Sie es gesehen haben, nur weils der Sonne beliebt, länger im Bette zu bleiben, so beliebt es mir auch, vor 1/2 9 Uhr komme ich nicht aus den Federn — könnte auch gar nicht einsehen, warum ich mich strapaßen sollte, — die Ruhe, die Ruhe, ist meine Selig= keit, und da mir sie Gott schenkt, so genieße ich sie mit Dank= sagung. Alle Sonntage esse ich bei Frau Stock,[1] Abends kommen Frau Hollweg Bethmann,[2] ihre Mutter, Demoiselle Moriß, Herr Thurneisen,[3] Herr Graf,[4] da spielen wir Qua= drille, L'hombre u. s. w. und da jubeln wir was rechts. Die andern Tage bescheert der liebe Gott auch etwas, und so marschirt man eben durch die Welt, genießt die kleinen Freuden und prätendirt keine großen . . .

[1] Gattin des Frankfurter Ratsherrn und Schöffen.   [2] Die Familie von Bethmann, in deren Haus Frau Rat viel verkehrte, war eine der angesehensten der Stadt.   [3] Kaufmann in Frankfurt.   [4] Kaufmann in Frankfurt.

Fr. den 18. Dezember 1785.

Lieber Friß! damit ich hübsch im Gedächtniß meines lieben Sohnes bleibe und er auch seine gute Mutter nicht vergißt, so schicke ich ihm hier ein kleines Andenken, dabei kommen auch die zwei Lieblingslieder und da ich nicht weiß ob der deutsche Figaro in Weimar Mode ist, so folgt hierbei das Liedchen auch; — lieber Friß, erinnert Er sich noch, wie wirs zusammen sangen, und dabei so fröhlich und guter Dinge waren. Fröhlichkeit ist die Mutter aller Tugenden, sagt Göß von Berlichingen, — und er hat wahrlich recht.

Weil man zufrieden und froh ist, so wünscht man alle Menschen vergnügt und heiter zu sehen und trägt Alles in seinem Wirkungskreis dazu bei. Da jetzt hier Alles sehr still zugeht, so kann ich gar nichts Amusantes schreiben — ich thue also besser, ich schreibe das Lied von Figaro ab. . . .

An die Schlosserschen Kinder

Den 13ten Jenner 1786.

Liebe Enkeleins! Es freut mich, daß Euch mein Christ=geschenk Vergnügen gemacht hat — ich höre aber auch das ganze Jahr von Eurer lieben Mutter, daß ihr geschickte und gute Mädels seyd — bleibt so — ja werdet alle Tage noch besser, so wie ihr größer werdet — Folgt euren lieben Eltern, die es gewiß gut mit euch meinen; so macht ihr uns allen Freude — und das ist denn gar hübsch, wenn vor alle Mühe die eure Erziehung kostet — eure Eltern, Groß Mutter und übrigen Freunde — Freude an euch haben — Auf den Strick=beutel freue ich mich was rechts, den nehme ich dann in alle Gesellschaften mit, und erzähle von der Geschicklichkeit und dem Fleiß meiner Louise! Ihr müßt den Bruder Eduard jetzt hübsch laufen lernen — damit wenn das Frühjahr kommt, er mit euch im Garten herumspringen kann — das wird ein Spaß werden. Wenn ich bei euch wäre, lernte ich euch allerlei Spiele, als Vögel verkaufen — Tuchdiebes — Potz schimper potz schemper und noch viele andre . . . es ist vor Kinder gar lustig, und ihr wißt ja, daß die Großmutter gern lustig ist und gerne lustig macht. . . .

An Fritz von Stein

Fr. den 25. Mai 1786.

Ei! Ei! mein lieber Sohn! Sie scheinen ja gar böse auf Ihre Gevatterin zu seyn! Hören Sie aber erst meine Entschuldigung und ich wette, alle Fehde hat ein Ende. Wahr ists, ich habe zwei Briefe von Ihnen nicht beantwortet, aber,

124

Muſikzimmer in
Goethes Elternhauſe

lieber Freund, es war Messe! Freunde und Bekannte nahmen mir meine Zeit weg. Herr Kriegsrath Merck war tagtäglich bei mir, — der berühmte Dichter Bürger, Reichardt[1] aus Berlin, und andere weniger bedeutende Erdensöhne waren bei mir, — an Schreiben war da gar nicht zu denken — und das, was ich jetzt thue, thu ich gegen das Gebot meines Arztes, der beim Trinken der Molken /: welches jetzt mein Fall ist :/ alles Schreiben verboten hat, — doch um meinen lieben Sohn wieder gut zu machen, will ich der ganzen medizinischen Fakultät zum Trotz doch schreiben. Der 8te Mai war wohl für mich als für Goethe's Freunde ein fröhlicher Tag, — Götz von Berlichingen wurde aufgeführt, hier schicke ich Ihnen den Zettel, — Sie werden sich vielleicht der Leute noch erinnern, die Sie bei ihrem Hierseyn auf dem Theater gesehen haben. Der Auftritt des Bruder Martin, — Götz vor den Raths= herrn von Heilbronn, — die Kugelgießerei, — die Bataille mit der Reichsarmee, — die Sterbescene von Weislingen und von Götz thaten große Wirkung. Die Frage: „wo seyd Ihr her, hochgelahrter Herr?" und die Antwort: „von Frankfurth am Main" erregten einen solchen Jubel, ein Applaudiren, das gar lustig anzuhören war, und wie der Fürst /: denn Bischöfe dürfen hier und in Maynz nicht aufs Theater :/ in der dummen Behaglichkeit dasaß, und sagte: Potz, da müssen ja die zehn Gebote auch darin stehen", — da hätte der größte Murrkopf lachen müssen. Summa Summarum! ich hatte ein herzliches Gaudium an dem ganzen Spektakel. — Nun, lieber Sohn, sind Sie jetzt wieder mit mir einig? Das ist doch ein ziemlich honetter Brief vor eine Frau, der das Schreiben verboten ist. . . .

₁ Kapellmeister.

An Lavater

Sonntags früh um 6 uhr d 18ten Juni 1786.

Lieber Sohn! Die Fürstin von Würtenberg Mutter der Groß Fürstin, kommt heute nach Offenbach, um Euch Predigen zu hören Hochdieselbe läßt Euch durch mich höfflichst ersuchen,

126

nicht so gar stricke in Besteigung der Cantzel zu seyn, sondern zu warten biß Sie Sich eingefunden hat, welches vielleicht nur ein virthel stündgen länger dauert. Der Klingel beutel mag die Offenbacher über diese kleine Verweilung trösten . . .

Goethe an seine Mutter

Anfang September 1786 war Goethe von Karlsbad aus heimlich — nur sein Schreiber wußte davon — nach Rom gereist. Erst von hier aus schrieb er nach Weimar und später auch an die Mutter. Fast zwei Jahre blieb er in Italien.

Rom, 4. Nov. 86.

Vor allem andern muß ich Ihnen sagen liebe Mutter daß ich glücklich und gesund hier angelangt bin. . . . Wie wohl mir's ist, daß sich soviele Träume und Wünsche meines Lebens auflösen, daß ich nun die Gegenstände in der Natur sehe die ich von Jugend auf in Kupfer sah, und von denen ich den Vater so oft erzählen hörte, kann ich Ihnen nicht ausdrücken . . . — Auf alle Fälle geh ich über die Schweitz zurück und besuche Sie. Da wollen wir uns was rechts zu Gute thun, doch das bleibt alles unter uns . . .

An Goethe

Franckfurth den 17 November 1786

Lieber Sohn! Eine Erscheinung aus der Unterwelt hätte mich nicht mehr in Verwunderung setzen können als dein Brief aus Rom — Jubeliren hätte ich vor Freude mögen daß der Wunsch der von frühester Jugend an in deiner Seele lag, nun in Erfüllung gegangen ist — Einen Menschen wie du bist, mit deinen Kentnüßen, mit dem reinen großen Blick vor alles was gut, groß und schön ist, der so ein Adlerauge hat, muß so eine Reiße auf sein gantzes übriges Leben ver= gnügt und glücklich machen — und nicht allein dich sondern alle die das Glück haben in deinem Wirckungs kreiß zu Leben. Ewig werden mir die Worte der Seeligen Klettenbergern im Gedächtnüß bleiben „Wenn dein Wolfgang nach Maintz reißet

127

bringt Er mehr Kentnüße mit, als andere die von Paris und
London zurück kommen" — Aber sehen hätte ich dich mögen
beym erſten Anblick der Peters Kirche!!! Doch du verſprichts
ja mich in der Rückreiße zu beſuchen, da mußt du mir alles
haarklein erzählen. Dor ohngefähr 4 Wochen ſchriebe Fritz
von Stein er wäre deinetwegen in großer Derlegenheit —
kein Menſch ſelbſt der Herzog nicht, wüſte wo du wäreſt —
jedermann glaubte dich in Böhmen u. ſ. w. Dein mir ſo ſehr
lieber und Intreſanter Brief vom 4ten November kam
Mittwochs den 15 ditto Abens um 6 uhr bey mir an —
Denen Bethmännern habe ihren Brief auf eine ſo drollige
Weiße in die Hände geſpielt, daß ſie gewiß auf mich nicht
rathen. Don meinem innern und äußern Befinden folgt hir
ein genauer und getreuer Abdruck. Mein Leben fließt ſtill
dahin wie ein klahrer Bach — Unruhe und Getümmel war
von jeher meine ſache nicht, und ich dancke der Dorſehung
vor meine Lage — Tauſend würde ſo ein Leben zu einförmig
vorkommen mir nicht, ſo ruhig mein Törpper iſt; ſo thätig
iſt das was in mir denckt — da kan ich ſo einen gantzen
geſchlagenen Tag gantz alleine zubringen, erſtaune daß es
Abend iſt, und bin vergnügt wie eine Göttin — und mehr
als vergnügt und zufrieden ſeyn, braucht mann doch wohl
in dieſer Welt nicht. Das neueſte von deinen alten Bekandten
iſt, daß Papa la Roche nicht mehr in Speier iſt, ſondern ſich
ein Hauß in Offenbach gekauft hat, und ſein Leben allda zu
beſchließen gedenckt. Deine übrigen Freunde ſind alle noch
die ſie waren, keiner hat ſo Rießenſchritte wie du gemacht
/: wir waren aber auch imer die Lakqeien ſagte einmahl der
verſtorbene Max Moors[1] :/ Wenn du herkomſt ſo müßen
dieſe Menſchen Kinder alle eingeladen und herrlich Tractiert
werden — Willprets Braten Geflügel wie Sand am Meer —
es ſoll eben pompos hergehen. Lieber Sohn! Da fält mir
nun ein Unthertäniger Zweifel ein, ob dieſer Brief auch
wohl in deine Hände kommen mögte, ich weiß nicht wo du
in Rom wohnſt — du biſt halb in Conito /: wie du ſchreibſt :/
128

wollen das beſte hoffen. Du wirſt doch ehe du komſt noch
vorher etwas von dir hören laßen, ſonſt glaube ich jede Poſt-
ſchäße brächte mir meinen einzig geliebten — und be-
trogne Hoffnung iſt meine ſache gar nicht. Lebe wohl Beſter!
Und gedencke öffters an deine treue Mutter Eliſabetha Goethe.

¹ ein Frankfurter Jugendfreund Goethes.

An Friß von Stein

Fr. den 17. Dezember 1786.

Lieber Sohn! Hier ſchicke ich Ihnen ein Chriſtgeſchenk
um ſich meiner beſtändig zu erinnern, ja, lieber Sohn, thun
Sie das, gedenken Sie an eine Frau, die ſich immer noch
mit Vergnügen die Zeit zurückruft, wo wir ſo manchen frohen
Tag zuſammen lebten — nur ſchade, daß Alles ſo ſchnell
vorübergeht und daß die Freuden des Lebens immer auf der
Flucht ſind, — darum ſoll man ſie ja durch Grillen nicht
verſcheuchen, ſondern ſie geſchwind haſchen, ſonſt ſind ſie
vorbei und eilen und ſchlüpfen ins Eia Poppei! — Wiſſen
Sie denn noch immer nicht, wo mein Sohn iſt? das iſt ein
irrender Ritter! nun er wird ſchon einmal erſcheinen, und
von ſeinen Heldenthaten Rechenſchaft ablegen, — wer weiß
wie viele Rieſen und Drachen er bekämpft, wie viele ge-
fangene Prinzeſſinnen er befreit hat. Wollen uns im Voraus
auf die Erzählung der Abentheuer freuen und in Geduld die
Entwickelung abwarten. — Neues giebt es hier gar nichts;
unſere freien Reichsbürger eſſen, trinken, bankettiren, muſi-
ciren, tanzen und erluſtigen ſich auf allerlei Weiſe — und
da ſie das freut, ſo geſegne es ihnen Gott! . . .

Fr. den 9. März 1787.

Lieber Sohn! Großen ſchönen und vielfältigen Dank
vor die überſchickten Briefe, — es war mir ein Troſt, Labſal
und Freude, aus der großen Entfernung ſo gute Nachrichten
von meinem Sohne zu hören. Bitten Sie doch Ihre Frau

Mutter, Alles was an sie gelangt, mir gefälligst zu übersenden — und ich will recht herzlich dankbar dafür seyn.
Vor dem Abschreiben haben Sie keine Sorge, es bekommt sie
Niemand zu sehen. Sie sind also nicht der Meinung, daß
mein Sohn noch eine längere Zeit ausbleiben wird? Ich für
meine Person gönne ihm gern die Freude und Seligkeit in
der er jetzt lebt, bis auf den letzten Tropfen zu genießen,
und in dieser glücklichen Constellation wird er wohl Italien
nie wiedersehen; ich votire also aufs längere Dortbleiben,
vorausgesetzt, daß es mit Bewilligung des Herzogs geschieht. . . .

An die Herzogin Anna Amalia

Franckfurth den 9ten Mertz 1787

Durchlauchdigste Fürstin! Alle Befehle von Jhro Durchlaucht sind vor mich das 11 Gebott. Freund Merck soll die
zwey Briefe /: den mehr habe ich nicht empfangen :/ überschickt bekommen wie wohl ich zweifle ob Er vor seine Wiß-
begier viel nahrung finden wird — mich haben sie freylich
unendlich gefreut weil sein innigster und heißester Wunsch
erhört worden ist — von früher Jugend an war der Gedancke
Rom zu sehen in seine Seele geprägt und ich kan mir die
Freuden sehr lebhaft dencken, die Er jetzt fühlt in dem Genuß
der Meisterwercke der Vorwelt — auf sein gantzes Leben
muß ihn das ergötzen — auch seine Freunde werden mit
genüßen, den Er hat die Gabe zimlich lebendig die Dinge
darzustellen. Gott bringe ihn nur gesund und wohlbehalten
zurück; so ist auch mein Wunsch erfüllt. . . .

An Fritz von Stein

Fr. den 1. Juni 1787.

Lieber Sohn! Hier schicke ich mit großem Dancke die
Journale meines Sohnes zurück, bitte, mir nun auch die
andern zuzusenden, — besonders möchte ich gar gern wissen,

wie es mit seiner Rückkunft in seine Heimath aussieht. Es ist nicht Neugierde, — ich habe eben diesen Sommer verschiedene nöthige Reparaturen in meinem Hause vorzunehmen, — käme er also bald, so müßte natürlich Alles aufgeschoben werden, wäre aber seine Ankunft erst gegen den Herbst, so könnte ich meine Sachen vorher fertig machen, — es liegt mir sehr viel daran, es zu wissen, und ich verlasse mich gänzlich auf Sie, mein lieber Sohn, daß Sie mir Nachricht davon geben. Denn stellen Sie sich vor, wie ärgerlich es mir seyn würde, da ich meinen Sohn so lange nicht gesehen habe, wenn ich ihn in einem solchen Wirrwarr bei mir haben, und ihn nur halb genießen könnte. . . .

Fr. den 22. Februar 1788.

. . . Ich habe einen Brief vom 3ten d. aus Rom, wo mein Sohn schreibt, gegen Ostern wollte er mir kund thun, ob ich ihn dieses Jahr zu sehen bekäme oder nicht, — ich glaube daher, daß es noch höchst ungewiß ist, ob er über Frankfurth zurück geht; — daß er gegen seine Freunde kalt geworden ist, glaube ich nicht, aber stellen Sie sich an seinen Platz — in eine ganz neue Welt versetzt, — in eine Welt, wo er von Kindheit an mit ganzem Herzen und ganzer Seele dran hing, — und den Genuß, den er nun davon hat. Ein hungriger, der lange gefastet hat, wird an einer gutbesetzten Tafel bis sein Hunger gestillt ist, weder an Vater noch Mutter, weder an Freund noch Geliebte, denken, und Niemand wirds ihm verargen können . . .

An Karl Wilhelm Unzelmann

Gehörte als Schauspieler der Großmannschen Truppe an. Sein großes Talent erwarb ihm Freundschaft und Protektion der Frau Rat. Plötzlich und anscheinend widerrechtlich führte er seinen Entschluß, nach Berlin zu gehen, aus.

Den 16ten Merz 1788.

O! Täuschen Sie mich nicht wieder! O! Blasen Sie nicht den todten Funken wieder an — überlaßen Sie mich

lieber meinem gram der eine solche höhe erstiegen hat wo
schwerlich was drüber geht — Bey einem Gewitter verkündigt
doch der Donner die annährerung des Blitzes — aber hir war
Blitz und schlag so eins; daß michs ewig wundern wird —
daß mich meine Lebens geister nicht den Augenblick alle ver=
ließen. Ich weiß warrlich nicht, ob ich nach so vielem vorher=
gegangenen Täuschungen, fehlgeschlagenen Erwartungen, mein
Hertz der Hoffnung die mich so offte, so unendlich offte hinter=
gangen hat, ob ich dieser Betrügerin es je wieder öffnen soll:
oder ob es nicht beßer ist sie gantz zurück zu weißen, keinen
strahl davon mehr in die Seele kommen laßen — und mein
voriges Pflanzenleben wieder anzufangen — ich sage es noch
einmahl — ich weiß es nicht. Die Quall die ich jetzt leide ist
unaussprechlich — da begegnen mir auf allen Ecken von dem
verwünschten Volck, und machen jede Rückerinnerung neu,
reißen durch ihren Basilisken Blick jede Wunde auf — suchen
und spähen ob in meinen Augen Traurigkeit wahrzunehmen
ist — um vielleicht darann ein gaudium zu haben — und
wenn ich an die Meße dencke auf die ich mich sonst so kindisch
freute, wie das großmaul die St.[1] mit Schadenfreude auf
mich blicken wird — und ich mich in dem punct so wenig ver=
stellen kan; so weiß ich nicht was ich thun oder laßen soll
— Aber eins weiß ich — das Otterngezüchte[2] soll aus meinem
Hauß verbant seyn, kein Tropfen Tyrannenblut[3] soll über
ihre Zungen kommen — keine Hand will ich ihnen zur Ehre,
oder zur Ermunterung rühren — kurtz allen Schabernack den
ich ihnen anthun kan — will ich mit Freuden thun —
räsoniren will ich, Bürgers Frau Schnips soll ein Kind gegen
mir seyn — denn Luft muß ich haben sonst ersticke ich —
unterstehen Sie Sich nicht noch einmahl die F.[4] meine Freundin
zu nennen — das ist prostution vor mich — sie war es nie
wird nie werden — ich bin mit meiner Freundschaft nicht
so freygebig es haben gantz andre Leute als solch eine
darum gebuhlt und sind in gnaden fortgeschickt worden. Das
mir so gütigst mitgetheilte Geheimnüß werde wie einen kost=

bahren anvertrauten Schatz bewahren — kein Mensch auch
selbst der Töffel⁵ nicht soll es erfahren — vor mich soll es
nicht sowohl Hoffnung /: den mit der bin ich entzweyt :/
sondern eine art von Luscher seyn. Vor Ihrem herkommen
fürchte ich mich — Sie können leicht begreifen warum!!!
Morgen laße ich Brandbriefe an all meine saumseelige
Schuldner ergehen⁶ — und dann wird Ihrer gedencken Ihre
Elisabeth.

den 21. Mertz 1788.

Müssen mir denn beynahe immer die wenigen vergnügten Augenblicke so ich in Ihrer Gesellschaft genüße so
schrecklich verbittert werden! denken Sie wie weh es mir
thun muß daß mein bester Wille beständig vereitelt wird
— jetzt fehlt zu meinem Unglück nur noch der letzte Schlag —
daß Sie hie von ihren Schuldleuten prostituirt würden.
Ich bitte Ihnen um alles was Ihnen lieb und theuer ist —
kommen Sie ja nicht biß die sachen auf eine oder die
andre Weiße ranggirt sind — es würde mein Tod seyn.
Ziehen Sie den vortrefflichen Graf Spaur¹ zu rathe — lassen
Sie von Ihrer und der Frau Gevatterin Ihrer Garderobe
unter aufsicht des grafen in sicherer Verwahrung — hier
spielen Sie nicht mehr — also wissen die Leute und sehen
den Defect nicht — in Berlin noch weniger — denn sie sagten
ja mir selbst — daß sie dort nicht nöthig hätten davor zu
sorgen — was nutzt Ihnen also all das Zeug mitzunehmen —
Es soll Ihnen ja unverlohren seyn und in diesem critischen
Moment — gäbe es doch ein Hülfsmittel ab. — Ihre beide
Freunde, der Graf und ich gewinnen Zeit zum besinnen —
den vor den jetzigen Augenblick ists mirs ohnmöglich — Ueber-
legens Sies mit der Frau Gevatterin — Mein Gott! Es ist
ja ihrer Ehre mehr dran gelegen — als ein ehrlicher Mann

wegzugehn — als ein paar goldne Röcke mehr zu haben —
nur laſſen Sie Sich die Juden nicht prellen, und ziehen bei
allem was Sie vornehmen Ihren großmüthigen Freund zu
rathe. Ich bin überzeugt Er gibt Ihnen den beſten rath —
Sie wiſſen ja — daß wer Zeit gewint alles gewint. Schreiben
Sie mir ob und wies geht. Kommen aber /: ich ſage es noch
einmahl :/ bei Strafe meiner Ungnade nicht ehnder her —
als biß ich ruhig ſeyn kan. Wollen der Herr Graf über dieſe
ſache mit mir Correßpontiren — ſo wird mirs eine Ehre
ſeyn — den vier Augen ſehen mehr wie zwey. Meine Freund=
ſchaft gegen Sie wird nie wanken — nur muß mann mittel
und Wege erſinnen — daß alle theile zufrieden ſeyn können
— und der eine nicht zuviel gedrückt wird . . .

¹ Theaterfreund, Gönner Unzelmanns.

[Frankfurt am Main, 28. März 1788.]

Lieber Freund! Unſere geſtrige Unterredung war zu
kurtz abgebrochen und zu unbeſtimmt als daß Sie einen
ordentlichen Bericht davon an Herrn Graffen von Spaur
machen könnten — ich will Ihnen alſo hirmit meine Meinung
klahr und deutlich vor Augen legen. Vors erſte muß ich die
Summe genau wiſſen — Zweytens muß ich mit dem Herrn
Graffen ſelbſt in unterhandlung tretten — damit ich weiß
wie die Sache zu unſer aller Befriedigung angefangen und
beendigt werden ſoll — denn ich weiß Sie denken zu gut und
edel als daß Sie mir zumuthen ſollten — Dinge zu verſprechen
ohne vorher zu wißen — ob ich ſie auch halten kan . . .

Den 28. Mertz in großer eil und mit einer ſtumpen Feder.

den 22ten Aprill 1788.

Leßen Sie dießes vor ſich gantz allein —

Mann iſt an dem Ort wo Sie aus ungegründeter Furcht
nicht nocheinmahl hingingen wie Sie doch verſprochen hatten
ſehr über Ihnen erzürnt — Es wird von Ihnen Satisfation
begehrt werden, worinn ſie beſtehen ſoll weiß ich nicht —

geben Sie dieselbe, so ist alles verziehen und Sie kommen um die Zeit /: die Sie wißen :/ mit Ehren zurück — Thun Sie aber das Gegentheil; so werden Sie in die Zeitungen gesetzt öffentlich beschimpft und ist an keine Rückkehr zu dencken — Hoffentlich werden Sie Ihr bestes in acht nehmen, und nicht Sich und Ihre Freunde in Schande und Unglück bringen. Mann hat ein wachsames Auge auf Ihrer Freunde Coreßpontentz — die Briefe werden also so lange biß alles ausgegliechen und in Ordnung ist unter anderer Adreße auf die Post gegeben — wenn Sie daher an die zwey Freunde die Sie in hiesiger Gegend haben schreiben wollen; so Adreßiren Sie die Briefe an unsern treuen Töffel — bezeichenen aber die Straße wo er wohnt, den er hat der Nahmens Verwandten mehr — Was aber übrigens Ihre hiesige Freunde die Zeit über gelitten haben das laße Ihnen das Schicksahl nie in ähnlichem fall erfahren! Wir ersuchen Ihnen machen Sie die sachen dadurch wieder gut, daß Sie thun was von dem bewußten Ort an Ihnen gefordert wird — sonst sind wir vor Sie — und Sie vor uns auf immer verlohren. Alles andre auf ein andermahl — jetzt ist der Zeitpunct nicht mehr zu sagen und zu schreiben. An dem Ort wo Sie jetzt sind — müßen Sie kein Wort weder von diesem Brief noch von allen möglichen Briefen die da kommen sollen und deßen Inhalt sagen — Leben Sie wohl! . . .

Den 29ten Aprill 1788.

Lieber Freund! Ihren Brief aus Leipzig und den aus Berlin habe mit Vergnügen geleßen den aus beyden ist klahr zu ersehen, daß Sie unsere gute Stadt und Ihre Freunde noch nicht vergeßen haben — es würde aber auch ungerecht von Ihnen seyn, denn das Glück mag Ihnen in andern Zonen noch so freundlich lächlen; so werden Sie doch n i e bereuen vier Jahre bey uns gelebt und geweßen zu seyn. Den Tag Ihrer Abreiße schickte ich die dicke Iris[1] mit einem warmen prächtigen Kuchen, etwas Tyrannen Blut — einem sehr

wohl ſtiliſirten Abſchiedsſchreiben in Ihr logie — aber eine
mitleidige Oreade rief aus der Bretternen Wand — /: den
es gab da keine Felſen :/ Er iſt auf ewig dir entflohn!
Was machte aber Ariadne? das ſollen Sie gleich hören —
So wild und ungeberdig ſtellte ſie ſich nun eben nicht —
die Eumeniden — die die Furien wurden nicht incomodirt —
und die gantze Hölle erfuhr von der gantzen Geſchichte kein
Wort — hätte die arme Naxoſer Ariadne in unſerm auf=
geklährten Zeitalter gelebt — wo alle Leiden und Freuden
alles Gefühl von Schmertz und Luſt in Siſteme gezwängt ſind
— wo die Leidenſchaften wenn ſie in honetter Commpanie
erſcheinen wollen ſteife Schnürbrüſte anhaben müßen —
wo Lachen und Weinen nur biß auf einen gewißen grad
ſteigen darf — ſie hätte zuverläßig ihre ſachen anders
eingerichtet. Freylich iſt es etwas beſchwerlich immer eine
Masge zu tragen — und immer anders zu ſcheinen als mann
iſt — Doch Gott Lob bey Ihnen brauche ich das nun nicht
— Ihnen kan ich ſagen daß mir Ihr Weggehen leid ſehr
leid gethan hat, daß mein Steckenpferd[2] total ruinirt iſt —
daß mir beym Eßen die Zeit unausſtehlich lang wird mit
einem Wort, daß mein Mährgen im Brunnen liegt, und
wohl ſchwerlich wieder heraus gezogen werden wird. Auch
ſey Ihnen ohnverholen daß ich öffters bitter böße auf Ihnen
bin, daß Ihr Ehrgeitz, Ihre falſche Chimären Sie von hir
weggetrieben haben da mann jetzt gantz das Gegentheil von
allem ſieht, ſieht, daß Koch[3] ein guter Mann iſt — der alle
ſo liebreich behandelt der ſo wenig Neid hat, daß wenn einer
gut ſpielt er ihm um den Hals fält ihn küßt und vor aller
Welt ſagt, das war brav — der dem organ[4] nichts zu ge=
fallen thut wens den Schauſpielern nicht recht iſt . . . melden
Sie mir doch wo Sie wohnen daß die Briefe nicht nöthig
haben, durch einen dritten beſtelt zu werden. Wie ſtehn denn
die Sachen in Maintz[5] — ſind denn die Perſonen bald wieder
verſöhnt? unſer dortiger Freund beobachtet ein tiefes Still=
ſchweigen. Leben Sie wohl! und gedencken ferner an Ihre
136

zurückgelaßne Freunde — und an diejenige die biß in Carons Nachen ist Ihre Freundin Elisabeth.

¹ Katharine, Magd der Frau Rat.   ² Die Liebe zum Theater.   ³ Der neue Frankfurter Theaterdirektor.   ⁴ Spitzname für den Kaufmann Tabor, der das Theater zwei Jahre leitete.   ⁵ Der Theaterintendant Freiherr von Dalberg hatte, falls Unzelmann wegen seines Entweichens ihm nicht Abbitte leisten würde, von der Berliner Theaterintendantur dessen Bestrafung verlangt.

Den 9ten May 1788.

Lieber Freund So ist es denn beschloßen, daß Sie durch Ihren falschen gantz am unrechten Ort angebrachten Stoltz und Ehrgeitz sich um die Liebe Ihrer bewährten Freunde bringen, sich ins Unglück stürtzen wollen. Hat Ihnen Ihr hitziges, aufbraußendes, sprudlendes Weßen noch nicht Kummer genung gemacht — wollen Sie nie dem Rath wahrer erprobter Freunde folgen — Freunden denen Sie viel viel Dank schuldig sind — wollen Sie abermahl Ihrem Kopf der Ihnen schon so ofte schlimme Dinste gethan hat auch in der Maintzer Sache folgen! In Gottes Nahmen! Thun Sie was Sie wollen. Aber bringen Sie den Edlen Grafen mit ins Spiel — mißbrauchen sein großmüthiges Vertrauen so ab= scheulich; so ist dieses der letzte Brief, den Sie in Ihrem Leben von mir zu sehen kriegen — den ein Mann der die größten Wohlthaten so bald nicht allein vergißt, sondern sogar bundbrüchig an dem Freund wird — der kan mein Freund nicht seyn. Sie halten das Ihrer Ehre nachtheilig wenn Sie Dahlberg um Vergebung bitten — um Vergebung bitten thut an der Ehre nicht den geringsten Abbruch — den fehlen ist ja so menschlich — und welcher vernünftige Mann wird sich denn schämen zu sagen, ich habe gefehlt — pasirt denn das nicht Täglich? ist denn das was? In dem punct ist also Ihre Ehre sehr kitzlich — aber Ihre Freunde die Ihnen aus Todesängsten geholfen — die Ursach waren daß Sie als ehrlicher Mann fortreißen konnten /: denn da da stund Ihre Ehre auf dem Spiel :/ diese Freunde zu be= leidigen das verträgt sich mit Ihrer Ehre! Mit einem Mann der freylich so sonderbahre Grundsätze hat — läßt sich nicht gut disputiren — Wie wenig aber Ihnen auch meine Freund=schaft werth ist — daß sehe ich nun auch so klahr daß mich die Augen beißen. Gott laße es Ihnen in Berlin wohl gehn, Er schenke Ihnen Freunde wie die die Sie hier zurückgelaßen haben — aber es gehört auch eine vierjährig probe dazu — und Auftritte wie die waren in denen ich Ihnen hie mehr wie einmahl sah — wollens abwarten, es wird sich wohl am Ende finden. Unzelmann! Noch einmahl ich bitte Ihnen überlegen Sie die Sache reiflich ehe Sie den gefährlichen Schritt wagen — Denn tretten Sie öffentlich auf — fechten gegen Dahlberg, so sind Sie, Sie mögen gewinnen oder ver=liehren vor uns auf ewig verlohren — und ein kluger Generahl hält sich doch immer gern den Rücken frey. Sie werden nun zwey Briefe von mir empfangen haben . . . da ich auf meine zwey Briefe noch keine Zeile erhalten habe, so wäre dieser gewiß nicht fortgeschickt worden — denn in gewißen Dingen bin ich auch Stolz — aber ich that es um des Grafen willen — von dem ich ein gar herzerschüttertes Briefelein erhalten hatte. Den 12ten May sind es drey Jahre da Sie uns auch verließen und nach Caßel gingen — aber da! War die Hoffnung das große Loßungswort — aber jetzt!!! genüßen andre die Früchte, die wir so sorgfältig gepflegt und gewartet haben und das thut gar zu weh! Ich hoffe und glaube nicht daß Sie in der kurtzen Abweßenheit — alle Freundschafftliche Gefühle werden verlohren haben, eine solche undankbahre Seele traue ich Ihnen nicht zu — Stellen Sie Sich also einen Augenblick an Ihrer Freunde Platz — Einen Freund den mann liebt und schätzt — an dem mann alles alles vor jetzt und in Zukunft gethann hat — um Ihm glückliche und frohe Tage zu machen — und dieser zer=stöhrt um einer Grille wegen plane, Hoffnung und Glück — versperrt sich selbst den Weg uns jemahls wieder zu sehen — Wer über gewiße Dinge seinen Verstand nicht verliehrt — der hat keinen zu verliehren. Damit Sie aber nicht denken —

ich hätte dieses alles aus einer Weiblichen Laune geschrieben; so leßen Sie beykommenden Brief /: welchen ich mir zurück erbitte :/ und urtheilen selbst. So weit war ich, als Ihr Brief vom 2ten May ankam — Ich danke Ihnen dafür, den er gab mir doch einigen Trost — aber so lange die Sache mit Maintz nicht gantz ausgeglichen ist; so gebe ich vor alle Hoffnungen keine taube Nuß. Koch war bey mir und mit Thränen in den Augen sagte er wie bestürtzt ihn Ihre plötz= liche Abreiße gemacht hätte sie wären noch beysammen bey Tabor geweßt, hätten zusammen gespeißt — er hätte Ihnen nach Haußne begleitet — hätte Ihnen gebeten wenn Sie von Maintz zurück kämen einen Contrakt auf künftige Ostern zu unterschreiben alles wäre so schön eingerichtet geweßen — der Tod hätte ihn nicht mehr erschrecken können als Ihre plötzliche Abreiße — und fuhr er fort wenn ich Ihn und seine Gattin auch nicht so schätzte, wie ich doch wirklich thue; so brauchen wir Sie — Wir hätten uns beholfen keine neue Leute wenigstens nicht auf lange Zeit angenommen u. s. w. Gott verzeihe es dennen Verläumdern, die Ihm Dinge von mir in Kopf gesetzt haben, woran keine Silbe wahr ist — ich spiele von seinen Rollen das ist wahr, aber da sein Rollen= fach so mannigfaltig ist; so wird er überall auf Leute stoßen da es das nehmliche ist . . . Nun habe ich genug von Ihnen geschwatzt nun noch ein Wort von mir. Mein Schauspiel=schuß ist seinem Ende nahe — weder an meinem sonst so lieben Fenster im Schauspiel Hauß weder unter den Spielenden noch unter den Stummen sehe ich was ich sonst sahe und wenn mir einfält daß es auf immer und ewig so bleibt und wenig Wahrscheinlichkeit vors Gegentheil ist; so packts michs bey der Brust, daß ich denke der Odem bleibt mir aus und dann fält mir immer der Brief /: O! Elisabeth was habe ich gethan :/ aufs neue ein — Ja wohl hätten Sie doch ein klein bißgen Rücksicht auf Ihre Freundin und auf die Zukunft nehmen sollen. Mein einziger Trost ist noch, daß es Ihnen dort wohlgeht — und daß Sie diejenige doch nie gantz vergeßen werden — die Ihnen so viele Proben gegeben hat — daß sie war, und ist, und bleibt Ihre Freundin Elisabeth.

Geschrieben am 2ten Pfingstag krank an Leib und Seele. fortgeschickt den 13ten Mäz 1788.

Lieber Freund! Ich soll mich nicht beunruhigen — nicht ängstigen — soll auf die Zukunft bauen! Ich! die so klahr und deutlich sieht, daß alles darauf angelegt ist, Sie auf ewig von uns zu entfernen — so offte mir eine Zeitung zu Gesichte kommt zittern mir alle Glieder Ihren Nahmen auf eine schimpfliche Weiße drinnen zu finden — und ist nur die kleinste Drohung — der minsteste trotz in dem Schreiben der dortigen Commission enthalten; so ist das Unglück gewiß, und Sie sind vor uns auf immer verlohren — Ein Haußarest wäre Ihnen lange nicht so schimpflich geweßen — wie wenig Menschen hätten das erfahren — aber Zeitungen die in alle Welt laufen — vom großen und kleinen Pöbel geleßen werden, in Gegenden, wo Ihnen jedes Kind kent; so was geht über alles! und nun das Gerede in allen Gesellschafften — und Ihre Freundin mitten drunter — was soll die nun machen oder welche Rolle soll sie spielen! Habe ich nicht schon genung um Ihrent willen gedultet — vergeben, getragen, gelitten, und nun noch dieses schreckliche alles schrecklichen — O! Schicksahl womit habe ich das verdient! Meine Meinung war so gut, so bieder — ich wollte das Glück eines Menschen machen — und that gerade das Gegentheil — hätte ich Ihn gelaßen wie und wer Er war — Er wäre noch bey uns das bin so fest überzeugt als von meinem eigenen Daseyn — Verzeihen Sie Lieber Freund! daß meine Briefe keines beßern und vergnügerns Inhalts sind, gegen Ihnen kan und mag ich mich nicht verstellen — Sie müßen mir vergönnen mein Hertz auszuschütten — Diese Freundschaftsprobe verdiene ich doch — nicht wahr? — Drey Tage war ich bettlägrig heute stunde ich mit dem Trost auf einen Brief von Ihnen zu erhalten — aber es kam keiner — Es ist zweyter Feyertag,

140

alles fährt und läuft — ich sitze einsam in meiner Wohnstube
— und weiß meine Zeit nicht besser anzuwenden als an Ihnen
zu schreiben — Wären Sie hie so wüßte ich wohl — daß ein
klein Bouteilligen Tyrannen Blut würde genoßen werden
Aber die Zeiten sind vorbey! Diese berühmte Wohnstube
hat Ihnen doch ma[n]chen gram von der Stirne gewischt —
es war so ein Asilum wenn die Winde tobten und der Donner
in den Lüften rollte — Es war gar ein sicherer Haven wenn
das Schifflein von den Wellen um und um getrieben wurde
— Erinnern Sie Sich noch der Dose die ich Ihnen vor 3 Jahren
nach Caffel schickte wo ein Mann mitten im Schiefbruch einen
Fels ergliemte, und die Worte die ich dabey schrieb? nun
sind Sie wieder zur See gegangen — Gott laße Ihnen immer
einen sichern port finden wo Sie Anker werfen können. Die
Gesellschaft bleibt den gantzen Sommer hie!!! und wird
die Woche dreymahl spielen — Koch hat den Fallstaf in
Heinrich dem Vierten recht brav gespiel — aber das Stück
ist kein Gericht vor Frankfurth — Am Donnerstag war der
doppelte Liebhaber[1] der Vorhang hob sich und Koch erschiene
und sagte Madam Fiala wäre plötzlich kranck geworden um
aber das Stück doch geben zu können hätte Madam Stegmann
die Rolle noch in der geschwindigkeit gelernt es wäre seine
Schuldigkeit ein vererungswürdiges publicum davon zu be=
nachrichtigen — so treibt er es in den geringsten kleinig=
keiten — und das stolze publicum dem das kitzelt ist sehr mit
ihm zufrieden — Er versteht wie mann Vögel fängt — Auch
mit den Schauspielern macht Ers so neulich war Lilla[2] —
Er bate seine Colegen um Erlaubnüß keinen Statisten machen
zu dürfen, weil er Lilla noch nie gesehen hätte und also das
Stück gern gantz in Ruhe sehen mögte u. s. w.

Aber als ich meinen Jäger nicht sah! Da war mirs
alleins was sie trillerten und wie sie trillerten — Doch muß
ich zu steuer der Wahrheit sagen, daß die Cosa Rara keine
grißmaßen schniede und das Duet mit Stegmann so vor=
treflich sang daß es 3 mahl· wiederholt werden muße —

und das terzet mit der Königin 2 mahl. Es ist sonderbahr daß ich Herrn Chile der jetzt meist Ihre Rollen spilt noch in keiner gesehen habe — Der Ring[3] war an einem Montag Baldian[4] war an einem ditto — Am Sonnabend im Brandgen[5] war ich krank — Aber schlecht macht ers das habe ich gehört — er spielt alles im gantz nidrig Commischen z. B. als Rath Brand hatte er schwartz Englischpflaster auf die obern Zähne geklebt! Es ist doch eine herrliche Sache um das schreiben — Zumahl an einen Freund — nur ists ein unglück daß so ein Brief siebentage braucht um an ort und stelle zu kommen — so weit haben Sie Sich noch nicht von mir verlaufen gehabt wie jetzt und Ihre Zurückkunft konte mann doch mit strichen ausrechnen — Lieber Freund! Nur eins mögte ich wißen — haben Sie denn gar nicht an mich gedacht — da Sie den Contrakt von dort unterschrieben? auch gar nicht an die folgen und an die Wirkung die so was auf mich nothwendig machen müßte — Sie wußten doch bei Gott alles! das ist mir immer das unbegreiflichste bey der ganzen Sache geweßen und ist es noch — denn ich gestehe Ihnen, so ein Schritt wäre mir nicht im Schlaf eingefallen . . .

¹ Lustspiel von J. Fr. Jünger. ² Deutsche Bearbeitung der Oper La Cosa vara von da Ponte und Vicente Martin y Solar. ³ Lustspiel von Fr. L. Schröder. ⁴ Magister Baldrian, Rolle in Fr. L. Schröders „Heirat durch ein Wochenblatt". ⁵ Rat Brand, Rolle in Bretzners Lustspiel „Das Räuschchen".

Dinstags den 27ten May 1788.

Lieber Freund! Es ist ein großer Fehler an mir, daß ich mehr an die Vergangne Zeit als an die gegenwärtige denke, und daß ich mir die Ideen, Träume und Mährgen die ich mir mit Ihnen in Kopf gesetzt hatte, noch nicht gantz aus dem Gedächtnüß tilgen kan — aus dieser trüben Quelle sind auch noch meine zwey letzten Briefe geflossen — aber ich verspreche Ihnen hiemit feyerlich ins künftige alle Jeremiaden aus meinen Briefen zu verbannen zumahl da Ihnen Ihre Feinde anstatt böses, gutes gethan, und Sie ins Glück hinein getrieben haben — Eine solche Ehre hätten Sie und die Frau Gevatterin hir nicht erlebt, und wenn ihr wie die

142

Engel gespielt hättet — das Königliche hauß ließe sich be=
danken! Das hätte hir der Burgemeister nicht gethan —
überhaupt scheint mirs daß Berlin der Ort ist wo Sie end=
lich einmahl glücklich seyn werden — Ich bitte Ihnen daher
um alles was Sie lieben und Ihnen werth ist, stoßen Sie
dieses Glück nicht wieder von sich — Das Schicksahl ist nicht
immer so gut gelaunt, daß wenn eine Thür sich schließt, es
gleich wieder eine aufthut — mein Trost wird dann doch
immer seyn — daß ich doch den Grundstein gelegt habe —
worauf nun andre, größre, und geschickterre Baumeister
fortbauen mögen — Diese kleine Eitelkeit werden Sie mir
nicht übel nehmen — denn sie macht mich glücklich. . . .
Lieber Freund! Sie haben vermuthlich vergessen daß ich auf
Bitten und gleichsam auf Caution von Freund heinrich meinen
Credit verwendet habe um 76 Louidor zu Ihrer Reise auf=
zutreiben, diese müßen im Julius bezahlt seyn — den meine
Ehre und gegebenes Wort geht mir über alles — ich kan
und werde mich also in nichts neues von der art einlaßen. . . .
Viermahl haben wir hier die Woche Schauspiel es geht wies
kan — mir ists jetzt so gleichviel ob sie den hanßwurst im
Schlafrock oder den Don Carlos spielen — aber ich muß auch
nicht unbillig seyn wenn mann 12 Jahr ein Steckpferd
geritten hat so kan auch einmahl ein anders seinen platz
einnehmen — in der Welt bleibt ja nichts ewig an seinem
fleck. Wir sollen ja das Glück haben Ihren guten König zu
sehen — den muß ich mir doch auch beschauen — das verdient
doch eine Fahrt nach hanau! Grüßen Sie die Frau Ge=
vatterin und sagen Ihr, Sie sey eine plitz hexe im Verdrängen
— Die armen Theaterdamen! Doch können sie sich damit
trösten — daß dieses Mißgeschick ihnen nicht allein wieder=
fahren ist, sondern daß sie Gesellschaft haben, an gewissen
Persohnen, die das nehmliche erfahren und sich auch drein
ergeben müßen. Leben Sie wohl, vergnügt und glücklich!
Vergessen aber in Der Prächtigen Königs Stadt das arme
Frankfurth nicht ganz und gar . . .

Lieber Freund! Krank bin ich nun eben im eigendlichen
Verstand des Worts nicht — aber traurig — Mißmuthig —
Hoffnungsloß — niedergeschlagen das ist vor jetzt mein Looß
— und die ursach meines nicht schreibens. Wenn Orsina recht
hat, daß die unglücklichen sich gern aneinander ketten; so ist
der Gegensatz eben so wahr, daß der Glückliche die Gefühle
des unglücklichen selbst mit dem besten Hertzen und Willen,
doch nicht mitempfinden kan — Ein Armer wird den Druck
der Armuth nie stärker fühlen, nie unzufriedener mit seinem
Schicksahl seyn, als in Gesellschaft der Reichen — da da er=
niedrig da beugt ihn sein Mangel doppelt — und jedes Wort
sey es noch so unschuldig — noch so unbedeutent wird ihm
als Spott als Satire auf seine Armuth vorkommen — jedes
lächlen wird ihm Hohn über sein Elend dünken — den nie
ist der unglückliche gerecht — sieht alles durch ein gefärbtes
Glaß — beurtheilt alles schief. Meine eigne Erfahrung meine
jetzige Gefühle leisten mir die Gewähr daß vorstehendes
Gleichnüß überaus paßend und trefendent ist: den Lieber
Freund! Können Sie wohl glauben daß einige Ihrer Briefe
mich so niedergedrückt so traurig gemacht haben, daß ich Mühe
hatte wieder empor zu kommen — und ob ich schon fest
überzeugt war, daß es Ihre Meinung gantz gewiß nicht
geweßen ist mich zu kränken; so thats mir doch in der Seele
weh daß ein umgang von vier Jahren Ihnen noch nicht
gelernt hat die Nerfe unberührt zu laßen, wo ich /: mit Don
Carlos zu reden :/ immer Gichter spühre, und in Ewigkeit
spühren werde. Hieraus können Sie sehen wie übel gestimt
die Saiten meines Gemüths sind — und daß ich deßwegen
nicht schriebe, um Ihren Humor nicht zu trüben — um Ihr
Glück nicht zu stöhren. Mit dem Maintzer Theater /: ich kan
nicht mehr sagen mit dem hisigen :/ geht auf Ostern aller=
dings eine große Veränderung vor — der Sage nach, hat
Herr von Dahlberg alles übernommen und Tabor hat
gar nichts mehr zu sagen oder zu thun sein Regiment hat in

144

Maintz ein Ende — Wie es aber nun uns ergehen wird, weiß ich nicht — kümmre mich auch nicht drum — meine Schauspiel Freude ist vorüber — und alles ist vorbey! ... — auch was seit Ihrer Abreiße neues an Opern und Schauspielen gegeben worden ist — vor Zeiten hätte mir so eine Drama= turgi großen Spaß gemacht — aber dazu gehört gute Laune — vergnügtes Hertz — Hoffnung die Leib und Seele erfreut — wehen des Geistes der den toden Buchstaben Leben gibt — dieses ist aber einem Toden /: und Moralisch ist das jetzt mein fall :/ ohnmöglich. Die Commedien Zettlel habe alle richtig erhalten — dancke aufs beste vor Ihre gütige Aufmerckamkeit — zum ewigen Andencken wie vergänglich alles in dieser Werckeltags [welt] ist werden sie wohl auf= gehoben — den wer mir 1785 Prophezeiht hätte von Ihnen dergleichen zu erhalten — bem hätte ich das Propheten wehen auf eine garstige art legen wollen. Leben Sie vergnügt und glücklich — diß ist mein innigster und sehnlichster Wunsch — dencken zuweilen an die jenige, die zwar allen Wünschen vor sich auf immer entsagt hat, aber doch ist Ihre Freundin Elisabeth.

Den 15ten Juli 1788.

Lieber Freund! Ist möglich daß ich so in kurtzer Zeit vergeßen bin, wie mann einen Todten vergießt! Ist möglich daß eine Abwehenheit von 3 Monathen mein Andencken so völlig ausgelöcht hat, als eine Schrieft in Sand geschrieben! Ist es denn wohlgethan seine bewährten Freunde im Glück so gantz hintenan zu setzen — die mann in Wieder= wärtigkeiten doch so wohl erprüft hat! Dieses einzige hat noch gefehlt das bißgen frohen Sinn — das Füncken guter Laune zu unterdrücken — und völlig auszulöschen. Ver= zeihen Sie daß Ihnen villeicht diese paar Zeilen beschwerlich sind — aber mann nimbts ja einem der ertrincken will nicht übel wen er sich an einem Strohhalm anhält — Ich könte Ihnen noch mancherley sagen — aber ich fürchte, daß da Sie

die Correßpontens /: allem anschein nach :/ gern entübrigt
seyn wollen, durch dießes schon zu viel gesagt zu haben —
nur das noch! Ich bin nicht so wandelbahr — sondern
/: thun Sie an Ihrer Seite — was Ihnen gut deucht :/
noch immer Ihre Freundin. Elisabeth.

den 18ten Juli 1788

Lieber Freund! Endlich nach Verlauf von 4 langen der
Ewigkeit gleichen Wochen einmahl einen Brief — So wäre
ich doch noch nicht gantz vergeßen — so wäre doch mein An=
dencken noch nicht gantz verlöscht — Ich will mich dann so
viel als möglich zu beruhigen suchen — aber versprechen kan
ichs nicht — auch würde das ein schlechtes Zeichen seyn —
Den eine Freundschaft die sich so leicht in Ruhe versetzen
kan — mit der ists so gut als — vorbey. Laßen Sie mich
also nie wieder so unausstehlich lang auf Nachrichten von
Ihnen warten — sondern bedencken, daß es ja das einzige ist
— und daß alle meine ehemalige Hoffnungen Erwart=
ungen Mährgen u. s. w. sich ja leider nur auf das kleinste
und geringste auf — tode Buchstaben einschräncken müßen
— und solche Brosämlein werden Sie doch einer an allem übrigen
so verarmten Freundin nicht versagen. Sie bezeügten in einem
Ihrer Briefe ein verlangen Nachrichten von der hiesigen
Bühne zu erhalten — von mir würden sie sehr unvollständig
seyn — den ich gehe ofte in der mitte des Stücks auf und
davon — so machte ich es vorige Woche in der glücklichen
Jagt[1] — den wer konte Große[2] Ihre Rolle spielen sehn —
und nicht vor ärger das Gallenfieber kriegen — Freylich
wars ein Scandal vor das organ, der nebst dem Mesias[3]
mutterseelen allein auf dem parterre saß — daß die Frau
Rath anstatt auf Theater zu schauen — die paar Juden im
dritten Rang lornigrte — und dann mitten im Stück nach
ein paar hem, hems auf und davon lief. Da ich mir aber die
Hoffnung nicht nehmen laße, Sie, ehe ich den Schauplatz dieser
Welt verlaße doch noch hir wieder bei uns zu sehn — und zu

dem Ende gerne wolte, daß Sie in Connexttion mit dem
hiesigen Theater so viel als möglich blieben; so schike ich
Ihnen hirmit drey Blätter⁴ daraus vieles und mancherley
zu ersehen ist — Wöchentlich erhalten Sie ins künftige ein
Stük — und der vortheil vor Sie ist nach meiner Einsich
doppelt — dann erstlich — bekommen Sie bey der Gelegenheit
— auch immer ein paar Zeilen von mir mit in kaufe und
ich bin so eitel zu glauben, daß Ihnen das lieb seyn wird. —
Zweytens erfahren Sie auch als/dann neuigkeiten wen die
Truppe in Maintz ist, den in dem fall könte ich Ihnen nun
gar nicht dienen. Ich lebe der Zuversicht, daß Sie Sich hübsch
bei mir bedanken werden daß ich Ihnen Mittel an die Hand
gebe das steigen und fallen unserer Truppe recht abzuwägen.
Die Ehre, die Ihnen der Monarch erzeigt hat — freut mich
so, daß ich deckenhoch springen möchte — Sie wißen daß ich
keine politica bin — und der Kayser und die Türcken, und die
Türcken und der Kayser mich so vill Intereßiren, als der
Mann im Mond — Aber jetzt leße ich die Zeitung — aber
nichts als den Artikel Berlin — und da freuts mich wen der
König wohlauf ist, wen die Printzßetzin Friederike in Pyrmont
gesund wird, wen die Königin den Grundstein legt u. s. w.
Übermorgen nehme ich die Zettel mit bey Stocks da wird sich
alles freuen Mann und Weib auch die Kindleins /: den die
Rike u käthgen fragen imer nach Ihnen :/ auch demoiselle
Marianne — Herr Graf mit einem Wort die gantze Pastete.
Auch habe ich so viele grüße an Ihnen von allen Ihren
Freunden die mich immer plagen um neuigkeiten von Ihnen
— besonders Freund Thurneißen⁵ — wen ich den so vier
Wochen keinen Brief habe — da stehe ich dann wie Kind
beym D* Führen Sie Sich ins künftige musterhafter auf —
O! Lieber Freund! Spectackel über Spectackel könte ich
Ihnen noch schreiben — der arme Franckenberg!⁶ war in
der Wache — Alle Schauspieler besonders Stegmann stunden
gegen das Organ auf — hätte Stegmann meine Wuth und
Muth im Leibe gehabt; so wäre jetzt unsere Bühne geschloßen

— und es konte kein einzig Stück gegeben werden— ha! das
wäre ein Triumpf vor Frau Elisabeth gewesen — Laßen
Sies sichs von Franckenberg alles erzählen — den die Galle
steigt mir wen ichs erzählen solte. Leben Sie wohl! ...

¹ Lustspiel von Franz Heigel.   ² Schauspieler.   ³ gemeint ist der neue
Theaterdirektor Koch. ⁴„Dramaturgische Blätter", Wochenschrift von A.W.Schreiber.
⁵ Kaufmann in Franffurt.   ⁶ Schauspieler.

Abgegangen Freytags den 1. August.

... Ich bewundre nichts mehr, als das gute Bestand=
haben meiner Gesundheit, die muß von Stahl und Eißen
seyn — Vorigen Sonnabend vermuthete ich wenigstens daß
ein gallenfieber im anmarsch seye — aber dank seys meiner
guten Natur, es verwandelte sich in etwas minder gefährliches
— Und die Ursach? Fragen Sie — ja denken Sie nur meinen
Hans Zenger¹ die Rolle in die ich so verliebt bin, spielt Herr
Chile!!! So geht mirs nun tagtäglich! Ach! Mein armes
Steckenpferd! Es war so ein gutes wohlthätiges niemand
beleidigendes Thiergen — und wird nun aus mangel der
nahrung so klapper dür wie der Pabst im Baßler Todentantz.
Ihr Brief vom 22. Juli hat meinen Glauben wieder gestärkt
— meine Hoffnung auf neue belebt — So weit Ihre Ent=
fernung — so wenig Wahrscheinlichkeit bey der Sache ist daß
ich Ihnen je in meinem Leben wieder sehe; so ist
das einzige worann ich mich noch halte, daß das Andenken an
Ihre Freundin doch nicht gäntzlich verlöschen wird — und
wie mann ein Gemählde von Zeit zu Zeit durch Firnüß
erfrischen muß, daß die Farben nicht gantz verbleichen; so
muß unser Briefwechsel der Firnüß seyn, daß die Freund=
schaft nicht verbleicht — oder gar erlöscht. Ich begreife gar
wohl, daß Sie viel zu thun haben — und thue auf lange
Briefe gern Verzicht — aber ein paar Zeilen — so einen
kleinen Luscher — das können — das werden Sie gewiß
Ihrer Freundin nicht versagen. Daß die Geschwister² so wohl
in Berlin gefallen haben — hat mich sehr gefreut — Es ist
ein klein Stück aber eben deßwegen gehört von seiten der

Schauspieler mehr Kunst dazu jeden Carakter ins rechte Licht zu setzen und mit Wärme und Wahrheit darzustellen — als in einem großen Prachtstük mit Trommeln und Pfeifen — Aber Leute wie die — die auf dem mir überschickten Zettel stehn — heben das Stük und machen dem Autor Ehre. Bei der erstaunlichen Hitze, die wir auch hir gehabt haben habe ich Ihnen 100 mahl unsern Mann in Ihre dortigen Gegenden gewünscht — die Ihnen so bekandten Baadhäußer waren von früh um 5 biß abens 9 nie lehr — und im Mann sahe es aus, wie bey der Auferstehung der Todten. Aber das gibt auch ein Wein!! Wenn Sie 1798 wieder kommen — und der Tod die Höfflichkeit hat mich biß dahin da zu laßen; so sollen Sie in meinen Hauß, aus einem schön vergoldenen Glaß meine Gesundheit in diesem Anno Domini trinken — auch sollen Sie auf Ihrem Stuhl mit dem doppelten Kißen sitzen — Summa Summarum es soll gehen wie ehemahls — und ich will wenn mir biß dahin der Stimmhammer nicht fält eben so laut /: als da Sie 1785 den 6ten September von Cassel kamen :/ rufen — Ist Er da! Vorige Woche habe ich meinen Keller wieder in Ordnung gebracht — da fielen mir bey den alten Herrn von 1706. 1719. allerley Gedanken ein — Sie werdens leicht errathen können was ich alles dachte — denn sie kennen zur genüge meine Schwärmerische Einbildungs Kraft. Jetzt ists hohe Zeit daß ich aufhöre — den die Feinde meiner Glückseligkeit und Ruhe sind im Anmarsch — Leben Sie wohl! . . .

¹ Rolle in Törrings Trauerspiel „Agnes Bernauerin". ² von Goethe.

Den 12ten September 1788.

Lieber Freund! Freylich ists sonderbahr daß ich die ehedem so schreibeseelig war — die keinen Posttag versäumte — die ehnder alles, als so was unterlaßen hätte — jetzt in 4 Wochen keine Feder ansetzt — Aber Lieber Freund! Was kan eine Frau der in der Welt alles gleichgültig geworden ist — die keine Gefühle vor nichts mehr hat — die in allen

149

ihren Hoffnungen auf das schrecklichste getäuscht worden ist — die den Glauben an Menschen verlohren hat — Was soll die schreiben? soll ich andern mit meinem Kummer beschwer= lich fallen — Was nutzt das? soll ich immer noch Schlößer in die Luft bauen — dem Irlicht Hoffnung auf neue trauen um aufs neue betrogen zu werden? Nein Nein trauter Freund! Vor mich ist alles vorbey — mit mir ist aus — daß es Ihnen wohl geht, daß Sie auch zu Ihren andern anerkandten Verdinsten noch in kommischen Opern brilliren freut mich — den so tief bin ich noch nicht gefallen — daß mich das Glück meines Freundes nicht vergnügen solte — aber es ist eine bitter süße Freude — andre die nicht gesät haben erndten — und die den Saamen ausstreute leidet Hunger — den Baum den ich pflantzte von dem eßen andre die nun reife Früchte — Aber ums Himmels Willen! Wozu all das — laß gut seyn — es hat ja so viel ein Ende genommen — mit dir wirds doch auch nicht ewig werden. . . .

An Fritz von Stein

Fr. den 2. Januar 1789.

Lieber Sohn! Es ist mir sehr angenehm, daß Ihnen das kleine Christgeschenk Vergnügen gemacht hat, — haben Sie die Güte Herrn Wieland, Bertuch[1] und Krause vor den Merkur und Modenjournal in meinem Namen aufs Beste zu danken, — nur muß ich erinnern, daß mir vom Merkur der Dezember von 1788 noch nicht ist zugeschickt worden — haben Sie die Gefälligkeit und besorgen mir, daß ich ihn bekomme, sonst ist der vorige Jahrgang defeckt. Wir leben hier in Erwartung der Dinge, die da kommen sollen, der Maynstrom ist noch nicht aufgegangen, — und Alles ist wegen des Wassers in Sorgen — wir denken noch an 1782 — müssens aber doch in Geduld abwarten, — 15 Wochen ist der alte Herr jetzt schon zu — Jedermann wartet sehnlich auf die Abfeuerung der Kanonen — denn das ist das Signal, daß er aufgeht — geschieht's am Tage, so läuft Alles was gesunde Beine hat, — und es ist wirklich ein schauderndes Spektakel — ich wünschte, Sie könnten es mit ansehen. Uebrigens geht hier Alles seinen Gang fort — Montags ist Ball, — Freitags Concert, — Dienstags, Donnerstags und Sonnabends ist Comedie, aber nicht von unsern vorigen Leuten, sondern Koberwein von Straßburg spielt bis Anfangs der Fasten, — die Truppe ist sehr mittelmäßig, die Balletts sind aber ganz artig. Mein größtes Steckenpferd ist jetzt Clavierspielen — das macht mich sehr glücklich. . . .

¹ Fr. J. Bertuch, Geheimsekretär des Herzogs Karl August, vielseitiger Geschäftsmann in Weimar.

An die Schlofferschen Kinder

Den 23ten Februar 1789.

Liebe, liebe, gute brave Enkeleins! O! was habt Ihr mir vor Freude gemacht! und das alles kam so ganz unerwartet! Liebe Louise! Es war ja als wenn Du es gewußt hättest, daß ich in großer Strickbeutels Noth mich befände — mein allerbester ist 9 Jahr alt, und so unmusterhaft als nur möglich — und da es doch sehr oft der Fall ist, daß ich in Gesellschaften gehe, wo gearbeitet wird: so war es höchst nöthig einen neuen anzuschaffen — und da kommt mir so ganz von ungefähr ein schöner, prächtiger, von meinem lieben Enkel selbst verfertigter — so lieb wäre mir doch kein andrer geweßt — Aber den will ich auch in Ehren halten — allen meinen Bekannten sagen von wem er ist — und stolz auf mein geschicktes und fleißiges Enkel sein — Habe also meinen besten Dank davor. Meine liebe Julia! auch Dir danke ich vor Dein schön gearbeitetes Angebinde — auch zu Deinem Andenken soll es Parade machen — damit jedermann sieht, daß auch Du liebe Juliette an die Großmutter denkst. Und mein liebes Jettchen! mit seinem schönen Körbgen — so zierlich als man's nur machen kann — potz sickerment! Jetzt muß die Großmutter fleißig sein und N. B.

151

auch schöne Arbeiten machen wie es sich zu so einem eleganten Körbgen schickt — ich will wenigstens mein möglichstes thun, um ihm keine Schande zu machen — danke Dir hiermit herzlich vor Deine Liebe zur Großmutter.

Treuer, biederer Ritter Eduard! auch Du denkst an mich — ha aus dem Glas da schmeckts — habe sogleich meines lieben Ritters Gesundheit getrunken, und werde das oft thun, danke danke danke lieber Eduard. Die dicke Catharine fragt alle Tage ob Eduard und Jettgen recht bald wiederkämen — sie möchte gar zu gern mit ihnen die Wacht= parade aufziehen sehen — und die Elisabeth möchte gern wieder gebrannte Mehlsuppen machen — Kommt doch ja bald wieder — hörst Du!

Nun liebe Enkeleins! Nochmals meinen Dank — Fahrt ferner fort Euren lieben Eltern und mir Freude zu machen ...

An Unzelmann

fortgeschickt den 9ten Merz 1789.

Lieber Freund! Wenn Sie Ihre Briefe geschrieben, ge= siegelt und fortgeschickt haben; so ists eben als hätten Sie aus dem Fluß Lethe getrunken, alles ist aus Ihrem Gedächt= nüß so rein verwischt, daß nicht eine spur davon übrig bleibt — den wie wäre es sonst möglich, daß Sie den Ausdruck M e i s t e r s t r e i c h kränkend gefunden, der doch nichts anders sagt und Ausdruckt als was Sie selbst in allen Ihren Briefen gesagt und ausgedruckt haben. Soll ich Ihnen etwann Condo= liren daß Sie und die Frau Gevatterin Den größten Beyfall haben — daß die letzte der Lieblinge einer der größten Königinnen ist, daß Sie alles verdrängt — daß der König selbst gesagt hat, Sie sänge beßer als die W. und diese mit Schande abziehen und den Kampfplatz verlaßen mußte — Daß als in Pozdamm gespielt wurde der König 900 rth in die Caße verehrt /: N. B. mir und der Gevatterin schreiben Sie :/ Daß Sie ein Benefitz Concert gehalten wo /: laut den

Nachrichten aus den Zeitungen :/ der König 40 Friederich vor
die Königin 10 — und übrigens das Hauß gepropft voll war
— daß Sie Werther Freund im Fiesko und andern Rollen
vom König sind ablautirt worden u. s. d. m. Dieses alles ver=
dient doch warlich keine Jerimiaden! Auch die Frau Ge=
vatterin schrieb /: nicht an mich Den was solte Sie dazu be=
wegen :/ sondern an St. daß Sie auf den Händen getragen
würde daß das der Ersatz vor die Leiden der 3 letzten
hir zugebrachten Jahre wäre u. s. w. O! wie froh /: dachte
ich bey allen diesen herrlichen Nachrichten :/ müßen jetzt diese
gute Menschen seyn — mit Schaudern müßen Sie an Ihren
hiesigen Aufenthalt zurück denken — wo Neid, Cabale, Zurück=
setzung, Ihre Tage verbitterte. Da diese so eben erzählte Be=
gebenheiten nicht etwa wischi waschi von andern, sondern
Reelle Facta aus selbst geschriebenen Briefen sind; so kan ich
mein Urtheil ohnmöglich zurück nehmen, sondern behaupte
gegen jeden wer es auch sein mag, daß das von hir weg, und
nach Berlin gehen — ein — Meisterstreich war. Daß Sie Sich
über meine arme Briefe geärgert haben — das begreife ich
nun vollends gar nicht — ich werde doch ohne Ärgernüß zu
geben nach dingen die mein sind fragen dürfen? Zumahl da
sie Ihnen nichts nutzen — Was dient Ihnen 1 theil vom
deutschen Mercur? und mir machts meine gantze Sammlung
defect — und was soll der Maintzer Sattler mit meinen
Möbelen machen, was gehn sie ihn an? Haben Sie die Güte
/: aber ärgern Sie Sich nicht :/ und schicken mir den Mercur
— und geben mir Anweißung nach Maintz dieweil die Truppe
noch dort ist — Das müßen nun wohl freylich seltsame dinge
seyn — die Ihnen das Recht gäben Ihren Contrack nicht zu
halten — da ich nun in dieses Geheimnüß nicht eindringen
kan; so bin ich auch außer Stand davon zu urtheilen, nur
aus alter Freundschaft bitte und ersuche ich Ihnen thun Sie
keinen unüberlegten Schritt, den Reue nach der That nutzt zu
nichts, und ist das peinlichste Gefühl von allen Gefühlen.
Hierher wolten Sie kommen? warum? zu was Zweck? ist

denn Ihr angagement in Maintz schon so gewiß, daß Sie nur zu kommen brauchen? und wenn das auch wäre — hat sich denn die Truppe in dem Jahr so umgeändert? meines wißens sind alle die Odiosen Menschen die Ihnen von hir wegtrieben noch da und bleiben auch da — was in aller Welt kommt Ihnen den auf einmahl an? aus dem Paradieß wieder ins Fegfeuer — da mache mir einer einer einen Vers draus! Nun nun, das war einmahl eine üble Laune die wird sich schon legen — nicht wahr, ich habe es errathen? Es werden schon wieder Musterhafte Briefe kommen die den bißherigen entsprechen und worüber sich Ihre Freunde freuen können. Göschen ist ein L . . . . d da schickt er den 8ten Band wieder in Papier gebunden wie die 4 ersten theile — was ihn nur vor ein Narr gestochen hat den 5ten theil so prächtig einbinden zu laßen? Aber er soll sein Fett kriegen, ich habe eine Epistel an ort und stelle geschick, und mich gegen dieses unmusterhafte Betragen höchlich beschwert. Ich hoffe daß Ihnen dieser theil einige vergnügte Stündger verschafen wird. Wie ist dann die Teufels Oper[1] mein großes Leibstück aufgenommen worden? Das wäre warhaftig ein großes Unglück geweßen wenn Sie dem Herrn C. das Auge ausgestochen hätten — Er soll ein sehr schöner Mann seyn — und eine pasionirte Liebhaberin haben — die würde es Ihnen sauber und hübsch gelohnt haben — Mit dem Ring bin ich noch sehr unschlüßig was ich mit thun soll — den innern werth hat ein hiesiger Jubelirer auf 20 Carolin geschätzt — aber davor ihn behalten — das will er doch nicht, und das Geboth von einem andern Herrn von seinen Colegen nehmlich 130 f ist doch gegen den innern gehalt zu gering — Ich will mir noch mehr Mühe drum geben, villeicht bringe ich ihn höher an — wo nicht, so schicke ich ihn zurück — doch nicht ehnder als biß ich wieder Nachricht von Ihnen habe. Am Friederichs=tag ist die Stockin mit einem Sohn niedergekommen der auch Fritz getauft wurde — Sie und ihr braver Mann, laßen es Ihnen und der Frau Gevatterin Notificiren. Ich wünsche

154

daß Sie von dem neulich gethanen Fall bald völlig wieder hergestelt seyn mögten — laßen Sie Sich so etwas zur Warnung dienen, und nehmen Sich in Zukunft in acht. Das war wieder einmahl eine lange Sermon — auch sage nur noch, viele Grüße an die Frau Gevatterin u den kleinen Carl — nachdem treuen plumpspiel muß ich mich doch auch er= kundigen — ist er noch so ein Freund von Kalbsknochen — sie haben ihm bey mir oft sehr wohl geschmeckt. . . .

[1] vielleicht die Oper „Betrug durch Aberglauben" von Dittersdorf.

An Fritz von Stein

Fr. den 1 März 1790.

Lieber Sohn! Das Erste warum ich Ihnen bitte, ist meinem Sohne zu danken wegen seines 6ten Bandes, Tasso und Lilla[1] sind mir neu — und ich hoffe viel Vergnügen davon zu haben. Ferner berichten Sie ihm, daß sein römisches Carneval auf dem Hofball in Maynz mit aller Pracht ist aufgeführt worden, — dieses läßt ihm Mama la Roche nebst ihrer herzlichen Empfehlung vermelden. Der Tod des Kaisers[2] hat unsere Stadt zu einem lebendigen Grabe gemacht; das Läuten aller Glocken, welches 4 Wochen täglich zweimal, nämlich Morgens von 11 bis 12 und Abends von 5 bis 6 Uhr geschieht — hat einen so lugubren Ton, daß man weinen muß, man mag wollen oder nicht. Der ganze Magistrat in tiefer Trauer — die Garnison schwarz, mit Flor Alles umwickelt, — die kaiserliche Werbung, die Räthe, Residenten u. s. w. Alles, Alles schwarz, — das hat ein überaus trauriges An= sehen. Künftigen Sonntag den 7ten März ist bei allen drei Religionen in allen Kirchen Leichenpredigt — unsre Haupt= kirche wird ganz schwarz behängt, — Jung und Alt erscheint in tiefer Trauer — Sänger und Sängerinnen sind zur Trauer= messe verschrieben und dieser einzige Umstand kostet 2000 Flor. Sollte die künftige Krönung näher rücken, so wissen Sie Ihr Plätzchen — auch habe ich dann einen Plan im Kopfe, dessen

155

jetzige Mittheilung noch zu früh und zur Unzeit wäre. Er-
lebe ichs, — nun kommt Zeit kommt Rath. . . .

¹ Lila, das 1777 gedichtete Singspiel Goethes.   ² Joseph II. war am
20. Februar 1790 gestorben.

Fr. den 22. April 1790.

Lieber Sohn! Ich habe eine Bitte, — einer meiner
Freunde möchte gern wissen, ob Ihro Durchlaucht der Herzog
sich in Weimar befindet, oder wo er sonst etwa ist, — es
bedarf nur ein Paar Zeilen zur Rückantwort. Aber eben so
gern möchte ich wissen, wo mein Sohn ist. Einige sagen in
Venedig, — Andere in der Schweiz, — Jetzt von mir und
meinem Vaterlande ein Paar Worte. — Die Trauer um den
Kaiser ist vorbei, Alles ist in Erwartung der Dinge, die da
kommen sollen! Wenns, wie die Sage lautet, Krieg giebt,
denn mag Gott wissen, wenn die Krönung ist! Indessen
werden die Quartiere schon gemacht, und die Auffahrt ist im
Juli. Ich will dieses Alles in Geduld abwarten — und ein
Kämmerlein soll Ihnen bei mir aufbehalten seyn — denn
den Tumult müssen Sie doch mit ansehen. . . .

Fr. den 12. Juni 1790.

Lieber Sohn! Eine Berechnung, wie viel der Aufenthalt
während der Krönung hier kosten möchte, ist beinahe ohnmöglich zu bestimmen, so viel ist gewiß, daß eine einzige Stube
den Tag ein Carolin kosten wird, das Essen den Tag unter
einem Laubthaler gewiß nicht. Zudem ist auch die Frage,
ob ein Cavalier, der unter keiner Begleitung eines Chur-
fürstlichen Gesandten ist, Platz bekommt, denn unsre besten
Wirthshäuser werden im Ganzen vermiethet, — dem Dick
im rothen Hause sind schon 30,000 Flor. geboten, aber er
giebts noch nicht davor. Wenn Leopold Kaiser werden sollte,
so mag Gott wissen, wo die Leute alle Platz kriegen werden —
denn da kommen Gesandten, die eigentlich nicht zur Krönung
gehören, als der Spanische, Neapolitanische, von Sicilien
einer u. s. w. — Der Päbstliche Gesandte, weil er in der Stadt

Flur und Treppe in
Goethes Elternhause

keinen Raum gefunden, hat ein Gartenhaus vor 3000 Carolin
gemiethet. Bei mir waren die Quartierherren[1] noch nicht,
— ich traue mir deswegen nicht vor die Thür zu gehen und
sitze bei dem herrlichen Gotteswetter wie in der Bastille, —
denn wenn sie mich abwesend fänden, so nähmen sie vielleicht
das ganze Haus, denn im Nehmen sind die Herren verhenkert
fix, und sind die Zimmer einmal verzeichnet, so wollte ich's
keinem rathen, sie zu anderem Gebrauche zu bestimmen. —
Nun muß ich Ihnen noch was Spaßhaftes erzählen. Diesen
Winter hats hier kein Eis gegeben — und die galante Welt
hat diese Herrlichkeit entbehren müssen, ein einziger Mann,
der S.... heißt, hat von 88 noch eine Grube voll. Diese
Grube ist ohngefähr so groß, wie meine Wohnstube, doch nur
3 Schuh hoch, — diesem Mann hat der Churfürst von Cöln
19 000 Floren davor geboten, er giebts aber nicht anders,
als 30 000 Flor. O, wer doch jetzt Eis statt Wein hätte!
Wenn nur die Krönung sich nicht bis in den Winter verzieht
— davor ist mir angst und bange, — müssens eben in Geduld
abwarten! — Sie werden doch mit meinem Sohne kommen?[2]
Eine Stube sollen Sie haben, aber freilich müßten Sie sich
begnügen, wenns auch drei Treppen hoch wäre, — was
thäte das, wir wollen doch lustig seyn, — in dieser angenehmen Hoffnung verbleibe wie immer Dero treue
Freundin E. G.

[1] welche die vornehmen fremden Gäste auf die Privatwohnungen vertheilten.
[2] Diese Erwartung erfüllte sich nicht, dagegen logirten in den Tagen der Krönung Leopolds II. die Prinzessinnen von Mecklenburg-Strelitz — die ältere von
beiden die spätere Königin Luise von Preußen — und deren Bruder Georg im
Hause der Frau Rat. Wie sie den jungen Prinzessinnen das Vergnügen, am
Brunnen nach Herzenslust zu pumpen, durch Einsperren der Hofdame zu verschaffen wußte und anderes Ergötzliche aus dieser Zeit wird in später folgenden
Briefen erwähnt.

Fr. den 20. Dezember 1790.

Lieber Sohn! Nach dem großen Wirrwarr, den wir
hier hatten, ists jetzt, wie ausgestorben — mir ist das ganz
recht, — da kann ich meine Steckenpferde desto ruhiger
galopiren lassen, — ich habe deren vier — wo mir eins

so lieb ist wie's andere, und ich ofte nicht weiß, welches zuerst an die Reihe soll. Einmal ists Brabanter Spitzen= klöppeln, das ich noch in meinen alten Tagen gelernt, und eine kindische Freude darüber habe, — dann kommt das Clavier, — dann das Lesen, — und endlich das lange auf= gegebene aber wieder hervorgesuchte Schachspiel, — Ich habe die Gräfin von Isenburg bei mir logiren, der das oben benannte Spiel auch große Freude macht, wenn wir beide Abends zu Hause sind, welches, Gottlob, oft passirt, dann spielen wir, und vergessen der ganzen Welt, — und amusiren uns königlich. Da es einmal Sitte ist, daß mir zu Ende des Jahres allemahl ein Stück Merkur fehlen muß, so fehlt mir vor diesmahl Nro. 2. — Bitten Sie doch den lieben Gevatter Wieland, daß er es mir zuschicken läßt, . . .

An Schauspieldirektor Großmann

den 29ten Mertz 1791 in großer Eil

Werthgeschätzer Herr Gevatter! Es ist die Wahrheit daß die angesehnsten Männer sich große Mühe geben ein Nationahl Theater hir zu Stande zu bringen Viele Con= verenßen sind schon deßwegen gehalten worden — und näch= stens wird eine Bittschrift deshalben an den Magistrath er= gehen — um 1792 in der Herbstmeße /: da die 10 Jahre von Tabor vorbey sind :/ ein beständiges Theater zu errichten. von dieser seite ist alles in Ordnung — schon an die 60 Theil= nehmer wo jeder 50 louidor gibt sind bey der Hand — von diesen sind Chiron — Schamo — Kißner und der älste von Stockum als Ausschuß ernent — an einen derselben mann sich also wenden muß — Chiron ist /: unter uns gesagt :/ doch die erste Instans — ob aber bey allem diesem gutem An= schein die Sache zu Stande kommt kan man nicht zuverläßig sagen — Erlaubt die Obrigkeit die Advents Zeit die 7 Fasten Wochen und die Sontäge nicht — so wird aus der gantzen Geschichte nichts — auserdem thut Maintz sehr böße, und es ist bekandt daß uns dieses in vielen Sachen sehr wehe thun kan — So bald diese Hindernüße besigt sind — sollen Sie mehr hören. Ünterdeßen können Sie imer an einen derer Herrn schreiben Chiron /: ob ich den Nahmen recht schreibe weiß ich nicht :/ ist Banquier — Chamo /: ist der nehmliche fall meiner Unwißenheit :/ ist Handelsmann — Kißner ist Holtzhändler — von Stockum ist adelich. Daß es mir übrigens ein Vergnügen seyn würde Jhnen hir zu sehen das sind Sie überzeugt — auch werde ich nicht ermanglen Jhr Andencken bey dieser Gelegenheit zu erneueren — und Jhre warhafte große Thalente als Director und Schauspieler mich eifrigst bemühen ins Licht zu stellen. Da Sie aus großer Eilfertigkeit in Jhrem Brief den ort Jhres Aufendthalts nicht bemerckt haben; so schicke ich dieses aufs geradewohl nach Hanover ...

An die Enkelin Louise Schlosser

den 1ten May 1791

Liebe, gute, brave Louise! Tausend Danck vor dein schönes, geschmackvolles — und zugleich prächtiges Arbeits= tischgen — So ist keins in Franckfurth — Es wird aber auch deßwegen von Hauß zu Hauß zum beschauen herumgetragen — heute ists bey Frau Stock, und ich freue mich auf den Nach= mittag wie meine geschickte Louise von alt und jung in meiner Gegenwart wird gelobt und gepriesen werden. So bald es aus gepackt war truge ich es zu meiner Frau Gräfin die bey mir wohnt — ich mußte es den gantzen Tag oben laßen, damit Sie es denen Herrschaften die Sie besuchen kamen zeigen konte — Sämptlich verliebten Sie sich hinein — und jede hätte gern so ein schön Möbel in ihr prunckzimmer gehabt — und ich wurde um so eines geschicken Enckels willen von allen beneidet — welches mir denn sehr wohl that. Nimb also noch= mahls meinen besten Danck dafür an. Die andre Woche soll eine Schachtel voll klein brod und sonstiges bon bon Eure Hertzen erlaben — Sage deinem lieben Vater daß auch Er

künftige Woche die Rechnung erhalten soll — die liebe Mutter
grüße herzlich — wie auch alle deine Geschwister ...

An Unzelmann

den 21ten May 1791

Werthgeschätzer Herr Gevatter! Mit unserm Nationahl
Theater hat es in so weit seine Richtigkeit, daß der Magistrath
seine Einwilligung dazu gegeben hat — nun muß das Cole=
gium der Herrn 51ger noch mit einstimen, woran wir den
auch nicht zweiflen — das ist aber auch alles was ich von der
Sache weiß Daß mann schon an Ihnen gedacht haben solte
ist möglich aber als director — das ist ein bißgen unwahr=
scheinlich. Nehmen Sie Sich in acht, daß Sie das gewiße nicht
verliehren, und nach dem ungewißen greifen — So lange
die unternehmer nicht selbst an Ihnen schreiben; so ist alles
andre geschwätz wischi waschi. Zudem kan ich mir nicht vor=
stellen daß Ihr jetziger Aufenthalt Ihnen nicht mehr behagte
— wo Sie so viel Glück zurück laßen müßten daß Sie hir
schwerlich finden würden — denn die Zeit hat viel viel
verändert — das können Sie mir auf mein Wort glauben!!
Rathen was Sie thun sollen, das kan ich auf keine weiße, da
ich ja wegen Ihrer dortigen Verhältnüße gantz unwißend
bin — und eben so unwißend bin ich was das hiesige neue
Theater weßen anbelangt. Ich bekümmre mich jetzt Gott
sey Lob und danck!!! um all das Zeugs nichts mehr — denn
niemand weiß beßer als Sie wie ich vor meine Mühe Sorgen
und Wohlthaten bin belohnt worden — Ein gebrandes Kind
scheut das Feuer — Da haben Sie meine jetzige Gesinnungen
und Gelehrten ist gut predigen. Vor die überschickte voll=
macht dancke ich Ihnen — ich habe die Sachen alle erhalten
— Die Liebe Frau Gevatterin grüßen Sie vielmahls und
sagen Ihr Madame Stegmann hätte mir alle Rechnungen
und quittungen zugestellt — woraus mann ersehen könte,
daß Sie Ihnen nichts heraus zu geben hätte — Ich habe sie
in meiner verwahrung, und kan sie Ihnen auf verlangen

überſchicken — Auch würde ich der Frau Gevatterin auf
Ihren lieben Brief geantwortet, und Ihr meine Freude über
die ſchöne Einnahme bezeigt haben — aber Tauſend ver=
hinderungen und dann eine Kranckheit die mann Tintenſcheu
nent hat mich von Zeit zu Zeit abgehalten . . .

An Louiſe Schloſſer

Den 8ten Jenner 1792

Liebe Louiſe! Das freut mich ja recht ſehr daß ich zu
deinem Vergnügen etwas beygetragen habe — mein Wunſch
iſt es immer Euch meine lieben Freude zu machen — und
wenn dieſer Zweck erreicht wird fühle ich mich ſehr glücklich.
. . . Mich freuts daß das liebe Clärchen und du einander ſo
lieb haben — bewahret dieſe Freundſchaft in Euren Herzen
— denn es iſt eine köſtliche Sache mit einer erprobten
Freundin ſo durch Erdeleben zu wandeln! In meiner Jugend
war mirs auch eine große Freude das neue Jahr an Singen
— an trommlen — an Schießen zu hören — aber jetzt iſt
mir mein Bett lieber — um halb 10 Uhr ſchliefe ich dißmahl
ſchon ſo feſt, daß weder der Nachtwächter mit ſeiner holden
Stimme, noch pfeifen und trommlen mich in meinen 7 Kißen
incommodirten. Wenn ich nun ſchon bey Euch mit dem Leibe
nicht gegenwärtig war; ſo wünſcht ich Euch allen doch die
Fortdauer Eures wohlſeyn — nebſt Glück — Heil und Seegen
— und dieſes ſeye denn hiemit nochmahl wiederholt. . . .

Als 1792 der Krieg mit Frankreich ausbrach, begann für
Frankfurt eine aufregende Zeit. Nach dem Rückzug des Heeres
der verbündeten Preußen und Öſterreicher drang General Cuſtine
mit der Loſung: „Krieg den Paläſten, Friede den Hütten" zum
Mittelrhein vor. Frankfurt wurde am 22. Oktober 1792 erobert
und der Stadt eine hohe Kontribution auferlegt, die durch frei=
willige Einzahlung der Bürger aller Stände gedeckt wurde. In
einer Kundgebung, die damals viel Aufſehen erregte, erklärten
die Frankfurter Handwerker, da die Franzoſen ſich als Befreier

des Volkes aufgespielt hatten, ihre Zufriedenheit mit der bis= herigen Regierung. Diese Frankfurter Handwerker waren es auch, die einigen hessischen Bataillonen die Tore öffneten, nachdem die in der eroberten Stadt zurückgelassenen Franzosen entwaffnet wor= den waren. Die Furcht vor der Rache der Franzosen, die diese Tat des Patriotismus heraufbeschwor, durchzieht auch, troß des Stolzes auf ihre Mitbürger, die folgenden Briefe der Frau Rat.

An Goethe

welcher, vom Herzog Karl August zum Heere gerufen, im August bei der Mutter gewesen war, sich dann aber, nach der ruhmlosen Kampagne in Frankreich, zu seinem Freunde Fritz Jacobi nach Pempelfort bei Düsseldorf zurückgezogen hatte.

.b 4ten December 1792

Lieber Sohn! Auf Order Ihro Durchlaucht des Herrn Herßogs von Weimar soll ich dir schreiben, daß du mögstes hieher kommen. Hier sieht es bunt aus, seit vorgestern haben die Hessen unsere Stadt ocubirt — Gott gebe daß sie sich drinnen erhalten, sonst mögte es curios mit uns aussehen. Diesen Brief schreibe ich auf Befehl — doch thut mirs leid, dich aus deiner ruhigen Lage heraus zu ziehen, in eine Gegend, wo mann in beständiger Angst lebt und athmet. Biß vor= gestern hatte ich noch immer guten Muth — aber nun bin ich sehr schwermüthig — so was läßt sich nicht Schreiben. Ich bin eine schlechte geografin — will dir also nur melden — daß der ganze Landstrich von Speyer, Worms und Mainß unsicher — und du auf dieser Rutte nicht her kommen kanst. Ich weiß nicht ob ich wünschen soll, dich bald zu sehen oder ob das Gegentheil zuträglicher wäre — Gott mag es lenken, ich weiß nichts. Lebe wohl! und schreibe wenigstens daß mann erfährt an was mann ist. Ich bin wenigstens vor jetzt, die verstimmte und sehr unruhige Frau Aja.

den 14ten December 1792

Lieber Sohn! So eben erhalte einen Brief von Friß Jacobi wodurch ich erfahre daß du in der mitte dieses

Monaths wieder in deinem ruhigen Weimar einziehen wilfts
— du wirft einen Brief von mir vorfinden — worinn der
Herzog dich /: der dich aber noch in Düsseldorf glaubte :/
hieher invitite — ich gabe dir schon in dem Schreiben einen
Winck, daß es jetzt hir gar kein Spaß ift — nun da du gar
30 meilen in dieser Witterung reißen soltft — um an einen
Ort zu kommen — wo wann zum Unglück Cuftine zurück
kommen solte — du doch wieder fortmüßteft; so dächte ich
du entschuldiges dich so gut du könteft — Wir leben hir in
täglicher Angft und Gefahr — und wenn ich einen gran Furcht
mehr hätte, als ich Gott sey Danck nicht habe; so ginge ich
in die weite Welt — so aber soll und muß ichs abwarten.
Willmer[1] hat endlich der Raths stelle entsagt — bey der
Gelegenheit kam nun abermahls die alte Frage an mich,
ob ich denn noch keine Endscheidente Antwort von dir erhalten
hätte[2] — ich sagte du hätteft her kommen wollen, aber die
Kriegs Unruhen wären die Ursach deines Ausbleibens u. s. w.
Meine Gründe davor und dagegen habe ich dir in einem Brief
vorgelegt — auch glaube ich wenn du Luft gehabt hätteft
würdeft du flincker geantwortet haben. Ich glaube allemahl,
daß dir in deiner jetzigen Verfaßung nach Leib und Seele
beßer ift — als in einer neuen Laufbahn — denn du bist
in dem eigentlichen Sinn des Worts ein Freyherr. Doch
verdinte die Achtung deiner Freunde auf alle Fälle eine Rückantwort — auch habe ich sonft bey jedem Fall das Anfragen
aufs neue. Vordißmahl ift der Canseley Rath Metzler von
der goldenen Kugel getrofen worden. So lange Maintz noch
nicht wieder in deutschen Händen ift,[3] schweben wir imer noch
in Furcht und Unruhe — zumahl da auf unsere gute Stadt
von Maintz und Straßburg aus so infame Lügen aus gestreut
werden — — die Blesirten und Gefangenen muß mann
fragen was die Franckfurther an ihnen gethann haben —
das all zu erzählen, reichte kein Rieß papir aus — underdeßen
sind die Francken jetzt erboßt — und kämen sie zurück Gott
weiß ob nicht diese Verläumdungen doch Unkraut unter den

164

Waitzen gesäht hätten. Wollen Gott vertrauen und es ab=
warten. Ich habe einen Officier und 2 gemeinen zu Ein=
quartirung es sind Hessen — gute Leute aber /: unter uns
gesagt :/ sehr arm — ich muß sie füttern, — die Frantzosen
hatten die Hüll und die Füll — daß das füttern sehr incombirt
kanst du leicht dencken — doch da es jeder thun muß so ists
nicht anders. . . .

Π. S. Es ist eine Ewigkeit daß ich kein Modejournahl u
keinen Mercur gesehen habe.

¹ J. J. von Willemer, Frankfurter Bankier, später Gatte der bekannten
Marianne von Willemer, Goethes Suleika. ² Nach dem Tode eines Oheims
von Goethe, der im Frankfurter Rat gesessen, hatte man Goethes Mutter beauf-
tragt, anzufragen, ob ihr Sohn die Stelle eines Ratsherrn in seiner Heimatstadt
übernehmen würde. ³ Mainz wurde bis zum 22. Juli 1783 von den Deutschen
belagert.

den 19ten Decemb. 1792

Lieber Sohn! Hir schicke ich Christkindleins bon bon mit
Bitte dem jungen Herder Augst benamset etwas in meinem
Nahmen davon zu komen zu laßen. Hir Leben wir in Furcht
und Erwartung der Dinge die kommen sollen — Die Höchsten
und Hohen Herschaften versichern uns zwar daß alles gut
gehen werde, das ist verdolmescht daß die Francken nicht
wieder kommen würden — so lange aber Maintz nicht in
deuschen Händen ist — dürfen wir noch nicht Dicktoria rufen
— und die Wolfhaut noch nicht feilbieten. Du wirst dich jetzt
von deinen gehabten Strapatzen in deinem neuen schönen
Hauß und unter deinen Freunden erholen — daran thuts du
nun sehr gescheidt. Ihro Durchlaucht die Frau Herzogin
Amalia haben die Gnade gehabt mich wegen der Kriegs=
unruhen nach Weimar zu invitiren — dancke Hochdenenselben
in meinem Nahmen — und sage dieser vortreflichen Fürstin
— Ich hätte guten Muth der Gott der mich bißhieher gebracht,
würde weiter sorgen. Ihro Durchlaucht der Herzog befindet
sich wohl und vergnügt . . .

Goethe an seine Mutter

Weimar, d. 24. Dec. 1792.

Die Hoffnung Sie, geliebte Mutter, und meine werthen Franckfurther Freunde bald wiederzusehen ist mir nunmehr verschwunden da mich die Umstände nötigten von Düsseldorf über Paderborn und Cassel nach Weimar zurückzukehren.

Wieviel Sorge habe ich bißher um Sie gehabt! wie sehr die Lage bedauert in der sich meine Landsleute befinden! Wie sehr habe ich aber auch das Betragen derselben unter so kritischen Umständen bewundert! Gewiß hätte mir nichts schmeichelhafter seyn können als die Anfrage: ob ich mich entschließen könne eine Rathsherrnstelle anzunehmen wenn das Loos mich träfe? die in dem Augenblicke an mich gelangt, da es vor Europa, ja vor der ganzen Welt eine Ehre ist als Franckfurter Bürger gebohren zu sein.

Die Freunde meiner Jugend die ich immer zu schätzen so viele Ursache hatte, konnten mir kein schöneres Zeugniß Ihres fortdaurenden Andenckens geben als indem sie mich in dieser wichtigen Epoche werth halten an der Verwaltung des gemeinen Wesens Theil zu nehmen.

Ihr Brief, den ich mitten im Getümmel des Kriegs erhielt, heiterte mir traurige Stunden auf, die ich zu durch= leben hatte und ich konnte nach den Umständen die Hoffnung fassen in weniger Zeit meine geliebte Vaterstadt wieder= zusehen.

Da war es meine Absicht mündlich für die ausgezeichnete Ehre zu dancken die man mir erwieß, zugleich aber die Lage in der ich mich gegenwärtig befinde umständlich und auf= richtig vorzulegen.

Bey der unwiderstehlichen Vorliebe die jeder wohl= denckende für sein Vaterland empfindet, würde es mir eine schmerzliche Verläugnung seyn eine Stelle auszuschlagen die jeder Bürger mit Freuden übernimmt und besonders in der jetzigen Zeit übernehmen soll, wenn nicht an der andern

Seite meine hießigen Verhältniße so glücklich und ich darf
wohl sagen über mein Verdienst günstig wären. Des Herzogs
Durchl haben mich seit so vielen Jahren mit ausgezeichneter
Gnade behandelt, ich bin ihnen so viel schuldig geworden
daß es der größte Undanck seyn würde meinen Posten in
einem Augenblicke zu verlassen da der Staat treuer Diener
am meisten bedarf.

Dancken Sie also, ich bitte, auf das lebhafteste den
würdigen Männern die so freundschaftliche Gesinnungen gegen
mich zeigen, versichern Sie solche meiner aufrichtigsten Er=
känntlichkeit und suchen Sie mir ihr Zutrauen für die Zu=
kunft zu erhalten.

Sobald es die Umstände einigermaffen erlauben werde
ich den Empfindungen meines Herzens Genüge thun und
mündlich und umständlich dasjenige vorlegen was in diesem
Briefe nur oberflächlich geschehen konnte. Möge alles was
meinen werthen Landsleuten gegenwärtig Sorge macht weit
entfernt bleiben und uns allen der wünschenswerthe Friede
wieder erscheinen. Leben Sie wohl.   Goethe.

An Goethe

Am neuen Jahrs Tag 1793

Lieber Sohn! Vielen Danck vor deinen schönen Brief
der ist wie er seyn soll ich werde bey deinen Freunden
Gebrauch davon machen. . . . Deine zurückgelaßne Sachen,
schicke ich längstens heut über 8 Tage mit dem Postwagen
an dich ab — villeicht geschiehts noch ehnder — nehmlich
den Freytag noch in dieser Woche — du glaubst nicht was
einem die Einquartirung vor allerley Molesten macht daß
mann vieles drüber vergißt — Entschuldige mich also daß
die Sachen auf deinen ersten Brief nicht gleich fortgeschickt
worden sind. . . . Ich laße einstmahl im Jorick, daß das
ein bößer Wind wäre, der Niemandt was guts zuwehte —
das trieft nun mit unserm Schauspiel ein — der Krieg und

seine Unruhen die so viele Menschen incomodiren und ruiniren macht der anterpriße den Beutel voll — Da der König von Preußen und alle Generälle — Herzogen und Printzen alle Abende drinnen sind; so ist dir das ein Leben wie die Krönung — das Hauß das nun schon längst fertig ist hast du gesehen — es ist zimlich groß — aber vor jetzt meistentheils zu klein — So einen Spectackel wie am 2ten Christag habe ich noch nicht /: selbst die Krönung nicht:/ drinnen erlebt — über 200 menschen mußten zurück — mann konte keinen Appfel zu Erde werfen — von der Seite wird es sich nun freylich und zwar mit Nutzen halten. Gott bewahre unsere Stadt vor einem Bombartement — den da könnten wir alle arm und elend werden — und also die Enterpriße gantz nathürlich mit — das wollen wir nun nicht hofen — sondern Gott vertrauen — und den Deuschen Glück und Seegen wünschen. Mein Befinden ist Gott sey [Danck] gantz gut, ich bin wohl und auch vergnügt — trage was ich nicht ändern kan mit Geduld — warte auf beßre Zeiten ängstige mich aber nicht vor der Zeit — nur ist mir unter uns gesagt die deusche Einquartirung sehr lästig — Bey den Frantzosen wenn mann da gemeine hatte hatte mann keine Officire und umgekehrt — Jetzt habe ich zwey Officiere und zwey gemeine — da werden nun statt einer Stube zwey geheißt, das bey dem theuren Holtz eine garstige Speculation ist — ferner hatten die gemeinen Francken Fleisch, Reiß und Brod im überfluß — diese haben nicht als elendes Brod — die Frantzöische Officire wären lieber Hunges gestorben, als daß sie was gefodert hätten, diesen muß mann es sogar auf die Wache schicken — Summa Summarum es ist eine große Last — meine sind Heßen — wies mit den Preußen ist, weiß ich nicht — da hast du so ohngefähr meine jetzige Lage.

Gott erhalte dich in diesem Jahr mit allem was dir lieb und theuer ist gesund und vergnügt. Er schencke uns den edlen Frieden diß ist mein und der Wunsch von vielen Tausenden . . .

168

Lieber Sohn! Jch habe die Gnade gehabt am vergangenen Sontag bey Jhro Durchlaucht der Regie[re]nden Frau
Herzogin¹ in Gesellschaft der Mama la Roche und verschiedenen
Preußischen Officiren zu Mittag zu speißen. Wir waren
sehr vergnügt — blieben biß 5 uhr — gingen dann samt
und sonders ins Schauspiel. . . . Unsere Situation ist immer
noch die nehmliche — Jch füttre noch 2 Heßische Officire
u 2 ditto Gemeine. Wenn diese Menschenkinder nur nicht
den gantzen Tag Toback rauchten meine Zimer sehen aus
wie eine Wachtstube!! Lebe wohl! Behalte in gutem Andencken deine treue Mutter Goethe.

¹ Luise, Gemahlin Karl Augusts von Weimar, die dieser, an der Belagerung
von Mainz teilnehmend, nach Frankfurt und ins Lager hatte kommen lassen.

. . . Wir haben jetzt die Königliche Garde von Potzdamm
hir — ich habe einen Kapitain, und einen Leutnandt — deßgleichen vier gemeinen! Jm Vertrauen seye es dir gesagt —
ich fange an das Ding hertzlich müde zu werden — die
Ordnung und Ruhe war in meinen jungen Jahren schon
mein Element — und jetz da ich alt bin ist es mir gantz und
gar Bedürfnüß — seit anno 1790 treibe ich mich in beynahe
ewigem Taumel herum — Mein Hauß sieht zum Erbarmen
schmirig aus — und ist die Historia zu Ende — so brauche
ich ein volles Jahr biß alles wieder in vorigen Stand
kommt. . . .

Lieber Sohn! Es ist Raum genung in der Frau Aja
ihrem Häußlein, kome du nur — freylich mußt du dich mit
dem zweyten Stockwerck begnügen — aber einem Mann der
eine Cammpangne mitgemacht und dem die Erde sein Bett
und der Himmel sein Zelt war, verschlägt nun so was nichts
— Übrigens sols an nicht fehlen was zur Leibes Nahrung
und Nothdurft gehört. Jch habe jetzo eine sehr brave Ein-

quartirung — und ich rechne es mir vor ein wahres Unglück, daß sie in ein paar Tagen fortgeht — was ich hernach bekomme muß in Gedult erwartet werden. Aber daß der König[1] die Meße /: wie mann mich gestern vor gewiß versichert hat :/ hir bleibt das ist mir und der gantzen Stadt ein wahres Jubelfest — den so wie der König von uns allen geliebt wird, ist wohl schwerlich noch ein Monarch geliebt worden — wenn Er einmahl weg geht; so weine ich dir gewiß 8 Tage, und vergeßen wird Er von uns allen Zeitlebens nicht. Den andern Monath wird es nun wahrscheinlich über das bedauerungs würdige Maintz hergehen! Wir können Gott nie genung dancken, daß wir noch so zu rechter Zeit von den den Freiheits-Männern sind befreit worden! Wenn wir sie nur nicht wieder zu sehen kriegen! Gantz bin ich noch nicht beruhigt, so lange Maintz — Worms und Speier in ihren Händen und sie nicht über den Reihn gejagt sind; so lange ists immer noch so, so. Alles was nun noch zu sagen wäre — wollen wir aufs mündliche erzählen verspahren — denn ich schwatze ohnehin lieber als ich schreibe ...

[1] Friedrich Wilhelm II. von Preußen.

den 26ten Aprill 1793

Lieber Sohn! Ich erwarte dich mit großem Vergnügen. So nahe der Schauplatz des Krieges bey uns ist; so ists so ruhig als wenn das große Werck am Ende der Welt vor sich ginge — Lange währet es mit dem bedauerungs würdigen Maintz — Gott gebe nur daß es bald in deusche Hände kommt — denn so lange das nicht ist; so lange sind wir immer noch nicht gantz ohne Furcht. Ohngeachtet die Stadt vorjetz wenig besetzt ist, so habe ich doch von den wenigen noch mein theil, und was das lustigste bey der Sache ist, einen Stock Frantzosen der kein Wort deusch kan — Er ist von den Emigrirten und bey der Preußischen Arme Ingenier — So lange der nun hir bleibt — bleibts auch mit Maintz ruhig. Mündlich von all dem Spectackel ein mehreres. Lebe wohl! ...

170

N. S. Weil aber deine Vorsätze sich öffters wunderbahr verändern, und dir etwan dein Plann durch unvorhergesehene Zufälle vereitelt würde, so lasse mich ja nicht vergeblich warten — so was kan ich durchaus nicht vertragen.

An Christiane Vulpius
(1764—1816.) Goethes Freundin und vieljährige Hausgenossin, später seine Frau.

den 20ten Juni 1793

Daß Ihnen die überschickten Sachen Freude gemacht haben, war mir sehr angenehm — tragen Sie dieselben als ein kleines Andenken von der Mutter deßjenigen den Sie Lieben und hochachten und der wircklich auch Liebe und hoch=achtung verdient. Zehn kurtze Tage war Er nur bey mir und seinen Freunden[1] — wir lebten herrlich und vergnügt — und trösten uns auf seine Wiederkunft — und hoffen Ihn alsdann etwas länger zu genießen. Sie können nicht glauben wie lange uns die Zeit wird, biß Maintz wieder in deutschen Händen ist — denn so lange die Freitheits Männer es im Besitz haben, dürfen wir noch nicht Jubiliren — Doch Gott Lebt noch! und es kan alles beßer gehen als viele jetzt glauben —: Ein einziger Augenblick kan alles umgestalten: sagt Gevatter Wieland — und Gevatter Wieland hat recht. Verzeihen Sie daß Ihnen von Kriegs und Kriegs=geschrey so was vor tragire — wir sehen und hören aber Tag=täglich nichts als Bomppen — Kuglen — Pulver Wägen — Blesirte — Krancke — Gefangne u. d. g. Tag und besonders Nachts gehts Canoniren beynahe an einem fort — da ists nun freylich kein Wunder, daß im Reden und Schreiben imer von der Sache was heraus kommt — da mann freylich etwas beßeres und Intereßanterer reden und Schreiben könte und solte. Das soll auch jetzt sogleich geschehen — indem ich mich nach dem befinden des kleinen lieben Augst erkundigen will — ich hoffe er ist Gesund und munter? sagen Sie ihm wenn er hübsch geschickt wäre und das A. B. C. lernte; so wollte

171

ich ihm herrliches bon bon — und schöne Spielsachen schicken. Nun Leben Sie wohl und vergnügt! Dieses wünscht von gantzem Herßen Ihre Freundin Goethe.

[1] vom 16.—26. Mai, dann begab er sich ins Lager vor Mainz.

An Goethe

den 25ten Juni 1793

... Inliegender Brief ist von Weimar — ich habe ein gutes Brieflein an dein Liebgen geschrieben — das Ihr vermuthlich Freude machen wird. Mit der größten Ungedult warten wir auf den Fortgang der Belagerung von Mainß — dencke es hat seit Samstags Frau Aja Feuer im Ofen!! Auch habe seit dem 23 Juni wieder Einquartirung — einen francken Hauptmann der von Hüffer heist, und von Landau kommen ist, um sich hir Curiren zu laßen — Er hat, eine Soldaten Frau bei sich, die ihm in meiner Küche kocht — einen Bedienten und Reitknecht — sind alle gar brave Leute die mit ihrem Logie sehr zufrieden sind — und mich wenig incomodiren. Freylich thut ihnen auch das gute Essen, und die weichen und reinlichen Betten überaus gut — Wenn uns Gott nur den Winter Ruhe schenckt! Nun wollen das beste hoffen! ...

den 8ten Juli 1793

... Das mein Brief Freude gemacht hat freut mich — wolte Gott ich könte alle Menschen froh und glücklich machen, dann solte mir erst recht wohl seyn. Schlosser läßt dich grüßen — und ich soll dir die traurige Nachricht vom Tode seiner Julie melden — das Mägchen thut mir sehr leid — es war gar ein liebes Geschöpf — Freuen würde es den gebeugten Mann, wenn du Ihm einmahl ein paar Worte sagen woldest.... Ich bin von der Hiße so matt und unleidlich — daß du es seyn mußt — der mich bewegen kan — eine Feder in die Hand zu nehmen. Nach dem Lustspiel wird jeßt in allen Buchläden herum geschickt, ists zu haben; so

172

komts hirmit — ists nichts — so kan ich auch nicht helfen —-
Lebe wohl! Keine Zeile mehr von deiner vor Hitze faulen und
matten Mutter G.

An Christiane Vulpius

den 11ten Juli 1793

Hir übersende 1 gantzes Stück Bettzwilch dieses gibt ein
Unterbett und einen Pfühl — anbey folgt noch 2 ³/₄ Ehlen
zum zweyten Pfühl — wünsche guten Gebrauch. Anbey
kommt ein Taffelgedeck von 1 Taffeltuch und 12 Servietten
— ich hoffe es soll Ihnen allen wohl gefallen, weil es
würcklich nach meiner Meinung sehr hübsch ist. Gestern war
Götze[1] aus dem Lager bey mir, und versicherte mich daß
mein Sohn und alle übrigen gesund munter und vergnügt
seyen — Es wird von den braven Deuschen eine Schantze nach
der andern Erobert — und wir hoffen es soll mit Maintz
bald zu Ende gehn — Götze hat mir versprochen so bald
Maintz in deuschen Händen wäre auf Tod und Leben zu reiten,
um mir die erste Nachricht davon zu bringen. Gott gebe daß
es bald geschieht!! Leben Sie wohl! . . .

[1] Goethes Diener.

An Goethe

den 9ten November 1793

Lieber Sohn! Das beykommende Anliegen des unter=
stützung bedürftigen jungen Menschen empfehle dir bestens
— die Armuth macht ihn so schüchtern daß er einem Jammert
— kanst du was zur Erleichterung /: durch Verschafung des
Freytisches :/ [Der junge Mensch kommt erst auf Ostern und
studirt Theologie.] beytragen; so thuts du ein wahres gutes
Werck. Hercules mißtete einmahl einen Stall aus, und wurde
vergöttert — gemistest habe ich — aber mit der Vergötterung
wils noch nicht so recht fort. Drey Centner Papier habe durch=
sucht — das wenige nützliche /: wovon du in einem Kästlein

auch etwas erhalten haben wirst:/ habe beybehalten — das
andre auf die Papirmühle verkauft — Die zwey Böden, und
der 3te Stock sind nun von allem unnützen ammeblement
gereinigt — das alte Holtzwerck das gar nicht zu brauchen
war ist zum verbrennen klein gemacht worden — die endern
noch brauchbahre Sachen habe in einen öfendtlichen Ausruf
gethann weiß aber noch nicht was draus gelößt worden ist.
Mit Verkaufung des Haußes wirds so gehalten: Erstlich wird
Schlossers Ankunft erwartet um auch mit Ihm drüber zu
reden — Zweytens muß ich vor allen Dingen meinem
Stand und Würden gemäß ein Logie haben — daß ich mich
in meinen Letzten Lebens Jahren nicht zu guterletzt herunter
setze. Denn im 5ten Act soll ablaudtirt und nicht gepfriffen
werden — mit Gogel[1] ists nichts der nimbt niemandt — Doch
habe meine Lauerer aufgestelt — die werden schon was auf=
treiben. Drittens nach Schlossers Abreiße — laße unter
Herrn Stocks Anleitung einen verschwiegenen Zimermeister
das Hauß so ohngefähr schätzen — und Schätzung und das
weitere soll du sogleich erfahren. Deßgleichen mit den Weinen.
Aergerlich ist mirs daß der Mann der den Catalogus der
Bücher machen soll und will so viel zu thun hat, daß der
Anfang noch nicht hat gemacht werden können — denn die
schöne Witterung wäre dazu sehr dienlich geweßen — Nun
muß ich Odem holen — denn mir ist noch immer als säße
ich auf dem obern Boden und hätte die 3 Centner Papire um
und neben mir, 14 Tage habe daran ausgesucht — O! das
war eine verwünschte Arbeit — jedes noch so unbedeutende
päckgen, war mit Cordel umbunden — nun das alle aufzu-
machen!!!

Viele Grüße von allen Freunden — besonders der Sopfie
Bethmann — Der König war wieder 3 Tage hir — und
freundlicher und liebreicher wie jemahls! Den Confect wirst
du doch wohl erhalten haben?

Neues gibts hir nichts, als daß die Zauberflöte 18 mahl
ist gegeben worden — und daß das Hauß immer geproft

174

voll war — kein Mensch will von sich sagen laßen — er
hätte sie nicht gesehn — alle Handwercker — gärtner — ja
gar die Sachsenhäußer — deren ihre Jungen die Affen und
Löwen machen gehen hinein so ein Specktackel hat mann hir
noch nicht erlebt — das Hauß muß jedesmahl schon vor 4 uhr
auf seyn — und mit alledem müßen immer einige hunderte
wieder zurück die keinen Platz bekommen können — das hat
Geld eingetragen! Der König hat vor die 3 mahl als Er
das letzte mahl hir war, und nur die einzige kleine Loge von
Willmer innehatte 100 Carolin bezahlt. . . . Bey ausfuchung
der Papire wovon dir eintheil hirmit zugeschickt wird — habe
seelige Stunden gehabt — ich war dabey 25 Jahre jünger
— ich wünsche dir eine gleiche Freude. Heute als den
24ten October erwarte ich Schloffer da soll viel geredet
werden, und das Resultat solst du erfahren. Schloffer war
hir und hat den Plann mit dem Hauß und den Weinen so=
gleich gebiligt — nun werde sachte vorwärtzt gehn . . . Dem
Himmel sey Danck! Endlich ist der Mann erschienen, der den
Catalog der Bücher macht — heute ist der 3 te Tag da er
mit beschäftigt ist. Die Cast[a]nien werde zwischen die Betten
packen und dir so bald ein Fuhrmann da ist zuschicken — denn
ich hoffe daß wir im punct der Einquartirung diesen Winter
zimmlich ruhig seyn werden. . . .

¹ Frankfurter Weinhändler.

den 19ten Decemb. 1793

Lieber Sohn! Schon längst würde ich deine Briefe be=
antwortet haben — wenn ich nicht gehoft hätte dir von
unsern Derkauf Speculationen nähre Nachricht mittheilen zu
können — jetzt vernim wie die Sachen stehen. Lippold¹ ist
mit dem Abschreiben des Bücher Catalogs biß auf den heutigen
Tag noch nicht fertig — freylich sinds 1693 Stück — und
da er sonst viel zu thun hat; er ihn auch des verschickens
wegen sehr sauber auf Postpapir schreibt — und die Tage
kurtz sind — und er sein einziges Auge /: am andern ist er
lange blind:/ bey Licht schonen muß; so gehts etwas lang=

ſam, doch das meiſte iſt gethann -- und bald wird er in deinen Händen ſeyn. Herr Gogel hat die Weine probirt — hat davor 7500 f gebothen. Da aber eine Schwalbe keinen Sommer macht, und ich immer hofe noch mehr zu bekommen — ſo werden ſie noch vor den Feyertagen von Herrn Peter Dorville probirt werden — hernach kommt die Reihe an Herrn Dick im Rothen Hauß — mann kan ja jedem ſeine Meinung hören — und doch thun was mann will. Die verſprochne 1000 f bekomſt du auf allerſpätte anfang Mertz — ſolte es mit den Weinen voran gehen ſo bekomſt dus den Augen= blick — Noch hat ſich kein ſchicklich quartir vor Frau Aja preſendtirt — es wird ſich ſchon geben — wenigſtens habe /: wenn die Bibliothek und die Weine einmahl fort ſind :/ mir das Ausziehen ſehr erleichtert — Die Boden — die Vor= plätze ſind von den alten zum theil Wurmſtichigen Möbel befreit — ich habe 250 f davor gelößt — und ich dancke dir, daß du mir den erſten Gedancken dazu eingegeben haſt. Dem kleinen Mädelein[2] ſeine Rolle war kurtz — Gott! Erhalt dich und was noch übrig iſt. Ohne Zweifel wirſt du ſchon erfahren haben, daß die Max Brentano ſo geſchwind aus der Welt gegangen iſt — das war ein harter Schlag — vor Brentano u ſeine 12 Kinder — auch Mama laroche iſt zu beklagen. . . .

¹ Wechſelmakler.   ² Goethes Tochter, geb. 22. Nov., geſt. 3. Dez. 1793.

den 23ten Decemb. 1793

. . . Hirbey kommt ein ſtück von unſerm Anzeigblättgen da ſehe und ſey Stoltz daß du ein Franckfurter Burger biſt. Wöchendtlich ſind ſchon 3000 f beyſammen die jede Woche biß zum erſten Mertz vor Lebensmittel vor unſere Brüder die Braven Deuſchen beſtimmt ſind.¹ Das heiße ich doch deuſches Blut in den Adern haben. Unſere Kaufmans Söhne aus den erſten Häußern — tragen alle Unniformien und ſind mit den geringſten Schuſter und Schneider einverſtanden ihrer Vater= ſtadt im fall der Noth beyzuſtehn — unſere Brave Sachſen=

176

häußer sind aufs Quartir amt gegangen — und haben ge=
bethen wann Truppen zum Einquartiren kämen; so möchte
mann sie ihnen geben. Leute die ein stübgen — und gröften=
theils unbemittelt sind — unsere Metzger haben fast keine
Hembter mehr — sie haben sie alle in die Hoftpitäler ge=
tragen — und das alles aus gutem Hertzen und freyem
Willen — es ist niemand eingefallen ihnen so was zuzu=
muthen — nun verwunder mann sich noch daß Franckfurth
reich wird — grünt und blüht — Gott muß ja das belohnen!
Jetzt genung von meinen braven Landsleuten — wogegen
sich alle andre Reichs=städte verkriechen müßen. Die Schachtel
mit dem langen Brief und dem bon bon wirst du nun haben.
Lebe wohl! Ich bin deine treue deusche Mutter Goethe. . . .

¹ Trotz der Einnahme von Mainz und anderer Erfolge hatten Österreicher
und Preußen zurückweichen müssen.

den 7ten Jenner 1794

Lieber Sohn! In meinem Leben habe ich noch nie so
heis und inbrünftig gewünscht — Weine — Hauß — Bibliothe
u. f. w. loß zu werden wie jetzt — wie kan ich weg da mir
das alles noch auf dem Rücken liegt — und in denen Trublen
denckt kein Mensch an Kauf oder Handel — erlößt uns Gott
von den Feinden — daß nichts mehr zu fürchten ist — dann
ruhe — dann raste ich nicht — biß ich der Sorge loß bin —
jetzt höre auch meinen Plann — alles was aus Hauß —
Wein — Bibliotheck — gelößt wird theile ich in zwey theile
einen bekömst du — um ihn anzulegen wie dirs nützlich und
gut deucht — nur die Intereßen muß du mir geben — denn
da ich hernach kein Hauß habe, so muß ich im Zinß wohnen
— da ich keine Weine /: denn die geringen müßen auch fort
— auch der Garten wenigstens mache ich keinen Herbst mehr
sondern verkaufe die Trauben am Stock:/ mehr habe, so muß
ich doch auch zu meinem Gebrauch welchen kaufen — Schloffer
bekomt auf die nehmliche Condition die andre hälfte — Sterbe
ich so hat jeder doch schon etwas im Besitz — die Capitalien
die hir angelegt sind — bleiben vor der Hand — und sind

bald getheilt — Mitalledem, daß mir die Laft den Rücken drückt, werde ich doch weder schnell, noch unüberlegt verfahren, dir und Schloffer von allem Bericht erstatten und ohne Euren Rath und Willen nichts thun — 5 Stück alte Weine sind vorhanden 2 Stück von 1706, 1 Stück von 1719, 2 Stück von 1726 — die 3 ersten sind die besten, doch muß alles miteinander gehn — 3 Stück von unserm Garten von 47 der aber schlecht ist, 1 Stück 88 u 89 halb und halb — u 1 Stück allerley jahrgänge durcheinander — den seit 10 Jahren gabs keinen gantzen Herbst — bald 2 Ohm — bald 1 Ohm u. s. w. Vertheilt nutzen sie nichts — ich habe sie also zusammen schmeißen laßen. Meinem Bendermeister der brav ist habe ich 100 f versprochen — wenn er sie gut anbrächte — das würde er auch schon gethann sich wenigsten alle Mühe gegeben haben, wenn die Deuschen sich nicht so hätten jagen laßen — und wir jetzt die Bescherung wieder so nahe hätten. Wenn ich 10 000 f vor den gantzen Keller kriege, so hätte groß Luft sie weg zu geben — wollen sehn — aber fort müßen sie. Vor dein gütiges Anerbieten mich aufzunehmen dancke dir — aber alles im Stiche laßen!! Wie würden sie haußen wenn sie ein lehr Hauß antrefen! Vor der Hand habe ich noch guten Muth — Einmahl glaube ich steif und fest sie kommen nicht wieder zu uns — und dann habe ich glauben an Gott — der hat auch bey der Sache noch was zu sagen. Aber unsere Madatores soltest du sehen! Bey all dem Unglück muß mann lachen — und die hohe Nobeleße!! Aber ein prächtiger Feldzug war das einmahl wieder — das muß wahr seyn — sehen und hören verleidet einem — und unsere Stadt wa wimelts von Blesi[r]ten — ich soll auch einen Leutnant nebst Feldchirugius und 2 bedinten empfahen — der arme Mensch ist durch die Brust geschoßen — ich habe noch was darüber sagen wollen, aber ich mag nicht. Herr Doctor Behrends mein Leibmedicus läßt sich dir gehorsambst empfehlen, und fragt an, ob im Fall der Noth es erlaubt seye — seine Frau und die kleinsten Kinder nach Weimar zu

178

spediren — Er verlangt weiter nichts — als daß sie vor ihr
Geld dort leben dürften nur mögte er wißen — ob mann so
gerade zu kommen könte, oder ob der Herr Hertzog Durchlaucht
— oder die Regirung darum ersucht werden müßte. Er bittet
deßwegen sehr mir in ein paar Zeilen Auskunft darüber zu
ertheilen. Und daß es bald geschehen muß versteht sich —
Eben so gern möchte ich wißen, ob mein Plan dir so gefält
— denn da es vor der Hand nichts als Plan ist; so kans
noch nach Gutbefinden alles geändert werden. Lieber Sohn!
Zum Fortgehn habe ich keine Lust — auch versichern uns
alle Officire daß wir gar nicht zu fürchten hätten — auch
ohne diese Versicherungen sind wir seit ein paar Tagen
wieder ruhiger — indem Hülfe von allen Orten zu unserer
Sicherheit ankommen soll — Gott! verläßt uns nicht das
bin ich fest überzeugt — Unterdeßen dancke ich dir vor deine
Liebe und Sorgfalt. . . .

den 13ten Jenner 1794

Lieber Sohn! Nun wirst du meinen langen Brief vom
7 ten Jenner erhalten — und meine Meinung daraus zur
Genüge ersehen haben. Vor deinen lieben Brief vom 8 ten
Jenner worinn du mir deine Hülfe zu meinem fortreißen
so hertzlich und Liebevoll anbietest — dancke ich dir recht
von Hertzens grund. Ich habe noch zur Zeit nicht die geringste Furcht — eben so wenig dencke ich ans Weggehen
— Ein panischer Schrecken hat sich freylich über gantz Franck=
furth verbreitet — und es wäre kein Wunder wenn mann
mit dem Strudel fortgerißen würde — Furcht steckt an wie
der Schnupfen — ich hüte mich daher so viel ich kan den
Memmen auszuweichen — um mir den Kopf nicht auch ver=
drehen zu laßen — doch ist das sehr schwer zu vermeiden —
den es ist ein Gemeinplatz wo /: wie bey Feuer Unglück:/
jede Gans und jeder Strohkopf sein Scherflein wischi waschi
anbringen kan — und wie ein Kind dem die Amme ein Ge=
spenster Mährgen erzählt hat sich vor dem weißen Tuch an

der Wand entsetzt — gerade so gehts bey uns — Sie glauben
/: wenns nur recht fürchterlich klingt wahrscheinlich oder nicht
das wird nicht mit kaltem Blut untersucht — das ist alles
eins, je toller je glaubwürdiger:/ a l l e s. Zum beweiß nur
/: unter Tausendt:/ ein Geschichgen. Den 3 Jenner kommt
Abens um 7 uhr Frau Elise Bethmann im Nachthabit,
außer Odem zu mir gerent — Räthin! liebe Räthin! Ich
muß dich doch von der großen Gefahr benachrichtigen die
Feinde bompardiren Mannheim mit glühenden Kuglen —
der Commandant hat gesagt, länger als 3 Tage könte er
sich nicht halten u. d. m. Ich bliebe gantz gelaßen — und
sagte eben so kalt — wie machen sies dann — daß sie
Mannheim beschießen können — sie haben ja keine Batterien
schießen sie dann vom flachen Ufer hinüber — da werden
ja die Kuglen biß sie über den breiten Reihn kommen wieder
kalt — und was der Commandandt zu thun gedenckt, wird
er schwerlich austrommlen laßen — woher weiß denn das
euer Coreßpondtend — schreibe du ihm, er wäre ein Haßen-
fuß — So ein Gerüchte verbreitet sich nun, und da die
Bethmanns als gewaltige Leute bekandt sind, so glaubt alles
sie habens aus der ersten Quelle — da dancke ich nun Gott,
daß ich so viel Verstand habe das trierum trarum nicht zu
glauben — und das lustigste ist, das sie alle gute Nachrichten nicht glauben — Die Obrigkeit hat den Senathor
Luther an den Herzog von Braunschweig — den Kaufmann
Jordis an Generahl Wurmser abgeschickt um von der Lage
der Sachen Gewißheit zu erfahren — Beyde kamen mit den
besten Nachrichten und Versicherungen zu rück — das hielft
aber alles nichts — sie wollen sich nun einmahl fürchten —
sie wollen nun ohne Brandschatzung doch Brandschatzung geben
— denn glaubst du wohl daß die Transportirung der hir
gelegenen Wahren schon eine Milion f fortzuschafen gekostet
hat! Aber so was hat mann auch sehen müßen um es zu
glauben! Der Roßmarckt wo alles gewogen werden muß,
ist doch ein großer Platz — aber da war vor Fuhren keine

180

Möglichkeit durchzukommen — und das nicht etwann einen Tag, nein, vom erſten Rückmarſch der Deuſchen biß auf den Augenblick wo ich ſchreibe. Da ſind 10 Meßen Kinderſpiele dagegen. Vorgeſtern iſt mein Nachbar Dübari mit Frau und 6 Kinder auch auf und davon. Ich wolte nur daß alle feige Memmen fort gingen, ſo ſteckten ſie die andern nicht an. All das Zeug und wirr warr hat mir nun Gott! ſey Danck noch keine trübe Stunde gemacht — ich ſchlafe meine 8 Stunden nett hinweg — eße und trincke was manirlich iſt — halte meine Montag Commpanie auch die ditto Sontag in Ordnung — und welches das beſte iſt, befinde mich wohl. Den pleſirten Leutnant habe ich nicht bekommen, davor aber einen Preußiſchen Obriſten nahmens Jungherrn mit 4 ſeiner Leute — die glauben nun wenigſtens im Paradieß zu ſeyn — Aber was die auch freßen!! die waren ſo ausgehungert daß es ein jammer war! Geſtern ließe ich ihnen einen Schweinebraten zu Tiſche tragen — das war dir eine Königliche pläſir. . . .

N. S. glaube nicht alles was von hir geſchnackt wird — es ſind viel feurige kuglen von der Bethmann drunter.

den 21ten Jenner 1794

Lieber Sohn! dein letzter Brief hat mir einige Unruhe verurſacht — die Sache iſt von zu großer Wichtigkeit um nicht reiflich überlegt, und verlohnt der Mühe daß mann ſie von mehr als einer Seite betrachtet. Nach meiner Einſicht ſteckts du dich in eine unüberſehbahre Laſt![1] Wäre unſer Hauß wircklich verkauft, ſo wäre die Sache noch ehnder thulich, denn Schloſſer würde keine Einwendungen machen — kann man denn aber in den jetzigen Zeitläuften nur die minſtete Hoffnung zum baldigen Verkauf haben — iſt nur einige Wahrſcheinlichkeit da um zu glauben, daß dieſer kommende Feldzug der letzte ſeyn wird — und wer wird in dieſen Trubelen ans Kaufen dencken! Nun überlege! Du biſt alſo genöthig da du kein Geld haſt 45 000 rth. zu verintreßiren

— und Gott weiß wie lange zu verintreßiren — kanst du
mir denn den Ausgang dieses leidigen Kriegs sagen — weiß
du denn ob uns unsere Besitzthümer bleiben? daß du Güter
zum voraus drauf kaufen wilsts — verkaufe doch die Haut
nicht biß du den Bären hast. Ich bin ruhig und in völligem
Zutrauen zu Gott daß alles gut gehen wird — aber die Zeit
und wann ja das weiß ich nicht — und wenn ich dich in oben
gesagter Verlegenheit wüßte, das würde mich mehr ängstigen,
als alle ohne Hoßen in ganz Franckreich. Thue jetzt was
und wie du es vor gut finstest — mein Versprechen halte
ich — das zu lößende Geld aus dem Hauß soll du auch alleine
haben — mehr kann ich nicht sagen: Nur noch eins — Das
Gut scheint mir zu groß für dich — du bist kein Landmann
— hast andre Lieblings Beschäftigungen — wirst leicht zu
bevortheilen seyn u. s. w. und wenn du denn ein Gut haben
wilst — muß es den eins um so einen enormen preiß seyn.
Wie du hir warst, so sprachst du von einem von viel ge-
ringerem Gehalt — aber 45 000 rth!! da wurde mir ganz
schwindlich vor den Augen. Noch einmahl — thue was du
wilst — nur ängstige mich nach geschenen Sachen nicht —
auch mit den 3 procent will ich zufrieden seyn — Ich will
ja alles thun, was ich kan und vermag, nur mögte meine
paar Jahre noch ruhig durchleben . . .

¹ Goethe dachte damals daran, sich ein Gut zu kaufen.

den 9ten Merz 1794

Lieber Sohn! Hir kommt das Türckische Korn wünsche
daß es wohl gerathen und gedeihen mögte. Ich habe so ein
drängen so ein treiben in meinem inneren — die Gedancken
und Ideen jagen sich so untereinander — wie die Knaben
wenn sie Jägers spielen! Sie dir alle zu erzählen würde
mich im Schreiben, dich im Lesen ermüden — 14 Tage erwarte ich schon einen braven von Freund Stock mir vorge-
schlagenen Werckmeister — der mein Wohnhauß von untenan,
biß oben aus besichtigen und aldenn sagen soll was es un=

182

gefähr werth seye — ehe das geschehen ist — habe ich keine feste Gewißheit im fordern — 20 000 f hat es der Vater mit sambt den Möbeln ehedem geschätzt — wollen hören was der Mann sagen wird — ja wenn die Ohnehoßen wieder zu Hauße wären — das wäre freylich ein ander Ding — Verschleudern thue ich es nun gewiß nicht — und den gantzen Verlauf solst du erfahren — die Gebrüder Thurneißen haben das große Hauß dem Braunenfelß gegenüber das dem Adlichen Hauß Frauenstein gehört — gantz /:der Meßläden wegen:/ gemithet — Thurneiß hat mir eine Wohnung darinnen angebothen — ich liebe aber die Lage nicht — der Roßmarck oder die Gegend der Hauptwache muß es seyn — So eine art von Hoffnung habe ich — in dieser mir so sehr am Hertzen liegende Gegend meine noch übrigen Tage zu verleben — aber die Sache ist noch im brühen — und nicht gantz klahr — Summa Summarum es ist eben noch nichts im klahren — müßen es mit Gedult erwarten — biß sichs aufklährt. Übrigens befinde ich mich wohl — habe biß auf den heutigen Tag — meinen alten krancken Obersten noch im Hauß müßen eben froh seyn daß es nicht ärger ist — doch mir gefallen so wenig wie dem Eulenspiegel die großen Glücksfälle — wenn mann ein Bein bricht — ists ein großes Glück — das es der Hals nicht war u. s. w. Lebe wohl! Ich schreibe bei Licht — und das amusirt mich nicht — bald ein mehreres von deiner treuen Mutter.

An Louise Schlosser

Den 24ten Mertz 1794

Liebe Louise! Siehst du nun wie Gott gute Kinder schon hir belohnt — ist deine Heyrath nicht beynahe ein Wunderwerck — und daß sich alles so schicken muß, daß deine Lieben Eltern und Geschwister nun mit dir gehen[1] — das würde doch nicht so leicht gegangen seyn, wäre kein Krieg ins Land gekommen — mercke dir das auf dein gantzes Leben — der

Gott der dem Abraham aus Steinen Kinder erwecken kan, kan auch alles was wir mit unsern blöden Augen vor Unglück ansehen zu unserm besten wenden. Nun Liebe Louise du einzige die mir von einer theuren und ewig geliebten Tochter übriggeblieben ist — Gott seegne dich! Sey die treue Ge=fährtin deines zukünfigen braven Mannes[2] — mache Ihm das Leben froh und glücklich als nur in deinem Vermögen steht — Sey eine gute Gattin und deutsche haußfrau; so wird deine innre Ruhe, den Frieden deiner Seele nichts stöhren können — Behalte auch in der weiteren Entfernung deine Großmutter lieb — mein Seegen begleite dich wo du bist ...

[1] Schlosser hatte die Absicht, sich mit seiner Familie vor den Kriegsunruhen nach Holstein zurückzuziehen.   [2] Ludwig Nicolovius.

An Jacob Stock

Ratsherr und Schöffe zu Frankfurt, in dessen Hause Goethes Mutter jahrelang Sonntags zu Gast war.

d. 14ten May 1794

Lieber Freund! Da es bey Stadt und Land eine aus= gemachte Sache ist, mich als eine Beschützerin und Pflegerin der Sieben freyen Künste anzusehn — und alle Schöne Geister die in Sturm und Drang sich befinden ihre Zuflucht zu mir nehmen; so hat auch herr Robert der kurße Zeit im Dinste Taliens und Melpomenens Figurirt hat sich De und weh= müthig an mich gewendet um ihm bey meinen Freunden die am Ruder des Staats sitzen ein gnädiges Fiat zuwegen zu bringen. Dieser junge Mann ist auserordentlich geschickt im zeichnen ich habe eine Landschaft von ihm gesehen die dem größten Meister Ehre machen würde. Da Er nun seine Kunst noch sehr gern der Vollkommenheit näher bringen mögte — und ihm ein Freund dazu behülflich seyn will; so wird er morgen bey einem hochedlen Rath um Verlänge= rung seines hierseins unth[ert]änig ansuchen — Da Sie nun Lieber Freund bey dieser Sache großen Einfluß haben; so lege selbst eine Bitte vor den wirtlich Talenten reichen jungen Mann bey Ihnen ein ...

184

Gemäldekabinett
in Goethes Elternhauſe

An Goethe

Lieber Sohn! Meinen besten Danck vor Reinecke den
erß Schelm — es soll mir aufs neue eine köstliche Weide
seyn! Auch verdient Herr Unger Lob und Preiß wegen des
herrlichen Papiers und der unübertrefbahren Lettern — froh
bin ich über allen Ausdruck, daß deine Schrieften alte und
neue nicht mit den mir so fatalen Lateinischen Lettern das
Licht der Welt erblickt haben — beym Römischen Carneval
da mags noch hingehen — aber sonst im übrigen bitte ich
dich bleibe deusch auch in den Buchstaben — Auf Gevatter
Wielands Wercke hätte ich prenumorirt aber vor der neuen
Mode erschrack ich — und ließe es bleiben. Hir Schlossers
producten[1] — ich hatte sie vergeßen beyzupacken — mich
freut daß die Kasten glücklich angelandet sind — und daß
ich sie vom Halsse habe — wünsche viel Vergnügen daran zu
erleben. . . . Noch ist alles bey mir im alten — zwar haben
zwey Mäckler das Hauß von obenan biß untenaus besehen —
sind aber noch zur Zeit nicht wieder erschienen. Müßen es
eben abwarten. Übrigens befinde ich mich so ganz leidlich
von Herzen gesund — und daß vor dieses Jahr das lincke
Bein wie vorm Jahr das rechte so kleine Späße macht —
demohngeachtet gehe ich beynahe täglich aus — z. E. heute
zu Stocks in Garten — bin vergnügt und lustig — und
sehe Morgen die Erbschleicher von Gotter u. s. w. Lebe
wohl! . . .

N. S. Der, so mir von dem Reinecke die Blätter auf=
geschnitten hat soll großen Danck davür haben — Aufschneiden
ist meine Sache nicht, ich thue es nur in den größten Nöthen.

[1] Schriften von Georg Schlosser.

den 26ten Juli 1794

. . . bey uns gehts toller zu wie jemahls — alles packt
— alles rüstet sich zur Flucht[1] — woher all der wirr warr
entsteht kan ich mit Zuverläßigkeit nicht sagen — es ver=

breiten sich Gerüchte die ich nicht dem Papier anvertrauen mag — genung so arg war es noch nie!! Um nun nicht ganß unthätig zu seyn — um mich wenigstens so viel mir möglich ist von Dorwürfen die mich trefen könten frey zu machen — so habe Gestern meine beste Sachen die sich trans= portiren laßen in 3 große Kisten durch Lippold Packen und durch den Freund in der Noth Nicolaus Schmidt nach Langen= salße zu seinem Schwager Herrn Polecks überbringen laßen — warum nicht zu dir? das will ich dir sagen — der mangel an Fuhrleuthe die gerade nach Weimar gehn war die Ursache — Schmidt als ein der Sache Derständiger hat mir diesen Rath gegeben — und ich dumm in diesen affähren — habe ihn befolgt. All mein gutes Weißzeug gemacht und un= gemacht — Silber und Geschmeide ist aufs beste gepackt — einbalirt u. s. w. In der größten Unruhe — da Stroh — Seile u. d. g. im Haußehren lage — kommt noch eine neue Erscheinung von Einquartirung — K. P. Capitain und Quarttier Meister von Goelß! nun kommt aber das beste — Er bringt seine Gemahlin mit!! Ach Herr jemine! Wahr= haftig die Frau Aja wird recht getrillt — Gott! Erhalte mir meinen guten Muth und mein fröhliges Herß — diesen Troblen ohngeachtet — hat mir um 5 uhr mein Eyerkäße recht gut geschmeckt — und diesen Abend werden mir Ehlen= lange Krebse die Last des Tages versüßen. a propo! Wann bekomme ich dann einmahl wieder Modejournahle — seit dem Monat Merß habe ich nicht gesehn — auch Mercure wens beliebt — Ich habe dir 10 Centner Bücher geschickt — also — den Gelehrten ist gut predigen. . . . Lebe wohl! Gedencke zuweilen an deine in jeßigen Zeiten geplagte Mutter — Grüße alles was dir lieb ist von der Frau Aja wohlgemuth.

[1] Im Juni 1794 waren die Preußen wieder auf Mainz zurückgewichen.

den 29ten Augst 1794

Lieber Sohn! Ich bin in einer art von Derlegenheit die aber mehr dich als mich angeht — Mit dem Haußverkauf

will es nicht recht vorwärths gehen — die Urſach dieſer
Trenteley kan ich nicht ergründen — Gleich nach Empfang
deines und Schloſſers Briefe /: die völlig gleichlautent ſind:/
ließe dem Mackler zu wißenthun, daß meine Kinder den Kauf
genehmigten — und daß nun weitere Abſprach drüber ge=
nommen werden könte. Ich glaubte alſo — daß gleich den
andern oder doch einige Tage hernach die Sache ins klahre
kommen müßte — Heute ſinds 8 Tage daß meine obige Ant=
wort ihnen hinterbracht worden iſt — und ich höre und ſehe
nichts — den Mackler treiben — wäre ein wahrſcheinliches
Zeichen, daß mir das Hauß zur Laſt wäre und würde keine
gute Wirckung hervorbringen — und da er Nutzen davon hat;
ſo muß ſein eigener Vortheil ihn von ſelbſt antreiben — der
Sache ein Ende zu machen. Mir liegt nun in gewißer Rückſicht
die Sache nahe — auch nicht nahe — ich kans abwarten —
auch ſo lange nichts gantz und gar abgeſagt wird — iſt Hoff=
nung daß es noch vorwärths gehen kan — auch würde ich
dir keine Silbe biß zum Ausgang er ſeye nun ſo oder ſo
geſchrieben haben, wenn dein Gedancke dich auf neue mit
dem Guts Kauf einzulaßen — mir das Schreiben nicht als
höchſt wichtig vorgeſtelt und mir ängſtliche Gedancken und
Überlegungen zugezogen hätte — Jetzt überlege wie die Sache
zu betreiben oder nicht zu betreiben iſt — meinen Willen
haſt du [zu] allem deinem Thun und Laßen — nur gegen
Ohnmöglichkeiten kan ich nicht kämpfen — und Unruhe im
Gemüthe iſt mir ärger als /: ich ſchriebe das ſchon einmahl:/
als alle ohne Hoſen bey der gantzen Armee — die haben
mir noch keine einzige ſchlafloſe Nacht gemacht. . . .

den 5ten October 1794

Lieber Sohn! Da in dieſem Jahr alles einen Monath
früher kommt wie ſonſt; ſo ſind auch die Caſtanien ſchon bey
der Hand — und zwar ſo ſchön wie Italieniſche Maronen —
erluſttire dich dran mit deinem gantzen Hauße welches ich
auch bitte freundlich zu grüßen. Bey uns ſiehts wunderſelſam

188

aus — Franckfurth ist von ausgewanderten[1] von Achen
Coblentz u. s. w. gepropft voll! sollen nun wie es heißt —
die Winterquartire auch starck werden; so wird das eine
saubre Wirthschaft geben — wollen indeßen auf Gott vertrauen — und so viel nur immer möglich in unsrer Behaglichkeit bleiben — und unsern guten Muth /: der uns schon so
viele wichtige Dinste geleistet hat :/ nicht verliehren. Was
mir am unangenehmsten ist — ist daß ich eben dieser Zeit-
läufte wegen — unser Hauß noch eine weile werde behalten
müßen — doch wenn ich bedencke wie viel unglückliche Menschen jetzt froh wären wenn sie ein Hauß hätten, und wüsten
wo sie ihr Haupt hinlegen sollten; so schäme ich mich, und
bitte Gott um Vergebung vor meine Ungedult und Narr-
heit. . . .

[1] Da das linke Rheinufer den Franzosen preisgegeben worden war.

den 17ten November 1794

Lieber Sohn! Es ist schon zimmlich lange daß wir nichts
von einander vernommen haben — drum soll dieser Morgen
gewidmet seyn, dir eins und das andre vorzutragen. Die
Castanien wirst du erhalten haben? Den Confect bekomst du
auf den heiligen Christ — früher kan mann die Manigfaltig-
keit nicht haben das ist die Ursach der Verzögerung. Der
Vetter Wolfgang Starck braucht deine Hülfe nicht — er hat
sich selbst eine Charge zugetheilt — Er hat ein Weib genommen und sitzt deßwegen gut oder schlimm in Franckfurth
fest. Siebenstück Modejournal und Siebenstück Mercure sind
in meinen Händen — gelegenheitlich erbitte ich mir die
folgenden. . . . Bey uns fängt die Gefahr wieder an zu
wachsen — mann fürchtet daß das arme Maintz wieder eine
Belagerung auszustehen hut — das war wieder ein Ruhm-
voller Feldzug vor die Deuschen!!! Zum Ruhm muß mann
Ihnen nachsagen, daß sie sich hir recht wohl befinden. Meine
jetzige Einquartirung ist gut, und belästigt mich sehr wenig
— Oberauditer Lückdicke nebst seiner Frau — und einem

Bedinten — das geht an — Zwar kochen sie in meiner Küche — brauchen meine Mägde als wärens ihre eigne — aber alles das macht keine große Unruhe — dann etwas muß mann doch tragen. übrigens befinde ich mich sehr wohl nach Leib und Seele — weiß von keiner Furcht — laße kommen was ich nicht ändern kan — genieße das gegenwärtige — und da ich die Speichen des großen Rades nicht aufhalten kan; so wäre es ja Narrheit drüber zu greinen daß mann so schwach sich fühlte. Noch eins! Ich mögte deinem Augst gerne zum heiligen Christ eine kleine Freude machen — etwas zu einem Kleidgen — oder Spielsachen u. d. g. Gehe mit deiner Freundin zu rathe und schreibe bey Zeiten — damit ichs zeitig besorgen kan. Jetzt Lebe wohl! . . .

den 19ten Jenner 1795

Lieber Sohn! Den besten und schönsten Danck vor deinen Willhelm![1] Das war einmahl wieder vor mich ein Gaudium! Ich fühlte mich 30 Jahre jünger — sahe dich und die andern Knaben 3 Treppen hoch die preparatoien zum Puppenspiel machen — sahe wie die Elise Bethmann brügel vom ältesten Mors kriegte u. d. m. Könte ich dir meine Empfindungen so klahr darstellen — die ich empfand — du würdest froh und frölig seyn — deiner Mutter so einen vergnügten Tag gemacht zu haben — Auch die Romanzen die Reichart[2] zum Glück vor mich in den Clavier sch[l]üßel gesetzt hat machten mir große Freude besonders was hör ich draußen vor dem Thor — was auf der Brücke schallen? die wird den gantzen Tag gesungen — also noch einmahl vielen Danck. . . . nun noch etwas vom äußern — was ist das vor herrlich Papier was vor vortrefliche Lettern!! das ließt sich mit Lust — Tausendt Danck daß du das herrliche Werck nicht mit Lateinischen Lettern hast drucken laßen — ich habe dir es schon einmahl geschrieben daß ichs nicht ausstehn kan. Jetzt von meinem Thun und laßen nur so viel, daß ich Gott Lob bey der entsetzlichen Kälte auser einem Cathar mich wohl-

befinde — daß ich meinen Oberauditor nebst Ehegemahlin
noch zur Einquartirung habe, daß es vor jetzt hir gantz ruhig
ist /: verstesht sich wegen der Frantzosen :/ denn sonst ist Lerm
und Romur genug bey uns — die gantze Armme wird von
hiraus versorgt 500 Wagen gehen beständig hin und her —
mann weiß weder obs Sonn oder Werckeltag ist — Wenn
nicht Friede wird, so fürchtet mann sehr aufs Frühjahr —
Ich habe mich Gott sey Danck noch nie gefürchtet — und
jetzt mag ich nicht anfangen — müßens abwarten — nehmen
einstweilen die guten Tage mit — und grämen uns nicht
vor der Zeit — Ein einziger Augenblick kan alles umgestalten.
... Noch eins! die Fortsetzung vom Willhelm wird doch
nicht lange ausenbleiben — denn ich habe ihn noch nicht
binden laßen — laße einem nicht so lange auf die For-
setzung harren — denn ich bin gar begirig drauf. Lebe wohl!
Küße den kleinen Augst — ...

¹ Wilhelm Meister.   ² Johann Friedrich Reichhardt, Kapellmeister in Berlin,
Komponist Goethescher Lieder.

den 9ten Mertz 1795

Lieber Sohn! Lange habe ich nichts von dir — lange
hast du nichts von mir gehört — eigentlich wüßte ich auch
nichts daß das Schreiben lohnte, denn bey uns ists immer
noch im alten — haben Einquartirung — theure Zeit —
befinden uns wohlauf — hoffen auf den Frieden — das ist
alles und so immer einerley macht nicht schreibeselig. Die
Ursach gegenwärtiges Schreibens kanst du aus inliegendem
Brief ersehen — Fiala ist eine anerkandt gute Schauspielerin
— Königinnen — edle Mütter ist ihr Fach — Sie ist noch
so schön — daß Sie die jüngsten verdunckelt — hat einen
edlen Anstand — auch einen guten Moralischen Charackter —
ist friedliebend — fern von Cabalen macherrey — mit einem
Wort, ein brauchbahres Subjekt. Bey uns sind leider ihre
Rollenfächer besetzt — sonst würden wir Sie mit Freuden
wieder bey uns gesehen haben. Könnt Ihr Sie nun beym
Weimarrer Theater brauchen — so habe die Güte mir solches

zu berichten — im Fall es auch nichts wäre — so wirst du doch mir Nachricht /: nur mit ein paar Zeilen :/ zu kommen laßen — damit Sie ihr Fortkommen anders wo suchen kan. Nun noch eins! mir fehlt das 12te Stück von 1794 vom Mercur — und auch das 12te Stück von 1794 vom Mode-journahl — von 1795 habe noch gar keins erhalten — mache so ein päckgen zusammen und schicke es mit dem Postwagen. Wann erscheint denn wieder etwas vom Willhelm?? laße uns nicht so lange warten. Lebe wohl! . . .

den 1ten May 1795

Lieber Sohn! Endlich erscheint Gott sey Danck die Zeit daß ich das Hauß um 22 00 f im 24 fuß verkaufen kan — die Last die ich bißher getragen habe wurde mir sehr be-schwerlich mit jedem der es sehen wolte mußte ich /: wie nathürlich :/ vom Boden biß in den Keller hinauf und herab steigen, das meinen ofte von Schmertz beschwerten Beinen eben kein Labsal war — und so bald sie den Preiß von 2000 Carolin hörten kam keiner wieder — ein einkiger /: Professor Bouklair :/ bote 18 000 f Die Ursach läßt sich leicht erklähren — vor 40 Jahren war unser Hauß eins der schönsten in der Stadt — der Lusfus ist seit der Zeit nun so gestiegen — daß es vor sogenandte Vornehme und reiche Leute die jetzige Modische Herrlichkeiten nicht hat — keinen Saal wo 40 Persohnen speißen können — in dem Vorderhauß in allen Zimmern Durchzüge — auch sind die Zimer den vornehmen Leuten nicht hoch genung u. s. w. Leute von einer andern Gattung war es wieder zu hoch im Preiß — zumahl da es nur eine Küche hat — Der jetzige Käufer ein junger Weinhändler macht seine Hauptspeculation auf den Keller — da ich nun die Sache recht sehr zu frieden bin; so kommt es jetzt hauptsächlich auf dich an denn Schlosser ist das weiß ich zum Voraus alles recht — Vernim also die Contizionen es wird also um 22 000 f im 24 f verkauft 4000 f in eben dem Fuß werden gleich abgelegt — 80 000 f bleiben drauf stehen

192

und werden als Infaß im Römer eingeschrieben — in
3 Jahren werden wieder 4000 f abgelegt — bift du es nun
zufrieden fo fchicke mir /: wenns möglich ift:/ mit eheiter
Poft deine vitimirte Einwilligung — Herr Schöf Schloffer[1] —
und Freund Stock wollen mir in allem mit Rath und That
an Handen gehn — diefen Nachmittag kommt Schloffer zu mir
— um einftweilen die Puncte zufamen zu überlegen — ich
will zu dem Ende diefen Brief noch ofen laßen um dir die
Unterredung mitzutheilen. Ein Hauptpunct ift — daß ich
nicht ausziehe biß ich ein vor mich anftändiges Logi aus=
gemacht habe — den in den paar Jahren als ich vielleicht
noch hir bleibe verkriege ich mich in kein Loch. Noch etwas
das mir den Kauf annehmlich gemacht hat, ift, das Tariren
eines im übrigen gantz braven Zimmermeifter das ich dir
benlege — daß alfo kein Menfch fagen kan mann hätte es
verfchleudert. Herr Schöff Schloffer war da es ift doch ein
gefälliger braver und thätiger Mann — Er hat alle Puncte
fo fchön aufgefchrieben — daß nichts dran Auszufeßen ift —
Heute werden fie von dem Käufer und mir einft weilen unter=
zeichnet biß die von dir und Schloffer vidimirte Vollmachten
ankommen — da als denn der rechte Kaufbrief nach der
Ordnung unterfchrieben und befiegelt wird. Auch will Herr
Schöff Schloffer den Kaufbrief felbft verfertigen — das ift
recht Freundfchaftlich. Es fcheint fich alles zum beften vor
deine alte Mutter anzufchicken — indem auch ein Logi in
der fchönften Gegend der Stadt nehmlich auf dem Roßmarck
wird zu haben feyn — Morgen will ich es befehen. Wie will
ich fo froh feyn wenn ich auf dem Roßmarck heraus lucke —
und die Laft die mich nun fchon lange drückt loß feyn werde
— den Gott weiß was es mit dem Frieden noch gibt. Geftern
z. E. Canonirte es wieder den gantzen Tag fürchterlich in
der Gegend von Maintz — Ich weiß du gönft mir in meinem
Alter noch die bevorftehende Ruhe — und fchickt deine Ein=
willigung fogleich nach Empfang diefes. . . .

[1] Bruder ihres Schwiegerfohnes Georg Schloffer.

Lieber Sohn! Dielen und hertzlichen Danck vor die über=
schickte Dollmacht! Nichts als dein Cathar weßen — /: da
ich nun einmahl nichts von Cörpperlichem Unbehagen an dir
leiden mag — weil ich mir gleich dabey allerley unruhige
Gedancken mache :/ konte mich heute etwas niederschlagen —
und mir Wasser unter den Wein gießen — denn seit 14 Tagen
schwimme ich in Dergnügen! Ursach? weil sich alles zu
vereinigen scheint um mir die Unruhe des Aus und Einzugs
zu erleichtern. Da du von dem Fortgang meiner Angelegen=
heiten gerne von Zeit zu Zeit unterrichtet seyn mögest, so
vernim die vor mich gantz sonderbahr glückliche Wendung
der Dinge. Heute vor 14 Tagen wurde die Punctation von
beyden theilen unterschrieben — Schöf Schlosser /: der sie auch
aufgesetzt hat :/ war mein Zeuge — Herr Handelsmann und
51iger Ammelburg war des Käufers Zeuge — Die Punctation
war /: wie mann es vom Schöf Schlosser erwarten konte :/
ordentlich — deutlich und nichts vergeßen — Ein Punct
darinnen besagte, daß ich im Hauß müßte wohnen bleiben,
biß eine schickliche Gelegenheit sich mir darböte — und biß
ich eine Wohnung nach meinem Gefallen finden würde. Nun.
hatte ich ein Ideal im Kopfe — worann ich selber zweifelte
obs zu finden seyn dürfte — denn Erstlich solte es nicht
weit von meiner jetzigen Wohnung entfernt sey[n], weil alle
meine besten Freunde um den Fleck herum wohnen . . .
Zweytens sollte es eine schöne Aussicht haben — drittens
3 Zimmer an einer Reihe — und virtens alles was zur
Haußhaltung gehört — großer Dorplatz — Küche — Speiße=
kammer auf einer Etage. Gleich den Tag nach unterschriebener
Punctation komt ein Mackler — und bietet mir ein logi mit
allen oben benanten und verlangten Eigenschafften an —
Auf dem Roßmarckt im Goldenen Brunnen — ja sage ich das
mag wohl recht hübsch seyn aber es ist zwey Treppen hoch —
Das sehen haben sie umsonst sagte der Mann — und wohl
mir daß ich diesen klugen Rath annahm — einen Tag später

194

und mein Ideal war an andere vermiettet — zum haar=
ausreißen wäre es gewiß gekommen! Nun ging ich oder beßer
gesagt ich lief hin. Im hinaufsteigen prüpfte ich die Treppe
sehr genau — nun fande ich sie sehr gut — auch nicht auser=
ordentlich hoch — indem die Stockwercke obs schon ein neu
hauß ist — nicht so enorm in die höhe getrieben sind —
nun besahe den Vorplatz — schön — groß — wie ich ihn
wünschte — wie ich aber in die Zimmer kam so kan ich dich
auf Ehre versichern, daß ich dastunde wie simpel vor Er=
staunen — nein eine solche Aussicht — eine solche Lage ist
in der gantzen Stadt nicht mehr anzutrefen — die Küche ist
hell und schön — eine große Speisekammer — großer holtz=
platz Summa Sumarum mein gantzes Ideal — was nun die
zwey Stiegen betrieft; so war das nun gerade nicht in meinem
Plann — allein ich überlegte, daß ich in unserm hauß die
Treppe mehr zu steigen habe, indem Kleider — Geräthe —
porzelain u. d. g. alle obenauf sind — und dann, daß Frau
Aja nicht herum läuft — sondern wen sie aus geht nur
einmahl im Tag die nun an sich gute Treppe zu steigen hat
— den Preiß wußte ich ehe ich es in Augenschein nahm
nehmlich 400 f. — nun habe ich in unserm hauß 900 f
weniger 20 versessen — und meine Gemächlichkeit die ich
davor hatte, ist dir am besten bekandt. Wem habe ich aber
alle diese Freuden zu verdancken? niemandt als Gott und
dir — du hast mich auf den glücklichen Einfall gebracht —
meine noch übrigen Jahre in Ruhe verleben zu können.
Davor bin ich nicht allein von hertzen danckbahr — sondern
da du vom Verkauf der Baumwitzen 1000 f als Geschenck
erhalten hast; so mache ich dir vom Verkauf der Weine eben=
fals mit 1000 f ein Geschenck — das du Anfang Augst auf
welche Art es dir am gemächlichsten ist beziehen kanst —
biß dahin gehen sie ab — und den eigendlichen Preiß —
der noch bey mir nicht fest bestimt ist solst du als dann auch
erfahren. Um nun gantz in Ruhe und Zufriedenheit zu
kommen, so lege ich mit dem Überschuß der Weine ein Capital

ab — daß ich mit Pfarrer Starck gemeinschaftlich besessen — und das Er jetzt zum Fortkommen seiner beyden verheurateten Söhne braucht — und mich drum ersucht — und ich Jhm auch bewilligt habe. Von den Alten weinen solt du noch 12 Bouteillen bekommen — nicht allein aber das sondern der Käufer unseres Haußes Herr Weinhändler Blum will von seinen Kostbahren Rüdesheimer — Hochheimer u. d. g. von jedem etwas beypacken — womit ich dir denn auch ein Geschenck gemacht haben will — Sollten die Weine — bey Jhro Durchlaucht oder sonst guten Freunden Beyfall finden; so empfehle ich den wircklich braven Mann — ich habe versprochen es zu thun — und entledige mich hirmit meines Versprechens. Noch eins! Ich habe verschiedne Sachen, die mir den Auszug erschwören würden — und vor die ich auch keinen Platz im neuen Quartir finden könte — Als da ist das berühmte Puppenspiel — unser Sammilien Portrait wovon wenigstens die Rahme — und das Bret zum übermahlen noch tauglich sind — ferrner noch andre Rahmen — 3 Büsten von Stein — 1tens Jhro Durchlaucht der Herr Herzog — 2tens Durchlaucht Herzogin Amalie — 3tens du selbst. In meinem neuen Hauße muß ich nun auf alles das Verzigt thun, aus Mangel des Platzes — entweder ich laße nun dieses alles Einpacken und schicke es mit einem Fuhrmann zu dir — oder ich verschencke es. In dem alten Hauß werde noch zwey Monath bleiben müßen — den das neue muß geweißt und verschiedne Dinge noch in Ordnung gebracht werden — So weit wären wir nun — was noch geschieht soll alles zu deiner Wissenschaft gelangen. Noch ein unruhig ¼ Jahr dann hoffe ich froh und zufrieden — gantz ruhig dem Lauf der Dinge zuzusehen und jeden Alexander zu bitten, mir aus der Sonne zu gehn. Meine 3 Zimmer im Neuen Hauß Möblire ich hübsch und ordendtlich aber aller kling klang wird verkauft — Herr Blum hat Lust die Möbel in der guten rothen Stube zu kaufen — ich habe sie Taxiren laßen 15 Carolin ohne Lüster und Wandleuchter — gibt Er es nicht; so wirds mit allem

196

andern Überfluß im öffendtlichen Ausruff verkauft. Erfreue
mich bald mit ein paar Zeilen — und mache das Maaß meiner
Freuden voll — Indem du mir die völlige Herstellung deiner
Gesundheit verkündigest — diß soll mich mehr freuen als alles
übrige. Lebe wohl! . . .

den 24ten Augst 1795

Lieber Sohn! Schon längst hätte ich dir eine Be=
schreibung meines Aus und Einzugs überschickt — aber ich
wollte erst deine Rückkehr nach Weimar abwarthen — Gott
sey Danck! der dir das Carlsbad so wohl hat gedeihen laßen
— auch freuts mich, daß ich etwas dazu habe beytragen
können. Die Lüster wirst du wohl erhalten haben? auch ist
ein Fuhrmann unterwegs der dir 12 Bouteillien vom alten
Tyrannen Blut — und 6 ditto von verschiedenen Sorten
/: wovon der Preiß hir bey kommt:/ von Herrn Blum der
unser Hauß gekauft hat überbringt — solte bey Hoff oder
in der Stadt sich jemandt finden dem er behagte; so solte
mir es lieb seyn. Ehe ich zu meiner Erzehlung schreite muß
ich dir noch innliegenden Brief vom Herrn Schöf von Holtz=
haußen und seine Bitte wegen des armen Menschen ans Hertz
legen — wenn du was /: woran ich nicht zweifle:/ dazu bey=
tragen kanst wirst du es gewiß thun. Dein Ruhm und Name
wird dadurch bey deinen Landsleuten noch erhöht und bekömt
einen neuen glantz — du kenst ja die Herrn Profeßoren —
und weißt die Wege die mann um so etwas zu erlangen ein=
schlagen muß — im October wird der arme junge erscheinen.
Schon 6 wochen wohne ich in meinem neuen Quartir —
mein Aus und Einzug ging so glücklich von statten, daß ich
wenig oder gar keine Ungemächlichkeit davon empfunden habe
— zwey Preußische Soldaten haben mir alles hin getragen
— weder Schreiner noch Fuhrwerck habe ich nöthig gehabt
und nicht das mindeste ist beschädigt worden. Freuen wirst
du dich wenn du einmahl herkomst — wenn du mein niedliches
logiegen sehen wirst. Eingerichtet bin ich gantz exelentz —

ich habe gerade so viel als ich brauche — 3 gar schöne Stuben in einer reihe, eine von 4 Fenster die auch wohl einen Saal vorstellen könte ist so lange mann noch nicht einzuheitzen braucht, meine Wohn und Besuch Zimmer — die zweyte von 3 Fenster ist mein Schlafzimer — die von zwey Fenster haben meine zwey Mägde — ich habe letztere so hübsch eingerichtet daß wann ich die Freude habe, dich bey mir zu sehen — es dein Zimer wird — meine Leute will ich schon hintenaus verstecken — Ferner ist ein schöner geräumiger Vorplatz hinter den Zimmern wo alle meine Schräncke stehn — eine schöne helle Küche — alles auf einem Platz auch noch Speiße= kamer — Holtzplatz — so daß ich die Treppe nicht zu steigen brauche, als wenn ich ausgehe — das ist das innre — aber nun die Aussicht — da ists ohne allen streit das erste Hauß in Franckfurth — die Hauptwache gantz nahe — die Zeil da sehe ich bis an Darmstädter Hof — alles was der Catha= rinenporte hinein und heraus kommt so mit der Bockenheimer= straße u. s. w. und denn das jetzige Soldaten wetzen! So eben werden die Anspacher auf dem Paradeplatz gestelt — um 11 uhr die Wachtparade mit treflicher Kriegerischer Musick alles an mir vorbey — und Sontags wenn die Catharinen= kirche aus ist — und die Wachtparade dazu kommt so siehts auf dem großen Platz aus wie am Krönungstag — sogar an Regentagen ist es lustig die vielen hundtert Paraplü vor= miren ein so buntes tach — das lustig anzuschauen ist — ich muß dir auch noch sagen wie ichs mit der Einquartirung habe — das Hauß ist auf gemeine eingeschrieben jetzt hat es 4 Mann vom Regiment Caden — 2 hat der Haußherr — die andern 2 haben wir nehmlich Herr Bernus — Frau Rittern und ich — Frau Rittern gibt die Stube, Bettung — ich gebe täglich dem einen vor Kost 8 xr Herr Bernus dem andern ebenfalls 8 xr — weiter hören und sehen wir von ihnen nichts und bleiben im übrigen ruhig. Ich bin mit einem Wort sehr vergnügt — bereue meinen Tausch gantz und gar nicht und dancke dir noch vielmahls daß du mich auf den guten Ge=

198

dancken gebracht haft. Nun ich weiß daß du wieder in Weimar bist, soll auch der Judenkram[1] bald erscheinen — das beste davon sind zwey Neßeltüchern Kleider wovon das eine recht hübsch ist — sage aber noch nichts davon — damit es mehr Spaß macht. . . .

[1] Ausdruck für allerlei Schnittwaren, Bänder, Reste usw.

den 24ten September 1795

Lieber Sohn! Hier kommt der Juden kram — wünsche damit viel Vergnügen! Auch gratulire zum künftigen neuen Weltbürger — nur ärgert mich daß ich mein Enckelein nicht darf ins Anzeigblättgen setzen laßen — und ein öffendlich Freudenfest anstellen — doch da unter diesem Mond nichts Vollkommenes anzutrefen ist, so tröste ich mich damit, daß mein Häschelhans vergnügt und glücklicher als in einer fatalen Ehe ist — Küße mir deinen Bettschatz und den kleinen Augst — und sage letzterem — daß das Christkindlein Ihm schöne Sachen von der Großmutter bringen soll. . . . Hier ist alles aufs neue in großer Unruhe — die Kayerlichen retiren sich — die Frantzosen werden bald wieder bey uns seyn — nun trösten uns zwar die sich noch hir befindende Preußen — und sagen die Francken gingen nur durch — und wir hätten unter ihrer Obhut nicht zu befürchten — müßens eben abwarten — ich bin frölich und gutes Muths — habe mir über den gantzen Krieg noch kein grauhaar wachssen laßen — schaue aus meinem Fenster wie die Östreicher ihre krancken auf Wagen fortbringen — sehe dem Getümmel zu — speiße bey offenem Fenster zu Mittag — besorge meine kleine Wirthschaft — laße mir Abens im Schauspiel was daher tragiren — und singe, freut Euch des Lebens, weil noch das Lämpgen glüht u. s. w. Arbeiten thue ich vor der hand nicht viel — und wer jetzt einen Brief von mir erhält — kan dick thun — die Witterung ist zu schön — meine Aus= sicht zu vortreflich — wäreft du nicht der Wolfgang — du hätteft warten können. Nur einen Augenblick wünschte ich

dich jetzt her — vor Getümmel konte ich beynahe nicht fort=
schreiben — der gantze Roßmarck steht voll Bauern wagen
die Stroh und Heu zu Marckte gebracht haben — die Wacht=
parade der Preußen soll aufziehen es ist auf dem großen
platz kein Raum — die Bauern kriegen Prügel u. f. w. Von
dem Bockenheimer Thor herein kommen — Wagen mit Betten
— die Maintzer flüchten — genug es ist ein Schari wari das
Curios anzuhören ist. . . .

den 16ten October 1795

Lieber Sohn! Seit 5 Tagen erwartete ich deine Ankunft
anstatt deiner kommt nun ein Brief der von veränderten
Umständen spricht — und wo zu meinem Leidweßen dein
noch längeres Ausbleiben mir angedeutet wird. Wenn die
Umstände die sich verändert haben dich und deine Geschäfte
betrefen; so kan ich nichts dagegen sagen — wäre aber unsere
jetzige Lage darundter gemeint, so weiß ich wieder nicht
warum du dich abwendig machen läßt her zu kommen —
zumahl da die Frantzsofen im Rückmarsch begrifen sind. Wir
sind gantz ruhig am Montag war starcke Canonade — wo
die Kayerlichen die Frantzen zurück drengten — wir sind seit
3 Jahren das Ding so gewohnt worden — daß alles seinen
ordentlichen Gang dabey fortgeht. Die Ursach deines Ausen=
bleibens seye nun welche es wolle so habe zwey Bitten an
dich, Erstlich mir den Tag deiner Abreiße von Eißenach zu
berichten — damit ich nicht Tagelang /: wie seit Sontag der
Fall war :/ am Fenster mich bald blind gucke und jede Post=
schäße vor die deinige halte — zweytens daß du bey guter
Tageszeit eintrifst — denn da es nicht mehr mein eigen
Hauß ist; so müßen verschiedne Einrichtungen getrofen werden
— die bey Nacht sehr beschwerlich wären — z. E. Ich habe
von meinem Haußherrn eine Stube vor deine Bedinung ge=
mithet — alles geht bey Zeit schlafen — ich kan nicht zur
Stube ohne den Haußherrn allso — den Gelehrten ist gut
predigen. Ich befinde mich Gott sey Danck! Lustig — munter
200

und gesund — doch etwas grämlich über dein Ausbleiben — denn ich hätte doch Lust zu wetten, daß so etwas von feurigen kuglen von der Bethmann ihrer Fabrick schuld an deinem Ausbleiben ist. Dein Koffer ist wohlbehalten angekommen — kome du auch bald — und verlebe mir die noch so schöne Herbst tage nicht in Eißenach. Lebe wohl! Ich hoffe dir bald mündlich sagen zu können daß ich bin deine treue Mutter Goethe.

N. S. Daß alle deinen Freunden Zeit und weile lang wird bist du kommst — kanst du aufs wort glauben. Auch habe ich dir ein Theatralisch Donnerwetter bestelt — das dich hoch gaudiren wird. So eben zieht die Preußische Wachtparade auf — kucktest du doch mit mir dem Fenster heraus!!!

[Mitte Dezember 1795.]

Lieber Sohn! Hir kommt das gewöhnliche bon bon — unten in der Schachtel — liegt Infanteri und Cavaleri vor den kleinen Augst — Er kan bey den langen Winter abenden sich damit amusiren — in der Entfernung und dem seltenen Briefwechsel kan ich ohnmöglich wißen was dem Kind etwa Freude machen mögte — auch sind größre Spielwercke wegen des Transports zu kostspielig — nehmt also mit dem vorliebt. Die Castanien werden jetzt ersetzt seyn. Vor die Übersendung des Willhelm dancke hertzlich das Intereße steigt; so wie es weiter fort geht — ... Ehe ich dieses schließe, will ich nach= sehn, wie viele Mercure und Modejournahle mir fehlen es ist lange her daß ich keine bekommen habe. ... Hir ist jetzt alles ruhig und still — wir haben eine gantz kleine Besatzung von Kayserlichen und die fernen Nachrichten lauten noch immer sehr gut — Ich bin gesund vergnügt und frölig — es gefält mir täglich im neuen Logi beßer und beßer — wie konte ich nur 46 Jahr auf dem Hirschgraben wohnen!! No. 7. 8. 9. 10. 11. 12. fehlen vom Mercur und vom Mode= journahl also ½ Jahr schicke sie mit Gelegenheit und wens

dir gemächlich ist. Dencke im Mertz werde ich Urgroßmutter!!
Da will ich Respeck von allen Menschen /: und zwar mit
recht:/ fodern — Louise beklagt sich über deine Unonckligkeit
du hätteſt Ihr nicht geantworttet — Wir ſind freylich ſo in
alle 4 Winde zerſtreut das es beynahe heißt — wer iſt meine
Schweſter u. ſ. w. Dem allen ohngeachtet bin ich doch vors
zuſammen halten — denn ſo kommen wir doch nicht wieder
zuſammen. . . .

N. S. . . . Geſtern wars du die Urſach eines ſehr ver=
gnügten Tages — die Eliſe Bethmann gab verſchiedenen
großen Muſick Künſtlern ein Dine nach Tiſche ſetzt ſich der
eine an's Forto piano und ſingt mit der herrlichſten Stime:
kents du das Land wo die Citeronen blühn? das war etwas
auserordtenliches — der Ausdruck dahin dahin hat bey mir
ein Gefühl zurück gelaßen — das unbeſchreiblich iſt — die
Sophie Bethmann ſollteſt du dieſe Worte declamiren hören —
ich verſprach es dir zu ſchreiben — und in aller nahmen zu
dancken — und thue es hiemit. Gott! Segne dich im Neuen
Jahr Amen.

An Ludwig und Louiſe Nicolovius

Die Enkeltochter der Frau Rat, Louiſe Schloſſer, hatte ſich im Juni 1795 mit
G. H. L. Nicolovius, Kammerſekretär bei der Rentekammer in Eutin, verheiratet.

Den 1ten Februar 1796

Liebe Kinder! Mit umlaufender Poſt würde ich Eure
Briefe die meinem mütterlichen Hertzen ſo wohl thaten, die
mir ſo viele Freude machten auf der Stelle beantwortet
haben — wenn nicht das kleine noch unſichtbahre Weßen mich
dran verhindert hätte. Ja Lieben Kinder mein Urgroß=
mütterliches Machwerck war an der Verzögerung ſchuld —
Angſt und bange wurde mir wenn mir einfiehle daß das
Urenckelein ehnder ankäme als meine Rarität — alles mußte
ſtehn und liegen bleiben u. ſ. w. Aber nun ſchöpfe ich Odem!!
Das päcklein iſt Spedirt — wohin? Das könt Ihr auf bey=
kommendem Zettelgen leßen — Gott! Gebe unſerer Louiſe
202

eine frohe und glückliche Entbindung — das soll und wird vor uns alle ein Tag der Freude und des Jubels seyn Amen. Meinen Schattenriß solt Ihr haben, nur müßt Ihr Euch noch etwas gedulten — denn der Mann der darinn Meister ist, ist verreißt, so wie Er wieder kommt solls verfertigt und den mir so rühmlich und gütig zugedachten platz bey Euch einnehmen. Daß meine ehemahlige Freunde und Bekandten sich meiner noch in Liebe erinnern thut meinem hertzen wohl, und versetzt mich in die so seligen Tage der Vorzeit wo mir in dem Umgang der Edlen und biedern Menschen so wohl ward — wo ich so viel gutes sah und hörte — so viel Nahrung vor Hertz und Geist genoß — niemahls nein niemahls werde ich diese herrliche Zeit vergeßen! Da Ihr meine Lieben Kinder nun das Glück habt unter diesen vortreflichen Menschen zu leben; so gedenckt meiner zuweilen — nicht gantz aus dem Andencken dieser mir ewig unvergeßlichen Freunde aus gelöscht zu seyn, wird mir in meiner Einsamkeit auch in der großen Entfernung Freude und Wonne seyn. Mein Lieber Sohn Schlosser nebst Weib und Kinder werden im Frühjahr zu mir kommen — die Ankunft wird vor mich freudevoll und lieblich sein, aber der Abschied!! Wenn ich dencke, daß aller Wahrscheinlichkeit nach es das letztemahl seyn wird daß Frau Aja dieses Vergnügen genüßt daß die große Entfernung Coreßpontentz und alles übrige erschwert — so habe ich nur einen Trost, den ich aber auch mit beyden Händen halten muß daß er mir nicht entwischt — nehmlich, daß Ihr alle zusammen alsdann eine der glücklichsten Familien ausmachen werdet, und daß ich in den gantz sonderbahren Fügungen und Lenckungen Euer aller Schicksahle erkennen, fühlen und mit gerührtem Hertzen bekennen und sagen muß Das ist Gottes Finger! Nun dieser Gott! der bißhieher so viel gutes uns erzeigt hat, der wirds auch in diesem Jahr an keinem guten manglen laßen — Er seegne Euch erhalte Euch froh und freudig — Er schencke unserer Louise einen freudigen Anblick ihres Erstlings — und laße

Sie die Mutterfreuden gantz fühlen — dem lieben Urenckelein schencke Er Gesundheit Munterkeit und Kraft zum Eintritt ins Leben — das wird Er thun Amen. . . .

An Goethe

Den 2ten Februar 1796

Lieber Sohn! Schon längst hätte ich mich vor die über= schickten Mercure und Modejournahl bedancken sollen, aber ich hatte ein Machwerck unterhänden wo, wann es zu rechter Zeit fertig werden solte Fleiß und Anstrengung nöthig war. Meine Enckelin Louise kommt im Mertz in die Wochen — da werde ich nun Urgroßmutter! Um nun diesem Dorfall noch mehr Raritet zu geben, entschloß ich mich eine Arbeit vor zu nehmen, die /: ich wette mein Hab und Fahrt :/ seit der Erschaffung der Welt /: ein starck stück :/ keine Urgroßmutter verfertigt hat: nehmlich die Spitzen an das Kindszeug die Häubger und Ermelger zu klöppeln — und nicht etwa so lirum larum, nein, sondern ein Brabanter Muster 3 Finger breit und wohl zu bemercken o h n e B r i l l e! Nun dencke dir die kurtzen Tage — mancherley Abhaltungen und du, und wer es hört wird meinen Fleiß bewundern — daß das Wunderwerck sicks und fertig auch schon spedirt ist. Daß dem lieben kleinen Söhngen[1] seine Rolle hienieden so kurtz aus getheilt war, thut mir sehr leid — freylich bleiben nicht alle Blüthen um Früchte zu werden — es. thut weh — aber wenn die Saat gereift ist und kommt denn ein Hagelwetter und schlägts zu Boden was in die Scheuern eingeführt werden solte, das thut noch viel weher — Wenn aber nur der Baum stehen bleibt; so ist die Hoffnung nicht verlohren. Gott! Erhalte dich — und den Lieben Augst — und deine Gefährtin — diß ist mein innigster und hertzlichster Wunsch. Daß das Judenkrämgen seine Bestimmung erfült hat freut mich — die weimarer Damen sind geschickter und haußhälterischer wie bey uns, da muß alles neu seyn sanst gehts nicht. . . . Jetzt

204

noch etwas von meinem Thun und laßen. Ich befinde mich
diesen Winter /: der aber auch freylich den Nahmen nicht
verdient:/ sehr wohl und vergnügt — wir haben 3 Batalion
Grenadir Kayerliche zur Einquartirung — es sind Nieder=
länder die kein Wort deusch können — im Anfang wars nicht
angenehm, mann glaubte die Feinde zu hören, jetzt wißen wir
woran wir sind — Herr Bernus — Frau Rittern und ich,
haben Mann — Frau und Knäbelein von 10 Wochen zu
unserm Antheil erhalten — Sie wolten kein Geld, sondern
die Kost — da füttert sie Herr Bernus eine Woche — und ich
eine — Frau Rittern gibt die Stube und Bett da sind sie und
wir gantz vergnügt — heute bekommen sie bey mir Fleisch=
brüh Suppe — Weißkraut und Rindfleisch, das ihnen sehr
wohl behagen wird. Auch verdienen es die braven Kayer=
lichen daß es ihnen bey uns wohlgeht, denn nächst Gott
waren sie unsere Retter. Gott verleihe uns bald den edlen
Frieden — das ist der allgemeine Wunsch. Lebe wohl! . . .

¹ Ein Sohn Goethes, geb. 1. Nov. gest. am 18. Nov. 1795.

Den 28ten Februar 1796

Lieber Sohn! hir etwas von Schloßer — und bey dieser
Gelegenheit kan ich dich von meinem Wohlbefinden benach=
richtigen. Das ist aber auch alles was ich dir zu schreiben
habe — denn wie ich im übrigen diesen Winter gelebt habe
dürfte dir wohl schwerlich so Intereßant seyn um die Zeit
mit Leßen zu verderben doch zum Spaß nur etwas: Frau
Bethmann ist verreißt — und Jhre Töchter und ich kommen
die Woche etliche mahle zu sammen auch sind noch einige
gute Freunde dabey wie du gleich hören solst: was wir
da treiben? wir leßen — vorige Woche laßen wir Schillers
Dom Karlos! jeder bekam eine Rolle . . . — du kanst nicht
glauben wie uns das Freude gemacht hat — künftige Woche
gibts was neues — Ach! Es gibt doch viele Freuden in
unseres Lieben herr Gotts seiner Welt! Nur muß mann
sich aufs suchen verstehen — sie finden sich gewiß — und

205

das kleine ja nicht verschmähen — wie viele Freuden werden zertretten — weil die Menschen meist nur in die Höhe gucken — und was zu ihren Füßen liegt nicht achten. Das war einmahl wieder eine Brühe von Frau Aja ihrer Köcherrey. Lebe wohl! ...

An Ludwig und Louise Nicolovius

Den 5ten Aprill 1796

Nun dancket alle Gott! Mit Hertzen Mund und Händen, der große Dinge thut — Ja wohl — an Euch, an mir mir, an uns allen hat Er Sich auf neue als den Manifestirt der freundlich ist und deßen Güte ewiglich wäret — gelobet seye Sein Heiliger Nahme Amen. Lieben Kinder! Gott seegne Euch in Eurem neuen stand! Der Vater und Mutter Nahme ist Ehrwürdig — O! Was vor Freüden warten Eurer — und glückliches Knäbelein! Die Erziehung solcher vortref= lichen Eltern und Großeltern zu genüßen — wie sorgfältig wirst du mein kleiner Liebling nach Leib und Seele gepflegt werden — wie frühe wird guter Samme in dein junges Hertz gesäht werden — wie bald, alles was das schöne Ebenbild Gottes was du an dir trägst verunziren könte ausgerottet seyn — du wirst zunehmen an Alter — Weißheit und Gnade, bey Gott und den Menschen. Die Urgroßmutter kann zu allem diesem guten nichts beytragen, die Entfernung ist zu groß — Sey froh lieber Johann Georg Eduart die Urgroßmutter kan keine Kinder erziehen schickt sich gar nicht dazu — thut ihnen allen Willen wenn sie lachen und freundlich sind, und prügelt sie wann sie greinen, oder schiefe Mäuler machen, ohne auf den Grund zu gehen — warum sie lachen — warum sie greinen — aber lieb will ich dich haben, mich hertzlich deiner freuen — deiner vor Gott ofte und viel gedencken — dir meinen Urgroßmütterlichen Seegen geben — ja das kan, das werde ich. Nun habe ich dem jungen Weltbürger deutlich gesagt — was er von mir zu erwarten hat, jetzt mit Euch meinen Lieben großen Kindern noch ein paar Worte. Meinen

206

beſten Danck vor Eure mir ſo liebe und theure Briefe —
ſie thun meinem Hertzen immer wohl und machen mich über=
aus glücklich — beſonders die Nachricht daß das päckgen wohl
angekommen wäre, /: den darüber hatte ich große Beſorgnüß :/
machte mich ſehr froh — den denckt nur !! wenn der Urgroß=
mutter ihr Machwerck worüber die gute Matrone ſo manchen
lieben langen Tag geſeßen und geklüppelt hat wäre verlohren
gegangen, oder zu ſpät gekommen, das wäre mir gar kein
Spaß geweſen — aber ſo, gerade zu rechter Zeit, vier Tage
/: den ich guckte gleich in Calender :/ zuvor ehe das Knäbelein
ankam das war ſcharmandt. Der kleine junge hat mir den
Kopf vor lauter Freude ſo verrückt, daß die eigendtliche
Gratulation die doch nach der ordentlichen Ordnung zu An=
fang ſtehen ſolte, jetzt hintennach kommt — bedeutet aber
eben ſo viel, und geht eben ſo aus dem Hertzen. Gott! Laße
Euch Freude und Wonne in großem Maaß an Eurem Kindlein
erleben — Es ſey Eure Stütze auch in Eurem Alter — Es
ſeye Euch das, was Ihr Euren Eltern und der Großmutter
ſeidt das iſt der beſte Wunſch beßer weiß ich keinen. Liebe
Frau Gevatterin! /: der Tittel macht mir großen Spaß :/
wenn dieſes zu Ihren Händen kommt da iſt Sie wieder friſch
und flinck — aber höre Sie, ſeye Sies nicht gar zu ſehr —
gehe Sie nicht zu frühe in die Aprill Luft den der hat ſeine
Nücken wie die alte Gertraudt im Wansbecker Boten. Bleibe
Sie hübſch in ihrem Kämmerlein biß der May kommt —
damit kein Catar und Huſten Sie beſchweren möge — nun
ich hoffe Sie wird guten Rath annehmen. Nun Lieber Herr
Gevatter! Tauſendt Danck nochmahls vor alle Eure Liebe
— vor Eure ſchönen Briefe /: der Louiſe ihre mit einge=
ſchloſſen :/ vor die gute hertzerfreuende Nachricht — vor die
Gevatterſchaft vor alles Liebes und gutes womit Ihr ſchon
ſo manchmahl mein Hertz erfreut habt — Gott! Lohne Euch
dafür — Behaltet mich lieb — Ihr lebt und ſchwebt in dem
Hertzen derjenigen die iſt und bleibt Eure treue Groß und
Urgroßmutter Goethe.

An Goethe

geſchrieben am längſten tag 1796

... Nun von meinem Thun und Laßen. hir war wieder einmahl alles in großen Schwulitäten[1] — eingepact — fort=gegangen — Pferde beſtelt — täglich vor ein Pferd 11 gulden bezahlt damit es parat wäre — manches hauß brauchte 6 auch noch mehrre — war alſo alle Tage ſo viel Pferde ſo viel Carolinen — die Kuſcher haben wieder ihren Schnitt gemacht — auch die Schreiner — Packer u. d. g. Bey dieſem Spectackel bliebe ich wie die gantze Zeit her ruhig — packte nicht — regte mich nicht — Eßen — Trincken und Schlaf bekame mir wohl — Erfahrung brachte hoffnung — der 3 mahl geholfen hat, hats nicht verlernt — Er kan auch jetzt helfen, und Er thats durch die braven Sachsſen, die haben uns wieder vordißmahl befreyt. Auch trägt zu meinem ruhig=ſeyn nicht wenig bey, daß ich unter ſo guten Menſchen wohne — die eben ſo ruhig und ſtill ſich betrugen wie ich — denn wenn mann unter ſo verzagten haaßen ſich befindet; ſo koſteſt doppelte Mühe ſich aufrecht zu halten — die Furcht ſteckt an, wie der Schnuppen — und macht aus dem Singu-laris alle mahl ein Pluralis ſie macht es noch immer wie vor 4000 Jahren da ſagten die Syrer, der König hätte wieder ſie gedingt die K ö n i g e der hethiter und die K ö n i g e der Egypter — ſagten alſo ſtatt König Könige ! Zweyte Buch der Könige Cap 7 v. 6. Schloſſer war mit Weib und Kinder 10 Tage hir — viel Genuß war nicht bey der Sache — denn die Unruhe war etwas starck, und ſein Dichten und Trachten ging nach dem Nordiſchen Canaan. Ich laße jedem Menſchen gern ſeyn himmelreich — denn in der himmelreichs Faberick habe noch nicht viel progreßen gemacht und bin ſehr froh, wenn die Menſchen es ohne mich finden. Im übrigen paſirt hier wenig neues — das verdindte beſchrieben zu werden — mit deinen alten Freunden ſieht es ohngefähr ſo aus: Rieße iſt etwas hipoconder — Creſpel iſt ein Bauer

geworden, hat in Laubach Güter gekauft das heißt etliche
Baumstücke — baut auf dieselbe ein Hauß nach eigner
Invenstion hat aber in dem fickelsort[2] weder Bauerer noch
Zimmerleute, weder Schreiner — noch Glaßer — das ist er
nun alles selbst — es wird ein Hauß werden — wie seine
Hoßen, die er auch selbst Fabricirt — Muster leihe mir deine
Form!! Jetzt einen gelehrten a r t i c k e l : wann kommt denn
wieder ein Willhelm Meister zum vorschein — die Leipziger
Meße ist doch zu Ende? In diesem gantzen Jahr habe noch
keinen Mercur noch kein Modejournal erhalten — es ist
freylich von mir so etwas impertinent immer noch das zu
verlangen, was die guten Freunde mir schon so viele Jahre
die Güte hatten zu zuschicken — ich frage auch deßwegen
nur gantz höfflich an ohne es geradezu zu pretendiren. Jetzt
Lebe wohl! Grüße alles aufs beste und freundlichste in
deinem Hauße von deiner treuen Mutter Goethe.

¹ Der französische Feldherr Jourdan war über den Rhein gegangen und bis
in die Gegend von Wetzlar vorgerückt.   ² Fickel = Küchlein.

[Frankfurt am Main] den 22ten Juli 1796

Lieber Sohn! Aus den Zeitungen wirst du die jetzige
Lage deiner Vatterstadt erfahren haben¹ — da aber das
Tagebuch von Frau Aja zuverläßig nicht darinnen steht und
ich doch mit Zuversicht glaube daß es dir nicht gleichgültig
ist wie ich diese Epoche überstanden habe; so werde eine
kleine Relation davon abstatten. Vor denen Frantzosen und
ihrem hereinkommen hatte ich nicht die mindeste Furcht daß
sie nicht Plündern würden war ich fest überzeugt — wozu
also einpacken? ich ließe alles an ort und stelle und war gantz
ruhig — auch glaubte kein Mensch daß die Kayserlichen sich
hir halten wollten — es war wie die Folge auch gezeigt hat
wahrer Unsinn — da sie es aber doch thaten; so fing die
Sache an bedencklich zu werden — das Hauß wo ich wohne ist
in Zeiten der Ruhe eins der schönsten in der Stadt — aber
desto fürchterlicher in solchen Tagen wie die vergangenen

wahren — der Kayserliche Commandtant wohnte gegen mir
über, nun sahe ich all den Specktackel — die Franßosen mit
verbundenen Augen — unsern Burgemeister — alles in Furcht
was das werden solte u. s. w. den 12 ten gegen Abend fing
das Bombardement an wir setzen uns alle in die untere
Stube unsers Haußherrn wie es etwas nachließ ging ich
schlafen — gegen 2 uhr früh morgens fings wieder an wir
wieder aus den Betten — nun fing ich an auszuräumen nicht
vor den Franßosen aber wohl vor dem Feuer — in ein paar
Stunden war alles im Keller biß auf die Eißerne Kiste die
uns zu schwer war — ich ließ meines Schwagers Major
Schuler seinen Fourirschütz nebst noch einem starcken Mann
holen — die brachten sie denn glücklich in Keller. Biß an
diesen periodt war ich noch ganß berugigt — jetzt kamen aber
so schreckliche Nachrichten wie der wie jener /: es waren Leute
die ich kante :/ der von einer Haupitze Todt geschlagen dem
der Arm dem der Fuß vom Leibe weg u. d. g. nun fing mir
an Angst zu werden und ich beschloß fortzugehn freylich nicht
weit — nur dem Bombardement aus zuweichen — da war
aber kein Fuhrwerck ums Geld zu haben — endlich hörte ich,
daß in meiner Nachbarschaft eine Familie nach Offenbach
führe — ich ließe sie bitten mich mitzunehmen — und es
wurde mit vieler Höfflichkeit bewilliget. Ich bin keine von
den verzagten Seelen, aber diese schreckliche Nacht die ich
ganß ruhig in Offenbach bey Mama la Roche zubrachte,
hätte mir in Franckfurth vielleicht Leben oder doch Gesundheit
gekostet — den 12 ten 13 ten und 14 ten bliebe ich also in
meiner Freystadt — den 15 ten früh kam die Nachricht daß
die Capitulation geschloßen und nichts mehr Leib und Leben
betrefendt zu befah[r]en sey — nur müßte mann machen
den Tag noch zurückzukommen weil den 16 ten die Franßosen
einrücken würden und als dann die Thore geschloßen seyn
würden — nun wäre ich um keinen Preiß in Offenbach ge=
blieben — einmahl weil mann mich vor Emigrirt hätte
halten können — zweytens weil meine schöne Zimmer als

gantz lehr ſtehend /: denn meine Mägde hatte ich auch mit=
genommen:/ hätten weggenommen werden können. Nun
war wieder Holland in Noth! war wieder kein Fuhrwerck zu
haben — Da erbarmte unſer alter Freund Hans Andre[2] über
mich, gab mir ſein artiges Küſchgen und raſch war ich wieder
im goldenen Brunne danckte Gott von gantzem Hertzen vor
meine und vor die Bewahrung meiner Wohnung. Es iſt gantz
begreiflich daß ein größerer Unglück das kleinere verdrängt
— wie die Canonade aufhörte — waren wir wie im Himel
— wir ſahen die Frantzoſen als Retter unſers Haab und
Beſchützer unſerer Heußer an — denn wenn ſie gewolt hätten
ſo ſtünde kein Hauß mehr — und zum löſchen ſpantten ſie
ihre Pferde vor die Spritzen die von den Dorfſchafften zum
löſchen herbey eilten. Gott! Schencke uns den Frieden! Amen!
Lebe wohl! . . .

¹ Das von einem kleinen Korps Kaiſerlicher unter Martensleben beſetzte
Frankfurt wurde durch den Unterfeldherrn Jourdans, General Kleber, belagert, der
am 12. Juli ein heftiges Bombardement auf die Stadt eröffnete. ² Johann
André, Komponiſt und Muſikverleger in Offenbach.

den 1ten Auguſt 1796

Lieber Sohn! Du verlangſt die näheren Umſtände des
Unglücks unſerer Stadt zu wißen. Dazu gehört eine ordendt=
liche Rangordnung um klahr in der Sache ſehen zu können.
Im engſten Vertrauen ſage dir alſo, daß die Kayſerlichen
die erſte urſach geweßen ſind — da ſie nicht im ſtande waren
die Frantzoſen zurück zu halten — da dieſe vor unſern Thoren
ſtunden — da Franckfurth keine Feſtung iſt — ſo war es
Unſinn die Stadt ohne daß ſie den minſten vortheil davon
haben konten ins unglück zu bringen — mit alledem wäre
allerwahrſcheinlichkeit nach kein Hauß gantz abgebrannt —
wenn der fatale Gedancke /: den ſich niemand ausreden ließe:/
die Frantzoſen würden plündern — nicht die Oberhand be=
halten hätte — das war das Unglück von der juden gaße
— denn da war alles ausgeräumt — beynahe kein lebendiges
weßen drinnen — der Unſinn ging ſo weit, daß ſie vor die

lehren häußer große Schlößer legenten. Da es nun anfing
zu brennen, so konte erstlich niemandt als mit Gewalt in
die zugeschloßenen häußer — zweytens waren keine juden
zum löschen da — drittens waren gantz nathürlich in den
häußern nicht die mindeste anstalt — wenn es die Christen
eben so horndumm angefangen hätten, so wäre die halbe
Stadt abgebrandt — in allen häußern — waren die größten
Bütten mit Wasser oben auf die Böden der häußer gebracht
— so wie eine Kugel zündete waren naße Tücher — Mist
u. d. g. bey der Hand — so wurde Gott sey Danck — die gantze
Zeil — die große und kleine Eschenheimer gaße — der Roß=
marckt — die Tönges und Fahrgaße gerettet — daß nicht
ein Hauß gantz niedergebrandt ist — ja beßer zu sagen gar
nichts das der Mühe werth wäre zu sehen — Der andre
Theil der Stadt der Römerberg Maynzergaße und so weiter
kamme ohnehin wenig hin — und that gar nichts. Auf der
Frieburger gaße ist unser ehemahliges Hauß[1] abgebrandt —
auch der gelbe Hirsch hintenhinaus. Von unsern Bekandten
und Freunden hat niema[n]dt etwas gelitten — nur ein
Bekandter von mir Kauffmann Graff der in unserm Sonntags
kräntzen bey Stocks ist — hat durch die Einbildung es würde
geplündert einen großen Verlust gehabt — Er glaubte nehm=
lich wenn Er sein gantzes Waaren lager bey jemand der in
Preußischen Dinsten wäre und wo der Preußische Adler über
dem Eingang angebracht wäre; so seye alles gerettet — In
unserm alten Hauß auf der Frieburger gaße wohnte nun
ein Preußischer Leutenant — also brachte der gute Mann
seyn Haab und Fahrt in dieses Hauß in höltzerne Remisen —
nun ist ihm alles verbrandt — und die vielen Öhlfäßer —
der ungeheure vorrath von Zucker /: er ist ein Spetzerey
Händler:/ machte zumahl das öhl das Feuer noch schrecklicher
— noch andre Leute folgten dem unglücklichen Beyspiel —
trugen aus ihren sicheren Wohnungen alle ihre Sachen —
Geld — Silber — Betten — Geräthe Möbel — in dieses
unglückselige Hauß — und verlohren alles. überhaupt hat

212

der Gedancke der Plünderung der Stadt mehr Geld entzogen — als selbst die Brandschatzung — denn es sind häußer die das Packen — fortschicken 600—1000 und noch mehr gekostest hat — daß der gute Hetzler[2] und Schlosser[3] als Geißlen sind mitgenommen worden, wirst du aus den Zeitungen wißen. Unsere jetzige Lage ist in allem Betracht fatal und bedencklich — doch vor der Zeit sich grämen oder gar verzagen war nie meine Sache — auf Gott vertrauen — den gegenwärtigen Augenblick nutzen — den Kopf nicht verliehren — sein eignes werthes Selbst vor Krandheit /: denn so was wäre jetzt sehr zur Unzeit:/ zu bewahren — da dieses alles mir von jeher wohlbekommen ist, so will ich dabey bleiben. Da die meisten meiner Freunde Emigrirt sind — kein Comedienspiel ist — kein Mensch in den Gärten wohnt; so bin ich meist zu Haußße — da spiele ich Clavier ziehe alle Register pauke drauf loß, daß man es auf der Hauptwache hören kan — leße alles unter einander Musencalender die Welt Geschichte von Voltäre — vergnüge mich an meiner schönen Aussicht — und so geht der gute und mindergute Tag doch vorbey. So wie weiter was wichtiges vorgeht — das sonderlich bezug auf mich hat, solts du es erfahren. . . .

[1] Das Elternhaus der Frau Rat.   [2] Ratsherr.   [3] Bruder von Georg Schlosser, der Frankfurter Schöffe.

den 17ten September 1796

Lieber Sohn! Wir sind nun wieder in Kayerlichen Händen — Gott gebe daß wir biß zum Frieden drinnen bleiben! Den die Sieben wochen war Odem holen unter Henckers hand — Tagtäglich lebte man in Angst vor warten der Dinge die noch kommen konten. Der 7te September war mir gantz besonders ängstlich — auf dem großen platz den ich jetzt übersehen kan — bemerckte ich verschiedenes das mir gar nicht behagte — Ich danckte Gott wie die Nacht herbey kam, denn da wards ruhig — den 8ten früh um 5 uhr stunde ich auf und sahe zu meiner Unaussprechlichen

Freude unsere Franckfurther Soldaten auf der Hauptwache — meinen Augen nicht trauend holte ich mein Lorngette und sie gingen mit Stöcken /: den die Gewähre hatten die F. alle mitgenommen :/ auf und nieder — was ich da empfand läßt sich nicht beschreiben — daß ich Gott hertzlich danckte versteht sich wohl von selbst — und des Abens unsern Zapfen= streich wieder zu hören war mir lieblicher als eine Oper von Morzart. So weit wären wir nun wieder — Gott! wird ferner durchhelfen. Burgemeister Schweitzer hat viel gethan — die gantze Burgerschaft trägt ihn beynahe auf den Händen — unsere Sachsenhäußer wolten Ihn in Römer statt der Pferde im Thriumpf ziehen — welches Er sich nun freylich verbate. . . . Daß du in unserer gegenwärtigen Verfaßung an mich gedacht hast, davor dancke ich dir sehr hertzlich — solten wir das Unglück noch einmahl haben die F. hirher zu bekommen; so bleibe ich schwerlich da — aber so weit weg gehe ich auch nicht — wollen hoffen daß uns Gott behüten wird. . . .

An Goethes Sohn August

den 15ten October 1796

Lieber Augst! Das ist ja vortreflich daß du an die Großmutter so ein liebes gutes Briefelein geschrieben hast — nimmermehr hätte ich gedacht, daß du schon so geschickt wärest — wenn ich nur wüßte womit ich dir auf kommenden Christag eine kleine Freude machen könte — weißt du was? sage was du gerne haben mögtet deinem Vater — und der soll mir es schreiben — besinne dich, denn es hat noch Zeit — Zur Belohnung deines schönen Briefes, schicke ich dir hir etwas bon bon — Aber den Christag soll eine große große Schachtel voll ankommen — du mußt brav lernen und recht geschickt seyn — da wirst du bald groß werden — und dann bringt du mir die Journahle und Mercure selbst. . . .

214

An Goethe

Lieber Sohn! Vor deinen Willhelm Meister dancke ich
hertzlich — Stocks und Sömmering[1] thun das nehmliche und
grüßen dich vielmahls. Der 4 te Band ist gantz herrlich! Ich
bin noch nicht mit zu Ende — denn es ist Confect womit ich
mich nur Sontags regalire — mir ist Angst und bange —
daß das der letzte Band seyn mögte — künftigen Sontag
werde es erfahren — denn ich leße es ungebunden — und
tucke um Leben nicht in den letzten Bogen — noch einmahl
meinen besten Danck davor.... Ich mögte deinem Augst
gern eine kleine Freude auf die Christtage machen — dazu
mußt du mir behülflich seyn — Hoßen und Weste von hübschen
Winterzeug — wenn das beliebt würde, so müßte aber der
Schneider befragt werden wie viel er dazu braucht, auch
müßte die breite an gegeben werden z. E. ist das Zeug Ehlen
breit so braucht mann so viel u. d. g. Weißt du aber etwas
anders so berichte es. Unser Liebes Franckfurth komt wieder
nach und nach ins alte Gleiß — Gott sey ewig danck, daß
unsere Verfaßung geblieben ist — davor war mir am
bängsten — mit den Schulden — und was die Bürger am
Ende werden beytragen müßen wird sichs auch geben —
von dem Gelde das vom Kirchen und Bürger Silber ist
geschlagen worden, soll Augst auch einen Convensthaler zum
Andencken in seine Spaarbüsse haben — es sind doch 80 000 f
zusammen getragen worden[2] — von Maleberth[3] — und die
alte Frau Leerse haben keinen Silbernern Löffel mehr —
und der Pfarrer Starck /: der nun gestorben ist :/ hat sein
schönes Müntzcabinet auch dazuhergegeben — genung jeder
hat gethan was ihm möglich war — die ärmsten Leute
haben die Patengeschencke ihrer Kinder dargebracht — auch
haben die Frantzosen gesagt so eine Einigkeit zwischen
Magisterrath und Bürgerschaft wäre ihnen noch in keinem
Lande in keinem Orte vorgekommen. Es wird dir bewußt

ſeyn daß alles was mann beygetragen hat auf 6 Jahre zu
4 procent verintreſirt wird — nun ginge mir es ſehrſonder=
bahr — den 1ten Juli legte Pfeil[4] 7200 f an mich ab die
wurden denn ſogleich wieder angelegt und zwar recht gut
zu 5 procent — den 16ten kammen die Freiheits Männer
da war nun bey mir große Noth — ich hatte nur ſo viel
als ich zum täglichen Leben brauchte — geben mußte ich —
auch hätte ich mich zu Tode geſchämt und gekrämt — alſo
Geld herbey! Aber woher! Jeder brauchte das ſeine vor
ſich ſelbſt — ich war nicht allein in dieſem Fall — Frau
Schöff Schloſſer — Herr Hoffrath Steitz — Jungfer Steitz und
mehrre — wir ſchickten den Lippoldt nach Hanau — es war
nichts — Endlich erbarmte ſich ein unbeſchnidner Jude aber
zu 9 procent und nach Verſatz von 3 Kayſerlichen Obliga=
tionen!! Ich überlegte und da fiel mir ein — daß dieſer
Wucher bey mir nur 8 Monathe dauern durfte — indem
ich ſtipulirter maßen das andre Jahr vom Hirſchgräber
Hauß 2000 f abgelegt bekomme — die doch wieder angelegt
werden müßen — alſo iſt der Verluſt nicht groß — ich
bekomme ſo zu ſagen doppelte Intereßen — einmahl vom
Hauß und von der Stadt — alſo nahm ich das Geld — und
im May kriegt er es wieder — So habe ich mich durch=
gedrückt. Heute habe eine ſehr gute Nachricht gehört —
/: wenn ſie wahr iſt:/ die Stadt iſt vom Convent vor
Neuterahl erklährt, und die Geißlen kommen in 14 Tagen
wieder — das wäre herrlich. Lebe wohl! Behalte lieb deine
treue Mutter Goethe.

¹ Naturforſcher und Mediziner in Frankfurt.   ² Um die von den Franzoſen
auferlegte Kontribution zu decken.   ³ von Malapert=Neufville, Preußiſcher Kam=
merherr.   ⁴ Kaufmann.

den 4ten December 1796

...Der 4te Band von Willhelm Meiſter wird mit
einer Begirde nicht geleſen — ſondern verſchlungen —
Willmer ſagt: ſo hätte er in ſeinem Leben nichts geleßen,
daß ihn ſo im innerſtern bewegt hätte — genung eins reißts

Staatszimmer
der Frau Rat

dem andern aus der Hand — mich hat es auserordendtlich ergötzt — jetzt fange ich an es vom Anfang zu beherzigen — den den Faden kan man ohnmöglich im Gedächtnüß behalten — alles freut sich auf die Fortsetzung. Von meinem Thun und Lassen ist übrigens nicht viel zu erzählen — als daß ich Gott sey danck wohl und vergnügt bin — Meine gute Freunde und Bekandte sind alle wieder hir — Sophie Bethmann ist nun in aller Form Frau von Schwartzkopf u. s. w. Ich bin Ihre ausgewählte Freundin — und die Vertraute vom gantzen Hauß — Eße oft in Gesellschaft von Mama la Roche daselbst — genung ich ammusire mich so gut es gehen will — die alte Montags Gesellschaft ist auch wieder im gang — ins Com=medien=spiel wird auch gegangen — zu Hauß bin ich sehr fleisig — stricke — Klöpple Spitzen — besorge meine kleine Geschäffte — Eße — trincke — Schlaffe — das ist so ohn=gefähr mein /: beynahe Schlaraffen:/ Leben. Lebe wohl!...

Den 17ten Decemb 1796

Lieber Sohn! Ich freue mich sehr daß der Kasten mit dem Geräthe und der rahren Decke endlich einmahl an=gekommen ist — auch hoffe ich daß das Stück Tuch zu Hembten vor den lieben Augst auch glücklich durch den Post=wagen zu Euch gelangt ist. Hir kommt nun noch — Eine Arche Noa es ist zu bewundern was alles drinnen enthalten ist, ich glaubte dem Augst dadurch Spaß zu machen — Auch Invanteri und Cavalleri — ferner einen Conv=thaler — von dem Kirchen und Bürger zur Brandschatzung bey ge=tragenen Silber — Bitte mit dem allem vorlieb zu nehmen. Die Feyertage werde mir ein großes gaudium mit Wilhelm meister machen — und ihn vom Anfang leßen — indem mann ohnmöglich den Faden der Geschichte behalte kann den in einem 1/2 Jahr verwischt sich manches — jetzt habe aber alle 4 theile vor mir — das soll mir wohl behagen den der Gang der sonderbahren Geschichte hat meine Erwartung auf höchste gespant. Der 4te theil macht hir eine erstaunliche Wirckung

218

— und mit Schmerßen wartet jedermann auf den 5ten theil
— die hollweg — Meßler — Willmer Thurneißen sind gantß
bezaubert davon — besonders Willmer — dem hat die
Marianne den Kopf so verrückt, daß Er beynahe einen
dumenstreich gemacht hätte — wenn ich sogerne schriebe als
ich plaudre; so würde dir die Sache erzählen, das ist mir
aber zu weitläuftig genung Er glaubt sich in dem Fall des
Willhelms zu befinden. Jeßt Lebe wohl! der Brief muß
heute in die Confect Schachtel gepackt werden — den über=
morgen geht der leßte Postwagen vor Christag ab — nun
muß ich diesen Mittag selbst zum Contitor um das Zuckerwerck
auszusuchen habe heute sonst noch allerley zu thun. . . .

den 2ten Juni 1797

Lieber Sohn! Die Mercure — Modejournale und das
Geld vor das Loteriloß dieses alles ist glücklich angelangt —
meinen besten Danck davor! Die leßte /: Gott gebe daß sie
es war :/ Geschichte drohte unserer Stadt mehr Unglück und
Schaden, als alles vorhergegangne — denn wir glichen
Leuten die in guter Ruhe und größter Sicherheit in tiefem
Schlaf liegen — weil sie Feuer und Licht ausgelöscht glauben
— so was glaubten wir auch — und wie mann eine Hand
umwendete war Vorsicht und Mühe unnüß und wir waren
im größten Unglück. Senator Milius brachte schon am
2ten December voriges Jahres vom Nationahl Consent die
Neutralität vor unsere Stadt von Paris /: wo Er sich
6 Wochen aufgehalten hatte :/ mit — die Declaration vom
Consent war vortreflich zu unsern gunsten abgefaßt besonders
wurden wir über den leßten Rückzug vom 8ten September
1796 sehr gelobtet und geprießen — wer hätte da nun nicht
ruhig seyn sollen? Das waren wir auch — kein Mensch
emigrirte — niemandt schickte etwas weg — die meisten
Meßfremden /: besonders die Silberhändler von Aussprug :/
hatten ihre Buten ofen und blieben ruhig hir — die Frantß=
sosen waren nahe an der Stadt — wir erwarteten sie in

einer Stunde — die Kanerlichen waren zu schwach um sich zu halten — wir sind Neuterahl erklährt — also ist von keinem Bompatemant die Rede — genung ich kuckte zum Fenster hinaus und wolte sie ankommen sehen — das war Mittags um 2 uhr — aufeinmahl kommt die Frih Mehlern[1] mit Sturm in meine Stube ruft schir auser Odem Räthin es ist Friede! Der Commendant von Milius hat einen Courir vom Bononaparte — es ist ein jubel — Gott befohlen ich muß weiter die gute Nachricht verbreiten u. s. w. Gleich daraus kommt der Burgemeister Schweiher — und Syndicus Seger in einer Kusche um ins Franhöische Lager zum le Feber[2] zu fahren und Ihm zu gratuliren — wie Sie an die Hauptwache kommen — werden Sie von den Bürgern umringt die Kusche muß stillhalten — Sie versichern die gute Nachricht vom Frieden — Alt und jung schwingt die Hüte ruft Divat es ist ein Jubel der unaussprechlich war — wem in aller Welt fält es jeht ein an Unglück zu dencken!!! Keine 6 Minuten nach dieser unbeschreiblichen Freude, kommt die Kanerliche Cavaleri zum Bockenheimerthor herein ge= sprengt /: so etwas muß mann gesehen haben beschreiben läßt sichs nicht:/ der eine ohne Hut — dort ein Pferd ohne Reuter — und so den Bauch auf der Erde gings die Zeile hinunter — auch hörte mann schihen — alles gerithe in Erstaunen was ist das vor ein Friede so rief immer eins dem andern zu — nun zu unserer Errettung. Ein Kaner= liger Leutenant hatte /: und zwar ohne Order:/ die Gegen= wart des Geistes in wehrender galopate den Gattern am Thor zu und die Zugbrücke auf zuziehen — ohngeachtet noch nicht alle Kanerliche in der Stadt waren — das war nun unser Glück, denn wären die Franhosen nachgestürmt; so wäre die Masacker in der Stadt loßgegangen — und hätte ein Burger sich nur der Sache angenommen; so war Plünderung und aller Greuel da — und am Ende hätte es geheißen wir hätten die Neutralität gebrochen — die Franhosen Tod geschlagen u. s. w. Burgemeister Schweiher und Seger wurden geplündert le Feber wolte durchaus nicht glauben daß Friede wäre — Er hätte noch keinen Courir — von unserer neu= tralität wüßte Er kein wort — Endlich überredete der Kayser= liche Commandant den Generahl le Feber mit in die Stadt zu kommen — versicherte auf sein Ehren wort — daß Friede wäre und daß freylich der Courir nicht bey allen Generahls zugleich ankommen könte — darauf ging Er mit — der Burgemeister Schweißer auch und mehrere vom Magisterath gingen alles in Römischen Kayser trancken — und alles endigte sich zu unserm Glück. Dem braven Leutenant — und dem Wirth im weißen Lamm in Ausburg haben wir allso unsere Rettung zu dancken — der erste macht das Thor ohne Order zu haben zu — der andre weißt dem Courir einen kürtzern Weg nach Franckfurth er kommt auf diesem weg 6 Stunden früher — Gott hat wohl schon durch geringre Mittel aus großen Nöthen geholfen — und solte mein Glaube an die Ewige Vorsehung wieder einmahl schwach werden — so will ich mir zurufen: dencke an den 22ten Aprill. Die Frantzosen sind jetzt täglich /: weil sie noch in der nähe liegen:/ in unserer Stadt — besuchen fleißig das Schauspiel — Vorgestern war auf Verlangen des neu vermählten Erb= printzen von Heßencaßel und seiner Gemahlin Palmira[3] das ist eine Oper!! sie wird hir mit aller möglichen Pracht gegeben. . . .

[1] Susanne Metzler, geb. Schaaf.   [2] Lefèbre, französischer General.   [3] Oper von Salieri.

den 5ten Juni 1797

Lieber Sohn! Alles was ich vermag um dich ruhig und zufrieden zu machen will ich von gantzem Hertzen gerne thun — ohngeachtet ich gantz gewiß weiß, daß Gott mich deinen — ich kan das Wort nicht schreiben — nicht erleben läßt; so will ich doch auf deine Erbschaft Verzicht und überhaupt alles thun was dir Vergnügen machen kan — damit du ruhig und ohne Kummer die Reiße antretten — und noch 40 Jahre theils in Italien theils in Weimar des Lebens genüßen kanst und solts — Auf dein herkommen freue ich mich herzinniglich! Bitte dich aber nur um das einzige daß ich es 8 Tage vorher gewiß weiß — auch ob du einen oder zwey Bedienung mitbringst — denn was ich dir damahls /: als du kommen wolstest aber nicht kamst:/ schriebe gielt auch vor jetzt — nehmlich daß ich eine Stube vor deine Leute von meinem haußwirth borgen muß — meine Wohnung ist der Lage nach einzig in ihrer art — nur so viel platz wie ehemahls im alten hauß habe ich freylich nicht — davor bin ich aber auch aller hausforgen quit und loß. Die Briefe habe sogleich besorgt. Ich zweifle nicht daß du dein Vorhaben die deinigen auf alle Fälle zu versorgen recht kräftig ins Werck richten wirst — solte es aber vielleicht räthlich sein um mehrer sicherheit willen auch hir jemandt um Rath zu fragen von deßen verschwiegenheit mann versichert wäre; so darffst du mir nur den Auftrag geben und auch das soll befolgt werden. heute ist mirs nicht mehr schreiberlich drum Lebe wohl! . . .

den 17ten Juni 1797

Lieber Sohn! hier kommt die acte[1] in aller Form zurück. Zwey Senatoren haben sie unterzeichnet — und besiegelt — deßgleichen auch ein herr Notarius . . . — Ich verwundre mich nur daß du in das vor jetzt noch so unruhige Land[2] reißen wilsts — das muß du nun freylich alles beßer verstehen wie ich — es ist nur so eine kleine Mütterliche Sorge die villeicht sehr unnütz ist — aber vielleicht kommt du doch noch erst hieher — und hörsts das geplauder von Frau Aja denn darinn ist sie immer noch sehr starck — siehts meine kleine aber hübsche Wohnung u. s. w. Auf das Werck worinnen eine Frau Aja vorkommen soll[3] freue ich mich sehr — so wie über alles was von dir kommt. . . .

[1] Die Verzichtleistung der Frau Rat auf ihren Pflichtteil am Vermögen des Sohnes, falls er vor ihr sterben sollte. [2] Italien. [3] Hermann und Dorothea.

Lieber Sohn! Die Ankündigung deines Koffers hat mir große Freude gemacht er soll wohl aufgehoben seyn — aber vor der Rückreiße deßselben ohne dich dancke gantz gehorsambst!! Denn das Fenster gucken von zwey Jahren her das habe ich noch nicht vergeßen — jede der Zeil herunter kommende Postkusche wurde scharf beobachtet — und das dauerte 14 Tage — Mitalledem rühre ich nichts an — laße alles stehen wie es steht — biß du schreibst den und den reiße ich ab, und hoffe den und den bey ihr zu seyn — denn schöne Geister — sind schöne Geister und damit Holla. Mir wäre es sehr lieb wenn du es einrichten könstes bey hellem Tag in Goldenen brunen deinen Einzug zu halten — des Nachts ankommen liebe ich nicht — zumahl in einem dir gantz frembten Hauß — Hir hast du meine Willens meinung . . .

N. S. Grüße alles in deinem Hauße — lieblich und freundlich wie es sich gehört — gebührt und gezimt.

An Christiane Vulpius

Goethe war mit seiner „Freundin und vieljährigen Hausgenoſſin" Chriſtiane und ihrem und seinem Söhnchen Auguſt am 3. Auguſt bei der Mutter eingetroffen. Nach acht Tagen hatte er die Seinen nach Weimar zurückreiſen laſſen, er ſelbſt blieb noch bis zum 25. und reiſte dann in die Schweiz.

den 24ten Augſt 1797

Liebe Freundin! Das Vergnügen so ich in Ihrem Lieben traulichen Umgang genoßen macht mich noch immer froh — und ich bin meinem Sohn vielen Danck schuldig daß Er mir solches zu verschaffen die Güte hat haben wollen. So kurtz unsere Zusammenkunft war, so vergnügt und hertzlich war sie doch — und die Hoffnung Ihnen meine Liebe einst auf längre Zeit bey mir hir zu sehen erfreut mich zum voraus — Da wir nun einander kennen; so wird die Zukunft immer vergnügter und beßer vor uns werden — behalten Sie mich in Liebevollem Andencken — und von meiner seite glauben

Sie das nehmliche. Die Gründe die mir mein Sohn von seiner Reiße vorgestelt hat konte ich nicht wiederlegen — Er geht also in die Schweiß — Gott! Begleite Jhn und bringe Jhn so gesund und heiter wieder zu uns als Er weg geht; so wollen wir uns über seine Abweßenheit beruhigen, und Jhm dieße Freude das schöne Schweißer land nach so viel Jahren einmahl wieder zu sehn von Herßen gönnen — und wenn ich Jhn bey seiner Rückkunft wohl genährt und gepflegt habe — Jhnen meine Liebe wohlbehalten wieder zurück spediren werde — das wiedersehn wird uns allen große Freude machen — das soll denn einstweilen unser Trost sein. Vor Jhren Lieben Brief dancke Jhnen herßlich — auch dem lieben Augst dancken Sie durch einen herßlichen Kuß von der Groß= mutter vor den seinen, auch sagen Sie Jhm, daß das Mändel= gen mit den Schellen sich als noch hören ließe — und daß ich Jnfanteri und Cavalleri aufs Christkindlein bestellen wolte. Leben Sie wohl! Behalten diejenige in gutem Liebevollem Andencken, die mit wahrer Liebe und herßlichkeit ist und seyn wird dero treue Freundin und Mutter Elisabetha Goethe.

den 23ten September 1797

Liebe Freundin! Zwey ja dreyfachen Danck bin ich Jhnen schuldig — vor die Huflandischen Bücher[1] — vor die auserordentlichen schönen und wohlgerathenen Strümpfe — die mir wie angegoßen sind — und mich diesen Winter vor der Kälte wohl beschüßen sollen — und endlich daß Sie mir doch ein klein Füncken Licht von meinem Sohn angezündet haben — vermuthlich wißen Sie also wo Er ist? Gestern waren es 4 Wochen daß Er von hir weggereißt ist und ich habe noch keine Zeile von Jhm gesehen — die Briefe die nach seiner Abreiße bey mir eingelaufen sind — liegen ruhig auf meinem Tisch — da ich nicht weiß wo Er ist — und ich sie also ohnmöglich Jhm nachschicken kan. Da ich von Jhnen Liebe Freundin höre daß Er wohl und vergnügt ist — so bin ich ruhig — und will alles andre gedultig abwarten. Unsere

Meße ist dißmahl auserordtlich Brilliant — Königliche Bräute zukünftige Churfürstinnen — Printzen — ditto Printzeß= innen — G[r]affen — Baronen — mit und ohne Stern u. s. w. Es ist ein fahren — Reiten — gehen durcheinander — das Spaßhaft anzuschauen ist — mittlerweile wir nun hir gaffen klaffen und ein wahres Schlarraffen Leben führen — Sind Sie meine Liebe arbeitsam — sorgsam — wirthschaftlich — damit wenn der Häschelhans zu rück kommt — Er Kammern und Speicher angefült von allem guten vorfinden wird — nehmen Sie auch davor meinen besten Danck — denn ein wirthschaftliches Weib — ist das edelste Geschenck vor einen Biedermann — da das Gegentheil alles zerrüttet und Un= glück und Jammer über die gantze Familie verbreitet — Bleiben Sie bey denen Ihnen beywohnenden Edlen Grund= sätzen — und Gott! und Menschen werden Wohlgefallen an Ihnen haben — auch wird die Ernde die Mühe reichlich belohnen. Grüßen Sie den lieben Augst und dancken Ihm durch einen Kuß vor seinen Lieben Brief — Gott! erhalte Ihn zu unser aller Freude gesund — und laße Ihn in die Fußstappen seines Vaters tretten Amen. . . .

¹ „Makrobiotik oder die Kunst, das menschliche Leben zu verlängern" von G. W. Hufeland.

Den 5ten Nov 1797

Liebe Freundin Hir kommen die Castanien — ich wünsche daß sie wohl schmecken und eben so bekommen mögen — es gibt dieses Jahr nicht viele — sie halten immer gleichen Schritt mit dem Wein — wenn der nicht im Überfluß geräth; so gerathen sie auch nicht. Jetzt wünsche ich nur, daß mein Sohn sie mit verzehren hälfen möge — Sollten Sie wohl glauben, daß ich noch biß auf den heutigen Tag keine Silbe von Ihm gesehen habe — weiß nicht in welcher Himmels=gegend Er sich befindet — weiß eben nichts, platterdings gar nichts — das ist doch wirklich Courios — wenn ich gefragt werde wo Er ist; so sage ich in der Schweitz — weiter weiß ich keine Antwort zu geben — müßens eben abwarten — endlich wird das Inconito doch ein Ende nehmen und wir werden erfahren wo Er eigendlich ist — was Er treibt, und wenn Er zurück komt. Wir meine Liebe Freundin leben jetzt in großem jubel weil es Gott sey Danck endlich Friede[1] geworden ist, und wir keine Kriegs unruhen mehr zu befürchten haben! Unser rechtes gaudium geht freilich erst an wenn das Reich auch dabey ist, und das kan noch diesen Winter über dauren biß alles ins reine gebracht ist — aber Furcht und Angst ist doch verschwunden — und ich sehe schon im Geiste das Friedens fest feyern — höre schon alle Glocken läuten — potz Fischen! Was wollen wir da Vivat rufen! Sie wißen meine Liebe wie nahe ich an der Hauptwache wohne da wird der werthe Friede aus getrompetet aus gepauckt — das wird ein Leben sein!!! Mittler weile werden wir doch auch etwas von meinem Sohn erfahren — das gibt denn noch eine große Freude die letzte gebe uns Gott je ehnder je lieber Amen. Haben Sie die Güte Jhrem Herrn Bruder recht schön zu dancken vor die 2 vortreflichen Taschen bücher[2] die sind in und äußerlich gantz herrlich — das eine wird nur zur parade alle Sonntage und Festage gebraucht — das ist so schön, daß es nur die besten Freunde von mir in die Hände nehmen dürfen — und der Jnhalt hat auserordentliche Wirkung gemacht — jedermann findet es gantz vortreflich — unser Senior Doctor Hufnagel[3] hat ein Brautpaar mit den worten womit Herrmann und Doro= thea eingesegnet worden — zusamengegeben und dabey ge= sagt — eine beßre Copulation rede wüßte Er nicht. Jch hoffe sein langes Stillschweigen bringt uns wieder so etwas gutes — womit wir freudig überrascht werden sollen. Leben Sie wohl! Grüßen und küßen den lieben Augst — und sagen Jhm, daß der Christtag im Anmarsch ist und daß die Groß= mutter nicht ermanglen würde ihr gethanes Versprechen zu halten . . .

[1] Friede von Campo Formio, 18. Oft. 1797. [2] Christian August Vulpius, Bibliothekar in Weimar, hatte der Frau Rat Taschenbücher geschickt, die einen Ab= druck von „Hermann und Dorothea" enthielten. [3] Prediger an der Barfüßerkirche.

An Goethe

Lieber Sohn! Das erste ist, daß ich dir dancke daß du
diesen Sommer etliche Wochen mir geschenckt hast — wo
ich mich an deinem Umgang so herrlich geweidet — und an
deinem so auserordentlichen guten an und Aussehen ergötzt
habe! Ferner daß du mich deine Lieben hast kennen lernen
worüber ich auch sehr vergnügt war, Gott erhalte Euch alle
eben so wie bißher — und Ihm soll dafor Lob und Danck
gebracht werden Amen. Daß du auf der Rückreiße mich nicht
wieder besucht hast that mir in einem Betracht leid — daß
ich dich aber lieber den Frühling oder Sommer bey mir habe
ist auch wahr — denn bey jemand anders als bey mir zu
wohnen — das ertrüg ich nicht — und bey schöner Jahres
Zeit ist auch Raum genung vorhanden — mit entzücken
erinnre ich mich wie wir so hübsch nahe beysammen waren
— und unser Weßen so miteinander hatten — wenn du also
wieder kommst wollen wirs eben wieder so treiben nicht
wahr? Deine zurück gebliebene Sachen würden schon ihren
Rückmarsch angetretten haben, wenn ich nicht die Gelegenheit
hätte benutzen wollen — ein Christkindlein zu gleich mitzu-
schicken — packe also den Kasten alleine aus damit weder
Freundin noch Kind vor der Zeit nichts zu sehen bekommen
den Confect schicke wie nathürlich erst in der Christwoche
nach. Solte das was ich vor meine Liebe Tochter gewählt
habe nicht gefallen — indem ich unsere Verabredung bey
deinem Hirseyn gantz vergeßen habe; so schicke es nur wieder
her und ich suche etwas anders aus — mir hat es sehr wohl
behagt — aber daraus folgt nicht daß es derjenigen vor die
es bestimmt ist auch gefallen muß — heute wird noch vor
den lieben Augst allerley zusammen getribst — und ich hoffe,
daß künftigen Freytag den 7 dieses die Raritäten auf den
Postwagen gethan werden können — wenigstens will ich
mein möglichstes thun — Was Herrman und Dorothea hir

vor große Wirkung verursacht hat — davon habe schon
etwas an meine Liebe Tochter geschrieben — Hufnagel ist
so ganz davon belebt daß Er bey Copulationen und wo es
nur möglich ist gebrauch davon macht — zur Probe dienet
innliegendes — Er behauptet so hätteßt du noch gar nichts
geschrieben. Vor die vortreflichen Taschenbücher dancke hertzlich — in und auswendig sind sie zum küßen — Hufnagel
hält alle die es nicht haben oder es nicht als ein Handbuch
im Sack beysich tragen — vor Hottentoten — die Elisa Bethmann mußte in seiner Gegenwart sogleich eins von den
theuresten Exemplaren kaufen u.s.w. Vor den Frieden sey
Gott Tausendmahl gedanckt! Wenn das wieder loßgegangen
wäre — was wäre aus unserer guten Stadt geworden!!!
Jetzt prepariren wir uns auf das Friedens fest — unser
vortreflicher Theater Mahler mahlt Decorationen dazu —
der Singsang ist auch fertig — Paucken und Trompeten sind
auch bey der Hand — das wird ein Jubel werden — an
der Hauptwache wird er ausposaunt! alle meine Freunde
wollen aus meinen Fenstern den Jubel mit ansehn auf so
viele Angst verdient mann doch wieder einmahl einen fröh-
ligen Tag zu haben. Seit dem du weg bist hat unser geschickter
Mahler 3 neue Decorationen gemacht — ein sehr schönes
Zimmer — eine Stube vor arme Leuthe die ganz vortreflich
ist — und einen Garten der zum erstenmahl im Don Juan
sich presentirt hat — alles mit großem Ablaudisement. Ich
schicke dir auch alle Comedien Zettel mit, über die ein-
geführten kleinen wirst du lachen — solte mann glauben daß
das eine Ersparnüß jährlich von 700 f ist! Dein Looß ist
mit 50 f heraus gekommen 5 wurden abgezogen vor den
übrigen 45 f habe wieder ein neues zur 13ten Lotheri
genomen — 728 ist die No: Das wäre so ohngefähr alles
vor dißmahl. Lebe wohl! . . .

An Christiane Vulpius

Liebe Freundin! Die 3 liebe Briefe so ich von Ihnen
— meinem Sohn — und dem Lieben Augst erhilte haben
mir einen recht sehr frohen Tag gemacht — besonders war
es mir erfreulich, daß das Christkindlein wohl gefallen hat
— es soll so was eine überraschung seyn und da kommt
die Sorge hintendrein, ob mann auch nach gusto die Sachen
ausgesucht habe — desto erfreulicher ists wenn mann Freude
verbreitet hat. Wir leben hir in wunderlichen ereignüßen
und Begebenheiten — der Friede sieht dem Krieg so ähnlich
wie zwey Tropfen wasser nur daß kein Blut vergoßen wird
— Maintz ist in Frantzöischen Händen so wie die gantze
Gegend — was uns bevorsteht ist in Dunckelheit eingehüllet
— gekocht wird etwas das ist gewiß — denn um nichts sitzt
unsere Obrigkeit nicht biß Nachts 11 uhr im Rathhauß —
ich begreife nicht was der Congreß in Rastadt eigendtlich
vor Nutzen haben soll — da die Frantzosen die Macht in
Händen haben — die dürfen ja nur befehlen — wer will
es wehren — genung von der Sache — die Deuschen sind
kein Volck keine Nation mehr und damit punctum.

So wiedersinnig es klingen mag so ist mein Trost daß
meine Kinder nicht hir sind und ich das jenige was mir das
liebste auf der Welt ist in Sicherheit wei. Darinn liegt nun
eben das wiedersinnige nicht — aber wohl darin — daß die
meisten Menschen gern im Unglück Gesellschaft haben und
ich davon eine Ausnahme mache — sind die meinigen wohl
und zufrieden; so bin ich auch vergnügt — denn ich bin
an dem allen nicht Schuld, und kan dem Rad des Schicksahls
nicht in die Speichen fallen und es aufhalten. In meinem
Goldenen Brunnen bin ich froh und vergnügt — und laße
die Menschen um mich herum treiben was ihnen gut deucht.
Daß mein Sohn Ihnen ein schönes Geschenck mit gebracht hat
war recht und billig — Sie verdienen seine gantze Zärtlich=

leit und Liebe — auch ich freue mich Ihnen wieder zu sehn nur müßen die 7 Siegel gelößt und die Engel nicht mehr wehe posaunen — wer weiß geht noch alles beßer als wir jetzt dencken. Don unsern Winterlustbahrkeiten — ist vor mich nichts genüßbahr als das Schauspiel das wird den auch fleißig besucht wir haben auch wieder zwey neue Wesen vom Hamburger Theater bekommen Herrn und Madame Reinhard die ich heute zum erstenmahl beaugenscheinigen werde. Der Liebe Augst hat mir einen so schönen langen Brief geschrieben — daß es unverantwortlich wäre ihm nicht in einem ganz eigenen schreiben zu dancken — da der Brief aber auch heute noch fertig seyn muß; so müßen Sie meine Liebe mit vor= stehendem vorlieb nehmen. Behalten Sie mich auch im neuen Jahr in liebevollem Andenken — so wie ich biß der Dorhang fält seyn und bleiben werde Ihre treue Freundin u Mutter Goethe.

An Goethe

den 20ten Jenner 1798

. . . Wir leben hir ganz ruhig und in der besten Hoffnung daß wir bleiben was wir sind. Ich vor meine Person befinde mich wie gewöhnlich ganz zufrieden — und laße die Dinge die ich doch nicht ändern kan ihren Gang gehen — nur Weimar ist der einzige Ort in der gantzen weiten Welt woher mir meine Ruhe gestöhrt werden könte — geht es meinen Lieben dort gut; so mag meinetwegen das rechte und lincke Reinufer zugehören wem es will — das stöhrt mich weder im Schlaf noch im Eßen. Daraus folgt nun daß Ihr mir von Zeit zu Zeit gute Nachrichten zusenden solt, damit ich gutes Muths bleibe — und meine noch übrigen Tage — Freut Euch des Lebens mit wahrheit und frohem Sinn Singen kan. Jetzt Lebe wohl! Grüße deine Lieben hertzlich von derjenigen die ist und bleibt deine u ihre treue Mutter Goethe.

230

An Christiane Dulpius

Liebe Tochter! Sie haben mir durch die überschickten
Bücher eine große Freude gemacht besonders war ich ent=
zückt Angnes von Lilien[1] jetzt gantz zu besitzen, die ich mit
so großer Begirde in den Horen suchte aber immer nur stück=
weiß fande — ich machte mir also ein rechtes Freudenfest
und ruhte nicht biß ich damit zu Ende war — so viel ich
mich erinnere von meinem Sohn gehört zu haben ist die
Frau Verfaßerin eine Schwägerin von Schiller — — O!
laßen Sie dieser vortreflichen Frau meinen besten Danck vor
dieses herrliche product kund und zu wißen thun. Auch Julie
hat mir sehr behagt wer ist denn die Verfaßerin davon?[2]
Ja meine Liebe! Sie können kein beßeres und verdinst=
licheres Werck an Ihrer Sie liebenden Mutter thun, als
daß Sie die Güte haben, wenn Ihnen solche liebliche Sachen
zukommen mich in meiner Geistesarmuth theil darann nehmen
zu laßen — auch verbinde ich mich im Fall Sie Ihre Biblio=
theke mit ausschmücken wollen — das was Sie etwann ver=
langen sollten wann ich es geleßen wieder zurück zuschicken.
Wir haben hir das Thirische Leben betrefendt an nichts
mangel — aber dem Geist geht es wie Adonia dem Königs
Sohn im Alten Testament — von dem geschrieben steht wie
wirst du so mager du Königs Sohn. Also nochmahls meinen
besten Danck, vor die gute und genüßbahre Speiße womit
Sie mich erquickt haben. Es freut mich überaus daß alles
was mir in Weimar lieb und theuer ist sich wohlbefindet —
Auch das ist recht und brav daß Sie Sich den Winter in
Ihrem häußlichen Circul als außer demselben Vergnügen
machen — denn die heiligen Schriftsteller und die profanen
muntern uns dazu auf, ein fröliges Hertz ist ein stetes wohl=
leben sagen die ersten — und fröligkeit ist die Mutter aller
Tugenden steht im Götz von Berlichingen. Wegen des Krieges
wachsen mir auch keine graue Haare — das was ich neulich

an Ihnen schriebe — daß wenn es in Weimar gut mit meinen Lieben geht und steht mich das lincke und rechte Reinufer weder um Schlaf noch appetit bringt — ist noch heute dato meine Meinung. Künftigen Montag wird seyn der 19 te ist mein Geburths tag — da trincken Sie meine Gesundheit — das werde ich durch Simpathi spüren und fühlen und wird mir wohl thun. . . .

An Christiane, Goethe und den kleinen August
den 12ten Mertz 1798

Liebe Freundin! . . . Daß Sie alle bey dem herannahenden Frühling in Ihrem Garten in der frischen gesunden Luft Sich erlustigen das ist sehr wohlgethan — an jedem schönen Tag werde ich künftig an Sie alle dencken und mich im Geiste mit Ihnen freuen. Jetzt erlauben Sie daß ich ein paar Worte mit meinem Sohn spreche! Lieber Sohn! Dein Looß hat wieder die Einlage zur künftigen Lootheri die im May gezogen wird gewonnen — das alles kanst du aus der Beylage zur genüge ersehen. Nun ein Wort über unser Gespräch bey deinem hirseyn über die Lateinischen Lettern — den Schaden den sie der Menschheit thun will ich dir gantz handgreiflich darthun. Sie sind wie ein Lustgarten der Aristokraten gehört wo niemandt als Nobeleße — und Leute mit Stern und Bänder hineindürfen — unsere deusche Buchstaben sind wie der Prater in Winn wo der Kayser Josephs drüber schreiben ließe Vor alle Menschen — wären deine Schrieften mit den fatahlen Aristokraten gedruckt; so allgemein wären sie bey all ihrer Vortreflichkeit nicht geworden — so recht anschaulich ist es mir auf neue bey Herrmann und Dorothea geworden — Schneider — Nätherinnen — Mägte alles ließt es — jedes findet etwas das so gantz vor sein Gefühl paßt — genung sie gehen mit der Literatur Zeitung — Docter Hufnagel u. a. m. pele mele im Prater Spatziren ergötzen sich seegnen den Autor und laßen Ihn

232

hoch Leben!!! Was hat Hufland[1] übel gethan sein vortref=
liches Buch mit den vor die größte Menschenhälfte unbrauch=
bahr[en] Lettern drucken zu laßen — sollen denn nur Leute
von Stand aufgeklärt werden? soll den der geringre von
allem guten ausgeschloßen seyn — und das wird er — wenn
dieser neumodischen Fratze nicht einhaltgethan wird. Von
dir mein Lieber Sohn hoffe ich daß ich nie ein solches
Menschenfeindliches product zu sehen bekomme. Jetz auch noch
meinen Danck an meinen Lieben Augst — Liebes Enckel!
Vielen Danck vor die schöne und deutliche Beschreibung der
vielen vierfüßigen Thire und der herrlichen Vögel das muß
ja prächtig an zu sehen geweßen seyn — aber daß du das
alles auch so hübsch behalten hast um es der Großmutter so
anschaulich zu machen das verdint gewiß daß du recht gelobt
wirst — ich hoffe daß wenn wieder etwas neues in Weimar
zu sehen seyn wird, daß du mir es wieder schreiben wirst —
es macht mir jederzeit große Freude, so einen geschickten
Enckel an meinem Augst zu haben — auch übst du dich dadurch
im Schreiben das auch sehr gut ist — Sehr gern wolte ich
dir auch mit etwas neuem von hir aufwarten aber da ist
nichts das der Tinte werth wäre — nur dem Vater kanst
du sagen, daß unser vortreflicher Theater mahler zwey
neue Decorationen beyde Straßen vorstellend gemahlt hat
bey deren Anblick ich den Vater nur auf eine Minute her
gewünscht hätte denn so was sieht mann nicht alle Tage!
Solte die Meße was sehenswerthes herkommen; so will ich
dir es schreiben — Behalte die Großmutter in gutem An=
dencken — das will ich mir ausgebethen haben. Vor heute
genung — Lieber Sohn! Liebe Tochter! Was ich von Augst
begehre geht auch Euch an Behaltet mich lieb . . .

N. S. Auch vor die Lieder dancke auf beste — potz Fisch=
gen! was wollen wir Singen! Der Tittel auf rothpapier
bedeutet daß in dem Buch — Herrmann und Dorothea seine
Vergötterung erhalten hat.

¹ Siehe Anmerkung zum Briefe vom 23. September 1797.

An Christiane Vulpius

den 7ten May 1798

Liebe Freundin! Meinen besten Danck vor Ihren lieben
letzen Brief, ich erkenne es wie ich soll daß Sie mir /: seye
es dictirt oder selbst geschrieben:/ so angenehme Neuigkeiten
von Weimar haben zukommen laßen — Nachrichten von dort
her sind die einzigen die mich intereßiren, die mich froh
und glücklich machen — Haben Sie auch in Zukunft die Güte
mich von Zeit zu Zeit von I h r e r a l l e r Wohlbefinden zu
unterrichten — und jede gute Zeitung wird vor die Mutter
und Großmutter ein Festtag seyn. Auch vor die überschickten
Bücher dancke — und wenn ferner in diesem artickel was
vorkomt; so dencken Sie gefälligst an mich. Ich glaube gern
daß Iflands[1] Gegenwart gantz Weimar froh macht — vor
13 Jahren da Er noch in Mannheim war hatten wir öfferts
das Vergnügen Ihn hir zu sehen — das letzte mahl sahe ich
Ihn vor 8 Jahren in der Krönung — als Hoffrath in den
Hagenstoltzen[2] — Er ist ein großer Mann das streitet Ihm
niemand ab — Seine Heyrath bestättig das Sprichwort: alte
Liebe rostet nicht — es war eine lange lange Liebschaft.
Die Rarit[e]ten die wir die Meße hir hatten — schreibe ich
an den Lieben Augst der mir so eine schöne Beschreibung
von Verfertigung des Papiers gemacht hat. Unser Theater
hat auch einige sehr gute Aquisitionen gemacht — Stadler
— Otto und Werdi — können jedem Theater Ehre machen
— auch Madam Reinhart von Hamburg die sehr schön ist und
vortreflich spielt. Sie haben so viele Geschäfte Liebes Weibgen
— so was ist nun grade mein Casus nicht — daher sind die
Monathe May und Juni meine fatalsten im gantzen Jahr
— da wird vor das gantze Jahr Butter eingemacht — da
komt vor das gantze Jahr Holtz — da koche ich meine Molcken
— da wird die große Wasche besorgt u. d. g. Die Frau Rath
kommt da aus ihrem gerick und geschick — kan nicht ordentlich
Leßen — Clavir spielen — Spitzen klöpplen — und ist

234

Seelenfroh wenn alles wieder den alten Gang geht — wenn
ich aber so einen Lieben Brief aus Weimar bekomme — dann
geht alles flink von statten — und ich fühle mich immer
um 10 Jahre jünger — Jetzt wißen Sie das mittel mich zu
verjüngen — geben Sie mir zuweilen solche Lebens=tropfen
und ich Tantze noch den Ehren tantz auf Augsts Hochzeit. . . .

¹ W. Jffland, 1759—1814, Schauspieler, seit 1796 Direktor des Berliner Na-
tionaltheaters, beliebter Theaterdichter.   ² Lustspiel von Jffland.

den 21ten Juli 1798

Liebe Freundin! Vor dißmahl nur meinen besten Dank
vor Jhr Liebes Briefgen, und vor die Bücher — Mich freuts
ungemein daß alles bey Jhnen wohl ist — das ist mein
bestes Labsahl auf dieser Welt — Erfreuen Sie mich von
Zeit zu Zeit mit guten Nachrichten — und Sie sollen Lob und
Dank davor haben. Der Liebe Augst ist ja auserordentlich
fleisig — so viel zu schreiben — und in der Ordnung mit
vergnügen leße ich seine Kunst sachen — es ist ein Lieber
herrlicher Junge — Gott erhalte Jhn gesund. Herr Rath
Krauße und Demoiselle Schnautz werden jetzt wieder in
Weimar seyn wir haben einander öffters gesehen, und es
hat Jhr hir wohl gefallen — übrigens ists Jetzt bey uns
zimmlich still — alles ist in den Landhäußern — oder in den
Bädern — Jch bin auch sehr oft auf dem Land bey guten
Freunden — Sie Liebe Freundin kennen nun freylich diese
Menschenkinder nicht, aber was thut das, genung Sie hören
doch wie sich die Großmutter amusirt und ihren Sommer
hinbringt — den gantzen Sontag bin ich vor dem Bockenheimer
thor in Senator Stock Garten — in der Woche vorm Aller=
heiligen Thor bey Madam Fingerling¹ — dann über Sachsen=
haußen auf einem prächtigen Gut bey Herrn Kellner² — und
so habe ich 3 biß 4 Orte wohl es mir sehr wohl behagt.
Sie sehen hiraus, daß die Großmutter sich des Lebens noch
immer freut — und warum solte es einem auch auf dieser
schönen Gottes Erde nicht wohl seyn — das wäre garstiger
Undank vor alle die Wohlthaten die Er mir in meinem Leben

erzeigt hat — und unter Gottes Lob und Danck soll so ein Tag nach dem andern hingehen, biß der Vorhang fält. . . .

¹ M. G. Fingerlin, Bankier in Frankfurt.   ² Ratsherr in Frankfurt.

An Goethes Sohn August

den 21ten July 1798

Lieber Augst! So oft ich ein so schön und deutlich geschriebenes Heft von dir erhalte; so freue ich mich daß du so geschickt bist die Dinge so ordentlich und anschaulich vorzutragen — auch schäme ich mich nicht zu bekennen, daß du mehr von diesen Sachen die von so großem Nutzen sind weißt als die Großmutter — wenn ich so gerne schriebe wie du; so könte ich dir erzählen wie elend die Kinder zu der Zeit meiner Jugend erzogen wurden — dancke du Gott und deinen Lieben Eltern die dich alles nützliche und schöne so gründlich sehen und beurtheilen lernen — daß andre die dieses Glück der Erziehung nicht haben im 30 Jahr noch alles vor Unwißenheit anstaunen, wie die Kuh ein neues Thor — nun ist es aber auch deine Pflicht — deinen Lieben Eltern recht gehorsam zu seyn — und Ihnen vor die viele Mühe die Sie sich geben, deinen Verstand zu bilden — recht viele viele Freude zu machen — auch den Lieben Gott zu bitten Vater und Mutter gesund zu erhalten damit Sie dich zu allem guten ferner anführen können. Ja Lieber Augst! Ich weiß aus Erfahrung was das heißt Freude an seinem Kinde erleben — dein Lieber Vater hat mir nie nie Kummer oder Verdruß verursacht — drum hat Ihn auch der Liebe Gott gesegnet daß Er über viele viele empor gekommen ist — und hat Ihm einen großen und ausgebreitnen Ruhm gemacht — und Er wird von allen Rechtschaffenen Leuten hoch geschätzt — da nim ein Exempel und Muster dran — denn so einen Vater haben und nicht alles anwenden auch brav zu werden — das läßt sich von so einem Lieben Sohn nicht dencken wie mein Augst ist. Wenn du wieder so Intreßante Nachrichten gesammelt hast; so schicke sie mir . . .

236

An Goethe

Lieber Sohn! Es ist schon langeher daß ich nichts von
dir und den Lieben deinigen vernommen habe — ich frage
also einmahl wieder an und erkundige mich nach Eurem
Wohlbefinden — auserdem habe auch verschiedne Vorfälle zu
erzählen, da du über einige dich verwundern wirst — Schloſſer
ist Franckfurther Syndicus geworden — /: und zwar welches
Jhm zu Ehre gereicht und bey unſerer Verfaßung ein gar
ſeltner fall ist:/ ohne Kugelung! Der Magiſtrath — die 51
— die 9 waren alle /: das beinahe unerhört ist:/ in dieſer
Sache einig — Wer hätte ſich das träumen laßen! Jch
bekomme dadurch eine Stütze die in gegenwärtigen immer
noch Crittiſchen Zeiten mir nicht unlieb ist — auf den
Umgang mit der Schloſſern freue ich mich — den ob ich gleich
verſchiedne weibliche Bekandtschafften habe; ſo ist doch keine
darundter, die mich ſo gantz begreift und verſteht — die
alten Zeiten fangen wieder bey mir an aufzuleben —
daß die Hanchgen[1] bey uns im alten Hauß am runden tiſch
bey mir ſaße — und du manchen ſchönen Abend unſer
Geſpräch warſt — Es ist mit alledem Courios daß Schloſſer
aus Furcht vor den Frantzſoſen bis beynahe ans Ende der
Welt läuft — große Aufopferungen macht und doch wieder zu
einer Zeit zurück muß — da nahe genung die gefürchteten
Menſchen um uns herum ſtehn — und der Ausgang der
Sache noch nicht im klahren ist — Jch bin ungewiß ob du
weißt, daß ſein Bruder der Schöff Schloſſer vorm Jahr
geſtorben ist — ſonſt hätte freylich die Syndicus wahl nicht
auf Jhn fallen können. . . .

Vor Prachtvolle Caſtanien wird vor dieſes mahl Freund
Gerning ſorgen. Eine unſerer hieſigen Schauſpielerinnen
Madam Bulle kam vorige Woche zu mir und erſuchte mich
bey dir anzufragen, ob Sie und Jhre Tochter ein Mädelein
von 17 Jahren bey der weimariſchen Geſellſchaft angenommen

werden könnten — die Jhre Talente zu Speciviziren würde deßwegen unnütz seyn, weil wie ich in Erfahrung gebracht habe, Jhr Contract noch 2½ Jahr dauert — freylich sagt Sie mann habe Jhr den ihrigen in ansehn ihrer Tochter auch nicht gehalten u. d. g. ich dencke aber mann muß diesen Menschenkindern nicht so schlechterdings erlauben und Jhnen leicht machen von einem Ort zum andern ohne vorwißen der Directoren zu gehen — dieses gantze Geschreibe hätte ich mir erspahren können — aber ich hatte es /:ohne die Um= stände gründlich zu wißen:/ einmahl versprochen und mein gegebenes Wort ist mir heilig — Du wirst die Güte haben bey Gelegenheit durch deinen Geist[2] mir nur ein paar Worte über obige Sache zu schreiben z. E. Wie es deine Art nicht wäre jemandt zu angaschiren deßen Contract nicht zu Ende wäre, oder was dir sonst gut deucht — damit ich mich Legi= timiren kan, daß ich geschrieben habe. Jn gegenwärtiger Meße ist viel Specktackel — viele Verkäufer — aber wenig Käufer und wenig Geld — so lange kein Friede ist; so lange wirds happern. Was machen denn deine Lieben? Von Augst habe beynahe eine Bibliothek von seinen Erfahrungen die mich sehr gefreut haben. Grüße und küße die Lieben Hauß= geister . . .

[1] Johanna Schlosser, geb. Fahlmer, Georg Schlossers zweite Frau. [2] Goethes Schreiber.

Abgeschickt den 2ten Aprill 1799

Lieber Sohn! Hir das welsche Korn — wünsche daß es 100 fältige Früchte tragen mögte. Dancke dem Lieben Augst vor sein gutes Brieflein, es freut mich daß Jhm das Sommer= kleidgen wohlgefält — aber leider ist der Sommer bey uns wieder verschwunden! Heute als den 29ten Mertz ist eine Kälte, daß ich meinen Peltzmandel wieder hervor geholt habe um im Sontagskind[1] nicht zu erfrieren. Lieber Sohn! Was macht, was treibt Jhr denn? der Augst hat mir zwey Briefe geschrieben aber kein Wort weder von dir noch von meiner

238

Lieben Tochter — ich hoffe ja ich weiß sogar daß alles gut ist — und daß die Nägel fest stecken — aber ich höre doch zuweilen gern von Eurem allerseitigen Wohlseyn. Aber O! Wehe!! Madame la Roche geht doch zum Gevatter Wieland[2] — der Vetteran hat Jhr die Einladessten Briefe geschrieben — und ich wette Er langweilt sich wenn Sie ½ Tag bey Jhm ist — vermuthlich wird Sie alle große und Edle Menschen in und um Weimar mit Empfindsamkeit in Contiportion setzen, wobey du gewiß obenan stehts — Faße deine Seele in Gedult — oder gehe im May /: den da kömt Sie zu Euch:/ nach Jena — doch du wirst es schon einrichten. Lebe wohl! . . .

[1] Singspiel von Wenzel Müller.　　[2] Frau von La Roche war Wielands Jugendgeliebte.

den 10ten May 1799

. . . Vor Euren Lieben Brief vom 24 ten Aprill dancke recht sehr er hat mir viel und große Freude gemacht. Dein jetziges Looß ist No. 702. Gestern speißte bei Frau Elise[1] und trafe dem Bremischen[2] Gesanden da an — der mit dir in Leipsig studirt hat — der Mann hatte eine Seelenfreude mich als deine Mutter kennen zu lernen — seinen Nahmen habe ich vergeßen — vielleicht höre ich ihn noch einmahl — dann solt du ihn wißen — Er kam von Rastadt — Großer Gott! was ist das vor eine Geschichte!!![3] Wir sind alle wie vorn Kopf geschlagen — Jch laße mich sonst nicht leicht etwas so mir frembt ist ängstigen aber diese greuel kan ich gar nicht aus dem Sinne kriegen. Gott Lob und Danck! daß du in Weimar und nicht in Paris bist! Jch fürchte wenn die Nachricht unter den Pariser pöpel kommt — sie bringen alle Deusche um — Wenn ich jemand jetzt von den meinen in Franckreich oder wo sonst Franzosen sind wüßte — ich glaube ich stürbe vor Angst — ich muß nur davon aufhören — sonst kommen mir die Greuelgesichten wieder in Kopf — wie gestern — ich war im Schauspiel, hörte und sahe aber nichts — vor lauter nachdencken über dieser Abſcheuliche that. Lebe wohl! . . .

den 24ten May 1799

Lieber Sohn! Sage meiner Lieben Tochter vielen und hertzlichen Danck, vor das vortrefliche Exemplar von Herr= mann und Dorothea — das Werck verdint ſolche verſchöner= ungen — denn es iſt ein Meiſterſtück ohne gleichen! Ich trage es herum wie die Katze ihre Jungen — biß Sonntag nehme ich es mit zu Stocks — die werden krehen und jublen — ferner hat mir meiner Lieben Tochter ihr Brief große Freude gemacht — weil du jetzt mit Kuſche und Pferden geſegnet biſt — und dadurch dir nach Leib und Seele viel vergnügen machen kanſt — auch hat der Liebe Augſt mir wieder ein dickes heft ſeiner Frühlings Ergötzlichkeiten über= ſchickt, das ich mit großem Vergnügen geleßen habe dancke Ihm hertzlich davor. Da ich nun aus eben dem Brief erſehen habe, daß du und alle die deinigen bey Jena auf dem Lande in einem Garten den Frühling genüßeſt; ſo habe jegen= wärtiges an Herrn Hoffrath Schiller Adreßirt — da es dir denn wohl zu Händen kommen wird . . . übrigens freue ich mich, daß du wieder in oder um Jena biſt — da gibts wieder ſo einen Hermann — oder der gleichen — Gott ſeegne dich und erhalte dich geſund und froh! Lebe wohl! Grüße deine Lieben — aber auch Schiller den ich von Hertzen liebe und verehre . . .

den 20ten Juli 1799

Lieber Sohn! Hertzlich hat mich die Nachricht von Euer aller Wohlſeyn erfreut — So wie mir meine Liebe Tochter ſchreibt — war ein etwas ſtarcker Roumor in Eurem Hauß= weßen wegen Anweßenheit der Königlichen Majeſtät![1] Die Franckfurther haben auch alles mögliche gethann — um

240

ihren ehemahligen Bekandten zu beleben — Er hat es auch
recht freundlich auf und angenommen — mir ist eine Ehre
wiederfahren, die ich nicht vermuthete — die Königin² ließ
mich durch Jhren Bruder einladen zu Jhr zu kommen der
Printz kam um Mittag zu mir und speißte an meinem kleinen
Tisch — um 6 uhr holte Er mich in einem Wagen mit
2 bedinten hintenauf in den Taxischen Palast — die Königin
unter hielt sich mit mir von vorigen Zeiten — erinnerte Sich
noch der vielen Freuden in meinem vorigen Hauß — der
guten Pannetuchen u. s. w. Du lieber Gott! was so etwas
vor Wirkung auf die Menschen macht! Das war gleich in
allen Coffe und Weinhäußern, in großen und kleinen Gesell=
schaften — es wurde in den ersten Tagen nichts anders
geredetet als, die Königin hat die Frau Rath durch den Erb=
printzen von Mecklenburg zu sich holen laßen — und wie
ich Stapazirt wurde alles zu erzählen was alles da wäre
abgehandelt worden mit einem Wort ich hatte einem Nimbus
ums Haupt der mir gut zu Gesichte stand. Dancke ja recht
schön meiner Lieben Tochter vor Jhren Lieben Brief und vor
die überschicken Jounahle und Mercure — besonders aber
vor das herrliche Werck der Confirmation des Erprintzen³ —
das hat mir wohlgethan — das ist ein ander Ding
— als von unserm überspanten Hufnagel — mit seinem
jemmerlichen a. b. c. buch worüber in Sachsenhaußen beynahe
eine Revolution entstanden wäre. . . . Der Liebe Augst hat
mir wieder ein dickes Heft von seinen Reißen zugeschickt —
das mich sehr gefreut hat — grüße Jhn hertzlich von der
Großmutter und dancke Jhm. Jetzt eine Theater affäre.
Wir haben hir ein junges Demosellgen 17 Jahr alt nahmens
Casperts, die gerne nach Weimar auf Theater mögte — Sie
war hir zu ersten Liebha[b]erinnen angenommen, gesiehl
auch als Friedericke in den Jägern⁴ und als Cora in der
Sonnenjungfrau⁵ — nachher wolte es nicht recht fort — die
Ursach mag in einer gewißen Faulheit und Gemächlichkeit
liegen — genung es wurde Jhr aufgesagt — Sie ist von

hübschen Eltern aus Mannheim Demoiselle Jagemann⁶ kent sie — sie will gern zweyte Rollen übernehmen — hir hat sie 800 f bekommen — Ich würde mich mit der Sache gar nicht befaßt haben — aber Frau Stock — die sich Mutter von ihr nennen läßt bate mich so lange, daß ich es Ihr ver= sprach — Meiner Lieben Tochter würde ich auch geschrieben, und mich bey Ihr selbst bedanckt haben — deßgleichen an den Lieben Augst — aber ich habe durch die Kranckheit meiner Köchin, so eine unordnung in meinen thun und seyn — daß mir diesen Brief zu Ende zu bringen Mühe kostest — da ich nehmlich nichts ordentliches bey mir zu Eßen haben kann; so gehe ich beynahe alle Tage zu Gaste bin also den Nachmittag nicht zu Hauß — da gibts nun die Morgenstunden — aufzuräumen — zu Rechnen und diß und das — daß die Zeit zum Schreiben sehr knapp zugetheilt ist. Ich will bey beßerer Muße alles wieder einbringen. . . .

¹ Friedrich Wilhelm III. von Preußen. ² Königin Luise von Preußen. ³ Des Generalsuperintendenten Herder Predigt zur Konfirmation des Erbprinzen von Sachsen-Weimar. ⁴ Von Iffland. ⁵ Von Kotzebue. ⁶ Schauspielerin in Frankfurt.

[Oktober 1799]

Lieber Sohn! Die Nachricht die ich dir jetzt schreibe — wird dir unerwartet und traurig sein. Schlosser ist nicht mehr! Eine Lungenentzündung entriß Ihn uns am 17 ten dießes — die paar Jahre in Eutin schienen auf seine Cörpper= liche Umstände nicht gut gewürckt zu haben — als Er hin= reißte sahe Er gut ja blühend aus — bey seiner Herkunft vor 11 Monathen kante mann Ihn beynahe nicht mehr — Er war eingefallen — alles — Zähne — Farbe alles war weg — und so mager daß alle die Ihn sahen — über die große Veränderung erstaunten. Seine Lunge zeigte sich so= gleich als den schwächsten theil an Ihm — durch öfftere Catharr=Fieber u. d. g. Heut vor 14 tagen war Er in seinem vor gantz kurzem erkauften Garten. Er steckte Zwiebeln — pflantzen u. s. w. Er hörte schießen arbeitete aber imer fort

242

— endlich kammen die Schütze näher — Er eilte fort — kam
ans Eschenheimer thor — das war zu — die Brücke auf=
gezogen — die Franzosen standen davor — ein Mann sagte
Ihm wenn Er e i l t e so käme Er noch zum Neuen thor herein
— nun strengte Er alle Kräf[t]e an. — kam auch glücklich
noch herein aber erhitzt und in Angst — Er ging zu seiner
Schwägerin — die nicht wohl war, und fand da eine sehr
heiße Stube — wo Er nathtürlich noch mehr erhitzt wurde —
diesen Augenblick wurde Rathsitz angesagt — nun mußte Er
in Römmer in die kalte große Raths stube — den 2ten Tag
darauf bekam Er Husten — Fieber und gleich röchlen auf
der Brust — Er wolte keinen Artz — endlich kam einer der
fand Ihn tödtlich kranck — mann nahm noch einen — der
erklährte auch daß es sehr gefährlich wäre — Sie hatten
dißmahl recht — den Er starb. Die gute Schlossern — und
Ihre zwey Liebe Kinder Laßen dich hertzlich grüßen — daß
Sie dir nicht selbst schrieben wirst du leicht verzeihen — Sie
bitten um die Fortdauer deiner Freundschaft — auch ersuchen
Sie dich es Herder — Wieland — und wer Ihn etwa sonst
gekandt hat bekandt zu machen. Grüße den Lieben Augst,
und sage Ihm — daß sein Oberrock u Westgen nicht ver=
geßen seye — daß es die andre Woche soll gekauft und Ihm
zugeschickt werden — denn die Großmutter wäre jetzt den
gantzen Tag bey Schlossers — und das wäre die Ursach, daß
es noch nicht bey der Hand seye. Mama la Roche ist gantz
entzückt über die gütige Aufnahme in deinem Hauße —
Sie hat mir darüber einen gar lieben Brief geschrieben —
Gott erhalte dich das ist mein Morgen und Abend Gebet. —
Grüße meine Liebe Tochter! Laßt bald wieder etwas von
Euch hören Ihr seyd ja überzeugt, daß das Leben und Wonne
gibt Eurer treuen Mutter Goethe.

den 16ten December 1799

Lieber Sohn! Heute ist das Kistgen bepact mit Christ=
geschencken an dich mit dem Postwagen abgegangen — wünsche

daß alles zum Vergnügen ausfallen möge — Auch hoffe ich, daß das Zeug zum Kleid meiner Lieben Tochter gefallen wird — der Judenkram ist vordißmahl etwas ärmlich — ich habe alle Schubladen aus gelehrt um nur dein Begehren in etwas zu erfüllen. . . . Lieber Sohn! Nach der Rückkehr der Mama la Roche empfinde erst recht — wie du mir zu liebe dich in meiner kleinen Wohnung beholfen hast — Ei! Was hat die mir und allen deinen Freunden vor eine herrliche Beschreibung deines Haußes und deiner gantzen Einrichtung gemacht — das delizieße Gastmahl das du Ihr gegeben hast — das prächtige grüne atlasne Zimmer — der herrliche Vorhang — das Gemählde das dahinter war — Summa Sumarum — einen gantzen Tag hat Sie mich davon unterhalten — was mir das vor ein Tag war kanst du leicht dencken!!! Gott! Erhalte und Seegne dich laße dir es wohl gehen — und lange mögstes du Leben auf Erden — und das wird geschehen, denn der Mutter Seegen baut den Kindern Häußer Amen. Aber dem allem ohnbeschadet — hoffe ich doch daß du mich einmahl wieder mit deinem Besuch erfreuen wirst — ich will so viel mir möglich dir alle Gemächlichkeit zu verschafen suchen. Das wäre denn vordißmahl so ohngefähr alle was ich dir zu berichten hätte . . .

An Goethe und Christiane

Am Ersten Ostertag 1800

Lieber Sohn! Hirbey kommt das gewöhnliche Welch korn — Ihr habt es zwar noch nicht verlangt — da es aber alle Jahre um diese Zeit begert wurde; so schicke ichs in Hoffnung daß es gerade zu recht kommen wird. Schöff Hetzler wird dir geschrieben und wegen der Contibuzion alle mögliche Aufschlüße gegeben — auch dabey erinnert haben, daß ich die Bezahlung auf mich nehme — Ich habe dich in Bausch und Bogen auf 10 000 f angesetzt und 1797 200 f vor dich bezahlt — auch würde ich alles vor mich stillschweigend ab-

244

gemacht haben — wenn das Amt deine Erklährung nicht
verlangt hätte — du magt dich nun angeben wie du mit
gutem Gewißen thun kanst — /: noch einmahl seye es gesagt:/
vor die Zahlung braucht du nicht zu sorgen. Am Freytag den
11 ten Aprill empfange ich von Weimar eine Rolle mit Musick
von meinem alten Freund Krantz — das hat mich sehr gefreut
— dancke Ihm doch in meinem Nahmen aufs beste und freund=
lichste davor — wenn ich auch selbst nicht so geschickt bin es
gleich zu singen und zu spielen; so haben wir hir Persohnen,
die mir den Vorschmack davon geben sollen biß ich es selbst
executiren kan. Die Edle Musica geht bey mir eifriger wie
jemahls — der Marsch aus dem Tittus hat mir wegen der
vermaledeiten Sprünge viel noth gemacht!!! Jetzt ein paar
Worte mit meiner Lieben Tochter. Sie verlangen feines Tuch
zu den Hälsen — das sollen Sie sehr schön bekommen ferner
Batist zu Kraußen — nicht auch zu Manschetten? Ich weiß
wohl daß die meisten Herrn keine mehr tragen — wie es
aber bey meinem Sohn Mode ist — das müßen Sie die Güte
haben mir mit ein paar Worten zu schreiben. Auch muß
ich Ihnen über Ihren großen Fleiß im Spinnen loben —
das ist recht brav Ihro Demoiselle Schwester ist sehr geschickt
so fein Spinnen zu können das ist viel nützlicher als womit
sich die Frauenzimmer bey uns abgeben Dancken Sie Ihr in
meinem Nahmen und empfehlen mich Ihr aufs beste. Vielen
Danck vor die Bücher besonders vor den Janus der macht
mir viel vergnügen — das muß wahr seyn Ihr Weimaraner
seyd glückliche Menschen! Alles schöne — alles große —
alles Vortrefliche habt Ihr im überfluß — wir dancken Gott!
vor die Brosamen die von Eurem Tische fallen! Wenn aus
Demoiselle Caspars[1] in Weimar nichts wird, so wird in
ihrem gantzen Leben nichts aus ihr — Sie ist aber auch
mit ihren Aufenthalt in Weimar vergnügt wie eine Königin.
Lieber Augst! Wie sehr hat mich die Beschreibung der
Macerade ergötzt — und daß du gedanzt hast das war auch
recht schön — hir dürfen keine gehalten werden Bälle ohne

Masten gabs die menge — von hören weiß ich daß die junge
Welt sich recht lustig soll gemacht haben — jedes Alter hat
seine Freude — die Großmutter geht um 10 Uhr ins Bett
— und läßt Tantzen wer Lust und Liebe dazu hat. Wenn du
die Großmutter besuchen wilsts; so mußt du Vater und
Mutter mitbringen — allein mögte dir die Zeit bey der alten
Großmutter zu lang fallen. Kranck warst du — das laße
unterwegens bleibe hübsch gesund . . .

¹ Junge Schauspielerin.

An Christiane Vulpius und ihren Sohn August

[September 1800.]

Liebe Tochter! Ihr Liebes Schreiben hat mich wieder
sehr froh und glücklich gemacht — wenn ich gute Neuigkeiten
von Weimar höre; so werde ich immer verjüngt — und
meine Freunde haben meine gute Laune in vollem Maß zu
genißen — Ihr guter Brief kam gerade zu rechter Zeit —
denn die Freiheits=Männer drohten uns wieder unser Geld
abzunehmen welches uns den keinen guten Houmor verursachte
— denn es sind kaum 4 wochen — daß sie 300000 gulden
auf neue von unserer Stadt erpreßten — da kamen nun
gerade gute Nachrichten von Ihnen allen — da ward ich
froh — und dachte Geld hin — Geld her — wenn es nur
in Weimar bey deinen Geliebten wohl und vergnügt zugeht;
so schlafe du ruhig — das thate ich denn auch bey all dem
wirr warr. Daß Sie meine Liebe den Sommer vergnügt zu
gebracht haben freut mich sehr — die Groß mutter hat auch
ihr möglichstes gethann um auf Gottes schöner Erde diesen
Sommer vergnügt und froh zu seyn — und es ist mir auch
gelungen ohne jedoch meine von langen Jahren her gewohnte
Ordnung zu unterbrechen — doch mit aller meiner Ordnung
will ich doch die Reiße zu Ihnen nicht verschwören — wer
weiß was in der Zeiten hindergrund schlummert — das Ver=
langen mich einmahl wieder zu sehen kan nicht größer seyn,

als das meinige ist einmahl Ihre schöne häußliche Ordnung und Wirthschaftlichte Beschäftigungen mit meinen Augen an= zusehn — und Ihnen meinen Mütterlichen Danck mündlich davor abzustatten. Biß diese schöne Zeit erscheint — erfreuen Sie mich von Zeit zu Zeit mit angenehmen schrieftlichen Nachrichten — wofür ich Ihnen immer hertzlich dancken werde. . . . ein paar Worte an meinen lieben Augst. . . .

Lieber Augst! du hast mir wieder eine rechte Freude mit der Beschreibung von deiner Sommer Wallfahrt gemacht — das war recht schön daß deine Liebe Mutter — Deine Liebe Tante und du Gottes freye Luft so schön genoßen und neues Leben und Gesundheit eingeathmet habt — dadurch hast du neue stärcke erlangt um diesen kommenden Winter brav Schrittschu zu laufen — damit du dich nun nicht erkältest soll ein gantz musterhafter Oberrock und eine warme weste erscheinen. Ich mögte dir gar gerne auch einmahl etwas von meinen wanderungen erzählen — aber das ist ohn= möglich, denn ich wandre um 6 uhr Abens die Treppe her= unter, um 9 uhr die Treppe herauf — da ist nun nichts Intreßantes zu berichten — doch etwas wobey ich deinen Vater hergewünßt habe — in die Oper Tittus — da hat der Italienische Mahler 5 neue Decorationen gemacht — wo ich bey der Erscheinung des Capitohls bis zu Thränen bin ge= rührt worden — so prächtig war das, und der Einzug des Tittus anzusehen. Lebe wohl! . . .

An Goethe

den 8ten December 1800

Lieber Sohn! Künftigen Freytag als den 12ten De= cember schicke ich mit dem Postwagen ein ambalirtes Kistgen, es enthält das Christkindlein vor meine Liebe Tochter und den Lieben Augst — die Ursach warum ich dir dieses zum voraus melde — wirst du leicht einsehen — damit es vorher niemand zu sehen bekommt — und die Freude desto größer ist — den Confect schicke 8 Tage nachher, so gut und schön er zu haben ist — wünsche daß alles wohlbehalten anlangen, und Vergnügen erwecken möge.

Mann hat mir gesagt, daß herrliche Anstalten bey Euch gemacht werden um das neue Jahrhundert mit Freude und Würde zu empfangen, und zu begrüßen — Gott! Laße es Euch allen gesegnet seyn. Trettet mit frohem Jubel hinein, und vorzüglich dancket Gott! Der das liebe Sachsen von der Kriegs=geisel noch unberührt gelaßen hat. Wir sind es /: das weiß Gott:/ müde und satt! Contiputionen — Requisitionen Einquartirung — Durchmärsche u. s. w. Ich habe Gott sey Lob und Danck! immer noch guten Muth — habe was die Einquartirung anbelangt — beynahe gar keine Last — wenn die Stadt, und also auch das Hauß wo ich wohne nicht mit Truppen überhäuft ist, so nimt mein Hauß wirt meine und der übrigen Einwohner, um ein sehr billiges kostgeld sie zu den seinen — das ist denn vor mich eine große Erleichterung. Jetzt genung von dem leidigen Kriegsgethümel punctum. Künftige Ostern geht dem verstorbenen Schöff Schlosser sein Sohn nach Jena um Medicin zu studiren — und freut sich hoch auf Jena aber nicht weniger auf Weimar — Seine Mutter und die gantze Freundschaft empfehlen Ihn dir auf beste . . . Diesen Winter habe ich alle Mittwoch eine sehr angenehme Unterhaltung — die uns die großen Tichter ge= währen — ich bitte dich sage Schillern etwas davon villeicht macht es Ihm einen guten Augenblick. Wir kommen um 5 Uhr Abens bey Frau von Schwartzkopf zusammen — setzen uns um einen runden Tisch und d[r]amatisiren . . . Wallen= steins Tod! . . . Da wir nicht so viele Persohnen haben — so hat eins mehrere Rollen z. E. Ich habe noch den Seni und den Westhaußen — das amusirt uns nun Königlich — Künftigen Mittwoch wird Tasso von dir geleßen — dann Iphigeni — dann Nathan der Weiße — Don Carlos — die meisten declamiren daß es eine Art und Schick hat — jedes

248

Die Pumpe im Hofe
der Frau Rat

freut sich auf den Mittwoch. Fält mir noch ehe dieses fort
geht etwas ein das des Schreibens werth ist; so solst du es
wißen, wo nicht — so sage ich nur noch: Gott segne dich
und dein gantzes Hauß, erhalte Euch alle mir — laße das
neue Seculum mit Taufendfachen Seegen über Euch kommen —
diß ist das Morgen und Abend Gebeth Eurer Euch Liebenden Mutter und Großmutter E. E. Goethe

N. S. Daß du meine Liebe Tochter und den Lieben Aug
hertzlich von mir küßen und grüßen solst das versteht sich
am Rande.

An Christiane Vulpius

den 19ten Jenner 1801

Liebe Tochter! Preiß — Danck und Anbethung sey dem
Gott! der vom Tod erretten kan, und der hülfe gesendet
hat, damit unser Glaube an Ihn auf neue gestärcket — und
wir mit neuem Muth immer auf Ihn hoffen und Ihm
allein vertrauen! Er stärcke meinem geliebten theuren
Sohn! Schencke Ihm die verloh[r]ne Kräffte, und setze Ihn
ferner zum Seegen zur Freude uns und allen die Ihn lieb
und werth haben Amen. Aber meine Liebe Liebe Tochter!
wie soll ich Ihnen dancken, vor alle Liebe und Sorgfalt die
Sie meinem Sohn erwießen haben — Gott sey Ihr Vergelter — Er hat Ihn Ihnen jetzt aufs neue geschenckt —
Sie werden jetzt ein neues Leben mit Ihm Leben — und
wird Ihr beyder Wohlseyn zu meinem größten Trost bis
in die spätesten Zeiten erhalten Amen. Nun meine Liebe
Tochter! Jetzt eine Bitte — ich muß nun /: will ich ruhig
und meine Tage nicht in Sorge und Angst hinleben:/ eheftens
wieder Nachricht haben, wie es ausfieht — ob die Beßerung
anhält — und was es denn eigendlich vor ein übel war —
das uns so schrecklich unglücklich hätte machen können — Sie
sollen nicht schreiben, erholen stärcken von der großen Mühe
und von der noch größeren Angst das sollen Sie, nicht

250

Schreiben, auch mein Sohn nicht der soll sich pflegen und erholen — Aber entweder dictiren Sie Geisten — oder Augst oder laßen Sie Ihren Herrn Bruder die Mühe übernehmen — nur ein paar Zeilen mit der ersten Post!!!! Die Kranck=heit muß doch erst nach neujahr gekommen seyn, denn die Christtage habe ich Briefe die gut lauten von Ihnen und von Ihm — Nochmahls Tausend Danck vor alle Liebe — treue und Besorgung — auch vor den Brief an mich — wie leicht hätte ich es von Frembten auf die schreckhafteste art erfahren können — Leben Sie wohl! Grüßen meinen mir von Gott auf neue geschenckten Sohn . . .

An Goethe

den 31ten Jenner 1801

Lieber Sohn! Dancke meiner Lieben Tochter vielmahls vor Ihren Lieben Brief vom 22ten Jenner — Gott sey Lob und Danck! daß Er die dir gedrohte große Gefahr so gnädig und bald abgewendet hat — Ach was ist die Unwißenheit eine herrliche Sache! Hätte ich das Unglück das dich be=troffen gewußt ehe die Beßerung da war, ich glaube ich wäre im Elend vergangen — so aber war ich gerade diese krittische Tage froh und vergnügt — nun war es aber wieder sehr gut, daß ich Nachricht von deiner Beßerung hatte, sonst wäre es noch erschrecklicher geweßt — denn der Brief meiner Lieben Tochter kam Sontags früh um 11 Uhr an — ich hatte der Syndicus Schloßern versprochen Sie Abens mit ins Schauspiel zu nehmen weil Johanne von Monfocon¹ gegeben wurde — ich sagte nicht ein Wort von deinem Kranckßein — ein Un=glück lauft gleich einem Lauffeuer — und sowas kan ich nicht ertragen — Aber nun kommts warum es so herrlich gut war, daß ich deine Beßerung erfahren hatte: Herr Handels=mann Friederich Schmidt mein Logen Nachbar frag[t]e, was ich vor Nachricht von dir hätte, du müßtest sehr kranck seyn — denn der Hertzog hätte einen Eilboten nach Jena geschickt

251

um einen dortigen geſchickten Artz[2] um Hülfe zu rufen —
Nun bitte ich dich überlege wenn ich den guten Brief deiner
Beßerung nicht in Händen gehabt hätte, ich glaube der
Schrecken wäre mir tödlich geweßen, ſo aber ſagte ich gantz
kurtz, daß du wieder beßer wäreſt, fragte aber doch woher
er das wiße? ein Vetter von mir erwiederte er ſtudirt in
Jena — der hat es mir geſchrieben. Innerlich danckte ich
Gott vor meinen vor ein paar Stunden vorher empfangenen
Brief — und war zimmlich ruhig. Jetzt hoffe ich, daß du
völlig wieder hergeſtelt biſt — auch daß du mit deinem
ſchönen braunen Auge Gottes Schöpfung wieder frölich An=
ſchauen wirſt, und bitte ſehr um baldige Nachricht, von den
fortſchritten deiner Beſſerung, damit meine Seele mit freu=
digem Munde und Hertzen, Gott davor dancken könne! Ihro
Hochfürſtliche Durchlaucht lege meinen innigſten Danck zu
Füſſen vor alle die gnädige Sorgfalt und Liebe, die dieſer
vortrefliche Fürſt in dieſen Bößen und gefährlichen Tagen
dir erzeigt hat — Gott! ſeegne den Beſten Fürſten und das
gantze Hochfürſtliche Hauß zeitlich und ewig davor Amen.
Lebe wohl! . . .

N. S. Auch dem Braven Geiſt dancke vor ſeine Beyhülfe
— und allen die dich erquickt und dein Leiden haben tragen
helfen. Tauſendmahl danckt die nun wieder frohe Mutter.
Gott! vergelte es allen allen allen.

[1] von Kotzebue. [2] Profeſſor der Medtzin, Hofrat J. Chr. Starck.

Goethe an ſeine Mutter

Weimar, den 1. Februar 1801.

Diesmal, liebe Mutter, ſchreibe ich Ihnen mit eigner
Hand, damit Sie Sich überzeugen daß es wieder ganz leidlich
mit mir geht.

Das Übel hat mich freylich nicht ganz ungewarnt über=
fallen, denn ſchon einige Zeit war es nicht völlig mit mir wie

es ſeyn ſollte. Hätte ich im vorigen Jahre ein Bad gebraucht wie ich in früheren Zeiten gethan; ſo wäre ich vielleicht leidlicher davon gekommen; doch da ich nichts eigentliches zu klagen hatte; ſo wußten auch die geſchickteſten Aerzte nicht was ſie mir eigentlich rathen ſollten und ich lies mich von einer Reiſe nach Pyrmont, zu der man mich bewegen wollte, durch Bequemlichkeit, Geſchäfte, und Oekonomie ab= halten, und ſo blieb denn die Entſcheidung einer Criſe dem Zufall überlaſſen.

Endlich, nach verſchiedenen katharraliſchen Anzeigen, zu Ende des vorigen Jahres, brach das Übel aus, und ich erinnere mich wenig von den gefährlichen neun Tagen und Nächten, von denen Sie ſchon Nachricht erhalten haben.

Sobald ich mich wieder ſelbſt fand ging die Sache ſehr ſchnell beſſer, ich befinde mich ſchon ziemlich bey körperlichen Kräſten und mit den geiſtigen ſcheint es auch bald wieder beym alten zu ſeyn.

Merckwürdig iſt daß eine ähnliche Kranckheit ſich theils in unſrer Nähe, theils in ziemlicher Entfernung in dieſem Monate gezeigt hat.

Wie gut, ſorgfältig u. liebevoll ſich meine liebe Kleine bey dieſer Gelegenheit erwieſen werden Sie Sich dencken, ich kann ihre unermüdete Thätigkeit nicht genug rühmen. Auguſt hat ſich ebenfalls ſehr brav gehalten und beyde machen mir, bey meinem Wiedereintritt in das Leben viel Freude.

Auch war mir der Antheil ſehr tröſtl., den Durchl. der Herzog, die Fürſtl. Familie, Stadt und Nachbarſchaft bey meinem Unfalle bezeigten. Wenigſtens darf ich mir ſchmeicheln daß man mir einige Neigung gönnt u. meiner Exiſtenz einige Bedeutung zuſchreibt.

So wollen wir denn auch hieraus das Beſte nehmen und ſehen wie wir nach und nach die Lebensfäden wieder an= knüpfen.

Ich wünſche daß Sie dieſen Winter recht geſund u. munter zubringen mögen und da ich weder gehindert bin Geſellſchaft

253

zu fehen noch mich zu befchäftigen; fo denke ich die Paar traurigen Monate nicht ohne Nußen und Vergnügen zuzu= bringen. . . .

An Goethe

Lieber Sohn! Dein wieder befferbefinden fo gar ein Brief von deiner eigenen Hand, hat mich fo glücklich fo fchreibe= felig gemacht, daß ich dir mit umlaufender Poft antworte. Der 6te Februar da ich deinen mir fo theuren Brief erhilt, war ein Jubel, ein Beth und Danckfeft vor mich! ohnmöglich konte ich diefe große Freude vor mich behalten, Abens war ich bey Syndicus Schloffern theilte meine Freude mit — und erhilt von allen die herßlichften Glückwünfche, auch zeigte mir Schloffern einen fehr guten Brief von dem Braven Seidel — die Stockin hatte auch deßgleichen von Demoifelle Kapspars — wir waren den gantzen Abend froh und frölig und alle alle laßen dich herßlich grüßen. Unfere gantze Stadt war über deine Kranckheit in alarm — fo wie deine Beßerung in den Zeitungen verkündigt wurde — regnete es Zeitungen in meine Stube — jedes wolte der erfte fein, mir die frohe Nachricht zu hinterbringen . . . Was ich gethan habe weiß niemand als — Gott! Vermuthlich ift dir aus dem Sinne gekommen was du bey deiner Ankunft in Straßburg — da deine Gefundheit noch fchwanckend war in dem Büchlein das dir der Rath Moriß als Andencken mitgab, den erften Tag deines dortfeyn drinnen auffchlugs — du fchriebft mirs und du warft wunderfam bewegt — ich weiß es noch wie heute! Mache den Raum deiner Hütten weit, und breite aus die Teppige deiner Wohnung, fpahre fein nicht — dehne deine Seile lang und ftecke deine Nägel feft, denn du wirft aus brechen, zur rechten und zur lincken. Jefaia — 54. v. 3. 4. Gelobet fey Gott!!! der die Nägel den 12ten Jenner 1801 wieder feft geftecket — und die Seile aufs neue weit

254

gedehnt hat. Nochmahls hertzlichen Danck, vor deinen Lieben
Brief — thue mir die Liebe, und laße von Zeit zu Zeit mir
Nachricht geben wie es um dich steht ...

den 20ten Mertz 1801

Lieber Sohn! Der erste Gedancke nach deiner Genezung
war dir eine kleine Freude zu machen und dir ein Presendt
überschicken, allein ich wußte eigendtlich nicht wie ich es anstellen solte, denn im May müßen wir wieder Kriegsteuer
geben auch noch andre Dinge die mich Incomidirten doch
truge ich diese Sache Tag und Nacht mit mir herum, spante
alle Seegel meines Gehirns an, um dir Freude zu machen:
endlich fiehl mir etwas thuliches ein — Ich verspreche dir
also Ende May, oder Anfangs Juni 1000 f sage Tausend
gulden im 24 f fuß — so bald ich sie habe solt du das
weitere erfahren — Jetzt noch eins — Ich habe dich bey der
Kriegs Deputation vor 10000 f angegeben — sind deine
Besitztümer mehr werth, so muß ich es wißen — damit ich
mich mit der Contriboution auch mit der Schatzung darnach
richten kan — denn übers Jahr soll Abrechnung gehalten
werden — da möchte ich nun nicht gern auf einem fahlen
Pferde erfunden werden. Gott Lob und Danck! daß mir in
meinem 70 Jahre alle diese Unannehmlichkeiten meinen
guten Houmor nicht verdrängen können. Die Aufträge von
meiner Lieben Tochter sollen diese Meße auch aufs beste
besorgt werden. Laßen wir nun alle Kriegs steuern — und
sonstige Quelereyen im Rücken — erhalten unsere gute
Laune und erzählen daß das gerüchte geht als ob Herr
Jsland diese Meße zu uns käme — der soll uns was vortragiren!! es sind jetzt 16 Jahre da ich Ihn in seinem Lüster
gesehnen habe — die letzte Krönung war Er auch hir — da
war es aber als ob ein bößer Geist in Ihn gefähren wäre;
so kalt und Seelenloß hat er gespielt — in der Rolle des
Hoffraths Reinhard[1] lief mir der kalte Schweiß dem Rücken

herunter — nein so was war unerhört. Heute habe ich noch
allerley zu tribschen bald ein mehreres. . . .

den 19ten May 1801

. . . Daß die Sacktücher Euch wohl gefallen haben, freut
mich gar sehr — auch daß der Sommerhut meiner Lieben
Tochter behagt hat — braucht alles gesund und vergnügt.
Daß du das Geld Ende May empfangen wilst, ist mir auch
angenehm indem ich erst den 22ten die volle Zahl machen
kann. Wir wissen gar noch nicht recht uns in unser Glück
zu finden, daß keine Kriegs Döllcker mehr um und bey uns
sind — und daß wir /: Gott sey Danck !!! :/ bleiben was wir
waren!¹ Der Französische Gesande der an unsere Stadt
acreditirt ist hat ein sehr freundliches Schreiben von Bona=
parte an unsere Obrigkeit mitgebracht. Freylich freylich ist
noch etwas Wermuth bey dem Zucker — die Kriegs steuer
die in diesem Monath wieder gegeben werden muß erweckt
eben keine angenehme Empfindung — doch ich halte es mit
Wielands schönem Sprüchlein wenn man den Teufel muß
verschlucken muß man ihn nur nicht lang beкucken — und
überhaubt, wer im Leben nichts erfahren hat — wer von
Jugendauf auf seinen Hefen stille gelegen hat — nie aus
einem Faß in andre gekommen ist — aus dem wird nichts —
der Hefen Geschmack bleibt ihm, es wird nie ein guter Wein,
Jeremias das 48 Capitel v. 11. Nicht wahr, wenn die Mutter
ins Schwätzen kommt denn gehts rasch weg — ja da sind
meine Freunde schuld — die hören so was gern — . . .
Grüße meine Liebe Tochter und sage Jhr, daß ich von diesem
Jahr überschickt bekomen habe 3 Stück Mercure — 2 Stück
Janus — 4 Stück Modejournahl — ersuche Sie mir ferner
meine[n] Geist aufklähren zu helfen — wofür ich sehr danck=
bahr sein werde. . . .

N. S. Daß der Liebe Augst das Clavir lernt freut mich,
grüße Jhn, Er soll recht fleißig seyn es wird Jhm vielen Spaß

256

machen treibts doch die Großmutter noch und vor 70 Jahr machts sie gar nicht übel.

¹ nämlich freie Reichsstädter.

An Christiane Vulpius

den 10ten Juli 1801

Liebe Tochter! Vielen und schönen Danck vor Ihren Lieben Brief — Es hat mir sehr wohl gethan zu hören, daß mein Sohn und der Liebe Augst sich vergnügt und wohl befinden — Gott segne die Cur¹ und gebe Ihnen allen Gesundheit — Vergnügen und Freude. Der Liebe Augst hat mir einen langen Brief geschrieben, und mein Sohn auch ein paar Zeilen welches mich überaus gefreut hat. Sie meine Liebe Tochter haben sehr wohl gethan das Gut zu verpachten — legen Sie Sich ja nicht mehr Last auf als Sie tragen können — Ihre Gesundheit könte drunter leiden — wo doch so viel sowohl vor meinen Sohn, als vor uns alle darann gelegen ist — Es ist recht schön daß Sie meine Liebe, so eine Brave Hauß-Mutter sind — aber mann kan auch dem guten zu viel thun. Schonen Sie also ich bitte Ihnen Ihre uns allen so theure Gesundheit! Ich hoffe Sie befolgen meiner Mütterlichen rath — Daß Sie meinen Sohn abholen und Ihm biß Cassel entgegen kommen, ist ein vortreflicher Gedancke — ich freue mich mit Ihnen — das wird ein Jubel seyn!!! daß ich den hertzlichsten Antheil dran nehme — mich im Geist mit Euch Ihr Lieben freue — das glaubt Ihr mir doch aufs wort, und ohne Schwur. Grüßen Sie meinen Lieben Sohn Tausendmahl wie auch den Lieben Augst — weiter habe ich nichts zu bestellen — Gott! Bringe Euch alle wieder glücklich zusammen Amen. Ich befinde mich Gottlob gesund und wohl — genüße den Sommer so viel ich kan und vermag und kommt denn von Zeit zu Zeit eine gute Nachricht von Weimar so bin ich glücklich und preiße Gott! Jetzt Leben Sie wohl! und behalten lieb Ihre treue Mutter u Freundin Goethe.

¹ Goethe war mit seinem Sohne August in Pyrmont.

An Goethe

den 20ten November 1801

Lieber Sohn! Mit dem Montägigen Postwagen den 23ten November geht das Christgeschenck an dich ab, ich hoffe daß es Freude verursachen wird. Vor deinen Lieben Brief dancke hertzlich — es würde Thorheit von mir seyn auf öfftere Briefe von dir Pretention zu machen — erfahre ich nur von Zeit zu Zeit etwas von deinem Wohlbefinden — seyse es durch wen es wolle so genügt es mir — und ich verlange nichts weiter. . . . Bey unserm Theater gehts nach dem alten Sprichwort: viele Köche verderben den Brey u. s. w. warum hat denn mein Lieber Schiller seine Jungfrau von Orleann mit Lateinischen Lettern und noch obendrein so klein drucken laßen, daß es die größte anstrengung braucht es zu leßen?? Wie schön ist dagegen sein Wallenstein! . . .

An Goethe, Christiane und August

den 18ten Jenner 1802

Lieber Sohn! Das Käyerliche Present[1] hat mich sehr gefreut — wer hätte vor 25 Jahren gedacht daß die Freundschaft die du Klinger[2] damahls erwießen von seinem Käyser so ehrenvoll recompansirt werden solte — da du diese Sache villeicht schon längst vergeßen hast; so schicke hir ein Briefelein[3] mit /: das ich auf die sonderbahrste weiße bekommen habe:/ daraus zu ersehen, wie jede gute That sich hir schon belohnt — darob hatte ich große Freude — weil es meinen Grundsatz auf neue befestigte. Ferner freut es mich, daß du diesen Winter dich in Gesundheit beßer befindest als vorm Jahr Gott! Erhalte dich! Mir und uns allen. Vor Kotzebue Merckwürdiges Jahr[4] dancke nochmahls — das hat mir und meinen Freunden sehr wohl behagt — Ich weiß nicht ob du Bekandschaft mit Ihm hast wäre es andem; so dancke Ihm in meinem Nahmen vor sein Epigram[5] — so hat sich das hisige Pupplicum lange nicht amusirt es ist vortreflich besetzt — besonders Demmer der den Hippeldantz[6] macht hat einen hisigen Herrn so copirt daß es gleich das gantze voll geprofte Hauß wußte die Einnahme war nur vom Parterre und galleri ohne die Logen 660 f. Jetzt ein paar Worte mit meiner Lieben Tochter!

Liebe Tochter! Tausend Danck vor Ihren Lieben Brief, Sie haben mich dadurch sehr glücklich gemacht — beehren Sie mich zuweilen mit Ihrer lieben Zuschrift, und ich werde immer dadurch verjüngt wie ein Adler! Wohl mögte ich einmahl das weimarer Theater das überall berühmt ist sehen — aber du Lieber Gott!! Ich und Reißen!! Ich wünscht ich hätte Frau von la Roche Ihren Muth und Ihre Reiße seligkeit, den habe ich aber nicht, und da wird es wohl so bey dem alten bleiben. Tantzen Sie immer liebes Weibgen Tantzen Sie — frölige Menschen die mag ich gar zu gern — und wenn sie zu meiner Famile gehören habe ich sie doppelt und dreyfach lieb — Wäre ich eine Regirende Fürstin, so machte ich es wie Julius Cäsar lauter fröliche Gesichter müßten an meinem Hof zu sehen seyn denn das sind der Regel nach gute Menschen, die ihr Bewußtsein froh macht — aber die Duckmäußer die immer untersich sehen — haben etwas vom Cain an sich die fürchte ich — Luther hat Gott zu Cain sagen laßen warum verstelts du deine Geberde, aber es heißt eigendlich im Grundtext — warum läßt du den Kopf hängen. Leben Sie wohl — vergnügt und Tantzen wo Sie Gelegenheit dazu finden — ...

Auch ein Wort mit dir Lieber Augst! Dor deinen schönen Neujahrswunsch, und eben so anschauliche Beschreibung — des Christkindleins Maskerade und deines Naturaliens Cabinet — du bist ja recht reich an prächtigen sachen und Seltenheiten! Dancke Gott! der dir so einen Rechschaffenen Vater gegeben hat — der dich zu allem schönen und gutem erzieht — O! wie viele Kinder sind minder glücklich! In

wie manchem liegt der Keim zum schönen und guten wird
aber leider unterdrück — Bitte Gott täglich daß Er dir deinen
Lieben Vater und Mutter erhält, und sey ferner folgsam —
so wirst du bey Gott Gnade haben, und die Menschen werden
dich Lieben . . . .

¹ ein Geschenk, das Goethe von Alexander I. von Rußland erhalten hatte.
² Siehe Bemerkung zum Brief an Klinger Seite 33.   ³ Abschrift eines Briefes
von Klinger an Lenz aus dem Jahr 1776; Klinger erzählte darin, wie ihn Goethe
unterstützte.   ⁴ „Das merkwürdigste Jahr meines Lebens".   ⁵ Das Epigramm,
Lustspiel von Kotzebue.   ⁶ Rolle in diesem Stück.

An Christiane Vulpius

den 22ten Merz 1802

Liebe Tochter! Hir übersende den Türckischen weitzen
wünsche daß er wohl gedeien möge. Sie haben mir wieder
durch Ihr liebes Schreiben einen sehr frohen Tag gemacht —
Gott! vergelte es Ihnen! Aber das muß wahr seyn —
W e i m a r ist der wahre Sitz der Musen das Teusche Athen
— die glücklichen Einwohner können ihren Geschmack recht
bilden — sie bekommen nichts zu sehen — als schönes und
vortrefliches — ihr Auge gewöhnt sich an die schönen Formen —
genung sie werden in allem Aufgeklärt, da w i r arme Sterb-
liche ewig Kinder bleiben — den meisten meiner Landes=leute
ist der Bauch ihr Gott — wahre Hippeldantze — vor das
Geld ihrer Gastereyen könte die größte Mahler und Zeich=
nungs Academi unterhalten werden — und diese Bacha=
nalien sehen der Langeweile so ähnlich, wie ein Troppen
Wasser dem andern. Genung von diesem elenden Geschlecht. . . .

An Goethe

den 3ten May 1802

. . . Gantz Franckfurth trägt sich mit der Neuigkeit
daß du herkämest — wie mich das freuen würde kanst du

260

leicht dencken — weil ich aber doch als die Hauptperſohn nichts davon weiß, ſo glaube ich es nicht — machteſt du mir aber dieſe Freude; ſo müßte es nothwendig wißen indem dieſen Sommer alle meine drey vorderen Stuben geweißt und die Schlafſtube ſogar mit Ohlfarbe angeſtrichen werden muß, ſie ſieht einer Wachtſtube ähnlich — hätte ich nun die Freude dich bey mir zu ſehen; ſo müßte das weißen und Ohlfarben weeſen — endweder vor, oder nach deinem hir=ſeyn geſchehen. Ich verlaße mich auf deine Kentnüß von Frau Aja die unter andern Schwachheiten auch dieſe hat daß ſie alles gerne voraus weiß damit ſie ihre ſiebenſachen ordentlich einrichten kan. So viel nur noch zur Nachricht, daß du zum längſten Ziel wenn nicht dieſes Jahr /: welches ich doch immer noch ſo etwas hoffe:/ doch gantz gewiß 1803 herkommen muß — es ſind jetzt 5 Jahre das iſt kein Spaß. Lebe wohl! . . .

den 18ten September 1802

Lieber Sohn! Ein ſo berühmter Künſtler als Herr Fiſcher Baßiſt bey der großen Oper in Berlin bedarf eigendt=lich kein Empfehlungs ſchreiben zumahl da Er an einen Ort wie Weimar kommt, da alle Künſte geſchätzt — geſchützt und gepflegt werden — da Er aber mit alledem mich um ein Schreiben an dich erſucht hat; ſo empfehle ich dieſen braven Künſtler hirmit auf beſte — Er hatte die Güte, mir bey Herrn Senator Stock meine alte lieblings Romantze: Zu Steffen ſprach im Traumme[1] — in voller Kraft /: ſo wie ich ſie von Ihm vor 16 Jahren hörte:/ vorzutragen. Bey dieſer Gelegenheit wolte doch auch anfragen was Ihr ſambt und ſonders macht — Ich habe lange nicht gehört — ſo viel weiß ich daß Ihr wohl ſeyd das erfahre ich durch andre Cannäle — und wenn ich das weiß; ſo bin ich froh! Lebe wohl ! . . .

[1] Romanze aus Umlauffs Singſpiel: das Irrlicht.

...Mir thuts immer wohl wenn du einem Franck=
further gefälligkeiten erweißen kanst, denn du bist und lebst
noch mitten unter uns — bist Bürger — trägst alles mit
— stehts in Farrentraps Calender[1] unter den Advocaten
Summa Sumarum gehörst noch zu uns und deine Con=
patriotten rechenen es sich zur Ehre, so einen großen be=
rühmten Mann unter ihre Mitbürger zählen zu können.
Eduart Schlosser[2] hat mir deinen Lieben Gruß ausgerichtet
— ich hoffe Er wird Brav — auch Fritz Schlosser[3] — nur
vor Christian[3] ist mir manchmahl bange — dieser junge
Mann ist so sehr überspant — glaubt mehr zu wissen als
beynahe alle seine Zeitgenoßen hat wunderbahre Jdeen u. s. w.
du gilst viel bey Jhm kanst du Jhn abspannen so thue es.
Daß Jhr mir wieder Geistes producte schicken wolt darann
thut Jhr ein gutes Werck es ist eine große unfruchtbahrkeit
bey uns — und Euer Brünnlein das Wasser die Fülle hat
wird mir durstigen wohl thun. Wegen deines herkommen
aufs künftige Jahr — habe ich Plaane im Kopf wo immer
einer lustiger ist als der andre — es wird schon gut werden
— Gott! Erhalte uns alle hübsch gesund — und das übrige
wird sich schon machen. ...

[1] Frankfurter Rats- und Stadtkalender.   [2] Sohn Georg Schlossers.   [3] Neffe Georg Schlossers.

An Christiane Vulpius

Liebe Tochter! Hir kommt das Verlangte — wünsche
von Hertzen, daß es Jhnen wohlgefallen möge — das Tuch
wird dem Lieben Augst, und die Spitzen den neuen Welt=
bürger schön zu Gesichte stehn. Gott! Erfreue uns durch eine
glückliche Niderkunft — wozu ich auch die beste Hoffnung
habe. Was Sie mir von dem Wohlseyn meines Sohnes und
dem ihrigen — auch Augsts schreiben hat mich sehr glücklich

262

gemacht — Gott! Erhalte Sie sambt und sonders Amen. Ich
befinde mich Gott! sey Danck recht wohl — werde /: ohne
daß ich begreifen kan wie es eigendtlich zugeht:/ von so
vielen Menschen geliebt, geehrt — gesucht — das ich mir
offte selbst ein Rätzel bin und nicht weiß was die Leute an
mir haben — genung es ist so — und ich genüße diese Men=
schen güte mit Dancksagung gegen Gott — und bringe meine
Tage vergnügt hin — Besonders liebe ich die Lesegesellschaft
alle 14 Tage bey Schwartzkopf — Jungfrau von Orleang —
Cancret — Mohomet — Maria Stuardt — waren schon an
der reihe, das nächste mahl kommt Macbeth von Schiller —
Mann glaubt sich immer im Theater denn es wird schön
declamirt u. s. w. Das sind aber auch meine Neuigkeiten
alle — Lebt wohl! . . .

An Goethe

den 31ten December 1802

Lieber Sohn! Dein letzes Schreiben hat mich sehr betrübt
— getäusche Hoffnungen[1] thun weh — nichts hielft als die
Zeit die wohltäig den Schmertz in den hintergrund stelt —
das trösten habe ich nie leiden können — den wenig Menschen
sind im stande sich in die Lage des Traurigen zu setzen und
werden demnach leidige Tröster — von mir erwartet keinen
Trost — aber Dancksagung an Gott! der Euch gesund erhalten
hat — und Bitte, dieses theure Gleinod wohl zu bewahren
— und mich immer gute und frohe Nachrichten hören zu laßen
— das meinem Hertzen jederzeit so wohl thut.

Tausend Seegenswünsche zum Neuen Jahr! Frohen Sinn
— Gesundheit — Häusliche Glückseligkeit — alles was zum
Leben und wandel gehört wünscht von Gott! und erbittet vor
Euch — Eure treue Großmutter u Mutter Goethe.

[1] Goethes neugeborenes Töchterlein hatte nur vom 18. bis 21. Dezember
1802 gelebt.

Die große Freude die mir am Sontag den 19 ten Juni zu theil geworden ift, würde ich mich Sünde fürchten dir zu verschweigen also vernim was sich zugetragen hat. Der König und die Königin von Preußen waren am Willhelmsbaad — die Königin äußerte daß Sie die Räthin Goethe sehen und sprechen müßte — und daß demnach Anstalten getrofen werden mögten mich hinzubringen — die gräffin von Leiningen ließe mir den Befehl von Jhro Majeftätt demnach zu wißen thun, und kamen um 2 uhr Mittags mich in einem schönen Wagen bespant mit 4 raschen Perden abzuholen. 4 ½ uhr waren wir im Willhelms Baad — ich wurde in ein schönes Zimer geführt da erschien die Königin wie die Sonne unter den Sternen — freute sich hertzlich mich zu sehen presentirte mich an Dero 3 Schwestern die Herzogin von Hillburghaußen — Erbprintzses von Turn und Taxis — Fürstin von Solms — letztere und die Königin erinnertten Sich noch mit vieler Freude der Zeiten der Krönungen, meines Haußes u. d. g. Da ich so recht zum Jubel gestimt war wer kam da dazu?? Unser Hertzog von Weimar! Gott!!! welche Freude vor mich — O! wie viel liebes und gutes hat Er von dir gesagt — ich dancke Jhm mit gerührtem Hertzen vor die Gnade die Er dir in der letzen fatalen Krandheit erwißen — Er sagte /: auch sehr gerührt :/ daß hat Er auch an mir gethan — schon 30 Jahre gehen wir miteinander und tragen miteinander. Ich war so aufgespant daß ich hätte lachen und weinen zu gleicher Zeit mögen — in dieser Stimmung ließe mich die Königin in ein anders Zimmer rufen — da kam auch der König — die Königin ging an einen Schrand und brachte ein koftbahres goldenes Halsgeschmeide und nun erstaune!!! Befestigte es um meinen Hals mit ihren eigenen Händen — biß zu Thränen gerührt — konte ich nur schlecht dancken. In diesem koftbahren Schmuck kam ich wieder in Zimmer wo unser vortreflicher Hertzog und die 3 Schwestern der Königin waren — die dann große Freude ob meiner prächtigen Verwandlung bezeigten.

Alles zu erschöpfen was an diesem vor mich so gloreichen Tag geschah ist ohnmöglich — genug, ich kam Abens um 10 uhr vergnügt und Seelig im goldenen Brunnen an. . . .

An Christiane Vulpius

Liebe Tochter! Sie haben also wohl zugenommen, Sind hübsch Corpulent geworden. das freut mich, denn es ist ein Zeichen guter Gesundheit — und ist in unserer Familie üblich — Auch schreiben Sie mir von dem wohlbefinden und frohseyn meines Sohnes — und von dem Wachsthum des Lieben Augst — lauter Dinge die mich froh und heiter gemacht haben — und immer Lebens balsam vor mich sind — Ich bin Gottlob wohl! Bey meiner sehr einfachen Lebens weiße, geht so ein Tag nach dem andern hin manchmahl werde ich durch angenehme Zufälle etwas aus der alten Ordnung heraus gehoben — so war die Geschichte mit der Königin von Preußen, und dem goldenen Halsband — so mußte ich vorige Woche zur Margräffin von Bareith kommen — so war Madame Unzelmann hir u. s. w. Dieses alles ist aber nichts gegen dem, wenn Ihr würcklich herkommen soltet — die Pfanne in der Faßnacht[1] würde ein armer Narr gegen mich seyn — so fest und steif glaube ich aber nicht dran — den da mein Lieber Sohn so sehr viele Geschäffte hat — und da Er jetzt die Gelehrte Zeitung mit Schüller schreibt — da wird Ihm Seine Zeit sehr zusammen gehn — da es aber doch möglich ist, daß Er sich Luft machen und froh und frey /: denn das bitte ich mir aus:/ hirher kommen kan; so solt Ihr mit offenen Armen und fröligen Gesichtern empfangen werden. Die Meße soll nicht sonderlich seyn wens wahr ist so muß es am Geld und nicht an den Menschen liegen, denn so eine menge Menschen sind hir, daß die Gasthäußer alle voll sind — darunter befanden sich denn — Könige — Churfürsten — Fürsten u. s. w. . . .

[1] Die vor Kräpfelbacken nicht zur Ruhe kommt.

An Goethe

Lieber Sohn! Hirbey die Commedien Zettel! Die Geschwister /: wie du ersehen wirst :/ sind an der Tages Ordnung — Frau von Stael[1] ist wie ich höre jetzt in Weimar
— mich hat Sie gedrückt als wenn ich einen Mühlstein am
Hals hängen hätte — ich ging Ihr überall aus dem Wege
schlug alle Gesellschafften aus wo Sie war, und athmete
freier da Sie fort war. Was will die Frau mit mir?? Ich
habe in meinem Leben kein a. b. c. buch geschrieben und auch
in Zukunft wird mich mein Genius davor bewahren. Ich
hoffe das Christkindlein ist wohlbehalten angelangt? . . .

[1] Französische Schriftstellerin, Tochter des Ministers Necker.

den 9ten Merz 1804

. . . Ein guter Freund von mir Herr Kaufmann Tesche
schickt dir im Vertrauen auf deine Güte — große Einsicht
u. s. w. durch mich ein Geistes product von Ihm — mit Bitte
es bey Gelegenheit durchzulesen — und Ihm gefälligst gutes
und schlimes darüber zu sagen. Ich befaße mich nicht gern mit
so etwas — habe es auch bißhieher noch nie gethann — denn
mir ist die viele Arbeit so du zu bestreiten hast, gar wohl
bewußt — auch bescheidet Er sich gern, daß die Sache keine
Eile hat — sondern mit deiner völligen Gemächlichkeit geschenen müße. Aber was treibt Ihr denn in aller welt,
mit der Frau von Stael!! der ist ja Weimar das Paradiß!
Die wird Euch einmahl Loben und preißen — wer hir von
Damen nur ein wenig vom gelehrten Thon ist, . . . erzählen
Wunderdinge — wie vergnügt die Damme dort ist — So
was freut mich von Herzen — wenn ich davon wegbleiben
kan. Lebe wohl! Grüße meine Liebe Tochter und den
Lieben Augst — von der Euch Liebenden Großmutter —

Goethe.

Lieber Sohn! Mit dem heutigen Montägigen Post=
wagen ist in einem Embalirten Kästgen das welsche Korn
— die verlangten nacht Kappen auch zwey Stück ostindischen
Nanckien zu einer Somerkleidung vor den Lieben Augst ab=
gegangen — wünsche das es alles wohl anlangen und wohl
behagen möge. Das welsche korn ist wegen dem ausge=
bliebenen Regen nicht so schön, die Körner sind klein viel
kleiner wie sonst — ich konte es nicht beßer schicken — so
wenig größer machen, als die Rosine im Jurist und Bauer[1]
die Eyer. Vor den mir überschickten Comedien Zettel von
Willhelm Tell dancke gar gar schön, er hat mir mehr als eine
Freude gemacht, erstlich habe ich das weimarer Theater
personahle daraus ersehen /: freylich weiß mann manchmahl
nicht weil kein Herr — keine Madam u Demoiselle dabey
steht welches von den dreyen die Person eigentlich ist und
vorstelt — da wir auf unsern Zetteln gleich wißen woran
wir sind:/ zweytens da das Kind nun das Tages Licht erblickt
hat; so werde ich es auch zu sehen bekommen — und diese
Erwartung macht mich sehr glücklich — Grüße Schiller! Und
sage Ihm, daß ich Ihn von Hertzen Hochschätze und Liebe —
auch daß Seine Schrieften mir ein wahres Labsahl sind und
bleiben — Auch macht Schiller und du mir eine unaussprech=
liche Freude das Ihr auf allen den Schnick — Schnack — von
Rezenziren — gewäsche — Frau Baaßen geträsche nicht ein
Wort antwortet; da mögten die Herrn sich dem sey bey er=
geben — das ist prächtig von Euch . . . — Fahrt in diesem
guten Verhalten immer fort — Eure Wercke bleiben vor die
Ewigkeit — und diese armselige wische zerreißen einem in
der Hand — sind das planiren nicht werth punctum. Lieber
Sohn! Hast du denn die Güte gehabt das Kindlein von
Freund Tesche die 3 Billiet benamset mit gnädigen Augen
anzusehn, und Ihm ein wort des Trostes darüber mitzu=
zutheilen — Lieber Himmel! Es krablen ja so viele um den
Parnaß — laße Ihn mit krablen. . . .

[1] Lustspiel von Rautenstrauch.

... Nicolaus Schmidt[1] ist sehr traurig von Weimar weggeganen weil Er nicht so glücklich war dich zu sprechen ohngeachtet Er zweymahl und zwar einmahl expreß um 9 uhr zu dir bestelt — und doch nicht seinem Zweck erreicht hat — mir that das auch leid — denn Erstlich ist Er einer meiner Besten Freunde der mit Rath und That hielft wo Er kan und mag — zweytens — ist Er auf mein Vertrauen Stolz — und muß nun allen die nach dir fragen die Antwort geben — ich habe Ihn nicht gesprochen u. d. g. Höre ich will dir etwas unters Fuß geben — das dir zwey worte weiter nichts kostest — laße durch deinen braven Schreiber Geist — /: mit Gelegenheit versteht sich:/ ein kleines Brieflein an mich gelangen worinn du bedauerst Ihn nicht gesprochen zu haben — du kanst ja so was so excelent verfertigen — und Schmidt ist erfreut — erzählts der gantzen Stadt — und mir geschied ein gefallen —. Aus bey kommenden Zettel wirst du ersehen, daß den 31ten May Mahomet bey vollem Hauße ist gegeben worden — ich zweifle ob ein Theater im stande ist das Stück so zu geben wie es bey uns gegeben worden ist — Alle thaten was möglich war besonders Otto — der alle Rollen vortreflich spielt, aber so!! Nein so was habe ich von Ihm noch nicht gesehn — ohngeachtet nun wegen Schwäche der Nerven womit die Jungen Frauenzimer hir sehr geplagt sind eine Demoiselle Protzler ohnmächtig hinaus getragen wurde und zwey Demoiselle Sintzheimer davon liefen — so wird es zu ende dieser Woche doch wieder gegeben — worauf ich mich sehr freue. Auch trägt mann sich mit folgender Neuigkeit — Götz von Berligingen wäre auch von dir vor Theater bearbeitet — Auch hat Herr von Meyer[2] Clavigo ausgetheilt — welcher vortreflich gerathen muß — indem unsere drey besten Schaus[p]ieler /: wie näthtürlich:/ die ersten Rollen haben. In einem deiner Briefe räths du mir an den Sommer zu genüßen — das thue ich auch — Alle meine Freunde wohnen auf dem Lande oder in Gärten ... und mein alle

Sontags besuch bey Stocks das geht nun immer so seinen gang. Daß es bey dir auch wohl steht habe auch erfahren Nicolaus Schmidt hat dich im Schauspiel gesehen und mich versichert du sähest recht schön und gut aus — ob ich mich darüber erfreut habe kanst du leicht dencken — Auch hoffe ich, daß meine Liebe Tochter und der Liebe Augst sich wohl und vergnügt befinden werden — Grüße sie hertzlich von mir — so viel habe ich lange nicht geschrieben drum wirds auch am Ende schief und bucklicht — Lebe wohl! ...

¹ Kaufmann aus Franffurt.   ² Bürgermeister von Franffurt.

den 20ten Juli 1804

Lieber Sohn! Vielen und schönen Danck vor deine Lieben Briefe, jetzt wird mein Haußfreund¹ schmuntzlen wenn Er so etwas vorgeleßen bekömt — denn in Weimar geweßen /: besonders ist die Rede von einem Franckfurther :/ und Goethe nicht gesehen haben · wird nicht partonirt — also sey nochmahls bedanckt. Ehe ich an Demoiselle Böttiger ihre Caracteristick kome; so muß ich eines herrlichen Abens er= wähnen den ich und unsere Franckfurther dir zu dancken haben — Es war der 14te Julius — in 20 Jahren hatte man ihn nicht gesehen² — und da paßte das auf dem Zettel zum ersten= mahl mit Fug und recht — könte ich dir nur recht lebendig darstellen wie vortreflich alles ging, wie die Schauspieler es wie ihr eigen kind behandelten so recht mit Lust und Liebe es ausführten — wie eine Stille in dem großen — voll Men= schen voll gepropften Hauße war — mann hätte eine Steck= nadel fallen hören — wie nur zuweilen wenn es die Menschen zu sehr angrief — ein einstimiges ablautiren und bravo rufen entstand z. E. wie Beaumarschais die neue untreue von Calvigo erfährt — wie Carlos Calvigo auf neue zur untreue beredet — beßer größer kan diß Trauer spiel schwerlich auf welchem Theater es seyn mag gegeben werden — Herr von Meyer ist gantz entzückt daß das pupplicum Geschmack am großen und schönen gewinnt. Jetzt von Demoiselle Böttiger — Wenn Sie Sich bey Eurem Theater auf das Rollenfach der Frau Roße — in Armuth und Edelsinn[3] — Jungfer Schmalheim in der Aussteuer[4] — als Haußhälterin im großen looß[5] u. d. g. Caracter und Caricatur sich verbindlich macht; so kan Sie zumahl wenn Ihr noch hie und da aufgeholfen wird in die Fußstappen Ihrer Mutter tretten und in diesem Fach viel leisten — Aber solte Sie der Einbildung Teufel treiben, wie es Ihr unglücklicher weiße schon begegnet ist daß Sie Liebhabrinnen — im Trauer — Lust — und Schauspiel vor= stellen will; so laße dich nicht ein — erbärmlicher läßt sich nicht denken — auch Singen will Sie können — es ist eben so jämmerlich. In dem Verhältnüß wo Sie bey uns war, war das wieder gantz etwas anders — Ihre Mutter war 20 Jahr bey uns — der Mutter zu Liebe bekame Sie verschiedne Rollen von jungen Liebhaberinnen — nur die art von Respect die mann gegen die Mutter hatte verhinderte das Auspfeifen — die Mutter starbe — Sie redete den von Meyer an Ihr die Rolle von Ihrer Mutter die Jungfer Schmalheim zu geben — Meyer that es — Sie spielte über alle Erwartung brav — der Mutter Ihrem Andenken zu Liebe munterten wir Sie durch aplaudiren auf und Sie bekam die Rollen ihrer Mutter — und bey uns /: als aus obigen Gründen:/ wäre Sie nie verstoßen worden — nun beloge Sie aber die Direction — sagte Sie besuchte eine Freundin — ging nach Cassel spielte die Ariadne u. d. Rollen — du kanst denken wie — kam wieder — bekam ihren Abschied — und ist jetzt sehr übel dran. Also sage ich noch einmahl — bra[u]cht du oben genandtes Rollenfach so ist Sie gut, und kan noch unter guter Leitung beßer werden — aber um aller welt willen keine Liebhaberinnen — keine Sängerinn! Nun weiß du von Demoiselle Böttiger alles Haarklein Punctum . . . Eine große Theatraliche Herrlichkeit steht uns bevor — Iff= land! Komt den 4ten Augst hieher — Spielt 6 mahl die 3te Vorstellung ist Sein Benefitz und zwar im Wallenstein . . .

---

[1] Obenerwähnter Nicolaus Schmidt. [2] Goethes Clavigo. [3] Lustspiel von Kotzebue. [4] Die Aussteuer, Schauspiel von Iffland. [5] Lustspiel von Hagemeister.

den 10ten Augſt 1804

Lieber Sohn! Hir von zwey Monathe die Schauſpiel
Zettel — daraus kanſt du erſehen was bey uns iſt getragirt
worden. Herr von Mäyer würde es eine große Freude ſeyn
dich zu ſehen, und zu hören — auch würden die Schauſpieler
alle ihre Kunſt aufbieden um dir Freude zu machen — und
wie froh würde ich ſeyn und deine alten Bekandten u. ſ. w.
Allein wen uns allen dieſes Vergnügen zu theil werden ſolte;
ſo muß ein ordentlicher und Muſterhafter Plan verabredet
werden — daß meine Wohnung zu klein iſt um mehr als
dich allein zu beherbergen iſt dir bekandt — in einem Privat
hauß gehts aus vielen Urſachen gar nicht — nichts bleibt
übrig als ein Gaſthauß — alle dieſe Dinge trage ich ſchon
lange Zeit in mir herum — und bin biß jetzt noch nicht recht
mit mir einig — auch würde ich biß mein Plängen ſicks und
fertig geweßen wäre — nichts davon geſagt haben — aber
die Äußerung in deinem Brief d u m ö g ſ t e s w o h l e i n m a h l
v o n Mäyer und unſer Schauſpiel ſehen auch ſchriebe
Augſt /: vermuthlich aus Schertz :/ Er hätte Luſt allein zu
kommen dieſe Äußerungen geben Anlaß obiges dir wißen zu
laßen — recht oder gar nicht, iſt mein wahlſpruch — Habe
ich meinen Plann aus gekocht — dann ſollt Jhr ihn zu wißen
kriegen — und ihn mir verbeßern helfen — Bißdahin habt
mich auch ohngeſehen lieb! . . .

den 11ten October 1804

Lieber Sohn! Es iſt beynahe eine Ewigkeit daß ich
ſowohl von dir als von den deinigen nicht vernommen habe
— hie und da hat mir die Fama gute Nachrichten von dir
überbracht — als z. E. Herr Conſul Bethmann — Herr von
Schwartzkopf die haben die herrlichſten Nachrichten von dir —
deinem ſchönen Hauß — deinen übrigen vortreflichen Kunſt-
ſachen und über alles die gütige Aufnahme die du Jhnen
erzeigſt haſt nicht genung rühmen und preißen können —
So was macht mich denn auf lange Zeit wieder froh und

glücklich. Hir kommt ein gantzer schwaal von Comedien Zettel — weil die Meße alle Tage ist gespielt worden drum ist die Anzahl so ansehnlich — auch war die Einnahme nicht schlecht sie betrug 12 000 f.

Lieber Sohn! Ich habe in diesen Tagen ein Werck von dir geleßen welches ich nicht genung habe bewundern können, und welches mir große Freude gemacht hat — das Leben von dem großen Künstler und noch größern Menschen Benvenouto — das ist herrlich und hat mir auch frohe Tage gemacht. Es geht das gerede daß wir das Vergnügen haben sollen Demoiselle Jagemann bey uns zu sehen — Sie würde in einigen Gastrollen auftretten und uns dadurch großes Vergnügen gewähren. Die Castanien die ich überschicken werde — sollen hoffe ich dißmahl vortreflich seyn — denn der Wein ist Gottlob und Danck dieses mahl herrlich gerathen — viel und gut — und so wie der Wein, so die Castanien. Herr von Schwartzkopf hat mir den Comedien Zettel vom Götz von Berligingen gegeben — potz fischgen was Menschen gehören zu der Aufführung! Indeßen schmeichlen wir uns ihn auch hir aufführen zu sehen. Syndicus Schlossern komt so eben zu mir hört daß ich an dich schreibe — und grüßt dich hertzlich. Neues gibts nichts als daß die Meße wieder einmahl recht gut war — das war das erste mahl in langer Zeit, daß ich sie loben hörte — Kayser Napoleon war in Mäntz[1] — mich ging das nun weiter nichts an — sehr viele Franckfurther haben Ihn ——————— gesehen. . . .

[1] Mainz.

geschrieben Freytags den 9ten fortgeschickt
Samstags den 10ten [November 1804.]

. . . Jetzt eine Bitte — Schickt mir keine Mercure mehr — diese Last muß einmahl aufhören — die ersten Jahre die ich alle besitze haben mich dazumahl aus leicht zu begreifen Ursachen sehr intresirt — jetzt ist er mir nicht mehr so lieb wie ehemals — die paar No: die ich von diesem Jahr habe,

272

schike ich bey Gelegenheit zurück — Wenn die Feyerlichkeiten
alle vorbey sind; so komte ich mit noch einer Lieteralischen
Bitte angezogen aber ehnder nicht — weil ich die große
Resingnation keinen Taback mehr zu schnupfen glücklich aus=
geführt habe; so ist alles recht gut, nur meine Briefe!!!!
die werden gantz erbärmlich höltzern, wie Figura zeigt. . . .

An den Ratsherrn Stock

[ohne Datum]

Lieber Freund! Sindemahl, nachdem und alldiweil Frau
Aja zuweilen eine Täppeline ist; so hat sie auch rein ver=
geßen wie viel Ew: Liebten zu bedekung Dero Leichnams
bedürfen — hier sind 8 brabander Ehlen — nehmen Sie
so viel davon als Ihr Bedürfnüß erheißt — und schiken das
übrige an Dero ergebenste Dienerin zurück. Womit Lebens
länglich verharre Dero Freundin G.

An Christiane Vulpius

den 12ten Februar 1805

Liebe Tochter! Dem Lieben Augst danke ich gar sehr,
daß er die Güte hatte mir die Unbäßlichkeit meines Sohnes
zu berichten — den der Ruf vergrößert und verschlimmert ge=
meiniglich das übel — Ich hoffe zu Gott daß diese Krankheit
bald vorüber seyn wird — und ich weiß daß ich Gott vor
die Geneßung meines Sohnes von Hertzen werde danken
können. Doch ersuche ich Ihnen meine Liebe Tochter mir so
wie Sie diesen Brief erhalten — mir weittere Nachricht von
dem Befinden meines Sohnes zu berichten — Ich habe nicht
nöthig Ihn Ihrer Vorsorge zu empfehlen — ich weiß zu
gewiß daß Sie alles anwenden werden — um Ihn bald wieder
frisch und munter zu sehen . . .

1805 den 19ten Februar
als die Großmutter 74 Jahr alt war.

Liebe Tochter! Tausendanck vor Ihren Lieben Brief vom 15ten dieses! Er war das herrlichste Angebinde an meinem 74ten Geburths tag — Von meinen Freunden die mich mit mancherley gutem beschenckten kam keine Gabe der Ihririgen gleich — die machte das Maaß meines glücklich erlebten Geburthstag voll — Gott vergelte es Ihnen! Auch vor Ihre treue — Sorge und pflege dancke ich Ihnen von Hertzen — Gott erhalte uns Ihnen meine Liebe Tochter noch lange lange in bestem Wohlseyn — Ihro Durchlaucht dancke Unterthänigs vor die meinem Sohn erzeigte Gnade — auch dem Braven und geschickten Hoffrath Starck. Summa Sumarum allen die zu seiner Beßerung beygetragen haben — Gottes Seegen über sie alle . . .

An Goethe

den 5ten Mertz 1805

Lieber Sohn! Nur mit ein paar Zeilen will ich meine Danckbahrkeit an den Tag geben . . . über alles gingen mir die paar worte von deiner eigenen Hand — Ich bin wieder wohlauf — jeder Brief der von dir kommt wird aus gebreitet und unter Danck Gott vorgelegt — das habe ich vom König Hiskia gelernt und habe mich 30 Jahr schon dabey wohl befunden. Dieser Brief [hat] ein etwas feierliches Ansehn — welches sonst so eigendtlich mein Thon nicht ist — aber mein Lieber Schöff von Fleischbein ist kranck — und der Artz macht es gefährlich — das wäre vor mich ein wahrer Verlust — es ist das Hauß wo ich mit am liebsten hingehe nun ich will hoffen daß trotz seines schwächlichen Köppers Er sich heraus reißt. Verzeihe daß ich dich mit Dingen unterhalte die gar kein Intereße vor dich haben können . . . .

274

Lieber Sohn! Das war gestern als ich um 9 uhr Abens nach Haußze kam eine gar liebliche Erscheinung[1] — ich erkandte Ihn nicht Er ist sehr groß und sehr hübsch geworden — gantz erstaund stand ich da als Er mir den so lieben Nahmen nandte — Er schläft in der Stube neben mir — und ich hoffe es soll Ihm wohl bey mir werden — wollen sehen wie wir Ihm die Zeit verkürtzen — erstlich hat Er mit der Großmutter einerley Liebe zum Theater da habe ich Ihn nun gleich auf 18 Vorstellungen Meß abonement abonirt — zweytens hat die Urgroßmutter ein zimliches Talent im schwatzen das soll Ihn aufheitern — was nun noch zu sagen ist mag Er selbst vortragen — nur laße bald etwas im Punct deine Gesundheit betrefendt von dir hören — dann werden alle Meß vergnügungen doppelt schön.

[1] Goethes fünfzehnjähriger Sohn August war am Abend des 7. April zu Besuch bei der Großmutter eingetroffen.

den 12ten Aprill 1805

Lieber Sohn! Hir das verlangte Welsch-korn — Augst lebt — Heyßa lustig ohne Sorgen so wie König Salomo u. s. w. Ich habe Ihn ins Schauspiel abonirt — heute geht Er ins Oratorium die Schöpfung von Heiden[1] zu hören — Montags den Tell zu sehen und zu hören — Willmer hat Ihn an den Augen gleich erkandt — Syndicus Schlossern auch — den ersten Osterfeyertag macht Er Visitten bey Stocks — Schöff Schlosser u. s. w. Ich hoffe die Zeit soll Ihm bey mir nicht lang werden — die Lücken füllen wir mit Schachspielen aus. An unserm Vergnügen fehlt nichts — als auch etwas gutes von Weimar aus zu hören — wir hoffen dieses u grüßen Euch — die großmutter und Augst Goethe.

[1] Haydn.

Sonntags d 21ten Aprill 1805

Lieber Sohn! So eben erhalte ich deinen Lieben Brief Augst ist nicht zu Haußze — Er speißt heute bey Frau von

Mallebert — es ist seine Luft alle seine Kreuß Züge Euch
selbst zu berichten — da muß ich Ihm denn wohl die Freude
laßen — Die alten Bekandten die du in deinem Briefe nenst
soll Er sehen — und überhaubt alles was möglich zu sehen
und zu hören ist soll Er sehen und hören — Seinen Reiße
Conpaniong solte mann nach dem alten Sprichwort in Gold
einfaßen — der nimbt sich des jungen Reißenden so freund=
schaftlich an, daß mir Ihn sehr schäßbar macht — auch ist die
Rückreiße schon völlig in Ordnung — unser Lieber Augst geht
mit diesem eben erwähnten Braven Kaufmann der Ihn
hergebracht hat — den 1ten oder Längstens den 2ten May
wieder biß Erfurth zurück — das nähre soll Euch kund
werden. Der Liebe junge hat was besonders glückliches in
seiner Bildung alle die Ihn sehen lieben Ihn — Willmer
sahe ihn im Schauspiel ohne zu wißen wer Er sey — kommt
Tags drauf zu mir und sagt ist das nicht der junge Goethe
— ich habe Ihn an den Augen erkant — die Stockin ist
gantz verliebt in Ihn — und so alle. . . .

Augst hat nun seinen wohlhingebrachten Sontag der
länge nach erzählt — Heute ist er um ½11 uhr aufgestanden
— hat sein frühstück in dulci Jubilo verzehrt — putzt sich
jetzt geht zu Gaste u. s. w. Lebt wohl. Dieses wünscht die

Großmutter.

Franckfurth d 2ten May 1805
Ich endes unterzeichnete bekenne öffendtlich mit diesem
Brief, daß Vorzeiger dieses Julius Augst von Goethe Sich
währendt seines hiesigen Aufenthalt brav und Musterhaft
aufgeführt; so daß es das Ansehn hat, als habe Er den Ring
im Mährgen /: Nathan des Weisen:/ durch Erbschaft an Sich
gebracht der den der ihn besitzt angenehm macht vor Gott
und Menschen — daß dies bey oben erwähnten Julius Augstus
von Goethe der fall ist bestättigt hirmit Seine Ihn Liebende
Großmutter Elisabetha Goethe.

276

Goethe an seine Mutter

Weimar, den 6. May 1805

Nehmen Sie, liebe Mutter, tausend Danck für alles das Gute, das Sie unserm August erzeigt haben! ich wünsche daß die Erinnerung seiner Gegenwart Ihnen nur einen Theil der Freude geben möge die uns jetzt seine Erzählung verschafft. Wir werden dadurch ganz lebhaft zu Ihnen und meinen alten Freunden versetzt. Dancken Sie herzlich allen die ihn so gütig aufnahmen. Dieser erste Versuch in die Welt hinein zu sehen ist ihm so gut gelungen daß ich für seine Zukunft eine gute Hoffnung habe. Seine Jugend war glückl. und ich wünsche daß er auch heiter und froh in ein ernsteres Alter hinüber gehe. Seine Schilderung Ihres fortdauernden Wohlbefindens macht uns das größte Vergnügen, er muß sie oft wiederhohlen. Auch ich befinde mich, bey mehrerer Bewegung in diesen bessern Tagen recht wohl. Wir grüßen alle zum schönsten, besten u. danckbarsten.   G

An Goethe und seinen Sohn

Morgen ist Pancratius — Montags
Servatius — O! weh!! Da gibts
noch Schloſſen und Schnee.

den 11ten May 1805

Lieber Sohn! Meinen Besten Danck vor deinen guten lieben Brief er hat mich erfreut, und meinem Hertzen wohl gethan — auch mir einen sehr frohen Tag gemacht — Ihr habt Ihn nun wieder gesund an Leib und Seele — Gott! erhalte Ihn uns so wie Er ist und Freude und Wonne wird Euch und mir nicht fehlen Amen. Seine Abreiße hat mir sehr wehe gethan — ich war die Virthalb wochen so an Ihn gewohnt — daß ich imer glaubte in der neben Stube seine Stimme zu hören — nur das tröstete mich, daß hir nichts vor Seine Bestimmung zu thun ist — platterdings nichts — und daß also Sein zukünftiges Glück obschon in der Ferne

277

mir mehr gelten muß als das nahesein beŋ der Großmutter! Doch diese vergnügten Tage werden mir lange wohlthun — Sein hir gelaßenes Stambuch ist jetzt in den Händen des Consuls Bethmann — Schwartzkopf hat sich ein hübscher Andencken drinnen gestiffet. Es ist kein Geschäffte das von der Hand geht — denn wo es in ein Hauß kommt, da ließts das gantze Hauß — Frau — Mutter — Schwestern — Töchter — aber es wird auch das warten reichlich belohnt werden! Potz Fischgen! Was lehrreiche Sentenzen — Sprüche — Verse u. s. w. werden darinnen erscheinen, drum Geduld. Noch in einem punct muß unser Lieber Augst diese edle Tugend ausüben — Sein hir zurück gelaßener Reichthum hat einen so großen Kasten erfordert, daß die Speßen auf dem Postwagen etwas theuer gekommen wären — ich habe daher meine Zuflucht zu meinem Haußfreund Nicolaus Schmidt genommen der auf das bald möglichste ihn wohl Campalirt nach Weimar spediren wird — Sage Augst — es wäre doch gescheider daß noch ein schönes Schemisett mit käme — als daß mann der Post das Geld gegeben hätte. Heute wird der Kasten Herrn Schmidt übergeben — und sobald er die Reiße von Stolppe nach Dantzig angetretten hat — soll es Euch kund und zu wißen gethan werden. Wir haben ein gantz jämerliches Frühjahr Feuer im Offen — nichts wächst — ich trincke schon 20 Jahr die Molcken — muß warten, es ist noch nichteinmahl Kerbel da!!! Nun bleiben wir alle nur hübsch gesund — das andre gibt sich. Nochmahls Danck vor Augsts besuch und den lieben Brief von seiner glücklichen Zurückkunft, behaltet lieb — diejenige die Euch jetzt doppelt und dreŋfach liebt und die sich nent Euer aller treue Mutter und Großmutter Goethe.

An August von Goethe

den 26ten Augst 1805

Lieber Augst! Vermuthlich hast du geglaubt dein Stammbbuch machte die Reiße um die Welt — und ist doch nur aus einer Straße in die andre hin und her marschirt — allein die Leute wollen in ein Buch darinen solche große Nahmen stehn, sich nicht prostituiren und auch was prächtiges sagen — warten von Tag zu Tag auf Inspirationen geths so ists gut — geths nicht; so machen sie es so gut sie können — das mag die Ursach des verzögers seyn — Ergöße dich an den allerley Einfällen und Gedancken — Moriß Bethmanns seines hat mir sehr gefallen — und die Handschrift ist prächtig. Ließel¹ danckt Tausenmahl vor Herrmann und Dorothea — das war ein großer Jubel!!! Vermuthlich ist das Blatt von Frau Stock verlegt worden — hirbey kommt ein anders — Bitte doch den Vater daß Er Ihr etwas zum Andencken drauf schreibe — sage Ihm wie viele Freundschaft das gantze Hauß dir erzeigt hat — das wird ein Sporn mehr seyn Ihr diese Freude zu machen. Freund Tesche wird wohl in seinem Leben keine Antwort über sein Lustspiel erhalten — wahr-scheinlich hat Er selber Verzicht drauf gethann — denn Er fragt kein Wort mehr. . . . Was macht Ihr denn alle zu-sammen? seyd Ihr wohl? was macht der Vater, wie ist Ihm der Aufenthalt in Halle bekommen? gebt einmahl Kunde und Nachricht davon — Habt Ihr denn auch solches Regen-wetter — bey uns ists alle Tage Regen — Wind — Sturm u. s. w. die Leute die in Gärten wohnen finden dißmahl ihr Conto nicht. Ein junger Mensch 16 Jahr alt Conrad Wenner von hir gebürtig und von angesehenen Eltern die Handels Leute sind — hat einen unwiederstehligen Trib Schauspieler zu werden — alle Vorstellungen dagegen helfen nichts — ich werde ein schlechter Kaufmann — aber ein großer Schau-spieler das fühle ich — nun haben die Eltern nachgeben — nun ist die Frage, wo soll Er sein Probestück machen? in Franckfurth gehts aus sehr begreiflichen Ursachen nicht wohl an — Mann hätte also Lust Ihn nach Weimar zu schicken und dort zu erproben — ob sein Gefühl Wahrheit oder Narr-heit sey — will nun dein Vater erlauben — daß Er komme und Ihm einige kleine Rollen zur probe geben; so wird

die Verwandſchaft es mit Danck erkennen — denn betrügt ſich
der Junge Menſch — ſo kan Er erſt 16 Jahr alt noch zeitig
genung ein anders Geſchäfte anfangen — es verſtehts ſich
von ſelbſt daß Er umſonſt ſeine proben ablegt — noch
eins! Ich bin im Nahmen des jungen Menſchen irre ge=
worden. Er heiß mit Zunahmen Friedrich — ſeine Mutter iſt
eine gebohrne Wennern. heut über acht Tage geht die
Meße an — Gamerier wird auf der Pfingweide in die höhe
ſteigen — da Er in der gantzen Welt herum zieht; ſo kommt
Er gewiß auch nach Weimar — ich werde /: da ich vor 20
Jahren den Blanchart nicht geſehen habe :/ in einen ge=
legenen Garten gehn . . .

    ¹ Dienerin der Frau Rat.

An Goethe

den 10ten October 1805

. . . Über die glückliche Niederkunft Euerer Erbprintzſeß
habe ich große Freude gehabt Gott ſeegne Sie und das gantze
Fürſtenhauß. Daß wir ſo vel quaſi wieder Krieg und Kriegs
geſchrey haben wißt Ihr aus den Zeitungen — wir ſind die
Dinge jetzt ſchon ſo gewohnt, daß uns Cannonen und Pulver
wägen nicht mehr ängſtigen — Dor ohngefähr 20 Jahren
ſang Meſiſtopfles im Docter Fauſt —: Das liebe heilige
Römiſche Reich — wie hälts nur noch zu ſammen?: Jetzt
kan man es mit recht fragen. Die Churfürſten — Fürſten
— laufen quir und quer — hin und her — es geht her wie
in Schnitzel putz häußel — es dreht ſich alles im Kreuſel —
man weiß gar nicht mit wem mans halten ſoll — es wird
ſchon wieder ins Gleiß kommen — denn der Liebe Vater
überm Sternen Zelt — werth doch den Bäumen daß ſie nicht
in himel wachſsen — d e r wirds ſchon wieder in Ordnung
bringen. . . .

Goethes Elternhaus
nach dem Umbau

den 15ten Februar 1806

Lieber Sohn! Schon längst hätte Frau Stock und ich dir vor dein liebes Andencken[1] gedanckt — aber unsere neue Geschichte[2] die du aus den Zeitungen wißen wirst hat uns daran verhindert. Also den besten Danck im Nahmen der Frau Stock Sie hat vor Freuden geweint — ferner soll ich dir sagen — daß alle Jugendtliche Auftritte Ihr gantz klahr vor den Augen stünden — Sie ließt jetzt aufs neue Willhelm Meister, das macht Sie unbeschreiblich glücklich — besonders das Puppenspiel — du hast große Freude verursacht also nochmahl vielen Danck — auch grüßt Sie den Augst vielmahl und läßt Ihn Ihrer hertzlichen Liebe versichern. Jetzt kommt mein Danck! Du hast mir durch dein eigenhändiges Briefgen große Freude gemacht mich mit allen Calamiteten ausgesöhnt ich habe Gott gedanckt der dich mir gegeben und so gnädig erhalten — der es ferner thun wird Amen. Wir leben wie mitten im Kriege müßen Contriboution geben — haben Ein= quartirung die Hüll und die Füll den Generahl=Stab oben drein — das lustigste ist, daß wir nicht wißen warum das so ist — Es ist Friede /: wenigstens mit uns:/ wir sind selbst vom Napoleon vor Neuterahl erklährt — alles ist vor unsern Augen verborgen — es wird schon klahr werden punctum. Lieber Sohn! Ich habe dir etwas weitläufig unsern Zustand gemeldet — damit nicht etwan falsche Nachrichten dich in Besognüße setzen mögten — Ich bin Gott sey Danck! Frisch und gesund habe gute Freunde die mir mit Rath und That aushelfen — ... sorge immer vor den Augenblick — und laße Gott vor die Zuckunft sorgen — zur Einquarttirung habe einen garde Atileristen einen höfflichen artigen Mann. Den Mercur wo Frau Stock Ihre große Freude eingeschlagen war, schicke bey Gelegenheit zu rück — weil sonst der Jahr= gang defect seyn würde — Künftigen Mittwoch den 19ten werde ich 75 Jahr alt — da trinckt meine Gesundheit hoch!!!...

---

[1] ein von Goethe gesandtes Albumblatt.   [2] Die Besetzung Frankfurts durch General Angereau (18. Jan. 1806) und die auferlegte Kontribution von 4 Millionen Franken.

An Christiane Vulpius

wenn ichs noch packen kan wirds
fortgeschickt d 21ten wo nicht d 25ten
Aprill 1806.

Liebe Tochter! Ihr Lieber Brief hat mir große Freude
gemacht — es ist mir allezeit große Wonne von dem guten
Fortgang der Gesundheit meines Sohnes zu hören — aber
jetzt sind freudige Nachrichten doppelt wichtig — doppelt
herzerquickend! Die Frantzosen scheinen uns noch nicht ver=
laßen zu wollen — unsere deputirten sind noch in Paris —
was aus uns werden wird wißen wir nicht — u. s. w. Wer
also in diesen nicht sehr erfreulichen Zeiten — den Geist
aus der Düsternheit empor hebt — verdint Lob und Dank
und das haben Sie Liebe Tochter an mir in reichem Maaße
gethan. Da nun gutes gethan auch hir schon belohnt wird;
so übersende Ihnen hirmit etwas das wie ich glaube in
Ihrem Haußweßen brauchbaar sein wird — auch kommt ein
Mercur zurück — damit der Jahrgang bey Ihnen nicht defect
seye — er kam hieher — damit das Blättgen ins Stammbuch
der Frau Senator Stock nicht verknittet werden möge. Die
Beyden Todesfälle[1] die Sie gehabt haben sind mir nahe ge=
gangen — Augst hat mir sehr viel gutes von beyden erzählt
— es thut freylich weh — gute Freunde zu verliehren —
und kein Trost vermag was über ein betrübtes Herz nur die
Zeit ist der einzige Tröster — der wird auch bey Ihnen sein
Ampt verrichten — und der Schmertz über den Verlust, wird
je länger je mehr in den Hintergrund gestelt werden — Gott!
Erhalte Ihnen noch lange und ihr Wohlbefinden wird mir
immer glückliche Tage machen. Unser Augst reißt also in die
weite Welt — weiter als von Stolppe nach Dantzig[2] — wenn
Er die Königin von Preußen zu sehen bekommt; so kan Er
Ihr melden, daß die Großmutter noch gesund wäre — was
wird Er Euch alles von dem prächtigen Berlin erzählen —
Gott! Bringe Ihn gesund und vergnügt zurück. Jetzt kommt
ein groß mächtiger Auftrag an den Herrn Geheimbten Rath

von Goethe — den Sie Liebe Tochter wenn Er gut gelaunt
gut gestimbt — und an seine Vatterstadt noch mit einigem
warmen Antheil denckt — die Güte haben mögen Ihm vor=
zutragen. Unsere Schauspieler haben seit kurtzem einen
Pentions=fond errichtet — jedes Mitglied Männer und
Frauen gibt Montlich etwas von seiner Gage ab — zwey
Vorstellungen im Jahr zu diesem Entzweck werden dazu
gelegt — die erste Vorstellung in diesem Jahr war Nathan
der weiße — und 900 f war die Loosslung — Jetzt komme
ich auf den Fleck jetzt zur Sache — das sämptliche Personahle
der hiesigen Schauspieler Gesellschaft bittet durch mich um
das noch ungedruckte Exemplar des Götz von Berlichingen![3]
Sie mey[n]en /: wie der Patriach im Nathan :/ So was würde
ihrem Fondt sehr wohl thun — und da doch Franckfurth
sein Vaterland wäre; so hofften Sie auf gnädige Erhörung
— und wenn Herr von Goethe zu dieser Gnade noch ein paar
Zeilen an das Personale schreiben — seinen Nahmen drunter
setzen wolte; so würde ihr Danck ohne Grentzen seyn. Jetzt
Liebe Tochter! Wissen Sie die gantze Geschichte — übel=
nehmen wird mir mein Sohn den Auftrag an Ihn nicht —
Finden Sie Ihn einmahl gut gelaunt — so tragen Sie es
Ihm vor u. s. w. Jetzt einmahl vom Wetter! das ist erbärm=
lich — ich habe von neuem Feuer im Offen — wir wollen
Gedult haben — denn die Ungedult verdirbt nun gantz und
gar alles — Laßen Sie mich nur bißweilen etwas gutes von
Ihnen meinem Lieben Sohn — und dem Augst hören — das
wird mir Kraft geben die Einquartirung und die Witterung
zu ertragen. Behaltet Lieb Eure treue Mutter Goethe.

[1] Christianes Schwester Ernestine und ihre Tante Juliane, die beide mit in
Goethes Haus gewohnt hatten. [2] Eine beliebte Redensart im Anfang des
19. Jahrhunderts. [3] Die Bühnenbearbeitung vom Jahre 1804.

An Goethe

den 3ten Juni 1806

Lieber Sohn! Dein Lieber Brief hat mir sehr großes
Vergnügen gemacht du hast gar nicht nöthig dich wegen der

abschlägigen Antwort zu entschuldigen — du haſt überaus wohlgethan — mir kanſt du es deßwegen nicht übel deuten — daß ich anfragte, weil ich von allen deinen ſehr guten Gründen nicht das geringſte wißen konte — dieſe Sache iſt alſo abgethan — und keine ähnliche ſoll dich je wieder behelligen — auch ſoll keine Seele kein Wort davon erfahren und damit Baſta! Der Commedien Teufel iſt wieder in einen Jungen Burſchen — einen Enkel des ehemahl berühmten Öhlmängen Handelsmanns Streng gefahren — und die Kerls wollen immer ihre erſte Ausflucht nach Weimar nehmen — ich werde ihm alſo ganz kurz ſagen laßen, ich wüßte daß du der jungen Leute ſo viel hätteſt daß du niemand mehr brauchen könſteſt — und das iſt keine Lüge — denn Auguſt hat mir ja auf deinen Befehl vor ohngefähr einem Jahr das nehmliche geſchrieben. Doch bin ich froh über dieße Geſchichte, den ohne ſie hätte ich doch ſo keinen kern und kraftvollen Brief von dir erhalten — und das immer Lebens kraft und Öhl in mein 75järiges Leben — Gott ſeegne dich davor Amen! Unſere Umſtände weiß du aus den Zeitungen — es wäre mir langweilig etwas davon zu ſagen. Ich glaube an Gott! und der iſt doch größer als alle Monarchen der Erde — und Sie dürfen nicht ein Haar weiter gehn — als Er es haben will — und in dieſem Glauben bin ich ruhig — und genieße jeden frohen Tag. Lebe wohl! . . .

den 19ten Auguſt 1806

. . . Gott ſey danck! der das Baad geſegnet und deine Geſundheit auf neue befeſtigt hat! Er wird alles übel auch in Zukunft von dir entfernen, diß traue ich Ihm mit feſter Zuverſicht zu — und dieſes Zutrauen hat mich noch n i e /: in keiner Noth:/ ſtecken laßen — dieſer Glaube iſt die einzige Quelle meines beſtändigen Froſinns — bey unſerer jetziges Lage iſt eine große Stütze nothwendig — auf wen alſo? alle Menſchen ſind Lügner ſagt David aus eigner Erfahrung denn Seine Mäjeſtät hat ſaubre Stücker gemacht —

Unſere jetzige Mäjeſtätten — da hat mann auch Troſt die
Hülle und Fülle! Ich werde nicht betrogen, den ich habe
mein Dertrauen nicht dahin geſtelt — Bey meinem Monarchen
verliert mann weder Capital noch Intereßen — den behalt
ich. Mir iſt übrigens zu muthe als wenn ein alter Freund
ſehr tranc iſt, die ärtzte geben ihn auf mann iſt verſichert
daß er ſterben wird und mit all der Gewißheit wird mann
doch erſchüttert wann die Poſt tommt er iſt todt. So gehts
mir und der gantzen Stadt — Geſtern wurde zum erſten mahl
Kaiſer und Reich[1] aus dem Kirchengebet weggelaßen —
Iluminationen — Feyerwerc — u. d. g. aber tein Zeichen
der Freude — es ſind wie lauter Leichenbegengnüße — ſo
ſehen unſere Freuden aus! Um mich Lieber Sohn! Habe teine
Beſorgnüße, ich tomme durch — wenn ich nur zuweilen etwas
guts von Euch meinen Lieben höre; ſo ſtört mich nichts in
meinem Frohſinn — und meine 8 Stunden ſchlafe ich richtig
in einem fort u. d. g. Der Primas[2] wird täglich erwartet —
Dilleicht geht alles beßer als mann denct — müßen erſt den
neuen Roc anprobiren — Dilleicht thut er uns nur wenig
geniren — drum laßt hinweg das Lametiren u. ſ. w. Lebt
wohl! Behaltet lieb — diejenige die unter allen Regirungs
Deränderungen iſt und bleibt Eure Euch Liebende Mutter
u Großmutter Goethe.

N. S. Tauſend hertzliche Grüße an meine Liebe Tochter
u an den Lieben Augſt, deßen Strumpfbänder ich immer
noch zum Andencken trage.

Noch eine Nachſchrift! Das Zuſammentrefen mit der
Printzeſin von Mecklenburg[3] hat mich auserordentlich gefreut
— Sie — die Königin von Preußen — der Erbprintz werden
die Jugendliche Freuden in meinem Hauße genoßen nie
vergeßen — von einer ſteifen Hoff-Etitette waren Sie da in
voller Freyheit — Tantzendt — ſangen und ſprangen den
gantzen Tag — alle Mittag tamen Sie mit 3 Gablen be-
waffnet an meinen tleinen Tiſch — gabelten alles was Ihnen
286

vorkam — es schmeckte herrlich — nach Tisch spielte die jetzige Königin auf dem piano forte und der Prinz und ich walzen — hernach mußte ich Ihnen von den vorigen Krönungen erzählen auch Mährgen u. s. w. Dieses alles hat sich in die jungen Gemüther eingedrückt daß Sie alle 3 es nie bey aller sonstigen Herrlichkeit nimmermehr vergeßen — bey etwaiger Gelegenheit werde es anzubringen wißen — daß du deines Auftrags dich bestens entlegigt hat. Lebt nochmahls wohl u gedenckt meiner.

¹ Franz II. hatte am 6. August die deutsche Kaiserkrone niedergelegt; damit war das Deutsche Reich aufgelöst. ² Der Fürst-Primas von Dalberg, zu dessen Gebiet Frankfurt nach der Auflösung des Reiches gehörte. ³ Prinzessin Solms, Schwester der Königin Luise, mit der Goethe in Karlsbad zusammengetroffen war.

An Goethe und Christiane Vulpius

Sambstag d 18ten October 1806

Lieben Kinder! Nachdem dißmahl die Castanien so auserordtlich gerathen sind; so überschicke ich hirmit eine Noble Quantität — auch habe wohl bedachtsam die größern von den kleinern mit eigenen Händen auf beste separirt und von einander abgesondert um Euch die Mühe zu ersparen — welches wie ich hoffe Ihr mit dem gebührenden Danck erkennen werdet — mein Wunsch ist, daß sie Euch in Gänßebraten — und blau kohl wohl schmecken und noch beßer bekommen mögen. Wie lebt Ihr denn in diesen kriegerischen Zeiten? bey uns ists jetzt pasabel stille — aber vor 14 tagen da gings durcheinander pele melle — 5 Mann bekamme ich vor mein theil zum Einquatiren — alles ging gut ich war froh und heiter — die Bursche wurdens auch — Eßen u Trincken schmecke ihnen gut u. s. w. Bald kan ich dir auch umständliche Nachricht von unserer jetzigen Verfaßung geben — denn da du noch immer Franckfurther Burger bist; so mußt du doch auch von der großen Umwälzung etwas erfahren — was ich so hir und da davon gehört habe gefält mir wohl. . . .

An Goethe

Lieber Sohn! Mein erstes Geschäffte /: nach erhaltung deines mir so zu rechter Zeit gekommenen Briefes:/ war Gott dem Allmächtigen auf meinen Knieen zu dancken und laut mit Anbettung zu jublen: Nun dancket alle Gott mit Hertzen — Mund und Händen! Ja Lieber Sohn! das war wieder eine Errettung[1] — wie die 1769 — 1801 — 1805 da nur ein Schritt ja nur ein Haar, dir zwischen Tod und Leben war. Vergiß es nie; so wie ich es auch nie vergeße. Er der große Helfer in allen Nöthen, wird ferner sorgen, ich bin ruhig wie ein Kind an der Mutter Brust, den ich habe Glauben — Vertrauen — und feste Zuversicht auf Ihn — und niemand ist noch zu Schanden worden — der Ihm das Beste zugetraut hat — Jetzt noch einmahl Tausend Danck vor deinen trostreichen — lieben und herrlichen Brief. Zu deinem neuen Stand[2] wünsche dir allen Seegen — alles Heil — alles Wohlergehen — da hast du nach meines Hertzens wunsch gehandelt — Gott! Erhalte Euch! Meinen Seegen habt Ihr hiemit in vollem Maas — der Mutter Seegen erhält den Kindern die Häußer — wenn sie schon vor den jetzigen Augenblick nichts weiter in diesen Hochbeinigen erbärmlichen Zeiten thun kan. Aber nur Gedult die Wechsel Briefe die ich von unserm Gott erhalten habe — werden so gewiß bezahlt als jetzt /: da ich dieses schreibe:/ die Sonne scheint, darauf verlaßt Euch — Ihr sollt mit Eurem theil zufrieden seyn — das schwöre ich Euch. Grüße meine Liebe Tochter hertzlich — sage Ihr, daß ich Sie Liebe — schätze — verehre — daß ich Ihr selbst würde geschrieben haben, wen wir nicht in einem beständigen Wirrwel lebten — Heute werden die Straßen die zum Bockenheimer Thor führen nicht leer von Preußischen Gefangenen!!! Es ist ein getümmel ein Romor — daß man beynnahe nicht im Stande ist, einen vernünftigen Gedancken zu haben. So bald es etwas ruhiger ist hole ichs

nach. Jetzt muß ich nach einer kleinigkeit fragen — Am 20 ten
October hab mit dem Postwagen 28 ℔ Castanien an Euch
abgeschickt habt Ihr sie bekommen? im entgegengesetzten Fall
schicke ich andre, doch muß ich solches mit umgehnder Post
nur mit ein paar Worten wißen . . .

¹ Nach der Schlacht bei Jena am 14. Oktober war Weimar von den Franzosen besetzt und geplündert, Goethe in seinem Hause von betrunkenen Soldaten
bedroht, durch Christianens Dazwischentreten gerettet werden.   ⁹ Am 19. Oktober
hatte die Trauung Goethes mit Christiane stattgefunden.

Freytag d 17ten Aprill 1807

Lieber Sohn! Dein Brief welcher die glückliche Ankunft meiner Lieben, Lieben Tochter mir verküntigte hat
mir Hertz und Angesicht frölich gemacht[1] — Ja wir waren
sehr vergnügt und glücklich beyeinander! Du kanst Gott
danken! So ein Liebes — herrliches unverdorbenes Gottes
Geschöpf findet mann sehr selten — wie beruhigt bin ich jetzt
/: da ich Sie genau kenne :/ über alles was dich angeht —
und was mir unaussprechlich wohl that, war, daß alle Menschen — alle meine Bekandten Sie liebten — es war eine
solche Hertzlichkeit unter ihnen — die nach 10 Jähriger Be-
kandtschaft nicht inniger hätte seyn können — mit einem
Wort es war ein glücklicher Gedancke Sich mir und allen
meinen Freunden zu zeigen alle vereinigen sich mit mir
dich glücklich zu preißen — und wünschen Euch Leben —
Gesundheit — und alles gute was Euch vergnügt und froh
machen kan Amen. Die Schriefen werden mit Jubel empfangen werden — den 1 ten Band kriege ich nun einmahl
nicht satt! die 3 Reuter die unter dem Bett hervorkommen,
die sehe ich leibhaftig — die Braut von Corindt — die
Bajadere — Tagelang — Nächte lang stand mein Schief
befrachtet — der Zauberlehrling — der Rattenfänger u alle
andre das macht mich unaussprechlich glücklich — meinen
besten Danck davor. Meine Liebe Tochter wird eine Freude
haben über das Kleid das die Stocks verfertig haben — ein
Kaufmann überbringts Ihr. Die Meße war nicht gantz

schlecht — verschiedne Waren gingen starck ab — müßen
froh seyn daß die Sache noch so ist. Sonst ist alles still —
unser Fürst kommt im May — Einquartirung haben wir
wegen der Durchmärsche fast täglich — mann wird aber alles
gewohnt — und macht sich nicht mehr draus. . . .

¹ Christiane war vom 23. März bis 10. April in Frankfurt zu Besuch gewesen und am 12. April wieder in Weimar eingetroffen.

An Christiane von Goethe

Samstag d 16ten May 1807

Liebe Tochter! Noch vor den Pfings Feyertagen muß
ich Ihnen vor Ihren lieben Brief dancken — das Wohlbefinden von Ihnen hat meinem Hertzen wohlgethan — und
trägt dazu daben die Festtage frohl und freudig zu zubringen
— Da Sie nun in etwas mit meiner Lage bekandt sind; so
will Ihnen meine Festtags Pläsirs hererzählen: den 1ten
besuche ich meine Lieben von Fleischbein¹ da bin ich immer
sehr gern — den 2ten wird im Schauspiel die Jungfrau
von Orleang gegeben — auf die großen Veränderungen die
damit haben vorgehen müßen bin ich sehr neugirig — den
3ten weiß ich noch nichts bestimmtes — villeicht gehe ich
zu Stocks in Garten — den 4ten ben Senator Steiß in seinem
Garten denn die Armen und Wäisen kinder haben da ihr
großes Fest — werden auf der sogenandten Pfingst weide
öffentlich gespeißt — und in oben benandten Garten — kan
man die fühle von Menschen und Kuschen recht in Augenschein nehmen. Nach den Feyertagen gibt Unser Fürst Primas
Franckfurths Bürgern ein hir noch nicht gesehnes Spectackel
— schon an dem heutigen Tag ist keine Kusche — kein Pferd
mehr zu haben — der Liebe Fürst scheint seine Franckfurther
gut zu kennen — Leichtsinn und gutes Hertz ist ihr Wahl-
spruch — Aber alles was wahr ist die gantze Woche sind sie
fleißig — Sontag und die Lieben feyertage ein Täntzgen
u. s. w. und alles ist gut. Vielleich habt Ihr von so einem

290

feſt eine beßre Einſicht wie ich — darum ſchicke ich Euch beyliegendes gedrucktes Blat. Jetzt wäre es von uns genung geſchwatzt. Nun von Ihnen liebe Tochter! Sie ſind bey Ihrer Nachhauße kunft recht in Thätigkeit geſetzt worden — da ich aber nun das Vergnügen habe Ihnen genauer zu kennen — durch die Kriegs trublen die Sie ſo meiſterhaft beſtanden haben in meinem Glauben an Ihnen geſtärckt und befeſtigt; ſo haben meine Sorgen um alles was in Ihrem Wirckungs [kreiße] liegt — von oben biß gantz herunter ein Ende. Das alles hat die nähre Bekandſchaft mit Ihnen Bewerckſcheligt — Gott erhalte und ſeegne Ihnen vor alle Ihre Liebe und Treue. Vor den Lieben Brief den mein Sohn an die Frau Stock geſchrieben dancke recht ſehr — er wird wie ein heiligthum bewahrt und allen guten Freunden vorgeleßen. Da hat den doch die kleine Brentano[2] ihren Willen gehabt, und Goethe geſehen — ich glaube im gegen geſetzten fall wäre ſie Toll geworden — denn ſo was iſt mir noch nicht vorgekommen — ſie wolte als Knabe ſich verkleiden, zu Fuß nach Weimar laufen — vorigen Winter hatte ich oft eine rechte Angſt über das Mägdchen — dem himmel ſey Danck daß ſie endlich auf eine muſterhafte art ihren willen gehabt hat. Sie iſt noch nicht wieder hir, iſt noch ſo viel ich weiß in Caſſel — ſo bald ſie kommt ſolt Ihr alles was ſie ſagt erfahren. . . .

Eine neue Probe Ihrer Erfindſamkeit im ſparen iſt, daß Sie den alten ſchwartzen Lappen haben noch benutzen können. hirben kommt auch die Wundergeſchichte des Fortunatus — ich habe mir die Geſchichte zu ſammen gezogen, alles überflüßige wegeſchnitten und ein gantz artiges Mährgen draus geformirt. Ja Liebe Tochter! der verwünſchte Catar und Schnupfen hat Ihnen mein Briliantes Talent Mährgen zu erzählen vorenthalten — Bücher ſchreiben? Nein das kan ich nicht aber was andre geſchrieben zu Erzählen — da ſuche ich meinen Meiſter ! ! !

Dieſem langen wohlſtiliſirten Brief /: wozu ich ſchon

die zweyte Feder genommen habe:/ müßen Sie doch ver=
schiedenes Ansehn — Erstlich daß Doctor Melber die Sache
wieder in Ordnung gebracht und durch seine Kunst die Ur=
großmutter wieder gut geflickt hat — zweytens, daß da ich
mir den Taback wieder habe angewöhnen müßen — derselbe
seine Würckung besonders im fließenstiel vortreflich thut —
ohne ein prißgen Taback waren meine Briefe wie Stroh —
wie Frachtbriefe — aber Jetz! das geht wie geschmirt —
das Gleichnüß ist nicht sonderlich hübsch aber es fält mir
gerade kein anders ein . . .

N. S.   Daß das Bustawiren und gerade Schreiben nicht
zu meinen sonstigen Talenten gehört — müßt Ihr verzeihen
— der Fehler lage am Schulmeister.

[1] Schöffe in Frankfurt.   [2] Bettina Brentano.

Den 19ten May 1807

. . . Hirbey kommt ein Briefelein von der kleinen Brentano — hiraus ist zu sehen daß Sie noch in frembten Landen
sich herum treibt — auch beweißen die Ausdrücke ihres
Schreibens — mehr wie ein Alvabeth[1] wie es ihr bey Euch
gefallen hat — auf ihre Mündliche Relation verlangt mich
erstaunlich — wenn sie nur die allerkürtze Zeit bey Euch
war; so weiß ich zuverläßig daß kein ander Wort von ihr zu
hören ist als von Goethe — Alles was Er geschrieben hat,
jede Zeile ist ihr ein Meister werck — besonders Egmont —
dagegen sind alle Trauerspiele die je geschrieben worden —
nichts — gar nichts — weil sie nun freylich viele Eigenheiten
hat; so beurteilt man sie wie das gantz nathürlich ist gantz
falsch — sie hat hir im eigentlichen Verstand niemand wie
mich — alle Tage die an Himmel kommen ist sie bey mir
das ist ihre beynnahe einzige Freude — da muß ich ihr nun
erzählen — von meinem Sohn — als dann Mährgen — da
behauptete sie denn; so erzähle kein Mensch u. s. w. Auch
macht sie mir von Zeit zu Zeit kleine Geschencke — läßt mir
zum Heiligen Christ bescheren — am ersten Pfingstfest schickte

292

sie mir mit der Post 2 Schachtelen — mit 2 Süperben Blumen
auf Hauben so wie ich sie trage — und eine prächtige porze=
länerne Schocolade Taße weiß und gold. Jetzt einen großen
Sprung von Betinen zu den gläßern Obst flaschen — die
kommen auf anrathen von Herrn Nicolaus Schmidt ohn
Franckfirt — bezahlt ich die Fracht — welches sonst bey
mir immer gewohnlich ist; so mögte es gehen wie es ein=
mahl mit dem Kistegen gegangen ist — das ½ Jahr in der
Ire herum fuhr — weil es bezahlt — und der Fuhrmann
deßhalb auf den Fracht brief nicht achtete und ihn verlohr....

¹ ein Buch von 25 Druckbogen.

An Bettina Brentano

Den 19ten May 1807

Gute — Liebe — Beste Betina! Was soll ich dir sagen?
wie dir dancken! vor das große Vergnügen das du mir gemacht
hast! Dein Geschenck ist schön — ist vortreflich — aber deine
Liebe — dein Andencken geht über alles und macht mich
glücklicher als es der Tode=bustaben aus drücken kan. O!
Erfreue mein Hertz — Sinn — und Gemüthe und komme
bald wieder zu mir. Du bist beßer — Lieber — größer als
die Menschen die um mich herum grabelen, den eigentlich
Leben kan man ihr thun und laßen nicht nennen — da ist
kein Fündgen wo man nur ein Schwefelhöltzgen anzünden
könte — sie spärren die Mäuler auf über jeden Gedancken
der nicht im A. B. C. buch steht — Laßen wir das, und kommen
zu etwas das uns schadloß hält. Meine Freude war groß da
ich von meiner Schwieger Tochter hörte daß du in Weimar
gewesen wärest — du hast viel vergnügen dort verbreitet
— nur bedauerte man daß dein Aufenthalt so kurtz war.
Nun es ist noch nicht aller Tage Abend — sagt ein altes
Sprichwort. Was werden wir uns nicht alles zu sagen
haben!!! Darum komme bald — ...

Liebe — Liebe Tochter! Nenne mich ins künftige mit
dem mir so theuren Nahmen Mutter — und du verdinst ihn
so sehr, so gantz und gar — mein Sohn sey dein inniggeliebter
Bruder — dein Freund — der dich gewiß liebt und Stolz
auf deine Freundschaft ist. Meine Schwieger Tochter hat mir
geschrieben wie sehr du Jhm gefallen hast — und daß du
meine Liebe Bettine bist muß du längst überzeugt seyn Auf
deine Herkunft freue ich mich gar gar sehr, da wollen wir
eins zusammen Schwatzen — denn das ist eigendtlich meine
Rolle worinn ich Meister bin — aber Schreiben! so Tintenscheu ist nicht leicht jemand — darum verzeihe wenn ich
nicht jeden deiner mir so theuren Briefe beantworte zumahl
da ich weiß, daß Nachrichten von meinem Sohn dir das
angenehmste und liebste sind und ich von seinem jetzigen
Thun und wircken so wenig weiß — aber überzeugt daß sein
Lob ob gleich aus frembtem Munde dir auch theuer ist;
so schicke ich hir eine Recenzion aus den Theoloischen
Annaalen die dir wohlthun und dich ergötzen wird. . . .

An Goethe

[9. Juli 1807.]

Eine Rezention aus den Theoloischen Annalen über die
Bekentnüße einer schönen Seele im 3ten Band von Göthens
Wercken.

Dieses in das Fach der religiösen Schrieften einschlagende
Kunstwerck, ein mit Liebe gearbeitetes Meisterstück unsers
größten Dichters, der Klarheit mit Tiefe, Einfalt mit Er-
habenheit wunderbahr verbindet, — wird zugleich mit Jphi-
genie von Tauris und mit den Leiden des Jungen Werthers,
in den Tempel der Unsterblichkeit eingehn. Villeicht ist es
nicht allgemein bekandt, daß der Verfaßer mit diesen Bekent-
nüßen einer schon seit länger als 30 Jahren zu Franckfurth
am Main entschlafenen Freundin seiner noch lebenden Frau

Mutter, einer Freulein von Klettenberg, die Er wie eine Mutter verehrte, und die Ihn wie einen Sohn liebte, ein beyder Theile würdiges Unvergängliches Denckmahl gesetzt hat.

Je öffter man diese geistreiche Bekentnüße liest, um somehr bewundert man sie, und der Verfasser dieser kurtzen Anzeige wird sich, so lange ein Odem in ihm ist, jedes der hohen Achtung, die einem solchem mit Gottes finger als einzig bezeichnetem Geiste gebührt, zu nahe tretenden Urtheils über andere Theile seiner Schriften enthalten, welche villeicht eines solchen Geistes nicht gantz würdig gefunden werden mögen. ...

Psalm 1 — Vers 3 — auch seine Blätter verwelcken nicht.

Das ist der Lieben Klettenbergern wohl nicht im Traume eingefallen — daß nach so langer Zeit Ihr Andencken noch grünen — blühen und Seegen den nachkommenden Geschlech= tern b[r]ingen würde. Du mein Lieber Sohn! warst von der Vorsehung bestimt — zur Erhaltung und Verbreitung dieser unverwelcklichen Blätter — Gottes Seegen und Tausend Danck davor! und da aus dieser Geschichte deutlich erhelt — daß kein gutes Saamen korn verlohren geht — sondern seine Frucht bringt zu seiner Zeit; so laßt uns gutes thun — und nicht müde werden — den die Ernte wird mit vollen Scheuern belohnen.

An Christiane von Goethe

den 17ten Augst 1807

Liebe Tochter! Gott seegne meinen Lieben Sohn vor die Freude die Er mir an dem heutigen Tag gemacht hat!!! Herr Städel[1] brachte mir einen Brief vom 20 ten Julius von Carls baad — dieser Brave Mann, erzählte mir so viel gutes und schönes von meinem Sohn — von seiner Gesundheit, gutem Aussehn daß ich mich von Hertzen freute — und Gott Lob und Danck sagte, auch das Carls baad von gantzer Seele liebgewan — Aber die Ließel!! die war vor Freude halb närisch wegen denen vortreflichen Spitzen — danck Tausenden mahl und wünscht nur Gelegenheit zu haben ihren Danck recht aus brechen und aus laßen zu können — dazu könte sie kommen, sagte ich, wenn nehmlich jemand von Weimar — Sohn, Tochter — Enckel hieher kämen — dann solte sie recht thätig seyn, und alle ihre Kräfte zur guten Bewirthung anwenden — welches sie dann auch nicht er= manglen wird — es ist wahr, die Spitzen sind vortreflich — haben Sie die Güte, und dancken meinem Sohn in meinem und in der Ließel nahmen. Da herr Städel noch eine Thur hie und dahin machte; so brachte Er mir am 16ten Augst erst meines Sohnes Brief — mein Sohn erinnert mich an das Spaa waßer, das nun schon lange bey Euch ist — Gott! Seegne die Nachcur! Jetzt ein Wort mit Ihnen Liebe Tochter! Ihr letzter Brief aus Lauchstätt hat mir gar nicht behagt, Sie schreiben, daß seit der Zeit Ihrer Abreiße von hir ein immer= währender Catar Sie incomodire, machen Sie mit Husten und Catar keinen Spaß — ich habe Doctor Melbert gefragt — Er hoft die warme Witterung soll alles wieder gut machen — wenn die Wärme die Genesung vor Ihr übel ist; so müßen Sie Radicaliter Curirt seyn — denn seit 1748 habe ich so keinen anhaltenden Sonnenschein; so keine Hitze zum Ersticken erlebt wie dieses Jahr. Noch einmahl machen Sie keinen Spaß — Schreiben Sie mir so bald Sie wieder in Weimar sind — ehrlich — redlich und aufrichtig Ihr befinden — der Husten muß weg — ehnder habe ich keine Ruhe — ein großer Artz den nahmen habe ich vergeßen sagt: Es starben mehr Menschen am Cathar als an der Pest — folgen Sie mir, fragen Sie Ihren Artz um Rath und geben mir Nach= richt von Ihrem Wohlbefinden — das wird mir einen Freudenreichen Tag machen — ich glaube noch imer die Verkältung in dem verwünschten Willhelms baad — war Schuld — Nun wenn Ihr meine Lieben wiederum beysamen seid; so hoffe ich gute Nachrichten von Euch zu hören das gebe Gott Amen. Jetzt noch ein paar Worte von der Ließel

-- fie hat mich fehr gebethen ihren Unerthänigen Refpect an die Frau Geheimde Räthin — und den beften Gruß an Jungfer Caroli[n]gen² mit Bitte fich ihrer zuweilen zu er-innern, und fie lieb und in gutem Andencken zu behalten. Leben Sie wohl! . . .

¹ Bantier in Frankfurt.   ² Caroline Ulrich, Chriftians Freundin.

An Goethe und Chriftiane

den 8ten September 1807

Lieber Sohn! Dein Aufenthalt in Carls baad hat mir große Freude und manches Vergnügen gewärt — denn ich hörte lauter gutes und fchönes von dir — Herr Städel kam mit großem Jubel — brachte mir liebe Nachrichten — und ich hatte einen frohen Tag . . . Ich vor meine Perfohn fchreibe nun alle Narrheiten die fich in kurtzer Zeit hir gehäuft haben der erftaunlichen Hitze zu, in Rom find 60 Menfchen Närrifch worden — fo arg ifts nun freylich bey uns nicht — aber auch Rom und Franckfurth!!! Der Herr Geheimde Rath von Gerning hat einen Geiftigen Umgang mit einer empfind-famen wittwe — verfpricht fich mit ihr — wird in der Kirche dem Gebrauch nach aufgeboten — wird aber fo offte das wort Coupolation ausgefprochen wird ohnmächtig — fie fcheiden in Pace von einander u. f. w. Demoifelle Busmann Enckelin von Frau Bethmann Schaff hat einen Bräutigam — foll nur noch etwas warten läßt fich aber von Clements Brentano¹ entführen — die Hitze ift gantz einlein Schuld — denn wenn es fchlechte Menfchen wären ja da wäre es ein anders anders — aber es find allezufammen edle Seelen die fchwatzen von Grundfätzen — Pflichten — Moralifchen Ausübungen der Pflichten gegen Eltern Verwanden u. f. w. Da lobe ich mir das Stockifche Hauß da lieben die Eltern die Kinder — die Kinder die Eltern da ift einem fo wohl alles was in dem Circkel lebt freut fich des Lebens — Was habe ich diefen Sommer wieder vor vergnügte Tage mit Ihnen in Ihrem

Garten verlebt — da habe ich Mährgen erzählen müßen /: denn unter uns:/ das ist meine Briliante Seite — da wurde von dir gesprochen — von deiner Lieben Frau — von allem was das Herz froh und das Angesicht frölig machte — alles ohne Chrien und Brühen. Die guten Königsberger haben eben erfahren was Ihr leider auch erfahren habt enorme Einquartirung — Nicolovius hat ohnweit Königsberg ein hübsches Landgut das wurde auch sehr mitgenomen Fourage — Pferde — Ochßen — was mit zu nehmen war mußte mit Er mußte aus seiner Wohnung in ein ander Hauß unters Tach in elende Kammern Er hat 6 Kinder 5 Knaben ein Mädelein, der älteste 10 Jahr alt lag krank auf den Tod — der mußte mit in die Miserabele Wohnung — seine Frau wollten sie prügeln weil sie 12 Eyer verlangten und waren nur 2 im Hauß u. s. w. Louise ist aber gerade so ein braves Weib, wie Ihre Tante Goethe und hatte eben den Muth — die Herzhaftigkeit und den Frohsinn. Nach einigen Tagen da ordnung und Ruhe hergestelt waren — ging Sie mit Mann und Kinder ins Fränsoische Lager — Vergaß über Ordnung — Schönheit — und der Exelenten Musik alle ausgestandene Leiden, bewiße dadurch daß Sie von mir ab= stammte und von meinem Blut war. Betine Brentano ist über die Erlaubnüß dir zuweilen ein plättgen zu schicken zu dörfen entzückt — antworten solt du nicht — das begere Sie nicht — dazu wäre Sie zu gering — belästigen wolle Sie dich auch nicht — nur sehr selten — ein Mann wie du hätte größeres zu thun als an Sie zu schreiben — Sie wolte die Augenblicke die der Nachwelt und der Ewigkeit gehörten nicht an sich reißen. . . .

[1] Bruder der Bettina, der bekannte Dichter.

den 6ten October 1807

Lieber Sohn! Dein Brief der so ahnmuthig — lieblich und herzerquickend war machte mich froh und frölig! Da nahm ich nun sogleich die wohlgeschnitte Feder zu Hand

und schriebe das was jetzt folgt. Spaa wasser kanst du haben;
so viel du haben wilst — und so lang du es vor gut findest
— die Adreße ist: An Frau Räthin Goethe — so offte du
es also nöthig hast, so laße es michs wißen — es versteht
sich daß du immer schreibst wenn du noch einen Vorath im
Keller hast — denn man hat die Fuhrleute nicht immer
gleich bey der Hand — an dem Wasser selbst fehlt es nie,
Sommer und Winter ist es zu haben, es kommt schon gepackt
aus Spaa wird nur wenn es verschickt wird verpicht — die
größten Kisten halten 50 — die kleinsten 30 Bouteillien —
es wird weit und breit verschickt. Nun hast du eine deutliche
Beschreibung des dir so wohlthuenden Wassers. Gott! Seegne
ferner den Gebrauch an d i r und andern. . . . Diese Meße
war reich an — Profeßjoren!!! Da nun ein großer theil
deines Ruhmes und Rufens auf mich zurück fält, und die
Menschen sich einbilden ich hätte was zu dem großen Talendt
beygetragen; so kommen sie denn um mich zu beschauen —
da stelle ich denn mein Licht nicht unter den Scheffel sondern
auf den Leuchter versichre zwar die Menschen daß ich zu dem
was dich zum großen Mann und Tichter gemacht hat nicht das
mindeste beygetragen hätte /: denn das Lob das mir nicht
gebühret nehme ich nie an:/ zudem weiß ich ja gar wohl
wem das Lob und der Danck gebührt, denn zu deiner Bildung
in Mutterleibe da alles schon im Keim in dich gelegt wurde
dazu habe ich warlich nichts gethan — Villeicht ein Gran
Hirn mehr oder weniger und du wärstes ein gantz ordinerer
Mensch geworden und wo nichts drinnen ist da kan nichts
raus kommen — da erziehe du das können alle Pilantopine
in gantz Europa nicht geben — gute brauchbahre Menschen
ja das laße ich gelten hir ist aber die Rede vom auserordendt=
lichen. Da hast du nun meine Liebe Frau Aja mit Fug und
Recht Gott die Ehre gegeben wie das recht und billig ist,
jetzt zu meinem Licht das auf dem Leuchter steht und denen
Profeßern lieblich in die Augen scheint. Meine Gabe die mir
Gott gegeben hat ist eine lebendige Darstellung aller Dinge

die in mein Wißen einschlagen, großes und kleines, Wahrheit und Mährgen u. s. w. so wie ich in einen Circul komme wird alles heiter und froh weil ich erzähle. Also erzählte ich den Profeßforen und Sie gingen und gehen vergnügt weg — das ist das gantze Kunststück. Doch noch eins gehört dazu — ich mache immer ein freundlich Gesicht, das vergnügt die Leute und kostest kein Geld: sagte der Seelige Merck. Auf den Blocksberg verlange ich sehr — dieser Ausdruck war nichts nuß — man könte glauben ich wartete mit Schmertzen auf den 1ten May — also auf die Beschreibung deines Blocksberg warte ich; so wars beßer gesagt. Alle Freunde sollen gegrüßt werden. Obst die Hüll und die Füll, mein kleines Gärtgen hat reichlich getragen — zum Eßen wars zu viel zum Ver=kaufen zu wenig — da habe ich denn brav in Bouteillien eingemacht — Ich und Liesse Eßen daß uns die Backen weh thun. . . .

Dinstags d 27ten October 1807
. . . Seit dem 24ten dieses haben wir hir ein prächtiges Schauspiel. Die Kayerlichen Garden gehen hirdurch nach Maintz in ihr Vaterland — d 24ten kamen 1821 Jäger zu Fuß — vorgestern 1767 Grenadir zu Fuß — Gestern hielten sie Revüe auf dem Roßmarck — heute kommen 2372 Füselirer Mittwoch 1091 Jäger zu Pferd — Donnerstag 657 Dragoner — und den 31ten 1051 Grenadir zu Pferde — Nein so was hat die Welt noch nie gesehn — alle wie aus einem Glas schranck kein schmützgen — kein Fleckgen — und die Präch=digte Musick — mir gehts wie dem Hund in der Fabel — abwehren kans ichs nicht — zerzaußen mag ich mich nicht laßen — gerade wie [der] Hund, ich — Eße mit. Das ist verdollmescht — Ich freue mich des Lebens weil noch das Lämpchen glüht — suche keine Dornen — hasche die kleinen Freuden — sind die Thüren niedrig so bücke ich mich — kan ich den Stein aus dem Wege thun so thue ich — ist er zu schwer, so gehe ich um ihn herum — und so finde ich

300

alle Tage etwas das mich freut — und der Schluß stein — der glaube an Gott! der macht mein Hertz froh und mein Angesicht fröhlich — ich weiß daß es mir und den Meinen gut geht — und daß die Blätter nicht einmahl verwelcken, geschweige der Stamm. Heute ist uns starcke Einquartirung angekündigt worden, die oben genanden 2372 Mann — Sie sollen bey mir mit Schweinenbraten gelalirt werden u. s. w. ... Heute wie gesagt gehts bunt bey uns zu der Brief muß also fertig seyn ehe die Gäste kommen — ich muß mich auftackeln um am Fenster den Wirrwarr zu besehen. ...

An Christiane von Goethe

Den 14ten December 1807.

ich habe das Datum auf die unrechte Seite geschrieben, der Tag ist bald zu Ende ich bleibe zu Hauß und dencke an das Rebhun — belleben weiter unten nachzusehn.

Liebe Tochter! Hier kommt das Christgeschenck — ich hoffe es wird Ihnen und Augst wohlgefallen der Confect kommt wie allemahl nach — Die Familie Brentano sind /: biß auf die Betina die noch in Cassel ist :/ wieder hir — die können nun mit rühmen, lobpreißen — Dancksagungen nicht zu Ende kommen — So wie es Ihnen bey Euch ergangen ist; so ist nichts mehr — die Ehre die Ihnen wiederfahren — das Vergnügen so sie genoßen — Summa Sumarum solche vortrefliche Menschen so ein schönes Hauß; so eine Stiege; so ein Schauspiel — das alles ist nur bey Goethe anzutrefen — das ist alles nur Stückweise erzählt worden, den der Betina dürfen Sie nicht vorgreifen die will mir alles selbst erzählen — Ihr meine Lieben könt leicht dencken welchen Freudentag Sie mir dadurch gemacht haben — und welche Freude mir durch Betinens Erzählung bevorsteht — Auch vor dieße Freude dancke ich Euch von Hertzen. Vor 8 Tagen haben wir Rußen zur Einquartirung gehabt — lauter schöne höffliche — wohlgezogne Leute — ich hatte zwey junge überaus liebe Menschen

301

— Sie wurden auch in der gantzen Stadt mit Liebe und
Freundlichkeit aufgenomen und das mit Recht — denn nicht
eine einzige Klage und waren doch 1800 und alle lieb und
gut! Sagt doch das bey Gelegenheit Euerer Erpprinßes —
die soll ja so Liebreich und vortreflich seyn — und auch die
geringsten Jhres Volcks schätzen — Villeicht macht Jhr so
ein Zeugnüß einer gantzen nicht gantz unbedeudenten Stadt
einiges Wohlbehagen. Und nun kommt noch was das ist uns
noch nicht pasirt — alle Einquatirungs Billiet sind mit dem
Stempel worauf ein F. steht gestempelt und dabey wurde
gesagt die Einquartirung würde bezahlt — so wenig es vor
mein theil tragen mag — so nehme ichs, um mich rühmen
zu können von dem Ruschischen Kaiser etwas erhalten zu
haben, Verbürgen kan ich diese Sage nicht — allein die
gestemmelten Billiet müßen doch etwas bedeuten — von mir
solt Jhr es erfahren, denn es sollen noch mehre Rußen hieher
kommen. Hir schneidts wie in Lappland meinetwegen mag
es schneien oder haglen, ich habe zwey warme Stübger und
ist mir gantz behaglich — bey so stürmischem Wetter bleibe
ich zu Hauß, wer mich sehen und hören will muß mir eine
Kusche schicken — und so gantz allein Abens zu Hauße ist
mir eine große Glückseligkeit. Frau Aja! Frau Aja! Wenn
du einmahl in Zug komst seys Schwatzen oder Schreiben;
so gehts wie ein aufgezogner Bratenwender — Bratenwender?
das Gleichnüß ist so übel nicht, man zieht ihn doch nicht auf
wenn im Hauß entweder Fast Tag oder Armuth ist —
sondern wenn was am Spiß steck das zum Nutzen und
Frommen der Familie genoßen werden soll — Jch glaube
also ich laße ihn noch laufen biß ich Euch von meiner Abend
Glückseligkeit einen kleinen Begrief gemacht habe. Zu dem
heiligen Johannis kam einmahl ein Frembter der viel vom
Johannis gehört hatte, Er stellte sich den Mann vor wie
Er studirte unter Manusprickten saß verdieft in großen Betrachtungen u. s. w. Er besucht ihn, und zu seinem großen
Erstauen spielt der große Mann mit einem Rebhun das ihm

302

aus der Hand aß — und Tausend Spaß trieb Er mit dem zahmen Thirgen — Johannes sahe dem Frembden seine Verwunderung an thate aber als merckte Er nichts — im Disturs sagte Johannes sie haben da einen Bogen laßen sie ihn den gantzen Tag gespant — behüte sagte der Frembte das thut kein Bogenschütz der Bogen erschlaft, mit der Menschlichen Seele ists eben so, abgespant muß sie werden, sonst erschlaft sie auch sagte Johannes. Nun bin ich freylich kein Johannes aber eine Seele habe ich die wenn sie mir gleich keine Offenbahrung dictir — doch den Tag über im kleinen sich anstrengt und gerechnet daß sie einen köprper 76 Jahr alt bewohnt absolut abgespant werden muß — davon ist die Rede nicht wenn ich unter guten Freunden bin, da lache ich die jüngsten aus — auch ist nicht Rede vom Schauspiel da villeicht keine 6 sind die das Lebendige Gefühl vor das schöne haben wie ich, und die sich so köstlich ammusiren. Die Rede ist wenn ich gantz allein zu Haußße bin, und jetzt schon um ½ 5 uhr ein Licht habe — da wird das Rebhun geholt — da bin ich aber auch so erpicht drauf, daß keine Seele mehr zu mir darf. Geheimniß ist die Sache nicht den alle meine Freunde kennen das was ich Rebhun nenne — aber das würden sie nicht begreifen, daß eine Frau wie ich ihre Einsamen Stunden damit hinbringen könte — ihre Seelen die den gantzen Tag abgespant sind, das mann sehr an ihrer Unterhaltung merckt — haben demnach von abspannen keine Begrief. Wenn es also bey Euch 5 Uhr ist; so denckt an diejenige die ist u bleibt Eure treue Mutter Goethe.

den 25ten December [1807], als am heiligen Christtag.
... Auf die Feyertage sind die neuen Wercke meines Sohnes alle aus geliehen — die guten Freunde glauben /: und zwar mit recht:/ daß sie sich die 3 Feyertage nicht beßer unterhalten könten — Seine Eugenie[1] das ist ein Meister-Stück — aber die Großmutter hat auf neue die Lateinischen Lettern und den kleinen Druck zum Abdrachmelech gewünscht,

Er laße ja nichts mehr so in die Welt ausgehn — halte fest an deußchem Sinn — deußchen Buchstaben den wenn das Ding so fortgeht; so wird in 50 Jahren kein Deußch mehr weder geredet noch geschrieben — und du und Schiller Ihr seid hernach Claßische Schriftsteller — wie Horaß Lifius — Ovid u wie sie alle heißen, denn wo keine Sprache mehr ist, da ist auch kein Volck — was werden alsdann die Profesoren Euch zergliedern — auslegen — und der Jugend einpleuen — draum so lang es geht — deußch, deußch geredet — geschrieben und gedruckt. . . .

¹ Die natürliche Tochter.

An Goethe

Freytags d. 15ten Jenner 1808

. . . Vielen Danck vor das Liebe, schöne Calenderlein — es hat mir große Freude gemacht — Bettine ist vor Freude außer sich über deinen Brief, Sie brachte mir ihn im Triumpf — auch über Herrn Riemers¹ Verse — Weimar ist Ihr Himmel — und die Engel /: das gantze Hauß gehört dazu :/ seyd Ihr!!! Betine sagte mir Freulein von Goechhaußen wäre gestorben ist das wahr? ich hatte nach einem langen Zwischenraum wieder einen Briefwechsel mit Ihr wegen gedörtem Obst auf einmahl war alles wieder still, das macht mich die Nachricht glauben. Meine Freude ist aber über allen Ausdruck, daß du diesen Winter so gesund und vergnügt bist — Gott! Erhalte dich ferner — und laße das Jahr 1808 ein Seegens jahr vor Uns alle seyn A m e n. Unter den Christen gibts hir außer Masquen und Casino Bällen nichts neues, aber das Volck Israhel zu deußch die Juden sind an ihrem Mesias etwas irre geworden, Unser gnädigster Fürst Primas erlaubte ihnen zum Anfang Seiner Regirung die Spaßirgänge vor den Thoren mit den Christen gemeinschaftlich zu gebrauchen — da bildeten sie sich nun ein das es immer weiter gehen würde und sie sahen die Thore des neuen Jerusalems sich öffnen — aber da kam bey Varrentrapp und

304

Wenner etwas bedrucktes ehraus das dem neuen Jerusalem gar nicht ähnlete und sie stutzig machte — Neue Stättigkeit und Schutz-Ordnung der Franckfurther Judenschaft — ein wahres Meisterstück in seiner art Bey Gelegenheit schicke ich dir es — nun kommen allerley Epigramen in Umlauf — witzig sind sie ob aber alles von ihnen kommt ist noch die Frage eins aber gefält mir besonders — das sonst sogenandte Eschenheimer Thor heißt jetzt das Carls Thor im hinaus gehen steht ein lateinisches C — gucke einmahl sagte ein Jude zum andern das erste Virtel — guck einmahl was draus steht sagt der andre C siet du net es ists letze Virtel. Wenn du einmahl wieder her kommen solltest würdest du die Ausenseite deiner Vaterstadt nicht mehr kennen um die gantze Stadt vom Bockenheimer biß zum Allerheiligen Thor gibts einen Parck ein Bosket — freylich ist es noch im Werden denn in einem Jahr ist das gantze ohnmöglich zu beendigen — aber vom Bockenheimer biß zum Karlsthor ists schon gantz vortreflich — und ob deine Lands Leute promeniren? das glaube du und an einem schönen Sontag verprominiren sie alles sonstige Ungemag ihre Devise ist: Leichsinn und gutes Hertz. Nun habe ich einmahl wieder geschrieben daß es art und schick hat, und zwar in einer mir gantz ungewöhnlichen sonst incomoden Stunde das ist nach dem Essen, die Tage sind aber kurtz, und Morgens ist die Zeit vor meine Bekandten um mir die Cur zu machen . . .

¹ F. W. Riemer war von 1803—1808 Hauslehrer von Goethes Sohn.

An August von Goethe

der sich, im Begriff die Universität Heidelberg zu beziehen, für die Durchreise bei der Großmutter angemeldet hatte.

den 2ten Mertz 10

Lieber Augst! Werthgeschätzer Herr Enckel! Ich schreibe dir gleich mit umlaufender Post — damit du erfährts wie es mit dir gehalten werden soll — du Logiers bey keinem Menschen als bey mir — dein Stübgen ist vor dich zubereitet

— das wäre mir eine saubere Wirthschaft meinen Lieben Augst nicht bey mir zu haben — Incomodiren solst du mich nicht — dein Vater hat ja sein Wesen drinnen gehabt — deine Mutter ebenfals — und du ditto vor zwey Jahren — Wir wollen recht vergnügt seyn — ich freue mich drauf — daß nicht viel Raum in der Herberge ist das wüst Ihr ja von je — wir loben doch die Christel und die Salome. Auf deine Herkunft freuen sich herzinniglich Betina — Stocks — Schlossers — und noch viele andre brave Menschenkinder — die Großmutter ist auch diesen Winter gantz Alegro — sie steckt aber auch wegen ihrem Todtfeind dem Nord Ost wie in einer Baumwollenen Schachtel — ist den gantzen Winter nicht ins Comedien spiel gegannen — bey gute Freunde desto mehr — aber in Pelz gehült von oben an biß unten aus — und wenn es so fortgeht so triefts du mich gesünder an als deine Liebe Mutter mich vorm Jahr gesehen hat — da war ich an Leib und Seele sehr Contrackt und gähnte die Leute an im Tackt. Wenn ich so gerne schriebe als schwätzte; so soltet Ihr Wunder hören — dieses Glück soll dir beschieden seyn — freue dich einstweilen drauf — Wir haben auch jetzt ein Museum — da steht deines Vaters Büste neben unserm Fürsten Primas seiner — der Ehren Platz zur Lincken ist noch nicht besetzt, es soll von Rechts wegen ein Franckfurther seyn ja könt eine weile warten — bey so einer Occasion oder Gelegenheit fält mir immer das herrliche Epigram von Kästner ein Ihr Fürsten — Graffen und Prelaten — auch Herrn und Städte ins gemein — vor 20 Spesies Ducaten — denck doch!!! soll einer Goethe seyn. Grüße deinen Lieben Vater! ditto Mutter. Vivat die erste Woche im Aprill. . . .

An Christiane von Goethe

Freytags d. 22. Aprill 1808.

Liebe Tochter! Heute Morgens um 5 uhr ist unser Lieber Augst nach Heidelberg abgereißt — in Gesellschaft eines gar lieben jungen Mannes der dort Medicin studirt nahmes Pasavant von hir. Gott Seegne seine Reiße und seine studien — hir hat Er sich sehr beliebt gemacht — durch seine Lieblichkeit — anständiges Betragen — mit einem Wort durch sein äuserliches und innerliches — auch kame Er gerade zu einer Zeit wo manches zu sehen war das mann villeicht nie wieder sieht — z. E. das Fest das unsere Bürgerliche Offizire dem Primas gaben das war — das war so geschmack voll, so schön und prächtig — und sucht seines gleichen — Bethmann verschaffte Ihm ein Billiet — Bey unserm Fürsten hat Er nebst mir gespeißt — der Fürst tranck meines Sohnes gesundheit und war ganz allerliebst — Ein großes Vergnügen war das Schauspiel da war Er alle Abend — Schlossers — Brentano — Gerning — Leonhardi[1] erzeichten Ihm viele Freundschaft — das angenehmste Hauß mangelte Ihm frey= lich — der gute Schöff Stock lag an einem Gallenfieber sehr kranck darnieder, ist aber auf der Beßerung — So eben kommt ein Brief von Weimar der nun liegen bleiben muß doch so eben fält mir ein daß er nicht liegen bleiben soll ich schicke ihn Ihm heute nach und adreßire ihn an Voß.[2] Aber über den Lieben Gast ist das welsche Korn beynahe vergeßen worden — doch soll es die künftige Woche erscheinen. Jetzt Liebe Tochter leben Sie wohl! . . .

[1] Ratsherr in Frankfurt. [2] Johann Heinrich Voß, der bekannte Dichter, lebte damals in Heidelberg.

den 31ten Aprill 1808

Liebe Tochter! Um den Postwagen nicht zu versäumen — empfangen Sie vor heute nur diese wenige Zeilen. Diese beyde hir beykommende große und kleine Schaals sind von dem neusten Geschmack — wünsche daß sie Ihnen gefallen mögen.

Unser kleiner ist nun an dem ort seiner Bestimmung, Gott! erhalte ihm gesund — und seegne seine Studien — Er ist Brav und alles wird gut gehen. Heute geht meine Zeit sehr zusammen Abschieds Visitte beym Primas — und sonst allerley — also bald ein mereres . . .

An Frau Esther Stock
die Gattin des Ratsherrn Jacob Stock.

Liebe Freundin! Gestern hielte der Feuer und heute der Waffer Regen mich ab dir in Perfohn mein Hauben anliegen zu eröffnen — verzeihe die Mühe, und höre bedächtlich und aufmerckfam zu!! Von meinem beykommenden Machwerck hätte ich gern eine Haube nach dem vorige[n] Model — weiß Band versteht sich — auch mögte ich sie gern bald haben im fall die demoiselle die weite und länge nicht mehr im Gedächt= nüß hätte; so steht eine Musterhaube zu dinsten. Bey= kommenden Filosch laße waschen — Behalte Lieb deine treue Freundin —

Goethe.

Jetzt ein Wort — eine Frage — wie befindet sich mein Lieber Freund Stock?? Ich hoffe Ihn bald wieder so munter — Vergnügt und heiter wie ehemahls zu sehen! Hertzliche — freundliche Grüße an meinen vortreflichen Freund! Käthgen und Ritgen und Karl nicht zu vergeßen — noch einmahl Lebt wohl!

An August von Goethe
Student in Heidelberg.

Lieber Augst! Hier Lieber Freund ein Briefelein von deinem Lieben Vater — und von der Großmutter einen freundlichen Gruß und eine Frage — hast du die zwey hir zurück gelaßne Kistgen wohl erhalten? wenigstens sind sie gleich nach deiner Abreiße nach Heidelberg spedirt worden — ich zweifle also keines weges an ihrer glücklichen Ankunft. Wie gehts dirs dann in dem schönen Heidelberg? was hat Demoiselle Delpf gesagt? ... Du wirst dencken, die Groß= mutter thut auch nichts wie fragen — Hier sind alle Freunde wohl und laßen dich hertzlich grüßen — neues pafirt hier nichts das dich amufiren könte ...

An Christiane von Goethe

Liebe Tochter! Aus bey kommender Liste können Sie ersehen daß das Looß 75 f gewonnen hat — viel ists freylich nicht, doch beßer wie nichts — Haben Sie die Güte und schicken mir das Looß und benachrichtigen mich ob Sie das Geld — oder davor ein neues Looß und Ihr Glück noch ein= mahl probiren wollen. Sie sind also vor jetzt allein — haben aber die gute Hoffnung Ihren Lieben Mann neu gestärckt an Leibes und Seelen Kräfften wieder zu sehen, und Sich mit Ihm des Lebens aufs herrlichste zu erfreuen — Unser Lieber Augst befindet sich /: so wie er mich berichtet hat :/ wie der Vogel im Hanffsaamen — macht Sontags Fußreißen — und erfreut sich an der herrlichen Gegend — und wird durch Gottes hülfe recht Brav. Es ist jetzt Gott sey Danck! Sehr ruhig und still bey uns — vortrefliches wetter — Obst — Wein — und Korn alles sieht exzelent — wir hoffen es in Ruhe zu genüßen — Meinem Sohn werde ich auch ein paar Zeilen ins Carls baad schreiben ...

An Goethe

Lieber Sohn! Dein Brief vom 9ten May hat mich erquickt und hoch erfreut — Ja Ja man pflanzt noch Wein= berge an den Bergen Samarie — man pflanzt und pfeift! So offte ich was gutses von dir höre werden alle in meinem Hertzen bewahrte Verheißungen lebendig — Er! hält Glauben ewiglich Halleluja!!! Er! Wird auch dißmahl das Carlsbaad seegnen — und mich immer gute Nachrichten von dir hören laßen. Von deiner Lieben Frau — und von Augst habe auch die besten Nachrichten ... Betina ist im Reingau, Sie soll aber alles das gute das du von Ihr geschrieben hast treulich erfahren. Auf deine Wercke warten wir mit Sehnsucht und

da wir sie bald bekommen werden indem sie Gestern den
1ten Juni hir in den Buchläden angekommen sind; so statte
ich hirmit im Voraus in meinem und in meiner Freunde
Nahmen dir den besten Danck ab — das wird uns ein großes
Fest seyn, den die 4 ersten Bände sind hertzerquickend —
mir besonders der Erste — der kommt mir nicht von der
Seite — wolte ich alles dir darlegen was mich himlich ent=
zückt; so müßte ich den gantzen 1ten Band ausschreiben aber
nur einiges, das Epigram 34ᵇ ist gantz herrlich[1] — die
Braut von Corinth — der Gott und die Bajadere — die
Hochzeit — Eufrosine genung — wo man nur das Buch
aufschlägt ist ein Meisterwerck. . . .

[1] Alein ist unter den Fürsten Germaniens freilich der meine . . . .

den 1ten Juli 1808

Lieber Sohn! Deine Wercke sind den 29 ten Juni glück=
lich bey mir angelangt — Ich — Sch[l]ossers — Stocks dancken
auf das hertzlichste davor — alle 8 Bände sind beym Buch=
binder werden in halb Frantzband auf das schönste ein=
gebunden wie sich das vor solche Meister wercke von selbst
versteht. Dein Liebes Briefgen vom 22 ten Juni war mir
wieder eine tröstliche — liebliche — herrliche Erscheinung —
Gott! Seegne die Cur ferner — und laße das alte Übel völlig
verschwinden — und an Lob und Danck soll es so lang ich
athme nicht fehlen. Deinen Lieben — freundlichen Brief an
Betinen habe Ihr noch nicht können zustellen Sie fährt wie
ein Irrwisch bald ins Reingau — bald anders woherum
so bald Sie kommt soll Ihr dieses Glück werden. Herr Werner[1]
ist hir — Frau von Staell gebohrne Necker war hir. In
dieser Jahres Zeit ist Franckfurth mit Frembten immer
gepropft voll es ist wie eine Volcks Aus wanderung so gar
von Norwegen kommen sie, und alle sind erstaunt über die
Schönheit in Franckfurth besonders aber außer der Stadt —
die alten Wälle sind abgetragen die alten Thore eingerißen
um die gantze Stadt ein Parck man glaubt es sey Feerren —

310

man weiß gar nicht mehr wie es sonst aus gesehen hat —
unsere alte Perücken hätten so was biß an Jüngsten Tag
nicht zu wegen gebracht — bey dem kleinsten Sonnenblick
sind die Menschen ohne Zahl vor den Thoren Christen —
Juden — pele mele alles durcheinander in der schönsten
Ordnung es ist der rührenste Anblick den man mit Augen
sehen kan — und das ist und wird alles ohne Unkosten
gemacht — die Plätze der alten Stadt Mauren — Wälle
werden an hisige Bürger verkauft — da nimbt der eine viel
der andre weniger jeder baut nach Hertzens Lust — einer
macht einen Bleichgarten — der andre einen Garten u. s. d.
das sieht den Schamant aus — und hirmit Basta! Laße mir
den guten Augst mit Schreiben ungeplagt ich weiß wo Er
wohnt — weiß Er ist gesund — Er macht Fußreißen, was
soll ich denn noch mehr wißen — plage den jungen nicht
mitschreiben — Er hat villeicht eine Ader von der Groß=
mutter — Schreiben — Daumen Schrauben es ist bey mir
einerley — heute habe ich 3 Briefe zu Schreiben!!...

[1] Der Dichter Zacharias Werner.

An Christiane von Goethe

Den 1ten Juli 1808

Liebe Tochter! Ich wünsche Ihnen viel Freude in Lauch=
städt — Hir schicke ich Ihnen die No. vom neuen Looß —
das Looß selbst behalte ich hir — wovor soll es hin und her
reißen — gewinn oder Verlust erfahren Sie durch die Liste
— Die 4 neuen Bände habe vor mich — vor Schlossers —
vor Stocks — vor Herrn Reichard einen Brief an Augst mit
2 Ducaten alles richtig empfangen alles richtig besorgt.
1 f 30 xr habe am Looß zurück erhalten — sollens bey
Gelegenheit richtig erhalten. Daß meinem Sohn das Carls
Baad wieder gut bekommt freut mich wie Sie leicht denken
können von Hertzen — Gott! Wird ferner sein Gedeien geben.
Denken Sie Liebe Tochter! das ist heute der 3te Brief den ich

ſchreibe! Einen zur Danckſagung an Ihren Herrn Bruder — einen an meinen Sohn! Und dieſen an Ihnen — die Hitze iſt heut ſtarck — geſcheides kan ich vor heute nichts zuſammen bringen — darum verzeihen Sie die kürtze — einandermahl mehr von Ihrer treuen Mutter Goethe.

Dies ſind die letzten beiden Briefe der Frau Rat, die erhalten ſind. Am 13. September 1808 iſt Goethes Mutter im Alter von ſiebenundſiebzig Jahren geſtorben.

Goethes Mutter reist nach Darmstadt

Elisabeth Goethe

Am 1 ten September 1759

Aus Dorows Reminiszenzen
Leipzig 1842

Goethes Mutter erzählt

Aus Bettina von Arnim, Dies Buch gehört dem König.

Es war an einem recht sommerlichen Tag; ich denk nach, was aus dem lieben Sonnenschein all werden soll, den ich da so mutterselig allein in mich fressen muß: — es wird Mittag, die Türmer blasen derweil den Ablaß meiner Sünden vom Katharinenturm herunter. — In dieser Welt, wo Böses und Gutes oft in so herzlicher Umarmung einander am Busen liegen, da haben irdische und himmlische Angelegenheiten gar einen künstlichen Verkehr; an so einem melancholischen Feier= tag da verschmäht der Teufel auch eine falsche Trompet nicht, um den Menschen aus seinem geduldigen Seelenheil heraus= zublasen. Opfre den Verdruß, den du davon spürst, Gott auf, und die Kreide von der Rechnungstafel deiner Sünden ist heruntergewischt; denn lieber als das Sündegestöhn, was falscher klingt als die Sünd selber, will Gott den Teufel falsch blasen hören. Die Langeweil ist nun ganz apart an einem Sonntag in der Stadt Frankfurt, aber gar an so einem lange staubige Sommertag, wo man sich in die Sonn stellt und denkt wie ein angezünd Licht am hellen Tag, vor was bist du da? — alles kann bestehn ohne dich! oder: alles geht ja doch konfus, und mit dem Zweifel, ob der blaue Dunst da oben wohl doch der Himmel sein könnt, streckt man sich am End seiner Erdentage aus den Erdensorgen heraus mit den Himmelssorgen auf dem Herzen, und bedenkt nicht, daß alle Sorge Irrtum ist.

An so einem langweiligen Tag also, wie der Türmer wirklich in einer der Musik sehr mißgünstigen Stimmung in die Stadt herunterblies, — ich meint als, wenn mir der jung Wein nur nicht auf dem Faß säuerlich wird: — eine rauhe Halsarie wie heut, und die Sonn schien mir auf die Nas, daß ich nießen mußt und die Lieschen bekomplimentiert mich da drüber, da schellts — ich ruf: „Guck einmal wers ist."
— „Ei es ist der Frau Bethmann ihr Bedienter, ob Sie wollte heunt Nachmittag mit ins Kirschenwäldchen fahren?" — Ei

315

was? — Ei freilich! Was werd ich nicht wollen fahren an diesen einzigen Plaisirort vor allen schönen Orten in ganz Deutschland, wo die Kirschen wie die schönste Rubinen im smaragdnen Blätterschmuck an den Bäumen hängen, wo die Frankfurter Sonnenstrahlen ein Goldnetz durchwirken, und der Himmel sein blaues Zelt mit silbernen Wolken drüber spannt. — Jetzt sag ich, wir wollen präzis zwölf Uhr essen, dann wird alles zurecht gemacht zum Abend wann ich heim komm, da wird meine Wasserflasche hingestellt, das Bett zurecht gemacht, damit mir die Zeit vergeht bis die Füchser= chen angetrabt komme, dann setz ich meine Haub auf, blos die mit den Spitzen." — „Ei wollen Sie net die mit den Sternblume aufsetzen, die steht schöner!" — Nein die will ich nicht aufsetzen, man muß bescheiden sein in der schönen Natur und sie nicht überstrahlen wollen, es gelingt einem doch nicht. Was meint sie denn daß so ein Kranz von papierne Blume zu sagen hätt da draußen auf der grünen Wies? Ei ich setz den Fall, ich könnt der Stadtherd begegnen, so könnt mich ja der Brummelochs mit einem einzige Maul voll Dotter= blume, die er vom Weidanger mit seiner lange Zung in einem Hui zusammenrafft und wegschnappt, in die größt Beschämung versetze, daß er frißt und verdaut, was die Frau Rat in Papier nachgemacht zum Putz auf dem Kopf trägt. — Jetzt ohne weiter Federlesen die Spitzehaub eweil auf der grünen Bouteille aufgepflanzt, dann den Filethandschuh ohne Daumen, daß ich sie nicht brauch auszuziehen beim Kirschen= essen, das Körbchen nehm ich mit, daß ich kann Kirschen mit= bringen — die kleine schwarze Salopp und den Sonneparaplü, denn um die jetzig Sommerzeit kommt häufig so ein klein erquicklich Regenschauerchen mitten durch den Sonnenschein. Da lachts und flennts zu gleicher Zeit am Himmel. — Nun ist alles in Ordnung — so wird der Tisch gedeckt und auf= getragen — denn zwölf Uhr ist schon vorbei — was giebts heut? — „Brühsupp." Fort mit, ich mag keine. — „Aber Frau Rat, Ihne Ihr Magen!" — Aber ich will keine Supp,

316

sag ich; komm sie mir nicht an so einem schöne Sommertag
mit ihren Magensorgen an, — was giebts noch? „Stockfisch
aufgewärmt von gestern und Kartoffel." Den Stockfisch laß
mir von der Nas eweg, der paßt nit zu meiner Stimmung,
ich mag mir keinen Stockfischgeruch in den Vorgeschmack auf=
dampfen lassen, den ich von dem Blumenduft draus auf der
Wies schon in Gedanken genieß, aber die Kartoffel bring sie,
an denen verunreinigt man die erhabenen Gedanken nicht,
die könnt so ein indischer Priester in seiner Verzückung
ungestört genieße. — Ich glaub gewiß, die sind aus dem
Manna gewachse, das vom Himmel fiel, wie die Juden in
der Wüst in der Hungersnot waren, das war so ein ver=
zettelter Mannasame, aus dem sind dann die Kartoffeln ge=
wachsen, die vor aller Hungersnot bewahren. Ja damals
hatten die Juden noch eine Wüst, wo sie sich niederlassen
konnten, jetzt ist keine Wüst mehr da und wann die närrische
Häns nicht fliegen lerne wie die Raubvögel, daß sie als
manchmal auf eine vorüberfahrende Segelstang sich könne
setzen wie die Zugvögel, so weiß ich nicht wo sie werden
bleiben, in der Wüste waren sie nit so gierig; hätten sie
damals alles verschlungen, so wär kein himmlischer Manna=
samen übrig geblieben und ich wüßt nicht was ich heut essen
sollt, und jetzt geb nur künftig ohne Widerred allemal dem
Betteljud zwei Kreuzer, so oft er kommt. Denn wir könne
den Juden das nicht genug Dank wissen, daß wir Kartoffeln
essen. — Nun war das Essen noch nicht all, es kam noch eine
gebratne Taub. — Ich hatte Appetit, fliegt mir grad eine
lebendige Taub vors Fenster und rucksert mir lauter Vor=
würf ins Herz. Ich fahr ins Kirschenwäldchen, und das arme
Tier mit verschränkte Flügel, mit denen es sich hätt können
in alle Weltfreude schwingen, liegt in der Bratpfann. Der
Christ jagt die halb Natur durch den Schlund, damit er auf
der Erd kann bleibe, um sein Seelenheil zu befördern und
dann macht ers grad verkehrt. — Nun kurz der Vorwurf
von der Taub am Fenster lastet mir auf dem Herzen, ich

kann keinen Bissen essen. — Die Taub wird unberührt wieder in die Speiskammer gestellt, ich zieh mich derweil an, um der Ungeduld etwas weiß zu machen, die Spitzehaub wird von der Bouteille herunter genommen, aufgesetzt und die Nachtmütz wird drauf gestülpt, damit ich sie heut Abend, wenn ich nach Haus komm, gleich auswechsle kann, noch eh Licht kommt; das ist so meine alte Gewohnheit. Nun sitz ich da mit meinem Sonnenschirm in der Hand im besten Humor und lach die Lieschen aus, mit ihrer Angst wegen meinem leeren Magen. — Ich guck auf die Uhr — der Wagen kommt gerappelt; den alten Johann, ein ganz gescheuter Kerl, hör ich schon an seinem gewohnten Gang der Trepp herauf kommen. — Lieschen, geschwind lauf sie hinaus, auf den Vorplatz an die Tür, ehs schellt. Da schellts schon, die Lieschen macht die Tür auf, da steht ein goldbordierter Herr mit einem dreieckigen Hut und guckt mir ins Gesicht, und mein alter Johann kommt hinten nach. — Ich sag zu dem fremde Wundertier: Sie sind wohl einen unrechten Weg gangen! — und will mich an ihm vorbei machen, aber weil er sagt: „Ich bin geschickt von Ihro Majestät der Frau Königin von Preußen an die Frau Rätin Goethe!" — so guck ich ihn an, ob er wohl nicht recht gescheut wär — „Und" — fährt er fort, „die königliche Equipage werden um zwei Uhr kommen, um die Frau Rätin nach Darmstadt abzuholen, mit Ihrer Majestät sollen Sie den Tee trinken im Schloß= garten!" — Ich sag: Johann! jetzt hör er einmal was das vor Sachen sind! wenn einem eine Bomeranz aus dem blauen Himmel grad auf die Nas fällt, da soll man gleich sein Verstand bei der Hand haben und sie auffangen, das will viel heißen! — Ei wem hatt ich denn die Contenance zu verdanken als blos dem Johann? Der stellt sich an die Seit aus lauter Respekt vor dem unvorhergesehenen Ereignis und guckt mich so feierlich an, daß ich mich gleich besinn, was ich mir und der Einladung schuldig bin; ich guck ihn mit einem Feuerblick an, daß der Kerl in sich geht, denn er war

nah dran zu lachen. Ich sag: Mein Herr Kammerherr, oder
was Sie vor ein höflicher Beamter sein mögen, rennen Sie
nur wieder spornstreichs zur Frau Königin und melden, die
Frau Rat werden ihrerseits die Ehre haben, die von der
Frau Königin ihr zugedachte Auszeichnung anzunehmen. Und
machen Sie nur daß die Kutsch hübsch accurat kommt, damit
ich auch nicht zu spät komm, da das Warten und Warten=
lassen meine Sach nicht ist. — Dabei mach ich so große
Augen, daß der preußisch Hoflakai gewiß seine Verwunderung
wird gehabt haben über den besondern Schlag Madamen aus
der freien Reichsstadt Frankfurt. Man muß seine Zuflucht
nehmen zu allerlei Künsten, um seine Würde zu behaupten.
Wer kann sonst Religion in die Menschen bringen? Daß so
ein Hofschranz Respekt hätte vor einem Bürger, dazu ist er
einmal verdorben; da muß man auf Mittel denke wie er den
Kopf ganz verliert und nicht weiß was er dazu sagen soll.
Da fiel mir der Türklopper ein von unserm Aderlaßmännchen,
dem Herrn Unser, das ist so ein Löwenfratz, wie sie am
Salomon seinem Thronsessel zur Verzierung angebracht sind.
Den mach ich nach; — damit jag ich meinen Herold in die
Flucht, er nimmt die Bein an den Hals und rennt der Trepp
herunter. Ich bleib stockstill stehn, die Lieschen bleibt stehn,
der Johann rührt sich nicht vom Fleck, bis wir die Haustür
zumachen hören. „Frau Rath," sagt der Johann, „Sie werden
also jetzt unmöglich ins Kirschenwäldchen fahren, und da
werd ich dann bestelle, warum Sie nicht mit könne fahren?"
Ja lieber Johann und bestell ers doch gleich im Vorbeigehn
beim Perückenmacher Heidenblut, der soll gleich kommen, und
erzähl ers unterwegs alle Leut, so was muß stadtbekannt
werden, — „Ja das ist gewiß," sagt der Johann, „und wenn
mir nur das Herz nit bersten wird bis ich heraus geplatzt
bin dermit" — fort ist der Johann. — Nun guck ich mein
Lieschen an, die steht vor mir wie nicht recht gescheut und
zittert an alle Glieder. Ei Lieschen, sprech ich voll Ver=
wunderung, wie kommts, daß ihr die Haub hinderst der

vörderst sitzt, das war doch vorher nicht. — Und ich weiß nicht wie das möglich war! es ist doch wunderlich wie bei überraschende Gelegenheiten die Spuckgeister sich allerlei Schabernack erlauben mit solchen Leut die der Sach nicht gewachsen sind. Das war nun mein Lieschen wirklich nicht. Sie konnt nichts finden, weder Zwickelstrümpf noch Schuh, noch sonst ein Kleidungsstück, kein Rock konnt sie mir ordentlich über den Kopf werfen. Wenn ich nun auch den Kopf verloren hätt, ich wär nicht fertig geworden. Jetzt sag ich: Bring sie mir einmal die gebratne Taub wieder herein, denn ich verspür über die Königlich Geschicht ein schreiende Hunger. Und nun schmeiß sie die Nachthaub von der Bouteille herunter — ich werd aber auch noch meiner Seel den ganzen Stockfisch herunter fressen. Nun schenk sie mir ein Glas Wein ein, ich muß Feuer in den Adern haben. Der Perückenmacher war gleich herbei; über die unbegreiflich Nachricht hat er in seinem stumme Erstaune mich aufgedonnert, und nun mußt er mir die Haub aufsetze mit den Sternblumen. Es war ein Heidenplaisir, fingerdick Schmink hat er mir aufgelegt; die Frau Rat sehn superb aus, sagt der Herr Heidenblut. Und die Liesche stand wie eine Gans vor mir, als ob sie mich nicht mehr kennte. — Nu wir verbringe noch so ein Zeitchen vor dem Spiegel, links die Lieschen mit der verkehrte Haub, denn die hat sie noch nicht Zeit gehabt herum zu kriegen, rechts der Herr Heidenblut mit dem Kamm hinterm Ohr ganz verzückt in mein Lockenbau, ich in der Front mit einem feuerfarbne Schlepprock mit doppelte Florspitzen, Diamantbracelett, echte Perlen um den Hals, ein Schlupp von Diamante vorgesteckt. Nun es war zum Malen, die drei Personagen da aus dem Spiegel herauslachen zu sehen. Wir wurden ganz lustig und dachten nicht, wie die Zukunft mir auf den Hals gerückt kommt. Wenn ich doch an all die charmante Witze vom Heideblut mich noch erinnern könnt, er mußt sich hinstellen und ich macht mein Probekompliment vor ihm, er verstehts. Er frisiert ja die allerhöchste Theaterprinzesse. —

Da kommts aber wie ein Sturm angerennt und hält still vor der Haustür. Rusch — vier Pferd und zwei Lakaie hinten drauf nach ohne den Kutscher. — Jetzt kommen sie herbei gestolpert, faßt mich ein jeder unterm Arm und tragen mich schwebend in die Kutsch. Schad daß die Fahrt nicht mit meine vier Pferd durch die Bockheimergaß geht am Haus von Herr Bürgermeister vorbei — aber das Glück bescherte mir unser Herrgott noch, denn kaum biege wir im volle Trab um die Eck, stoßen wir auf die Bürgermeisters=Kutsch, mit sammt dem Herrn Bürgermeister von Holzhausen drinn mit seine zwei Lakaien hinten drauf mit ihre alte abgelebte Haarbeutel, — ich auch — aber meine Haarbeutel waren ganz neu. In vollem Rand fahren wir vorbei am Herrn Bürgermeister, ich grüß feierlich mit dem Fächer und hab das Plaisir zu sehn, daß mein Herr von Holzhausen im Wagen sitzen, ver= steinert und sehn mich nicht mit ihre Glotzaugen; er streckt den Kopf heraus, aber umsonst, wir flogen wie der Wind vorbei.

Sollt ich nun alle Gedanken erzählen, die mir auf meiner Reis bis Darmstadt eingefallen sind, so müßt ich lügen, denn ich war sozusagen auf einer Schaukel, die schlecht in Schwung gebracht war, bald flog ich dort hinaus, bald wieder nach der andern Seit, bald dreht sich alles mit mir im Durmel herum, dann dacht ich wieder, wie ichs alles meinem Sohn wollte schreiben, und da fing mir das Herz an zu klopfen. Ich konnts vor Ungeduld nicht behaglich finden in der Kutsch — ich fing an die Kastanienbäum zu zählen in der Allee, ich wollt probieren, ob ichs könnt bis hundert bringe, aber ich bracht keine zehn Bäume zusammen, da waren meine Ge= danken wieder wo anders. Einmal kam mir ein gescheuter Gedanken, ich dacht, was hab ich dervon? ist mir die Geschicht angenehm? — sollt sie mir nur noch ein einzigmal wieder begegnen, da würd ich mich schon besinne, daß sie mir lang= weilig wär. Was war das heunt Morgen vor eine Komödie, was ist mir vor eine Hitz in den Kopf gestiegen, und nun

steck ich in einer zweifelhaftigen Unbequemlichkeit — wo ich
da hingeh zu fremde Leut, die gar nicht dran denke, wer da
angerumpelt kommt. — Ohne Kurage keine Genie, hat mein
Sohn immer gesagt, und will ich oder nicht, so muß ich doch
einmal die höfliche Schmach auf mich nehmen mit gesundem
Mutterwitz dort in dem Fürstensaal vor einer eingebildeten
Welt zu paradieren und blos für eine Fabelerscheinung mich
betrachten zu lassen; ja die Welt steht auf einem Fuß, wo
keiner an die Wirklichkeit vom andern glaubt und sich doch
selber vergnügt fühlt, wenn er nur von so einem Schein=
heiligen bescheinigt ist.

Nun alleweil kamen wir wie ein Sturmwind angerasselt,
ganz erschrocken daß ich schon da bin, wie ich eben vor Un=
geduld mein, es wird nie dazu kommen. Ich steig aus, die
Bediente renne wie ein Lauffeuer vor mir weg. Ei ich kann
da nicht wie eine Lerch mich ihnen nachschwingen, ich seh den
Augenblick kommen, wo ich weder Bediente noch Weg mehr
finden kann. Ich hatt mich ein bischen versäumt gehabt, die
Krumplen aus meinem Staatskleid herauszuschüttlen, da
waren sie unterdessen in einer Allee verschwunden wie ein
Paar Irrlichter. Wir waren auseinander kommen, ich geh so
dem Gehör nach, immer im Kreis ums Hofgezwitscher herum,
immer näher, bis ich endlich aus meinem Schattenreich heraus
unter den aufgepolsterte Hoftroß trete. Ich hielt mich im
Hintergrund mit meinen Beobachtungsgaben, grad wie ein
General bei einer Position, die er dem Feind abluxen will.
Denn überraschen laß ich mich nicht, Mut hab ich, womit
ich den Leuten, wenn sie den Kopf verlieren, ihn oft wieder
zurecht gesetzt hab. Ja bei Gelegenheiten von denen eine
Frau keinen Verstand zu haben behaupt wird, da steht als
dem Mann derselbig ihm allein zugemessne Verstand still,
daß er wehklagt: Ach was fangen wir an? — Da antwort
die Frau und schlägt den Nagel auf den Kopf. — Die Welt
wird immer hinkend bleiben, wenn der Verstand auf dem
Mann seiner Seit hinüber hinkt, mit der er die verrückte

Weltangelegenheiten so schwermütig hinter sich drein schleppt. Was batts den große Weltgeist, daß er das Eheprinzip in sich trägt, wenn der männliche Verstand ein Hagestolz bleibt. —

Also die erst Bemerkung, die ich mach in dem mich um= gebenden Hofzirkel ist die, daß meine amarantfarbne Schleppe nicht grad ein guter Passe-partout ist, denn nicht Ich mit meinem Vierundzwanzigpfünderblick, nicht meine Person wird mit neugierigen Augen betracht, nein, die wird übergesehn, aber meine Falbelas, meine Taille, meine Frangen, von unten herauf, immer höher und höher werd ich scharf exa= miniert, bis sie endlich zur Florfontange kommen, wo die Sternblumen darauf gepflanzt waren, da halten sie an und entdecken daß auch ein Gesicht mit kommen war, da prallen sie wie der Blitz auseinander und melden meine Erscheinung der Frau Königin. Die kommt mit einem ehrfurchtsvoll ge= haltnen Schritt auf mich los, ich — gleich salutiere mit einem Feuerblick vom erste Kaliber und nun mache alle Leut Platz, und die Frau Königin wie eine schöne Götternymph führt mich an ihre Hand, und der Wind spielt in dem schneehagel= weiße Faltengewand, und ein Lockenpaar, das spielt an auf jeden Tritt den sie tut, und die blendende Stirn und die wunderschön blaßrote Farb von ihrem Gesicht, und der freundlich Mund, der ganz voll allerlei Geflüster mich an= spricht. Verstanden hab ichs nicht, ich war durchlich von Ver= gnügen und konnt auch nichts weiter vorbringen als: hoch= geschäzter Augenblick, und liebwerteste Gegenwart und wun= dernswert vor Götter und vor Menschen — und wie sie erst die Kett vom Hals sich losmacht und hängt sie mir um und der ganze Hofkreis trippelt und guckt. Ich hab inner= lich den Apoll und den Jupiter angerufen, diese menschen= begreifende Götter sollen mir beistehn, daß ich vernünftig bleib und nicht alles um mich her für wunderliche Tiere halt, denn alle diese vornehmen Hofchargen kamen mir vor wie ein heraldischer Tierkreis. Löwen, Büffel, Pfauen, Paviane, Greife, aber auf ein Gesicht, das menschlich schön zu nenen wär, befinn ich mich nicht. Das mag davon herkommen, weil diese Menschengattung mehr eine Art politischer Schrauben oder Radwerk an der Staatmaschine und keine rechten Menschen sind . . . .

Solche Gedanke hat ich in dem Tierkreis, wo die Ordensbänder und Stern, und goldblitzende Staatsröck rund um mich herum blinkerte wie im Traum, und wie im Traum dacht ich, wenn ich König wär, ich hielt mir eine aparte Insel vor das heraldische Tiervolk, da könnten sie so fort leben bis sie sterben wollten, aber mir jederzeit unter den Füßen herum zu krabbeln, daß man alle Augenblicke über sie stolpern müßt, das litt ich nicht. — Wenn man aber nun bedenkt daß diese absonderliche Abart von Menschengattung, eigens da ist, um mit ihrem närrischen Egoismus die Regenten zu unterstützen bei den Weltangelegenheiten, solls einem da wundern, wenn da alles, was geschieht, einem wider den gesunde Menschenverstand lauft? Aber das kann einen wundern, daß die Menschen sichs gefallen lassen, von denen sich regieren zu lassen, statt von ihrem angestammte Herrn, dem diese heraldische Untiere den Kopf toll machen. So ein Staatsbeamter ist wie ein Schafbock, vor Begeistrung über sich hat er den Dreher, hoffärtig ist er; vor was hat er Hörner, damit er um sich stoßen kann auf die demütigen Leute, die was von ihm zu fordern haben, ohne daß er acht zu geben braucht wens trifft. Ei was kommst du mir zu nahe, siehst du nicht, daß ich Hörner hab? Das ist die Rechtfertigung. Nichts lieber tut so einer, als geschwind Antwort geben, weil er da die Geistesgegenwart mit vorstellen will, und da giebt er denn auch gleich eine abschlägige Antwort, weil er meint, daß er sich damit selber nichts vergiebt, und wenn man denn mit seinem guten Recht will eine Einwendung machen, da hilfts eim nichts, denn es ist Staatsprinzip, das Unrecht nicht wieder gut zu machen; an dem halten die närrische heraldische Tiere wie die Klette. Ei warum dann nur? — Nun? — Von leere Köpf, in denen der Hoffart sich

324

eingeniſtet hat, von große Bäuch, wo viel mühſelige Ver=
dauungsgeſchäfte drin vorgehn, kann man nicht fordern,
daß ſie auf Koſten dieſer beiden Punkte eine feurige Partei
ergreifen für die Menſchheit. — Die Excellenz ſein ganz ab=
geäſchert, ſagt ſo ein neuer Kammerdiener in der neuen
Livree von einem neuen Beamten. — Ei von was? — Ei
vom Beraten fürs Menſchenwohl, das können ſie gar nicht
gewohnt werden. — Ei fort mit Euch, Ihr heraldiſchen Tiere,
auf die grüne Inſel wo Eure Vettern die Paviane und noch
allerlei antediluvianiſche Naturexcremente vom vorige Jahr=
tauſend als Naturſeltenheite bewahrt werden. — —

Nun während ich über den Darmſtädter Tierkreis meine
Gloſſen mach, wovon ein nicht unbedeutender Teil mit be=
ſterntem Bauch, mit übereinander ſchielenden Blicken und
überlegenden Mienen des Menſchenwohls da unter der Herd
herumſtolpern, ſpür ich deutlich, daß ich in dem Verwunde=
rungsſtrudel dageſeſſen hatte wie ein Schaf. Ich ſchäme mich,
daß ich ſollte mit einem ſo unſcheinbare Antlitz die freie
Reichsſtadt vertreten, ich ſuch mir eine andere Phyſiognomie
aus, den Frankfurter Adler. No! — wie der Adler, wenn
er Donner und Blitz bewacht, ſo ſitz ich da, und die lieb Sonn
ohne Urlaub zu nemme, ſetzt ſich auf den Reiſefuß und ging
hinter denen ſchöne Linde bergab ſpazieren, und der Mond
kam herauf, auf den mit allerlei poetiſche Speculatione an=
geſpielt wurde. Ich mußte lachen über die empfindungsvolle
Tonarte, in welche die Geſellſchaft da überging. Nun ich
kann nicht alles aus dem Gedächtnis hervorkrame. Ich ſchwieg
in meiner ſtolze Poſition ſtill, denn kein Menſch hatte mir
ein Wort zu ſagen, ſeit die Paradeſcen vorbei war. Ich machte
daher meine olympiſche Adlersmiene ohne Unterbrechung fort,
und da war auch nicht ein Augenblick wo ich mir nachgegeben
hätt und hätt meinem Alletagsgeſicht auch nur erlaubt durch=
zublinzeln. — Auf emal! — ſchlägt mir ein Trompete=
geſchmetter durchs Ohr, ich fahr aus einem tiefen Schlaf, in
dem ich aller Herrlichkeiten, die um mich her vorgingen,

vergeſſen, träume dem Herrn Heideblut und der Jungfer Lieschen meine erlebte Abenteuer zu erzähle und ganz vergnügt bin, daß alles überſtande iſt. — Ja, der vermeint Adler hat den Kopf in ſein Spitzekragen geſteckt, und war unbewußt ſeiner entſchlummert über dem viele Geſchwärm von alle bedeutungsvolle Momente, die mir da in eim hui ins Alltagsleben hereingeſtoben kamen und ich, als in der Meinung meinen olympiſchen Götterglanz fortzubehaupten, fall aus der Roll heraus und in Schlaf. Mit natürliche Dinge wars zugegangen; denk ſich einer die verſchiedenen Motionen, dene ich vom frühen Morgen an ausgeſetzt geweſen war; es war ja alles wie ein Traum, wars da ein Wunder, daß ichs am End für ein Traum hielt und ruhig weiter ſchlief? — Und die Nachtdämmerung — und ich ſaß ja da für gar keine weitere Geſchäfte, als bloß Betrachtung anzuſtelle, was doch die Parze vor eigenſinnige Begebenheiten einem in den Lebensfaden einſpinne. No! — Als ich mit einem Schrecke durch alle Eingeweide aufwach, hat ſich die Scen verändert, das Gebüſch wirft keinen Schatten mehr auf dem leeren Platz, weil alles Tageslicht gewichen war, der Trompetenſtoß der mich von meinem tiefe Schlaf auferweckt hatte, war aus dem Tanzſaal erſchallt, wo helle Fackeln brenne, wo die ganze Hofnympheſchar in einem ſchwebende Tanz mit dene heraldiſche Cavalierie herumhüppen; aus den unterirdiſche Kellerhäls dampft ein köſtlicher Speiſegeruch, in denen ſieht man die Herrn Köche mit weißen Zipfelmützen munter und allert Fett in das Feuer werfe, daß es hell auffflackert, die Champagnerflaſche hört man im Plotonfeuer losknalle und die Frau Rat, die zu dieſem Göttermahl feierlichſt eingeholt waren mit .vier weiße Schimmel, die ſitzen unter einem Vogelkirſchbäumche, welche Frucht man bekanntlich nicht eſſe kann, und ſpüren Hunger.

Ja! ſo auf die Probe geſetzt zu werde, wo man ſich ſelber rate ſoll, ohne daß einem irgend einer widerſpricht, das iſt unangenehm; denn im Widerſpruch, wenn er einem auch in die Quer kommt, liegt doch eine Entscheidung; man besinnt sich und weiß am End, was man tun soll. Aber der Nachttau, von dem mein stolzer Lockenbau einsank, und alle Steifigkeit aus der Florgarnierung war zum Teufel gangen, und nun gar noch haus zu stehn vor dem Tanzsaal mit ringende Hände, nit wisse, wie mer enein soll komme! Dazu geigen die Violinen ein fürchterliche Krätzer ins Ohr. Nun der gute Rat war einmal nit geharnischt und beritten heunt; sogar, kein Lust Tabak zu schnuppe hatt ich mehr, was mir immer nur in dene verwirrteste Gelegenheite widerfahren ist.

Aber jetzt paßt einmal auf und gebt mir Recht, denn obschon meine Erzählung nur die auswendige Welt berührt, so hat sie doch Saiten, die klingen mit großen Weltgedanken zusammen, und fast jedes Lebensereignis giebt uns einen Anlaß, daß wir uns auf eine innere Macht besinne solle und mit der den Lebensweg getrost vorwärts schreiten. Was hilft michs, den Nachbar zu fragen, wie er an meiner Stelle denken oder handeln würde. Ei wann der sich drauf besinne soll, so konnt auch das Schicksal es ihm passieren lassen; also mit meinen eigentümliche Anlagen muß ich die meinige Begebnisse durchfechte, denn sonst verzettel ich mein Lebens= lauf, denn warum? es ist kein Halt drinn. Und ein Lands= herr stirbt, und es kommt ein anderer, und der fragt, wie hats mein Papa gemacht, und der hats wie der Großpapa gemacht, und der wie der Urgroßpapa, und wann stößt man da endlich auf einen, ders aus eignem Gutdünken gemacht hat, und ein solcher war allemal ein großer Mann! Ganz neue Anlage mußten dabei in ihm aufwachen. Denn Halt zu machen, dazu ist der Mensch nicht da im Leben, fertig werde kann keiner, jeden Augenblick, und wann es der letzte wär, kann noch was wichtiges vorgehn in ihm. Was heißt das, ich bin schon zu alt, ich mag nichts mehr lerne! — Ei bist du nicht zu alt zum Atemhole, zum Essen Trinken und Schlafen, so seis auch nicht zum Denken — Wer hat dir dann das weiß gemacht, du wärst zu alt? — Was ist alt?

— Das ist eine Fabel, oder einer müßt dann Verzicht auf die Ewigkeit tun, wozu ich aber nicht Lust hab, Widerspruch giebts nicht in der Natur, sie ist consequent in alle Dinge, so wird sies auch im Geist sein. Nun wenn ein Baum blüht, so möge vielleicht noch andere Gründe vorhande sein, die wir jetzt nicht erörtern wollen, aber gewiß ist, daß ein ganz in die Augen fallender Grund der ist, daß aus der Blüt schönes erfrischendes Obst wird; der Natur ihr Ziel ist also das Leben, sie strebt immer nach dem Lebendigen, — so schön und lustig die Blütezeit ist, so muß man doch die Zeit, wo das Obst reift, am meisten respektieren! Denke doch einmal, sie steigt herauf, die Natur, in alle Baumzweigelcher, und so schön ihr die Blütezeit läßt, und so verliebt sie auch in ihre eigne Jugendschönheit ist, sie schüttelt sie sich ab, und nun arbeit sie eifrig in der heißen Sommerzeit, alles sammelt sie, den Regen, den Sonnenbrand, bis sie ihre Kirsche zu Stand gebracht hat, nun giebt sies dem Menschen hin; ist das nicht eine große Lehr, die sie giebt? — Heunt noch übersät mit den schönsten roten Korallen, schüttelt sie alle herab dem durstigen Mund; ist das nicht eine zweite gute Lehr, die sie giebt, daß wir alles Andern schuldig sind, und sollen garnichts veruntreue den allgemeine Bedürfnisse, und wär aber das dem Wille der Natur nach gehandelt, wenn der Baum mit seim Aelter=Vater seim Backobst sich behängen wollt, statt erst zu blühe zum Ergötzen der Menschheit und dann gesunde Früchte zu tragen zu ihrem Gedeihen? — Ei, frag doch so ein närrische Kerl, warum er doch Er selber ist? — Denn originaliter zu sein, das ist erst wirklich sein, und das macht erst die Zeit zum Gepräg!

Was hilfts, daß so ein Gesicht von einem Landesherrn auf die Batzen geprägt ist, wenn er der Zeit seinen lebendigen Geist nicht einschmelzen kann, wann er ihrer harmonischen Stimmung fürs große Ganze immer mit der alt Leyer den Garaus macht und jeden musikalischen Gedanken durchkreuzt und ein Scharivari draus macht? So gehts aber, wenn Einer

328

von dene alte Hutzel und Schnitzel nicht lasse will und durch=
aus kein frische Aepfel will zulasse zu speise, aus Furcht,
es möcht vom Baum der Erkenntnis sein! — Ach welche
dumme Weisheit hat doch der Mensch! welche Streiche spielt
ihm der Teufel! — Du sollst nicht vom Baum der Erkenntnis
essen. Das spielt ihm der Teufel in einer kleine Comödie als
ersten Act der Weltgeschichte vor. Der Mensch muß selbst
eine Rolle drin übernehme und sich dabei mit Schimpf und
Schand aus dem Paradies hinausjage lasse und noch heunt
hunzen einem die Prediger auf öffentlicher Kanzel aus davor,
und doch wars nur ein Schabernack vom Teufel und nicht
Schuld vom Menschen!

Ei, Gott wird einem ein Baum vor die Nas stelle mit
wohlschmeckende Früchte und die größt Lust einem dazu
erwecken, und dabei auf Tod und Leben verbiete, sie anzu=
rühren! Ei, wär das nicht Ja und Nein von dem Herrgott
gesagt?

Wenn Gott den Baum wachse läßt und du hast Appetit
auf sein Obst, so speise vom Baum der Erkenntnis, so würde
zum Beispiel die Sachsenhäuser urteilen und zwar mit Recht,
denn alles was du genießt, muß zur Erkenntnis werden in
dir, sonst hast du nicht moralisch verdaut, und alle Früchte,
die du aus dir selber reißt im Verstand und im Herzen, die
sollen aus dieser Erkenntnis hervorgehen und sollen wieder
Früchte der Erkenntnis reifen in den Andern, und die ganze
Menschennatur soll ein blütevoller und schwer mit Früchte
beladener Erkenntnisbaum sein. Und so ein Landesvater soll
wie ein guter Wirt vom Aepfelwein, wenn er die Aepfelbaum=
allee nach Oberrath und Offebach zu gepacht hat, alle
schleifende Baumzweig unterstütze und acht gebe, wann der
Sturmwind in der Geschichtswelt daher gesauft kommt, daß
diese mit Erkenntnisfrüchte beladene Baumzweig nicht knacke
und breche von ihrer Wucht oder ihre schöne Früchte müsse
fallen lassen, eh sie reif sind, wo sie dann Futter werde
vor die Schwein, aber kein seelenerquickende Genuß geben:

ja wer weiß, ob wir nicht selbst eine Gattung Gedankenbäum sind, die ihre Früchte tragen für andre Wesen, die in einem Element wohne, was wir nicht gewahr werde, so wie das Kirschewäldche seine Herzkirsche für die Frankfurter Bürger= schaft trägt und auch nicht den Menschen gewahr wird, der da kommt und seine Frucht abbricht und genießt. Doch kann man das nicht genau wissen, es kann leicht sein, daß der Baum sein Gärtner kennt, der ihn großgezogen hat. Daß ein Baum dem eine Gärtner lieber folgt wie dem andern, davon hat man die deutlichste Beweise, einem Gärtner vor dem andern gedeiht alles; da mag sich einer spät oder früh plagen, hat er die gesegnet Hand nicht, die dem Sträuchelchen die Blume herauslockt, so ist seine Bemühung umsonst.

Nun machen wir den Schluß so weit, nämlich daß wann die Natur immer einen Zweck hat, auf den sie lossteuert, der Mensch auch einen hat, und wenn ich das Klaglied hör: „Ich bin schon zu alt" — so muß ich mich betrüben über den Unverstand, bis zum letzte Augenblick als Gott einem die Geistessonn auf den Gedankenbaum scheine läßt, solle die Gedanke auch sich dran sonne und reifen, und daß es nicht umsonst ist, das beweist uns schon, daß es dem Menschen keine Ruh läßt, alles wissen und fühlen zu wollen, alle Arte von Erfahrung machen zu wollen. Ei unser Herzog Karl von Weimar hat als so ein junger Fürst, als er war, immer die größt Begierd gehabt, alles zu verstehen. Wie oft hat er zu meinem Sohn gesagt: nur eine vierundzwanzig Stund möcht er in der Höll sein, um alle Erfindungen zu sehen, die von dem Teufel gemacht werden, um sich zu frischieren in ihrem Backofen, und wie sonst ihre Zeit sie zubringen. Denn von den Himmelsbewohner wissen wir, daß sie mit Musik sich die Zeit vertreibe, mit Hosiannasinge und Halle= luja, was nicht besonders lauten müßt, wenn sie nicht so perfekt wären in ihrem Gesang, wie das vorauszusetze ist, weil sie ewig dasselbige auffspiele, daß sies vielleicht durch Verfeinerung dahin gebracht haben, daß man sich daran

gewöhne kann. Gottlob, die Gewohnheit macht manches er=
träglich, hab ich mich doch an die verflucht Plump gewöhnt,
die in eim fort da vor der Tür greint, wo alle Nachbarsleut
Wasser dran hole, so daß wenn sie an so einem Tag, wo ein
Volksfest ist, wo alle Leut aus der Stadt laufe nach der
Pfingstweid am Kringelbrunne oder auf den Schneidwall
oder ans Stallburgsbrünnche, still steht, so denk ich, was
fehlt mir dann heut? — und dann wird mirs als so trocken
in der Kehl, als ob ich für alle Leut Durst haben müßt;
ich schick herunter und laß eine Bouteille Wasser nach der
andern hole, damit ich die Plump gehen hör. So wird Gott
sich auch daran gewöhnt haben, daß es ihm ordentlich un=
gewohnt sein mag, wenn die Lobsänger eine Pause zu machen
manchmal genötigt sind. Ob sie sich selber dabei amüsieren,
das ist gar keine Frag, denn wir wissen, daß ihnen die Zeit
gar schnell vergeht, denn die Heilige und Prophete, die in
den Himmel verzückt waren, die haben oft hundert Jahr und
länger damit zugebracht; und als sie wieder aus ihrem
Himmelsversatz herauskamen, da waren die hundert Jahr
herum gelaufen wie ein Augenblick; solche Streich spielen
einem die himmlische Freude; aber auf die war der Herzog
nicht lüstern zu machen, denn so kurz das war, so war es
ihm doch viel zu langweilig, nur nach denen höllische Unter=
haltungen hat er gelungert, und da konnt ich ihm hundertmal
mein Beispiel mit der Plump vorhalte und mahne, die Gott=
seligkeit nicht ganz zu beseitigen, damit hat er mich ablaufen
lassen. Warum erfinde sich die Engel nichts gescheuteres,
hat er gesagt, damit könne sie kein Hund aus dem Ofen
locken, aber wohl hineinjagen, und nun gar der Weihrauch,
da will ich lieber dem schlechteste Bauer sein schlechte Kneller
riechen.

Der Herzog konnte nun überhaupt kein Weihrauch leide,
er liebt die Schmeichelei nicht, er meint man könne nie mehr
wie seine Schuldigkeit tun, er hing an dem merkwürdige
biblische Satz: „Und wenn du alles getan hast, so bist du

doch nur ein unnützer Knecht." Und er sagt, er wär bloß
neugierig, um der Menschheit durch das, was er lernt, nützlich
zu werden, und so möcht er nichts lieber als nur einmal
ins Kindbett komme, damit er wüßt, wie das tät, ich sagt,
das Plaisir würde wohl mit dene Hölleunterhaltungen
akkordieren.

Sehn Sie, so ein neugieriger Landesherr ist unser Herzog
von Sachsweimar in seine junge Jahre gewesen, und er ist
es noch, und ich stehe dafür, daß er gar manches erfahren und
sich zu eigen gemacht wird haben, was kein anderer ahnt.
Dafür könnt ihm aber auch kein anderer was weißmachen,
meint er. Ja, Gefahr und Not und Angst wär einem am
End noch der best Lebensgenuß, wenn mans überstande hätt;
ein Soldat freut sich über die Feldzüge, die er gemacht hat,
ein Seemann freut sich über den Sturm, den er erlebt hat,
und genug, es ist kein Ereignis und Schicksal, was sich nicht
auch in eine Nahrung der Seele reißte.

Ja das sind so Anschauungen und Prinzipien, die könne
nur allein aus einem edlen, vollkommen feurigen Gemüt
hervorgehen, aus einem, ders verdient ein Fürst zu sein,
weil ers nicht scheut, sich und sein Volk dem Welleschlag
des Zeitenstroms preiszugeben, wovor die andern all wie
die Hasen ausreißen; aber das ist allemal verspielt, und der
Herr wie der Untertan sind da beide die elende Sclaven des
Zufalls und werden gewöhnlich zermalmt, wenn der reißende
Strom einmal plötzlich den Damm durchbricht und mit einer
viel gewaltigere Wut auf solche unbewaffnete im Vorurteil
versunkene geistlose Naturen eindringt, als daß sie sich be=
sinnen könnten, wenn sie auch Erfahrung hätten. Die haben
sie aber ohnedem nicht, so geht denn Zeit und Ereignis und
alles an ihne verloren und zum Henker, bloß weil sie sich
fürchte, was absonderliches zu erleben. „Aber!" sagte der
Herzog, „nur das Absonderliche ist Erlebnis für die feurige
lebendige Gemüter. Todigen Menschen aber machts Leib=
schneiden; und da sitzt so ein toter Furchthas und hält sich

332

als den Bauch und krümmt sich, bis die Zeit wieder ruhig ist und schwitzt seinen Kamilletee darzu, während ein Erlebter und Durchlebter wie ein Fisch im Wasser drin herum schnalzt." . . . . .

Ich weiß noch genau, wo wir geblieben waren, in der fatalen Situation, wo ich hinter der Gesellschaft geblieben war, und ein bischen eingenuppt; unterdessen war alles im Ballsaal und tanzte. Die Nacht war eingebrochen, und ich unbekannt mit der Hofetikett, und doch mit einem Schicklich= keitsgefühl, was vielleicht grad aus grader herzlicher Auf= richtigkeit den entgegengesetzte Weg hätt eingeschlagen von dem, was statuiert wär, ich stand in der Klemm, wie ich mich zu verhalten hätt, aber ich wurde sehr bald heraus= gerissen. Die gute Frau Königin hatte mich in all dem Trubel nicht vergessen. Wie sie ihren ersten Tanz ausgemacht hat, da sieht sie sich um nach mir, und wie sie mich nicht finden kann, da giebt sie gleich Order. Das konnt ich durch die Fensterscheiben bemerken; — kaum hat sie nach mir gefragt, da laufen die Kammerherren, die Lakaien durch den ganzen Saal im Kringel herum, um mich zu finden. Aber, dacht ich, sucht Ihr nur. — Wie sie mich nicht finden können, da fällt ihnen doch ein, daß ich vielleicht könnt im Garten geblieben sein; nun kommen sie heraus und verteilen sich in alle Regionen, ich drück mich dicht bei der Tür an die Wand, denn im Garten wollt ich mich nicht finden lassen, da hätt ich mich zu sehr geschämt. Nun, dacht ich, jetzt ist der wichtige Moment, da muß ich einen energischen Streich machen, und mich auf gut Glück wieder ins Meer stürzen, unter die Hof= wogen, und mich da um die Wett mit denen aufbauschen. Weil also ein Hoflakai wie ein Schuß Pulver von der Tür abblitzt in den Garten hinaus, um mich im Gebüsch zu suchen, so fahr ich an dem blinde Hans vorbei, grad in den Saal herein, wo mir glücklicher Weis alle Leut den Rücken drehten. — Ach!! — Gott sei Dank! — denn das Herzklopfen, was ich nach überstandner Katastrophe empfand — nun — wer sich

das denken kann! — bis ich mich so allmählig wieder be=
ruhigte. — Denk sich einer, wenn die Windbeutel, die Kammer=
herren und Kammerdiener, da die Frau Rat unter dem Vogel=
kirschbäumchen gefunden hätten, und hätten mit ihre Wind=
lichter mir unter mein schlafend Angesicht geleucht. Nein,
ich frag alle gute Freund, ob einer sich das gewünscht hätt?
— Antwort: Nein! — Aber was man sich nicht wünscht, das
soll man andern nicht gönnen. Ich auch hab mirs nicht
gewünscht, und hätts meinem Feind nicht gegönnt.

Wie ich mich etwas erleichtert fühlte, so rückte ich all=
mählig hinter den vielen Leuten hervor, die an der Tür
standen, und kam so ganz nah an die Frau Königin heran;
die winkt mir, und nun kommen die Kammerjäger von ihrer
Jagd durchs Buschwerk zurück und wollen eben mein Ver=
schwinden melden, da sehn sie zu ihrer Verwunderung, wie
ich eben mit denen Prinzen von Gotha, noch ein paar
ganz jungen Bürschercher, Bekanntschaft mach. Die erzählen
von meinem Sohn, weil sie ihn sehr gut kenne vom Weimarer
Hof und ich erzähl auch mein Bestes und das war eine ganz
vergnügte halbe Stund, wo ich mich ganz mit meinem Schicksal
wieder aussöhnte. Auch hatte sich meine Verlegenheit nach
und nach beschwichtigt über meine Toilette, denn ich hatte
mir gleich vorgenommen gehabt, nur in keinen von denen
großen hellerleuchtete Wandspiegel zu gucken, das war gar
nicht so leicht. — Daß wenn allenfalls was an mir in Un=
ordnung geraten wär, daß ich nicht auch noch den Schreck
auf mein gepreßt Herz laden müßt. Weil aber die Leut all
ganz vernünftig mich ansehn, und keiner eine zum Lachen
gestimmte Miene macht, da wag ichs und tu einen Seiten=
blick, und finde mich nicht nur ganz menschlich, sondern ich
gefalle mir auch sehr wohl mit meinem kuraschierten Aug,
das da thront über alle verkehrte Eingebildtheiten, mit dem
sie mich rund umher zu überschauen meinten. Ich schaute
auf sie wieder herab, wie ein Wetterdach, das sie in Schutz
genommen hat gegen den erfrischenden Regen und den kühlen=

334

den Wind, dem sie sich auszusetzen Bedenken tragen, und so ließ ich sie mich umirren mit ihren nichtssagende Blicke, als bloß wie dürres Laub, was im Wind dahinfliegt.

Die gute Frau Königin sah mirs an, daß es Zeit wär, mich zu entlassen, sie nahm da mein Dank recht freundlich auf, und erinnert mich an die Zeiten, wo sie in meinem Haus unter meinem Schutz gewohnt hatte und tausend lustige Spielstunden in meinem Hof sich gemacht. —

Da ich nun entlassen war, so kam gleich wieder so ein dienender Geist von morgens früh und frägt mich, ob ich vielleicht den Wagen bestellen wollt lassen? — Nichts lieber wie das, sag ich, bester Freund, verdienen Sie sich einen Lohn im Himmel, und helfen Sie mir über die königlich Schwell hinüber in mein bürgerlich Dasein. Wie ich nun wieder im Wagen saß, wer war froher wie ich? — Ich hatte vor allen überraschenden Verlegenheiten und Sorgen gar nicht können an meine goldne Kett denken, jetzt beguckt ich sie im Mondschein, und sie machte mir doch großes Plaisir. — Denn alle Auszeichnungen, die mir werden, das weiß ich, die hab ich doch meinem Sohn zu danken, und wie soll das eine Mutter nicht freuen? — Kurz ich hatte die schönsten Gedanken.

Ja es war eine plaisirliche Fahrt in der Kastanienallee heimwärts. Alle Baumschatten flogen im Vorbeifahren mir über meine geblendete Augen, die ganz in tiefen Gedanken mit der in den Mondstrahlen blinkenden Kett sich beschäftigten.

Es muß ein Weltengeist geben, der alle wahre und kräftig natürliche Gefühle nicht in den Lüften verschwirren läßt. So ein Seufzer aus dem Mutterherzen, auf der Darmstädter Chaussee, ist nicht dort geblieben, als irrender Geist herumzuschweifen. Er wird sein Ziel gefunden haben; auch war mein Herz ganz feurig, und ich dacht, so wird auch heut Nacht die Frau Königin eine vergnügliche Ahnung von mir haben, daß sie mich hat so in einen feurigen Rapport gesetzt mit meinem Sohn, daß ich ihn da im Mondschein zwischen dem Baumgeflüster vor mir schweben sehe, und kann die schönste Rede führen mit ihm, weil da allerlei Meldungswürdiges mir begegnet ist. Ach was man sich nicht vor unschuldige Unmöglichkeiten einbilden kann! — Aber Muttergefühl ist eine Wünschelrut, die schlägt in allen weiblichen Herzen an. Und die Frau Königin auch wird nicht ohne Absicht das Verdienst als Mutter in mir belohnt haben, sie wird gedacht haben: wenn sie doch auch so ein Sohn möcht zur Welt bringen, der diese mit seiner Unsterblichkeit könnt ausfüllen. — So ein Wunsch ist kein schlecht Gebet für eine erhabne Landesmutter — es begreift das Wohl des ganzen Menschengeschlechts in sich und es kann erhört werden, eben weil es der Mühe wert ist, so zu beten, so lohnt es auch dem Schicksalsgott die Erfüllung.

Ich habs im Mutterleib schon gespürt, was aus meinem Kind wird werden und hab auch keinen Augenblick dran gezweifelt, seit er auf der Welt war, daß es zu ihrem Heil werde sein. Warum? Meine Gedanken waren immer aufs unverschuldete Naturleben gerichtet, wo ich den Verkehrtheiten aus dem Weg rücken konnt; denn nie hab ich heller empfunden, wie sehr das Geschick des Menschen ins Gedräng kommt, bei dem Lehren und Predigen verkehrter Grundsätze, als während ich auf meinen Sohn gewartet hab, daß der das Licht der Welt sollt erblicken. Und mein sehnend Gebet war stets, daß sein Dasein, seine Seele einst eine Beweisführung für das alles sein möchte, was ich in der Natur als heilige Widerlegung ihrer verkehrten Erziehung, ihrer Umschaffung des Menschengeschlechts empfand. Obschon nun als die pedantischen Unglücksseher haben die Händ überm Kopf zusammengeschlagen über meine unpädagogische Grundsätze, so ließ ich michs nicht anfechten, denn ich hielt mich an die Natur, die mein Gebet gleichsam aus mir herausgelockt hatte. So wußt ich also, wonach ich mich sehnte, auf was ich hoffte, das war die Wahrheit. Und von ersten Augenblick, da er geboren war, ist mir über alle Dinge ein ander Licht aufgegangen und hab erst meine wahre Erziehung genossen in dem unschuldigen heldenmütigen Uebermut meines Sohnes, der alles Große auf der Stelle bewähren zu können keinen Augenblick zweifelte und der mit allen Kräften auch dahin strebte. Das was sein Gefühl einmal berührte, das ward eine Flamme in ihm, in der er den eignen Sinn erhoben hat über das Gewöhnliche. Da sind mir erst recht die Gedanken gekommen über die Engherzigkeit, mit der man dem frischen Geist den Boden vor den Füßen abgräbt! Wie die Welt sich da selbst im engen Netz verfängt und allen Verlust davon hat; aber wenn einmal ein großer Geist geboren würde mit unverderb= barer fester Charakterstärke, und der käm unter eine Krone zu stehen, wie ichs der Frau Königin damals in der Nacht auf meiner Heimfahrt hundertfältig gegönnt hab, und er begreift seine Mission recht, was er nämlich der Menschheit schuldig ist, wenn er seine wahre Unsterblichkeit gründen will, nicht aus Eitelkeit, sondern aus hohem weitsehnendem Geist, der aus Ehrfurcht vor der Wahrheit sich keine Lüge erlaubt, in keinem Stück, nicht in der Politik und nicht in seinem Herzen, und nicht über seine Fehler, der würde eine unerreichbare Höhe über der Menschheit einnehmen. Wie ein glänzender Stern würde er dastehen, und die Menschheit würde dann erst begreifen, was das bedeuten will auf einer so hohen Stellage, als ein Thron ist, ihr Ebenbild wahr= zunehmen, um zu begreifen, nämlich wie sie sein sollte und was sie aus sich machen sollte. . . .

Nun, damals, als ich in der königlich Equipage nach Frankfurt zurück fuhr, stande noch die hohe Wälle und die himmelhohe Bäum standen in ihrem volle Laub; und es war recht erfreulich und mir besonders erquicklich mit meiner goldnen Gnadenkett um den Hals, daß die doch kein Strick war, der mich an einen Oberherrn gebunden hatte. Ja, es giebt so Augenblicke im Leben, wo eine Auszeichnung vom Schicksal, wie die, in einer so edlen Stadt geboren zu sein, einem wie feuriger Wein durch die Adern glüht, wo man lieber auf alles verzichten wollt, als auf die Stadt, die heilige Ansprüche auf einem hat, weil man in ihren Mauern zum erstenmal das Licht der Welt erblickte, der aber auch, und sollte einem der Schicksalsturm w i e w e i t von ihr verschlagen haben, der Wandrer nie ein Fremdling sein wird. Kommst du durch diese langen engen Tore, wo das Sonnenlicht auch am hohen Mittag kein Eingang hat, herein gezogen, so kannst du gewiß sein, du bist zu Haus! Ja der Frankfurter Bürger braucht sich nicht zu schämen; so viel mutwillige Streich sie auch unter sich oft haben ausgehen lassen, sie waren sich immer einander treu im Beistand von Unglücksfälle.

Frankfurter Bürgertum ist der best Adel, der sich bis jetzt noch in alle Zeiten Respekt erworben hat. Welcher Staat kann sich des rühmen? Nun ich kann euch sagen, als ich in der Nacht vors Tor kam, so freut ich mich über die Maßen:

„Sie müssen die Sperr bezahlen!"

Königliche Equipage! ruft der Lakai vom Bock herunter; Schildwach ruft: „Heraus!" — Ei was! sag ich, freillich will ich die Sperr bezahlen, stecken Sie Ihnen Ihr Seiten= gewehr ein, Herr Lieutenant, ich bins nur und sonst niemand! — „Ei um so besser, vor Ihne presentiere mer das Gewehr mit Vergnüge." — Nun! Als wir durch den Orkus durch= gerumpelt waren und endlich vor meinem Haus still halten, so kommt mir ein ganzer Trupp von Basen und Vettern ent= gegen gestürzt. — Ich sag: Ei was wollt Ihr dann? — es ist ja nachtschlafende Zeit! — „Ach Gott seis gedankt, daß wir Sie wieder vor unsern Augen sehen, lieb Frau Rat, wir hatten gedacht, Sie wären arretiert! Die Jungfer Lieschen hat uns in große Aengste zusammengetrummelt, es wär eine Order kommen von ihre königliche Majestät von Preußen, grad wie Sie hätten wollen ins Kirschenwäldchen fahren mit der Frau Bethmann, und kaum daß Sie sich hätten was an= ziehen können, so wären Sie mit Eskorte von drei Mann in einem zuenen Wagen mit vier Pferd forttransportiert worden.

Und so sitzen wir hier schon drei Stund, und wissen nicht was wir sollen anfangen, und eben wollten wirs dem Herrn Bürgermeister melden, und wir wären Ihnen nachgeeilt, aber die Jungfer hatte den Ort vergessen, wo Sie waren hintransportiert worden." — — —

Nun um Gotteswillen! was sind das vor Sachen! —

Das Rätsel will ich euch morgen lösen; heunt will ich euch nur eins sagen, daß die Jungfer Lieschen eine Hahlgans ist, und ich seh wohl ein jetzt, daß ihr die Haub heunt morgen nicht verkehrt auf dem Kopf gesessen hat, daß ihr aber der Kopf verkehrt unter der Haub sitzt, davor will ich euch stehn. Ich bedank mich übrigens vor die Teilnahme; und wenn Sie einmal arretiert werde sollten, so werd ich auch mein Bestes tun, Sie wieder einzuholen. Uebrigens wer meine große Abenteuer genauer will erfahren, der muß morgen kommen, heunt sind die Tore gesperrt. —

Nun wie ich die gute Nachbarn los war — so mach ich der Lieschen erst Vorwürf, wie sie so dumm könnt sein, und mir die Leut über den Hals trummelt. Nun nehm ich meine Sternblumenhaub vom Kopf herunter und stülp sie über die Bouteille. Die hat heunt was mit mir erlebt! — Ich eröffne meine Enveloppe, die Lieschen erstarrt vor der goldnen Kett! — Sie macht mir Vorwürf, daß ich nicht gleich hab vor den Nachbarn, die um meine Abwesenheit waren in Sorgen ge= wesen, meinen Mantel aufgemacht. „Und," sagt sie, „das war einmal nichts, daß die Frau Rat nicht gleich es gesagt haben, und morgen bei Tag wird das lang so kein Effekt machen." — Nun! sag ich, es ist nun emal geschehn, nun wollen wir uns ins Negligee werfen und ins Bett legen und von denen viele Strabatzen uns ausruhen! —

Nun kommts endlich so weit daß ich im Bett liege. — Die Frau Bethmann haben einen Korb mit den schönsten Kirsche mitgebracht aus dem Kirschenwäldchen, und wenn mirs recht wär, so wollte sie mir zu lieb morgen noch einmal mit mir hin fahren. — Ei freilich ist mir das recht! jetzt ſtell ſie mir die treffliche Herzkirſchen an mein Bett und die Waſſerflaſche dabei, ſo werd ich wie eine Prinzeß mirs wohl ſein laſſen und die ganze Nacht Kirſchen freſſen. —

Aber die Lischen hat keine Ruh, ſie perſuadiert mir noch über die weiß Nachtjack die goldne Kett um den Hals — und nun bewundert ſie und bedauert, daß es die Nachbarn von rechts und links und gegenherüber nicht geſehen haben! Nun! ſag ich, ſchweig ſie mit ihrem Lamento, es iſt emal vorbei, hätt ich ehnder dran gedacht, ſo hätt ichs freilich ihne zeigen können, es würde ſie im erſten Augenblick, wo ſie noch den Schreck in alle Glieder hatten über meine bewußte Arre=tierung, noch mehr gefreut und überraſcht haben! — — „Ach!“ ruft die Liesdchen, „die hab ich gleich wieder beiſammen, es iſt ja nit weit hin!“ und eh ich ihr auf ihre Dummheit Contraorder geben kann, klappt ſie mit ihre Pantoffel die Trepp hinunter, ich hör die Hauſtür gehn, ich lieg da in der Nachtjack im Bett mit meiner goldne Kett, mit meine Kirſchen. Ich denk, was ſoll das werden, alle Leut liegen um ein Uhr in der Nacht im tiefſten Schlaf; ſeit wie viel Jahr hat ein geſunder Frankfurter die Stern am Himmel um dieſe Zeit nicht geſehn; und nun poltert mir die Liesdchen die Menſchen zuſammen! — ja richtig, da kommen ſie ſchon mit angepoltert! — Nun morgen wird die ganze Stadt ſagen, ich wär nicht recht geſcheut.“ —

Jetzt der erſt Geſell, der die Tür aufmacht, ſein der Herr Doktor L e h r ! Ei um Gottes wille, wie kommen Sie daher? — — „Ei wie ich eben in Wagen ſteigen will, bei der Frau Schaket, die eben mit einem kleinen Sohn niedergekommen ſind, da kommt Ihr Hausjungfer Liesdchen Hals über Kopf daher gerennt, und im Vorbeirenne frägt ſie, ob ich nicht wollt die ſchöne Kett ſehen, die Ihne der König von Preußen mit eigne Hände hat um den Hals gehängt!“ — Ei die Lies=dchen iſt ja im Stand und redet die ganz Stadt auf um die Kett zu ſehen, und morgen werden die Leut ſagen, ich war nicht recht geſcheut! — Nun weil der Doktor Lehr in Be=

340

wundrung über meine Kette dastehn, so kommen die andern nachgepoltert, die all von der Lieschen und ihrer Neugierd wieder aus dene Betten getrummelt waren, und ich hatt nicht weniger wie zehn Personen im Zimmer und ein fürchterlich Geschnatter! Ich sagt aber nichts und ließ sie gucken und Glossen machen, und aß ruhig meine Kirschen auf, und mit der letzte Kirsch da sagt der Doktor Lehr: „Nun werd ich meine Kindbetterin noch eh ich nach Haus fahr besuchen, und werd von der golderne Kett noch erzählen!" — — — O, sag ich, schicke Sie mir nicht auch noch die Stadthebamm übern Hals! — Jetzt kaum war der Doktor Lehr fort, so empfehle sich auch die Nachbarsleut und bedanke sich, und ich mach meine Entschuldigungen, daß die Lieschen ohne mein Wille sie hat wieder aus den Betten geholt; sie gaben aber dem Lieschen ganz recht! — Nun! wie sie der Tür draus waren, und ich hör die Haustür gehn, war ich froh daß ich endlich bei mir allein war. Aber da knistert was an der Tür! — Mein Schrecken! — ich denk, da ist am End heimlich ein Spitzbub hereingeschlichen, ich schrei um Hilf, ich will eben ans Fenster springen und die Nachbarsleut wieder herbei= rufen, die noch nicht weit sein könne, da ich die Absätz von ihre Schuh deutlich in der Fern widerhallen hör auf dem Straßenpflaster. Aber da kommt ja wahrhaftig die Frau Ahleder herein, die Stadthebamm, und sagt, der Herr Doktor Lehr hätts ihr gesagt, ich hätts erlaubt, daß sie noch dürft komme und die goldern Kett sehn! — — Ja, sag ich: Frau Ahleder, sehe Sie nach Gefallen, aber ich bitt Sie um Gottes= willen, sagen Sies heut niemand mehr, damit ich doch noch einen Teil der Nachtruh genießen kann! — — Nun die war auch die letzte Nachtvisit, aber acht Tag hintereinander strömte alle Leut zu mir, und ich mußte viele alte Bekanntschafte erneuern, und viele neue machen wegen der Kett und mußt meine Geschicht von alle Seite erzähle, wo ich dann unendlich viel Variation dabei angebracht hab, und hab denen be= suchende Neugierigen einem jeden noch apart mit eingeflochten, was ich meint, daß ihm Not wär zu bedenken. Den erften Tag war ich durchgewitſcht ins Kirſchenwäldchen, da ſind ſie mir ja all nachkommen zu Fuß und zu Wagen, und das ganze Kirſchenwäldchen war geſtopft voll Zuhörer, und die Gaſſenbuben haben Spalier gemacht um mich herum, und ich mußt eine Prachterzählung machen, und ich wärs beinah ſatt geworden; ich war froh wie ſich der erſt Sturm gelegt hatte. Nun heunt hab ich wieder einmal die alt Geſchicht mit beſonderm Plaiſir aufgewärmt und ich hoffe, daß ſie euch wird eingeleuchtet haben.

Goethes Mutter
in ihren letzten Lebensjahren

Halt zu machen, dazu ist der
Mensch nicht da im Leben,
fertigwerden kann keiner,
jeden Augenblick, und wenn
es der letzte wäre, kann noch
etwas Wichtiges vorgehen in
ihm. Was heißt das, ich bin
schon zu alt, ich mag nichts
mehr lernen. Ei, bist du nicht
zu alt zum Atemholen, zum
Essen, Trinken und Schlafen,
so sei's auch nicht zum Denken.

Bettina erzählt Goethe von seiner Mutter

Einstmals im Sommer wurden „Die Geschwister" gegeben, es war sehr leer wegen der Hitze; Frau Rat, die allein in ihrer Loge saß, rief aufs Theater: „Herr Werdy, spielen Sie nur tüchtig, ich bin da." Im Parterre saßen keine fünfzig Menschen, Werdy spielte recht gut und die Rat klatschte bei jeder Scene, daß es widerhallte; Werdy verbeugte sich tief gegen sie. Es war gar wunderlich, das leere Haus und die offenen Logentüren wegen der Hitze, durch die der Tag hereinschien, dann, als Zugwind kam und mit den lumpigen Dekorationen spielte, rief die Goethe dem Werdy zu: „Ah, das Windchen ist herrlich" und fächelte sich. Es war gerade, als spielte sie mit, als wären sie allein in vertraulich häuslichem Gespräch . . . Diese Stille, diese Leere, die offenen Türen, die einzige Mutter voll Ergötzen, als habe ihr der Sohn den Thron gebaut, auf dem sie weit erhaben über dem Erdenstaub sich die Huldigung der Kunst gefallen läßt. Sie spielten auch recht brav, ja begeistert, bloß wegen der Frau Rat, die sich in Respekt zu setzen wußte. Sie schrie auch am Ende ganz laut, sie bedanke sich und wolle es ihrem Sohn schreiben. Darüber fing eine Unterhaltung an, wobei das Publikum ebenso aufmerksam war, wie beim Anhören des Stückes.

Die Mutter ist sehr heiter und gesund, sie trinkt noch einmal so viel Wein wie vorm Jahr, geht bei Wind und Wetter ins Theater; singt in ihrem Uebermut mir vor: „Zärtliche getreue Seele, deren Schwur kein Schicksal bricht."

Wir führen Krieg, ich und die Mutter, und nun ists so weit gekommen, daß ich kapitulieren muß; die harte Bedingung ist, daß ich selbst Ihnen alles erzählen soll, womit ichs verschuldet habe, und was die gute Mutter so heiter und

launig ertragen hat; sie hat eine Geschichte daraus zusammen=
gesponnen, die sie mit tausend Pläsir erzählt; sie könnte es
selbst viel besser schreiben, das will sie nicht, ich solls zu
meiner Strafe erzählen, und da fühl ich mich ganz beschämt.

Ich sollte ihr den Gall[1] bringen, und führte ihr unter
seinem Namen den Tieck[2] zu; sie warf gleich ihre Kopf=
bedeckung ab, setzte sich und verlangte, Gall solle ihren
Schädel untersuchen, ob die großen Eigenschaften ihres Sohnes
nicht durch sie auf ihn übergegangen sein möchten; Tieck
war in großer Verlegenheit, denn ich ließ ihm keinen Moment
um der Mutter den Irrtum zu benehmen; sie war gleich in
heftigem Streit mit mir und verlangte, ich solle ganz still
schweigen und dem Gall nicht auf die Sprünge helfen; da kam
Gall selbst und nannte sich; die Mutter wußte nicht zu
welchem sie sich bekehren sollte, besonders da ich stark gegen
den rechten protestierte; jedoch hat er endlich den Sieg davon
getragen, indem er ihr eine sehr schöne Abhandlung über die
großen Eigenschaften ihres Kopfs hielt; und ich hab Ver=
zeihung erhalten und mußte versprechen sie nicht wieder zu
betrügen.

Ein paar Tage später kam eine gar zu schöne Gelegenheit
mich zu rächen. Ich führte ihr einen jungen Mann aus Straß=
burg zu, der kurz vorher bei Ihnen gewesen war; sie fragte
höflich nach seinem Namen, noch eh er sich nennen konnte,
sagte ich: „Der Herr heißt S c h n e e g a n s, hat Ihren Herrn
Sohn in Weimar besucht und bringt Ihr viele Grüße von
ihm." Sie sah mich verächtlich an und fragte: „Darf ich um
Ihren werten Namen bitten?" Aber noch ehe er sich legi=
timieren konnte, hatte ich schon wieder den famösen Namen
S c h n e e g a n s ausgesprochen; ganz ergrimmt über mein
grobes Verfahren, den fremden Herrn eine Schneegans zu
schimpfen, bat sie ihn um Verzeihung und daß mein Muthwill
keine Grenzen habe und manchmal sogar ins Alberne spiele;
ich sagte: „Der Herr heißt doch S c h n e e g a n s." — „O schweig,"
rief sie, „wo kann ein vernünftiger Mensch S c h n e e g a n s

heißen!" — Wie nun der Herr endlich zu Wort kam und bekannte, daß er wirklich die Fatalität habe so zu heißen, da war es sehr ergötzlich, die Entschuldigungen und Beteuerungen von Hochachtung gegenseitig anzuhören; sie amüsierten sich vortrefflich miteinander, als hätten sie sich Jahre lang ge= kannt, und beim Abschied sagte die Mutter mit einem heroi= schen Anlauf: „Leben Sie recht wohl, Herr von Schneegans, hätte ich doch nimmermehr geglaubt, daß ichs über die Zunge bringen könne! —"

[1] Der berühmte Phrenologe hatte auch Goethe untersucht, seine Eigen= schaften richtig erkannt und ihm beteuert, er sei eigentlich zum Volksredner geboren. „Über diese Eröffnung erschrak ich nicht wenig; denn hätte sie wirklich Grund, so wäre, da sich bei meiner Nation nichts zu reden fand, alles Übrige, was ich vor= nehmen konnte, leider ein verfehlter Beruf gewesen." (Dichtung und Wahrheit.)
[2] Ludwig Tieck, der Dichter.

Gestern saß ich der Mutter gegenüber auf meinem Schemel, sie sah mich an und sagte: „Nun was giebts — warum siehst Du mich nicht an?" — ich wollte, sie solle mir erzählen; — ich hatte den Kopf in meine Arme ver= schränkt. „Nein!" sagte sie, „wenn Du mich nicht ansiehst, so erzähl ich nichts;" und da ich meinen Eigensinn nicht brechen konnte, ward sie ganz still. — Ich ging auf und ab durch die drei langen schmalen Zimmer, und so oft ich an ihr vorüberschritt, sah sie mich an als wolle sie sagen: Wie lang solls dauern? — endlich sagte sie: „Hör! — ich dächte Du gingst;" — „Wohin?" fragte ich. — „Nach Weimar zum Wolfgang, und holtest Dir wieder Respekt gegen seine Mutter." — „Ach, Mutter, wenn das möglich wär!" sagte ich, und fiel ihr um den Hals, und küßte sie und lief im Zimmer auf und ab. „Ei," sagte sie, „warum soll es denn nicht möglich sein? Der Weg dahin hängt ja an einander und ist kein Abgrund dazwischen; ich weiß nicht was Dich abhält, wenn Du eine so ungeheure Sehnsucht hast; — eine Meile vierzigmal zu machen ist der ganze Spaß, und dann kommst Du wieder und erzählst mir alles. —"

Ich bin glücklich jetzt im Andenken der Vergangenheit, als ich kaum damals in der Gegenwart war; mein erregtes Herz, die Überraschung, bei Dir zu sein, dies Kommen und Gehen und Wiederkehren in den paar Tagen, das war alles wie eindringende Wolken an meinem Himmel ... Morgen reise ich nach Frankfurt, da will ich der Mutter alle Liebe antun und alle Ehre, denn selig ist der Leib, der Dich ge= tragen hat.

Du kannst Dir keinen Begriff machen mit welchem Jubel die Mutter mich aufnahm! So wie ich hereinkam jagte sie alle fort die bei ihr waren. „Nun, Ihr Herren," sagte sie, „hier kommt jemand, der mit mir zu sprechen hat," und so mußten alle zum Tempel hinaus. Wie wir allein waren sollte ich erzählen ......

Ich soll Dir von der Mutter schreiben; — nun es ist wunderlich zwischen uns beschaffen, wir sind nicht mehr so gesprächig wie sonst, aber doch vergeht kein Tag ohne daß ich die Mutter seh. Wie ich von der Reise kam, da mußte ich die Rolle des Erzählens übernehmen, und obschon ich lieber geschwiegen hätte, so war doch ihres Fragens kein Ende, und ihrer Begierde, mir zuzuhören auch nicht. Es reizt mich unwiderstehlich wenn sie mit großen Kinderaugen mich an= sieht, in denen der genügendste Genuß funkelt. So löste sich meine Zunge, und nach und nach manches vom Herzen, was man sonst nicht leicht wieder ausspricht.

Die Mutter ist listig wie sie mich zum Erzählen bringt, so sagt sie: „Heute ist ein schöner Tag, heut geht der Wolf= gang gewiß nach seinem Gartenhaus, es muß noch recht schön da sein, nicht wahr es liegt im Tal? —" — „Nein es liegt am Berg, und der Garten geht auch bergauf, hinter dem Haus da sind große Bäume von schönem Wuchs und reich belaubt."

— „So! und da bist Du Abends mit ihm hingeschlendert aus dem römischen Haus?" — „Ja, ich habs Ihr ja schon zwanzigmal erzählt;" — „so erzähls noch einmal. Hattet Ihr denn Licht im Haus?" — „Nein, wir saßen vor der Tür auf der Bank, und der Mond schien hell." — „Nun! und da ging ein kalter Wind?" — „Nein, es war gar nicht kalt, es war warm, und die Luft ganz still und wir waren auch still. Die reifen Früchte fielen von den Bäumen, er sagte: da fällt schon wieder ein Apfel und rollt den Berg hinab; da überflog mich ein Frostschauer; — der Wolfgang sagte: Mäuschen Du frierst, und schlug mir seinen Mantel um, den zog ich dicht um mich, seine Hand hielt ich fest, und so verging die Zeit; — wir standen beide zugleich auf, und gingen Hand in Hand durch den einsamen Wiesengrund; — jeder Schritt klang mir wieder im Herzen, in der lautlosen Stille, — der Mond kam hinter jedem Busch hervor und beleuchtete uns, — da blieb der Wolfgang stehen, lachte mich an im Mondglanz und sagte zu mir: „Du bist mein süßes Herz," so führte er mich bis zu seiner Wohnung und das war alles." — „Das waren goldne Minuten, die keiner mit Gold aufwiegen kann," sagte die Mutter, „die sind nur Dir beschert, und unter Tausenden wirds keiner begreifen, was Dir für ein Glückslos zugefallen ist; ich aber versteh es und genieße es, als wenn ich zwei schöne Stimmen sich singend Red und Antwort geben hörte über ihr verschwiegenstes Glück."

Eine Unterhaltung zwischen Frau Rat und Bettina
Aus Bettina von Arnim, „Dies Buch gehört dem König".

Frau Rat: Weißt du was? meine französische Einquartierung hat gestern von mir Abschied genommen! — Und eh ich mirs verseh, fällt mir der Bub um den Hals und küßt mich und sagt: „Vous étes ma mère!" und flennt, und ich muß auch flennen, und da hättst du das Ambrassieren sehn sollen, denn er ist immer wieder die Trepp heraufgesprungen und hat mir noch einmal die Hand gedrückt und noch einmal. Es hätt kein End genommen, wenn die Trommel nicht gangen wär. Und heut Morgen kommt der Falk da herein gehüpft und hat ein Vergißmeinnichtstrauß auf den Buckel gebunden und jetzt macht mir das Tier alles voll!

Bettina: Ei Frau Rat, das ist kein Falk.

Frau Rat: Nun so ists ein Adler.

Bettina: Es ist aber auch kein Adler!

Frau Rat: Nu, so ists meinetwegen der Geier.

Bettina: Kein Geier ists auch nicht!

Frau Rat: So ists dann der Kuckuck, denn kein Spatz ists doch auch nicht.

Bettina: Nein es ist eine Atzel [Elster].

Frau Rat: Nu, so nehm die Atzel, und schlepp sie mit fort und exter mich nicht mit deine dumme Naturwissenschaften, derweil deine Atzel mir den ganzen Stubenboden voll macht.

Bettina: Ei warum ist dann die Atzel jetzt mein? —

Frau Rat: Ja sie ist dein! — und die Vergißmeinnicht kannst du auch behalten, was soll eine alte Frau mit Vergißmeinnicht?

Bettina: Ei Frau Rat, warum hat sie sich in den Franzosen verliebt, nun muß sie auch die bösen Folgen davon tragen?

Frau Rat: Häng mir noch eine böse Nachred an mit deim Geschwätz! — Wie soll ich mich verlieben, noch dazu in so ein junge Bub, der kein Bart hat!

Bettina: Grad weil er noch kein Bart hätt, hat sie gesagt und hat mir die ganze acht Tag davon gesprochen, daß so ein junges Blut Kanonenfutter sein müßte, und daß sie immer dran dächt, wie wenn sie ihren Sohn hätt müssen vor den Feind gehn lassen in dem Alter. Und hat sie mir nicht noch lezt alles vorerzählt, was dann nicht geschehen wär, wenn der Wolfgang hätt mitmarschieren müssen, und hat sie mir nicht gesagt, das Schicksal hänge an einem Haar und daran knüpfe sich oft eine ganze Weltumwälzung und deswegen müsse man so viel erzwecken in der Welt als möglich, denn die Unterlassungssünde trüge oft größere Folge als manche andre; und hat sie nicht gesagt, das glaube keiner verantworten zu müssen, was er zu unterlassen sich unterstanden habe und daß jeder im Gegenteil sich damit noch als mit einer Tugend prahle. Und hat sie mir nicht eingetrichtert, ich soll mich nicht unterstehen zu zweifeln, wenn mir mein Geist etwas eingäb zu tun? Und der Mensch soll nicht vor dem eignen bessern Willen wie ein Hase ausreißen und daß, wenn das Große nicht geschähe, so geschehe allemal das Kleinliche und Dumme und — — —

Frau Rat: Du welschst, du welschst alles durcheinander! — Das versteht sich von selber, das Dumme ist allemal ungerecht. Keiner kann eine Dummheit wieder gut machen, sag ich dir; damit verbiesterst du alle Menschen, und aus einer Dummheit entstehn tausend, und das ist alles Ungerechtigkeit gegen die ganze Menschheit, denn Gerechtigkeit ist Sapientia und wenn einem Unrecht getan wird, so nehms dem Dummkopf nicht übel, aber wenn du kannst so klär ihm den Verstand auf, dann vergiltst du Böses mit Gutem; das ist nach dem Evangelium gelebt. Aber jetzt schaff mir die Atzel vom Hals. Wo soll ich hin mit dem Tier? —

Bettina: Laß sies wieder in den Wald fliegen! —

Frau Rat: So! wo das Tier schon so klug geworden ist und einem alles an den Augen absieht, wie mans verstanden haben will, da soll mans wieder in den Wald jagen? —

Bettina: Nun ja, da kanns die andern Atzeln auch klug machen und kann seine Apostel in die Wüste senden unter die Menschheit.

Frau Rat: So Redensarten, die nach etwas lauten und gar nichts bedeuten, kann ich nicht leiden. In allen Punkten bist du nur zu gescheut, aber mit deinen Unbegreiflichkeiten bringst Dus wieder ein. Ei manchmal hab ich mit Furcht dich angehört, Du könntst vor Uebergeschnapptheit kein Ausweg finden. Lezt macht mir der Primas sein Compliment über deinen Geist wie der Blitz; — ich fragt, ob er mich wollt verantwortlich machen für all deine tolle Einfälle. Er meint dein aufgeweckt Temperament müßte mir Pläsir machen; ich dacht, wenn der wüßt, wie sie der Frau Rat mitspielt! Alle Augenblick fällst du mit deiner unberufnen Verkehrtheit mir über den Hals. Die Judenschulen, die Dorfschulen, die Universitäten, die politische Lage, das deutsche Reich samt den Kurfürsten, das vergangene Jahrhundert, das kommende Jahrhundert, die Sternguckerei, — — Ei das geht über Menschenkräfte und deine weitschweifigen Aussichten nun, wie daß die Atzeln sollen Aposteln werden und dergleichen großmächtig idealische Projecte. Wer soll dir da mit Vernunft repartieren? — Antwort! — Willst du mich ärgern mit deinem Schweigen? — — So hats mein Sohn grad gemacht, da hab ich als Wunder gedacht was ihm fehlt, und hab mich gekränkt daß er schwieg, und dann wars als nur Unart und weiter nichts! — Nun du schweigst, so werd ich auch schweigen, dann wollen wir sehen, wie wir uns unterhalten.

Bettina: Geb sie mir die Hand.

Frau Rat: Da hast du meine Hand. Was giebts jetzt weiter? —

Bettina: Laß sie mich meinen Kopf auf ihren Schoß legen! —

Frau Rat: Rück herbei wenn dir das gefällt! — — — Ei Mädchen ich glaub gar du schläffst ein — — — oder was fehlt dir? — jetzt sag mir was du hast? — und kränk mich nicht mit deinem Schweigen! Es ist so ein Tag wo die Wetterfahnen das Wort führen. Meinst du ich könnt noch viel dazu nehmen auf mein Herz? — Ei ich möcht doch wissen wer mehr vertragen muß, ich oder du? — Die alte Frau Rat sizt allein da oben am Fenster und guckt ihren alten Freund an da drüben, der kann auch nichts davor, daß der Türmer alle Mittag die schmerzlichste Langeweil muß aus seinem Gaubloch herausblasen. Ja! da lernt man an die Ewigkeit glauben, denn was kein End nimmt, das ist ja die Langeweil, und eher

werd ich doch nicht freudig blasen hören bis unser Herrgott
uns von den Toten auferweckt, denn eher krieg ich meinen
Sohn doch nicht wieder zu sehen! — —

Aber ich will nicht undankbar sein, denn daß ich dich hab,
das kann ich nicht leugnen, das ist meine Freud! Andre Leut
sind mir nichts, du bist mir alles. Seit du dich alle Tag bei
mir einfindst gefällt mir mein alt geblümt Tapet wieder,
und die Schawell[1] grünt wieder auf! Siehst du das ist Ver=
wandtschaft zwischen deinem Herzen und meinem. Du belebst
die Abgestorbenheit des Lebens aufs Neu! — — Ach es ist
auch ganz melancholisch heut! — Der klein Franzos! — Wie
der Abschied nahm mit seinem frischen feurigen Blick; — das
liegt mir im Sinn, dort stand er als am Fenster Abends wenn
die Sonn unterging und hat ihr nachgeguckt, und wenn er sich
dann herumgewendt hat, da waren ihm die Augen voll Wasser;
ich sagt: „Komm her, Bub!“ und reicht ihm die Hand und
fragte: „Gelt Du denkst an deine France, an deine Patrie? —“
„Oui Patrie!“ hat er gesagt, „Adieu pour jamais!“ sagt er
und dann küßt er den Vogel dort, den er mitgebracht hat aus
seiner France. Nein, dacht ich, der hat kein Soldatenblut.
Aber wies gestern geheißen hat: Marchons enfants de la
patrie — da hättest du den Buben sollen sehn, wie er sich
gestreckt hat, wie sein Schritt aufprallte, und die Glut in
seine Augen, und sein Mund war ganz übermütig ange=
schwollen wie dem Kriegsgott; er strich sich die Haar aus
dem Gesicht, und stülpt den Helm auf, und wie die Atzel
ihm wollt auf den Kopf fliegen, sagt er: „Non! non!“ und
litts nicht! — — Nun fort ist er! — Armer Letiers! gut
Bürschchen. — — Nun sieh einmal den Vogel da, wie er auf=
horcht! — Guck, da kommt er aus der Eck hervor, man sollt
meinen er kennt den Namen! — Hol ihn herbei und setz ihn
auf den Tisch. — No! Potztausend! — Hüpft mir der Satan
auf den Kopf! — Herunter von der neue Haub, die ist kein
französischer Roßschweif! . . .

[1] Schawelle (Schabelle) = Schemel oder übermütiges Mädchen.

Bettina erzählt Goethe von seiner Mutter

Hier in Frankfurt ist es naß, kalt, verrucht, abscheulich; kein guter Christ bleibt gerne hier; — wenn die Mutter nicht wär, der Winter wär unerträglich, so ganz ohne Hältnis, — nur ewig schmelzender Schnee! — Ich habe jetzt einen Nebenbuhler bei ihr, ein Eichhörnchen, was ein schöner französischer Soldat als Einquartierung hier ließ, von dem läßt sie sich alles gefallen, sie nennt es Hänschen, und Häns= chen darf Tische und Stühle zernagen, ja es hat selbst schon gewagt, sich auf ihre Staatshaube zu setzen, und dort die Blumen und Federn anzubeißen. Vor ein paar Tagen ging ich Abends noch hin, die Jungfer ließ mich ein mit dem Bedeuten sie sei noch nicht zu Hause, müsse aber gleich kommen. Im Zimmer wars dunkel, ich setzte mich ans Fenster und sah hinaus auf den Platz. Da wars, als wenn was knisterte, — ich lauschte und glaubte atmen zu hören, — mir ward un= heimlich, ich hörte wieder etwas sich bewegen, und fragte, weil ichs gern aufs Eichhörnchen geschoben hätte: „Hänschen bist Du es?" Sehr unerwartet und für meinen Mut sehr niederschlagend antwortete eine senore Baßstimme aus dem Hintergrund: „Hänschen ists nicht, es ist h a n s," und dabei räusperte sich der ubeque malus Spiritus. Voll Ehrfurcht wag ich mich nicht aus der Stelle, der Geist läßt sich auch nur noch durch Atmen und einmaliges Niesen vernehmen; — da hör ich die Mutter, sie schreitet voran, die kaum an= gebrannte, noch nicht volleuchtende Kerze hinter drein, von Jungfer Lieschen getragen. „Bist Du da?" fragte die Mutter, indem sie ihre Haube abnimmt, um sie auf ihren nächtlichen Stammhalter, eine grüne Bouteille, zu hängen; „ja!", rufen wir beide, und aus dem Dunkel tritt ein besternter Mann hervor und fragt: „Frau Rat, werd ich heut Abend mit Ihnen einen Speckfalat mit Eierkuchen essen?" Daraus schloß ich denn ganz richtig, daß h a n s ein Prinz von Mecklenburg sei; denn wer hätte die schöne Geschichte nicht von Deiner Mutter

354

gehört, wie auf der Kaiſerkrönung die jetzige Königin von
Preußen, damals als junges Prinzeſſinnenkind und ihr Bruder
der Frau Rath zuſahen, wie ſie ein ſolches Gericht zu ſpeiſen
im Begriff war, und daß dies ihren Appetit ſo reizte, daß
ſie es beide verzehrten, ohne ein Blatt zu laſſen. Auch diesmal
wurde die Geſchichte mit vielem Genuß vorgetragen und noch
manche andre, z. B. wie ſie den Prinzeſſinnen den Genuß
verſchaffte, ſich im Hof am Brunnen recht ſatt Waſſer zu
pumpen, und die Hofmeiſterin durch alle mögliche Argumente
abhält, die Prinzeſſinnen abzurufen, und endlich, da dieſe
nicht darauf Rückſicht nimmt, Gewalt braucht und ſie im
Zimmer einſchließt. „Denn,“ ſagte die Mutter, „ich hätte
mir eher den ärgſten Verdruß über den Hals kommen laſſen,
als daß man ſie in den unſchuldigen Vergnügungen geſtört
hätte, das ihnen nirgend wo gegönnt war als in meinem
Hauſe; auch haben ſie mirs beim Abſchied geſagt, daß ſie
nie vergeſſen würden, wie glücklich und vergnügt ſie bei mir
waren.“ — So könnte ich Dir noch ein paar Bogen voll
ſchreiben von allen Rückerinnerungen!

Unlängſt hatten wir ein kleines Feſt im Hauſe wegen
Savignys[1] Geburtstag. Deine Mutter kam Mittags um zwölf
und blieb bis Nachts um ein Uhr, ſie befand ſich auch den
andern Tag ganz wohl darauf. Bei der Tafel war große
Muſik von Blaſe-Inſtrumenten, auch wurden Verſe zu Savignys Lob geſungen, wo ſie ſo tapfer einſtimmte, daß man
ſie durch den ganzen Chor durchhörte. Da wir nun auch
Deine und ihre Geſundheit tranken, wobei Trompeten und
Pauken ſchmetterten, ſo ward ſie feierlich vergnügt. Nach
Tiſche erzählte ſie der Geſellſchaft ein Märchen, alles hatte
ſich in feierlicher Stille um ſie verſammelt. Im Anfang
holte ſie weit aus, das große Auditorium mochte ihr doch
ein wenig bange machen; bald aber tanzten alle Rollefähigen

---

[1] **Friedrich Karl von Savigny**, berühmter Rechtshiſtoriker, war mit Bettinas
Schweſter **Gundel** verheiratet.

Perſonen in der grotesten Weiſe aus ihrem großen Gedächtniß=Kaſten auf das fantaſtiſchſte geſchmückt . . . .

Man hat einſtimmig beſchloſſen, es ſolle nie ein Familien=feſt gegeben werden ohne die Mutter, ſo ſehr hat man ihren guten Einfluß gefunden; ich hab mich gewundert wie ſchnell ſie die Herzen gewinnen kann, blos weil ſie mit Kraft genießt und dadurch ihre ganze Umgebung auch zur Freude bewegt.

Die Mutter kommt oft zu uns, wir machen ihr Maske=raden und alle mögliche Ergötzlichkeit; ſie hat unſere ganze Familie in ihren Schutz genommen, iſt friſch und geſund.

Sie ſagt: „Für was wär dies Geſicht das meinige, und warum ſpräche der Geiſt aus meinen Augen dieſen oder jenen an, wenn er nicht vom Himmel wär und die Anwartſchaft auf ihn hätte? Alles was tot iſt macht keinen Eindruck; was aber Eindruck macht, das iſt ewig lebendig.“ — Wenn ich ihr etwas erzähle, erfinde, ſo meint ſie: „Das ſind alles Dinge, die im Himmel aufgeſtellt werden.“

Mein Unglück führte mich gerade nach Frankfurt, als Frau von Staël durchkam, ich hatte ſie ſchon in Mainz einen ganzen Abend genoſſen, die Mutter aber war recht froh, daß ich ihr Beiſtand leiſtete, denn ſie war ſchon preveniert, daß die Staël ihr einen Brief von Dir bringen würde, und ſie wünſchte daß ich die Intermezzos ſpielen möge, wenn ihr bei dieſer großen Kataſtrophe Erholung nötig ſei. Die Mutter hat mir nun befohlen, Dir alles ausführlich zu beſchreiben. Die Entervue war bei Bethmann=Schaaf, in den Zimmern des Moritz Bethmann. Die Mutter hatte ſich — ob aus Ironie oder aus Übermut, wunderbar geſchmückt, aber mit deutſcher Laune, nicht mit franzöſiſchem Geſchmack, ich muß Dir ſagen, daß wenn ich die Mutter anſah, mit ihren drei Federn auf dem Kopf, die nach drei verſchiedenen Seiten hinſchwankten, eine rote, eine weiße und eine blaue — die franzöſiſchen

356

Nationalfarben, welche aus einem Feld von Sonnenblumen emporstiegen, — so klopfte mir das Herz vor Lust und Erwartung; sie war mit großer Kunst geschminkt, ihre großen schwarzen Augen feuerten einen Kanonendonner, um ihren Hals schlang sich der bekannte goldne Schmuck der Königin von Preußen, Spitzen von altherkömmlichem Ansehen und großer Pracht, ein wahrer Familienschatz, verhüllte ihren Busen, und so stand sie mit weißen Glacée-Handschuhen, in der einen Hand einen künstlichen Fächer, mit dem sie die Luft in Bewegung setzte, die andre, welche entblößt war ganz beringt mit blitzenden Steinen, dann und wann aus einer goldnen Tabatiere mit einer Miniatur von Dir, wo Du mit hängenden Locken, gepudert, nachdenklich den Kopf auf die Hand stützest, eine Prise nehmend. Die Gesellschaft der vornehmen älteren Damen bildete einen Halbkreis in dem Schlafzimmer des Moritz Bethmann; auf purpurrotem Teppich in der Mitte ein weißes Feld, worauf ein Leopard, — sah die Gesellschaft so stattlich aus, daß sie wohl imponieren konnte. An den Wänden standen schöne schlanke indische Gewächse, und das Zimmer war mit matten Glaskugeln erleuchtet; dem Halbkreis gegenüber stand das Bett auf einer zwei Stufen erhabenen Estrade, auch mit einem purpurnen Teppich verhüllt, an beiden Seiten Kandelaber. Ich sagte zur Mutter: „Die Frau Staël wird meinen sie wird hier vor Gericht des Minnehofs zitiert, denn dort das Bett sieht aus wie der verhüllte Thron der Venus." Man meinte, da dürfte es manches zu verantworten geben. Endlich kam die Langerwartete durch eine Reihe von erleuchteten Zimmern, begleitet von Benjamin Constant,[1] sie war als Corinna gekleidet, ein Turban von aurora- und orangefarbner Seide, ein eben solches Gewand mit einer orangen Tunika, sehr hoch gegürtet, so daß ihr Herz wenig Platz hatte; ihre schwarzen Augenbrauen und Wimpern glänzten, ihre Lippen auch, von einem mystischen

---

[1] Benjamin Constant de Rebecque, französischer politischer Schriftsteller, Begleiter der Frau von Staël auf ihren Reisen.

Rot; die Handschuh waren herabgestreift und bedeckten nur die Hand, in der sie das bekannte Lorbeerzweiglein hielt. Da das Zimmer worin sie erwartet war so viel tiefer liegt, so mußte sie vier Treppen herabsteigen. Unglücklicher Weise nahm sie das Gewand vorne in die Höhe statt hinten, dies gab der Feierlichkeit ihres Empfangs einen gewaltigen Stoß, denn es sah wirklich einen Moment mehr als komisch aus, wie diese ganz im orientalischen Ton überschwankende Gestalt, auf die steifen Damen der tugendverschwornen Frankfurter Gesellschaft losrückte. Die Mutter warf mir einige couragierte Blicke zu, da man sie einander präsentierte. Ich hatte mich in die Ferne gestellt um die ganze Scene zu beobachten. Ich bemerkte das Erstaunen der Staël über den wunderbaren Putz und das Ansehen Deiner Mutter, bei der sich ein mächtiger Stolz entwickelte. Sie breitete mit der linken Hand ihr Gewand aus, mit der rechten salutierte sie mit dem Fächer spielend, und indem sie das Haupt mehrmals sehr herablassend neigte, sagte sie mit erhabener Stimme, daß man es durchs ganze Zimmer hören konnte: „Je suis la mère de Goethe." — „Ah, je suis charmée," sagte die Schriftstellerin, und hier folgte eine feierliche Stille. Dann folgte die Präsentation ihres geistreichen Gefolges, welches eben auch begierig war, Goethes Mutter kennen zu lernen. Die Mutter beantwortete ihre Höflichkeiten mit einem französischen Neujahrwunsch, welchen sie mit feierlichen Verbeugungen zwischen den Zähnen murmelte, — kurz, ich glaube die Audienz war vollkommen, und gab einen schönen Beweis von der deutschen Grandezza.

Goethe an Bettina Brentano
Aus Goethes Briefwechsel mit einem Kinde.

Es findet sich noch Platz und auch noch Zeit, der guten Mutter Verteidigung hier zu übernehmen; ihr solltest Du nicht verargen, daß sie mein Interesse an dem Kinde, was noch mit der Puppe spielt, heraushebt, da Du es wirklich noch so artig kannst, daß Du selbst die Mutter noch dazu verführst,

die ein wahres Ergötzen dran hat, mir die Hochzeitfeier Deiner
Puppe mit dem kleinen Frankfurter Ratsherrn schriftlich an-
zuzeigen, der mir in seiner Allongeperücke, Schnabelschuhen
und Halsschmuck von feinen Perlen im kleinen Plüschsessel,
noch gar wohl erinnerlich ist. Er war die Augenweide unserer
Kinderjahre, und wir durften ihn nur mit geheiligten Händen
anfassen. Bewahre doch alles sorgfältig, was Dir die Mutter
bei diesen Gelegenheiten aus meiner und der Schwester Kindheit mitteilt; es kann mir mit der Zeit wichtig werden . . .

Bettina Brentano an Goethe
Aus Goethes Briefwechsel mit einem Kinde.

Wenn Dir die Mutter schreibt, so macht sie den Bericht
allemal zu ihrem Vorteil, die Geschichte war so: Ein buntes
Röckchen, mit Streifen von Blumen durchwirkt, und ein Flor-
mützchen mit silbernen Blümchen geschmückt, holte sie aus dem
großen Tafelschrank, und zeigte sie mir als Deinen ersten
Anzug, in dem Du in die Kirche und zu den Paten getragen
wurdest. Bei dieser Gelegenheit hörte ich die genaue Geschichte
Deiner Geburt, die ich gleich aufschrieb. Da fand sich denn
auch der kleine Frankfurter Ratsherr mit der Allongeperüke!
— sie war sehr erfreut über diesen Fund und erzählte mir,
daß man sie ihnen geschenkt habe, wie ihr Vater Syndikus
geworden war. Die Schnallen an den Schuhen sind von Gold,
wie auch der Degen und die Perlen-Quasten am Halsschmuck
sind echt; ich hätte den kleinen Kerl gar zu gern gehabt. Sie
meinte er müsse Deinen Nachkommen aufbewahrt bleiben, und
so kams, das wir ein wenig Komödie mit ihm spielten. Sie
erzählte mir dabei viel aus ihrer eignen Jugend, aber nichts
von Dir; aber eine Geschichte, die mir ewig wichtig bleiben
wird, und gewiß die schönste, was sie zu erzählen vermag.

Was Goethes Mutter von ihrem Sonntag erzählt
Aus Bettina von Arnim, „Dies Buch gehört dem König".

Der Sonntag ist bei mir aus Widerspruch gegen die Faulheit, die schon am siebenten Tag erschlaffen will, ein wahrer

Rebellertag gewesen, alle unkommode Geschäfte hab ich auf den Tag verlegt; einmal lief da alles aus dem Haus spazieren, nun da konnt ich vors erste alles schwarze Gerät [schmutzige Wäsche] zusammensuchen, denn obschon ich am Samstag die reine Wäsch ausgeteilt hatte, so war mir die schmutzig nicht ausgeliefert worden. Dann hatt ich auch Gelegenheit, einmal die Fensterscheiben wieder hell zu putzen in denen Gelehrten- und Studierkabinetter, dann untersucht ich die Stuhlbein, ob die noch ganz wären, denn es wär ein Wunder gewesen; denn meine Kinder machten mit ihren Schulkameraden die tollste halsbrechende Gefährlichkeiten mit denen Tisch und Stühl, sie bauten Türme und spielten Festungsbelagerung, und stürzten Hals über Kopf mitsammt so einem unterminierten Turm herunter, und ich kann Gott danken, wenn die Glieder ganz waren, und gern die wackeligen Glieder der Möbel wieder in Leim bringen. Nun ging ich also, während alles in der Kirch war, herum mit dem Wischlappen, dem Besen und der Leimpfanne. —

Manchmal ging ich denn auch in die Kirch, den Nachbarsleut zu Gefallen — aber weil ich den Herrn Prediger auswendig konnt, so hielt ich am heiligen Ruhetag während der Predigt immer mein Ruhestündchen, aber geruht hab ich eigentlich doch nicht, das liegt mir nicht im Blut, sondern nur wegen meiner Ungeduld durch dem Prediger seine unendliche lüneburger Haide zu kommen, überlegte ich: Was wirst du noch alles einrichten heut? Also — erst wenn du nach Haus kommst, werden die silberne Leuchter vorgenommen — blank geputzt mit Kreide und Branntwein, — wird derweil ein Bügeleisen ins Feuer gelegt, und die Manschetten aufgebügelt von den Sonntagshemden. Zweitens und drittens wird auf dem Boden untersucht, ob die Mäus sich allenfalls wieder Löcher gebohrt haben in die Schwarzgerätkammer. Drittens werden die Wäschmahne gezählt, denn lezt sind sie verlehnt worden und ich glaub ich hab sie noch nicht wieder gekriegt, und dann müsse die Wäschleinen auch gezählt werden. Dann,

360

in der Bodenkammer, wo die Aepfel auf dem Stroh liegen, da müssen die schönen Borstorfer all umgelegt werden, damit sie nicht anstoßen. Dann wird der Mittag herbei= kommen; aber gleich nach Tisch, wenns nämlich keine Zeit mehr vor Tisch ist, da werd ich mir alle Bouteillen mit Wein, dritthalbhundert an der Zahl, umlegen, da werd ich mir Siegellack mit in den Keller nehmen, und das große Wappen= siegel, und werd alle leere Flaschen verpetschiren und unser Wappen drauf drücken, wenn dann der Dieb kommt und trinkt eine Flasche aus, und behaupt die sei leer gewesen, so sag ich: Nein! die leeren Bouteillen werden allemal verpetschiert, und da diese Flasche unversiegelt leer ist, wer hat sie ge= soffen? — so steht er da und kann keine drei zählen. Und so kann mir also in Zukunft keiner mehr den Wein austrinken. — Das war nun ein solcher Hauptgedanken, daß ich die größt Ungeduld bekam, die Kirch zu verlassen und alles ins Werk zu richten. — Nun dann war auch der Herr Pfarrer gewöhnlich fertig mit seiner Red, die nicht weniger unbedeutend war von dem studierten Mann als was ich derbei überlegt hatte, oder lieber gar zum wenigsten nicht so brauchbar für die Seele, die zu wecken, als mich die meinigen Ueberlegungen allert machten, mein Hausstand auf den Trapp zu bringen. — Nun zog man in Compagnie aus der Kirch, mit den Sonntagsandrieng und den neuen Enveloppen und den hohe Stelzercher unter den Füßen gings klippklapp nach Haus, und da war dann unterwegs eine Unterhaltung mit den Madamen über die gottselig Red, aber auch über allerlei andre Dinge. — Nun! sagt ich, die Predigt war halt wie dem Herrn Prediger der Schnabel gewachsen ist, und so haben wirs uns müssen gefallen lassen. — „Ach!" sagten die Leut, „Sie sind eine böse Frau, Sie sind immer nicht zufrieden und wann der Herr Pfarrer in noch einem so heftigen Eifer ist." — Die Frau Rat war aber keine böse Frau, sondern sie meinte: hätt der Herr Pfarrer von Jugend auf denken gelernt, das heißt laufen ohne Krücken, so würde er wohl als sich hin

361

verlaufen haben, was der Müh wert ist, was Neues davon
zu hören, und würde sich jetzt ganz geläufig auch auf andre
Wege wagen, und würde neue Sachen und Anschauungen vor=
bringen, die übereinstimmen mit dem Traum, den die Seel in
ihrem Dusel fortträumen muß, um nur nicht ganz zu ver=
kommen in der nüchternen, seinsollenden Geistesnahrung,
denn was dem Esel Papierschnippel wär statt Distel und
Hecksel, das ist der Seel so eine herumgekaute Predigt vom
Herrn Pfarrer, der sich mit alle Viere an das Dogma anhält.
Ei so mag er noch so sehr kauen und es zu einem Brei ver=
arbeiten, es bleibt halt immer papier maché, man kann
allerlei draus drehen, daß es nach was aussieht, aber es ist
nur Tand und keine Seelenahrung und kein Geisteswachstum.
Und da war meine Erfindung die ich machte, derweil er vom
Wort Gottes vorgeben muß zu predigen, wie ich die Spitz=
buben wollt hinters Licht führen, die mir meinen Wein aus=
trinken, allemal eine viel gemeinnützigere Haushaltungsregel.

Das Wort Gottes, nicht wahr? — Das nicht einmal
Kraft hat, selbst dem eifrigen Zuhörer einen Eindruck zu
machen! — Und doch hat das Wort Gottes Himmel und
Erd geschaffen, und hat gesagt: „Es werde." Und es ward!
— Und jetzt badet sich der Pfarrer im Schweiß seines An=
gesichts da oben auf der Kanzel und gebärdet sich, daß die
Eingeweide im Leib sich ihm herumdrehen und daß er am
Feiertag immer einen viel größeren Hunger kriegt, welchen
zu stillen er nicht für eine Sonntagsruhe störende Arbeit
hält . . . . . .

Bettina erzählt Goethe von seiner Mutter

Da ich Dir zum letztenmal schrieb wars Sommer, ich
war am Rhein und reiste später mit einer heiteren Gesellschaft
von Freunden und Verwandten zu Wasser bis Köln; als ich
zurückgekommen war, verbrachte ich noch die letzten Tage mit
Deiner Mutter, wo sie freundlicher, leidseliger war als je.

Am Tag vor ihrem Tod war ich bei ihr, küßte ihre Hand und empfing ihr Lebewohl in Deinem Namen. Denn ich hab Dich in keinem Augenblick vergessen; ich wußte wohl, sie hätte mir gern Deine beste Liebe zum Erbteil hinterlassen.

Sie ist nun tot, vor welcher ich die Schätze meines Lebens ausbreitete; sie wußte wie und warum ich Dich liebe, sie wunderte sich nicht darüber. Wenn andre Menschen klug über mich sein wollten, so ließ sie mich gewähren und gab dem Wesen keinen Namen . . . .

. . . Mit der Mutter konnte ich über alles sprechen, sie begriff meine Denkweise, sie sagte: erkenne erst alle Sterne und das Letzte, dann erst kannst Du zweifeln, bis dahin ist alles möglich.

Ich habe von der Mutter viel gehört was ich nicht vergessen werde, die Art, wie sie mir ihren Tod anzeigte, hab ich aufgeschrieben für Dich. Die Leute sagen, Du wendest Dich von dem Traurigen, was nicht mehr abzuwenden ist, gerne ab, wende Dich in diesem Sinne nicht von der Mutter ihrem Hinscheiden ab, lerne sie kennen, wie weise und liebend sie grade im letzten Augenblick war und wie gewaltig das Poetische in ihr . . .

. . . Nein, ich konnte keine Zeile lesen, es war mir zu traurig, daß ich nicht bei Dir sein kann. Ach die Mutter fehlt mir, die mich beschwichtigte, die mich hart machte gegen mich selber, ihr klares feuriges Auge sah mich durch und durch, ich brauchte nichts zu gestehen, sie wußte alles, ihr feines Ohr hörte bei dem leisesten Klang meiner Stimme wie es um mich stehe; o sie hat mir manche Gegengeschichte zu meiner Empfindung erzählt, ohne daß ich sie ihr wörtlich mitteilte, wie oft hat ein freudiges Zurufen von ihr alle Wolken in mir zerteilt, welche freundliche Briefe hat sie mir ins Rheingau geschrieben; „Tapfer!" — rief sie mir zu; „sei tapfer, da sie Dich doch nicht für ein echtes Mädchen wollen gelten lassen . . . so sei denn ein tapferer Soldat, wehr Dich dagegen daß Du meinst, Du müßtest immer bei ihm sein und ihn bei der Hand halten, wehr Dich gegen Deine eigne Melancholie, so ist er immer ganz und innigst Dein und kein Mensch kann Dir ihn rauben."

Solche Zeilen machten mich unendlich glücklich, wahrhaftig ich fand Dich in ihr wieder, wenn ich nach Frankfurt kam so flog ich zu ihr hin; wenn ich die Tür aufmachte, wir grüßten uns nicht, es war als ob wir schon mitten im Gespräch seien. Wir zwei waren wohl die einzig lebendigen Menschen in ganz Frankfurt und überall, manchmal küßte sie mich und sprach davon, daß ich in meinem Wesen sie an Dich erinnere, sie habe auch Dein Sorgenbrecher sein müssen . . .

Goethe an Bettina Brentano
Aus Goethes Briefwechsel mit einem Kinde.

Diese Gute ist nun von uns gegangen, und ich begreife wohl, wie Frankfurt Dir dadurch verödet ist. — Alles, was Du mitteilen willst über Herz und Sinn der Mutter, und über die Liebe mit der Du es aufzunehmen verstehst, ist mir erfreulich. Es ist das seltenste und daher wohl auch das köst= lichste zu nennen, wenn eine so gegenseitige Auffassung und Hingebung immer die rechte Wirkung tut; immer etwas bildet, was dem nächsten Schritt im Leben zu gut kommt, wie denn durch eine glückliche Uebereinstimmung des Augenblicks gewiß am lebendigsten auf die Zukunft gewirkt ist, und so glaub ich Dir gern, wenn Du mir sagst, welche reiche Lebens= quelle Dir in diesem, Deinen Eigenheiten sich so willig hin= gebenden Leben versiegt ist; auch mir war sie dies, in ihrem Ueberleben aller anderen Zeugen meiner Jugendjahre bewies sie, daß ihre Natur keiner andern Richtung bedurfte als zu pflegen und zu lieben, was Geschick und Neigung ihr an= vertraut hatten. Ich habe in der Zeit nach ihrem Tode viele Briefe durchlesen, und bewundert, wie ihr Geist bis zur spätesten Epoche sein Gepräge nicht verloren. Ihr letzter Brief war ganz erfüllt von dem Guten, was sich zwischen euch gefunden, und daß ihre späten Jahre wie sie selbst schreibt von Deiner Jugend so grün umwachsen seien; auch in diesem Sinn also, wie in allem andern was Dein lebendiges Herz mir schon gewährt hat, bin ich Dir Dank schuldig.

Bettina erzählt Goethe von seiner Mutter

Ich bilde mir immer ein, daß ich Dir unter vielem das liebste sei. Als Deine Mutter noch lebte, da konnte ich mich mit ihr drum besprechen, die erklärte mir aus Deinen paar flüchtigen Zeilen alles; „Ich kenne ja den Wolfgang," sagte sie, „das hat er mit schwebendem Herzen geschrieben, er hält Dich so sicher in seinen Armen wie sein bestes Eigentum." — Da streichelte mich diese Hand, die Deine Kindheit gepflegt hatte, und sie zeigte mir zuweilen noch manches aus dem ehemaligen Hausrat, wo Du dabei gewesen warst . . .

. . . Kannst Du glauben daß es mich sehr traurig machte, so einsam nach Hause zu gehen, und daß es mir war, als hänge ich mit nichts zusammen in der Welt, und daß ich unterwegs an Deine Mutter dachte, wenn ich im Sommer zum Eschenheimer Tor hereinkam vom weiten Spaziergang, da lief ich zu ihr hinauf, ich warf Blumen und Kräuter, alles was ich gesammelt hatte mitten in die Stube, und setzte mich dicht an sie heran und legte den Kopf ermüdet auf ihren Schoß; sie sagte: „Hast Du die Blumen so weit her= gebracht, und jetzt wirfst Du sie alle weg"; da mußte ihr die Lieschen ein Gefäß bringen und sie ordnete den Strauß selbst, über jede einzelne Blume hielt sie ihre Betrachtung, und sagte vieles was mir so wohltätig war, als schmeichle mir eine liebe Hand; sie freute sich daß ich alles mitbrachte, Kornähren und Grassamen und Beeren am Aste, hohe Dolden, schöngeformte Blätter, Käfer, Moose, Samendolden, bunte

Steine, sie nannte es eine Musterkarte der Natur, und bewahrte es immer mehrere Tage; manchmal bracht ich ihr auserlesene Früchte und verbot ihr, sie zu essen, weil sie zu schön waren, sie brach gleich einen schön gestreiften Pfirsich auf und sagte: „Man muß allem Ding seinen Willen tun, der Pfirsich läßt mir nun doch keine Ruh bis er verzehrt ist." In allem, was sie tat, glaubt ich Dich zu erkennen, ihre Eigenheiten und Ansichten waren mir liebe Rätsel, in denen ich Dich erriet.

Hätt ich die Mutter noch, so wüßt ich wo ich zu Hause wär, ich würde ihren Umgang allem andern vorziehen, sie machte mich sicher im Denken und Handeln, manchmal verbot sie mir etwas, wenn ich aber doch als meinem Eigensinn gefolgt war, verteidigte sie mich gegen alle; und da holte sie aus in ihrem Enthusiasmus, wie der Schmied, der das glühende Eisen auf dem Ambos hat, sie sagte: „Wer der Stimme in seiner Brust folgt, der wird seine Bestimmung nicht verfehlen, dem wächst ein Baum aus der Seele, aus dem jede Tugend und jede Kraft blüht, und der die schönsten Eigenschaften wie köstliche Aepfel trägt, und Religion, die ihm nicht im Weg ist, sondern seiner Natur angemessen, wer aber dieser Stimme nicht horcht, der ist blind und taub, und muß sich von andern hinführen lassen, wo ihre Vorurteile sie selbst hin verbannen. Ei, sagte sie: ich wollte ja lieber vor der Welt zu Schanden werden, als daß ich mich von Philisterhand über einen gefährlichen Steig leiten ließ, am End ist auch gar nichts gefährlich, als nur die Furcht selber, die bringt einem um alles."

Grad im letzten Jahr war sie am lebendigsten und sprach über alles mit gleichem Anteil, aus den einfachsten Gesprächen entwickelten sich die feierlichsten und edelsten Wahrheiten, die einem für das ganze Leben ein Talisman sein konnten; sie sagte: „Der Mensch muß sich den besten Platz erwählen, und den muß er behaupten sein Leben lang, und muß all seine Kräfte daran setzen, d a n n nur ist er edel und wahrhaft

366

groß. Ich meine nicht einen äußern, sondern einen innern Ehrenplatz, auf den uns stets diese innere Stimme hinweist, könnten wir nur das Regiment führen in uns selbst wie Napoleon das Regiment der Welt führt, da würde sich die Welt mit jeder Generation erneuern und über sich selbst hinausschwingen. So bleibts immer beim alten, weils halt keiner in sich weiter treibt wie der vorige, und da langweilt man sich schon, wenn man auch eben erst angekommen ist, ja, man fühlts gleich, wenn mans auch zum erstenmal hört, daß die Weisheit schon altes abgedroschnes Zeug ist." —

Ihre französische Einquartierung mußte ihr viel von Napoleon erzählen, da fühlte sie mit, alle Schauer der Begeisterung; sie sagte: „Der ist der Rechte, der in allen Herzen widerhallt mit Entzücken, höheres giebt es nichts, als daß sich der Mensch im Menschen fühlbar mache, und so steigere sich die Seligkeit durch Menschen und Geister wie durch eine elektrische Kette, um zuletzt als Funken in das himmlische Reich überzuspringen. — Die Poesie sei dazu, um das edle, einfache, große aus den Krallen des Philistertums zu retten, alles sei Poesie in seiner Ursprünglichkeit, und der Dichter sei dazu, diese wieder hervorzurufen, weil alles nur als Poesie sich verewige.

Ihre Art zu denken hat sich mir tief eingeprägt, ich kann mir in ihrem Sinn auf alles Antwort geben, sie war so entschieden, daß die allgemeine Meinung durchaus keinen Einfluß auf sie hatte, es kam eben alles aus so tiefem Gefühl, sie sagte mir oft, ihre Vorliebe für mich sei blos aus der verkehrten Meinung andrer Leute entstanden, da habe sie gleich geahnet, daß sie mich besser verstehen werde. — Nun, ich werde mich noch auf alles besinnen, denn mein Gedächtnis wird mir doch nicht weniger treu sein wie mein Herz.

Am Pfingstfest in ihrem letzten Lebensjahr, da kam ich aus dem Rheingau, um sie zu besuchen, sie war freudig überrascht, wir fuhren ins Kirschenwäldchen; es war so schön Wetter, die Blüten wirbelten leise um uns herab wie Schnee, ich erzählte ihr von einem ähnlichen schönen Feiertag wie ich erst dreizehn Jahr alt gewesen, da hab ich Nachmittags allein auf einer Rasenbank gesessen, und da habe sich ein Kätzchen auf meinen Schoß in die Sonne gelegt und sei eingeschlafen, und ich bin sitzen geblieben, um sie nicht zu stören, bis die Sonne unterging, da sprang die Katze fort. Die Mutter lachte und sagte: „Damals hast Du vom Wolfgang noch nichts gewußt, da hast Du mit der Katze vorlieb genommen."

Ja, hätte ich die Mutter noch! mit ihr brauchte man nicht Großes zu erleben, ein Sonnenstrahl, ein Schneegestöber, der Schall eines Posthorns weckte Gefühle, Erinnerungen und Gedanken.

. . . Die Mutter sagte: alle schönen Empfindungen des Menschengeistes, wenn sie auch auf Erden nicht auszuführen seien, so wären sie dem Himmel wo alles ohne Leib, nur im Geist da sei, doch nicht verloren. Gott habe gesagt „Es werde!" und habe dadurch die ganze schöne Welt erschaffen, eben so sei dem Menschen diese Kraft eingeboren: was er im Geist erfinde, das werde durch diese Kraft im Himmel er= schaffen. Denn der Mensch baue sich seinen Himmel selbst, und seine herrlichen Erfindungen verzieren das ewige unend= liche Jenseits . . .

. . . Deine Mutter gebar Dich in ihrem siebzehnten Jahr, und im sechsundsiebzigsten konnte sie alles noch mit= leben, was in Deinen ersten Jahren vorging, und sie besäete das junge Feld, das guten Boden, aber keine Blumen hatte, mit diesen ewigen Blüten; und so kann ich Dir wohl ge= fallen, da ich gleichsam ein duftender Garten dieser Erinne= rungen bin, worunter Deiner Mutter Zärtlichkeit die schönste Blüte ist . . .

. . . Das ganze Schicksal (sagte die Mutter) entwickle sich oft an Begebenheiten, die so unbedeutend erscheinen, daß man ihrer gar nicht erwähne, und innerlich so gelenk und heimlich arbeiten, daß man es kaum empfinde; noch täglich, sagte sie, erleb ich Begebenheiten, die kein andrer Mensch beachten würde, aber sie sind meine Welt, mein Genuß und meine Herrlichkeit. Wenn ich in einen Kreis von langweiligen Menschen trete, denen die aufgehende Sonne kein Wunder mehr ist, und die sich über alles hinaus glauben was sie nicht verstehen, so denk ich in meiner Seele, ja meint nur, ihr hättet die Welt gefressen, wüßtet ihr was die Frau Rat heute alles erlebt hat!

Sie sagte mir daß sie sich in ihrem ganzen Leben nicht mit der ordinairen Tagsweise habe begnügen können, daß ihr starker Geist auch wichtige und tüchtige Begebenheiten habe verdauen wollen, und daß ihr dies auch in vollem Maße begegnet sei, sie sei nicht allein um ihres Sohnes willen da, sondern der Sohn auch um ihrentwillen; und sie könne sich wohl ihres Anteils an Deinem Wirken und an Deinem Ruhm versichert halten, indem sich ja auch kein vollendeteres und erhabeneres Glück denken lasse, als um des Sohnes willen, allgemein so geehrt zu werden; sie hatte recht, wer braucht das noch zu beleuchten, es versteht sich von selbst.

So entfernt Du von ihr warst, so lange Zeit auch: Du warst nie besser verstanden als von ihr; während Gelehrte, Philosophen und Kritiker Dich und Deine Werke untersuchten, war sie ein lebendiges Beispiel, wie Du aufzunehmen seist. Sie sagte mir oft einzelne Stellen aus Deinen Büchern vor, so zu rechter Zeit, so mit herrlichem Blick und Ton, daß in diesen auch meine Welt anfing lebendigere Farbe zu empfangen, und Geschwister und Freunde dagegen in die Schattenseite traten. Das Lied: „O laß mich scheinen bis ich werde", legte sie herrlich aus; sie sagte, daß dies allein schon beweisen müsse, welche tiefe Religion in Dir sei, denn Du habest den Zustand darin beschrieben, in der allein die Seele wieder sich zu Gott schwingen könne, nämlich ohne Vorurteile, ohne selbstische Verdienste, aus reiner Sehnsucht zu ihrem Erzeuger; und daß die Tugenden, mit denen man

glaube den Himmel stürmen zu können, lauter Narrenpossen
seien, und daß alles Verdienst vor der Zuversicht der Unschuld
die Segel streichen müsse, diese sei der Born der Gnade, der
alle Sünde abwasche, und jedem Menschen sei diese Unschuld
eingeboren und sei das Urprinzip aller Sehnsucht nach einem
göttlichen Leben; auch in dem verwirrtesten Gemüt vermittele
sich ein tiefer Zusammenhang mit seinem Schöpfer, in jener
unschuldigen Liebe und Zuversicht, die sich trotz aller Ver-
irrungen nicht ausrotten lasse, an diese solle man sich halten,
denn es sei Gott selber im Menschen, der nicht wolle, daß
er in Verzweiflung aus dieser Welt in jene übergehe, sondern
mit Behagen und Geistesgegenwart, sonst würde der Geist
wie ein Trunkenbold hinüberstolpern, und die ewigen Freuden
durch sein Lamento stören, und seine Albernheit würde da
keinen großen Respekt einflößen, da man ihm erst den Kopf
wieder müsse zurecht setzen.

Sie sagte von diesem Lied, es sei der Geist der Wahrheit,
mit dem kräftigen Leib der Natur angetan, und nannte es
ihr Glaubensbekenntnis. Die Melodien waren elend und un-
wahr gegen den Nachdruck ihres Vortrags, und gegen das
Gefühl, was in vollem Maße aus ihrer Stimme hervorklang.
„Nur wer die Sehnsucht kennt"; ihr Auge ruhte dabei
auf dem Knopf des Katharinenturms, der das letzte Ziel
der Aussicht war, die sie vom Sitz an ihrem Fenster hatte,
die Lippen bewegten sich herb, die sie am End immer schmerzlich ernst schloß, während ihr Blick in die Ferne verloren
glühte; es war als ob ihre Jugendsinne wieder anschwellen,
dann drückte sie mir wohl die Hand und überraschte mich mit
den Worten: „Du verstehst den Wolfgang und liebst ihn! —"

Bettina an Goethe
Aus Goethes „Aristeia der Mutter".

Als Deinen Vater der Schlag rührte, suchte die Mutter
sich in seine Geschäfte hineinzuarbeiten; sie besorgte nach

seiner Weisung das Meiste. Zum zweitenmal rührte ihn
der Schlag, er konnte nicht mehr selbst essen und nur sehr
schwer sprechen. Bis zu dieser Zeit war sie immer sehr bürger=
lich und einfach gekleidet gewesen; einmal bei Gelegenheit,
daß sie sich sehr putzte, äußerte dein Vater große Freude
darüber, er lachte und befand sich viel wohler als sonst.
Seitdem nahm sie die Gewohnheit an, sich vom frühen Morgen
schon den Kopf zu putzen; das wurde denn von vielen Men=
schen mißverstanden. Mir aber hat ihre Neigung, sich zu
schmücken, ihre Bekanntschaft erleichtert, denn da ich sie
einmal im Theater sah den Arm mit Braceletten ziemlich hoch
empor schwingen zum Applaudieren, rief ich ihr zu, daß es
wohl der Mühe wert sei, solch einen Arm zu schmücken und
zu zeigen. Sie nannte mich zwar eine kleine Schneppertesch,
hatte es aber gar nicht übel genommen. Auf ihrem rechten
Knie hatte sie ein Mal, einen weißen Stern, so groß wie
man die Sterne am Himmel sieht. Manches, was sie mir
sagte, hab ich mir gleich damals aufgeschrieben, aus keiner
anderen Absicht, als weil mich ihr Geist überraschte, und
dann auch weil es so merkwürdig war, sie unter lauter
dürrem Holz, der einzige grünende Stamm. Manchmal sagte
sie mir Morgens schon im voraus, was sie alles am Abend
in der Gesellschaft erzählen würde; am anderen Tage ward
mir denn Bericht abgestattet, was es für einen Effekt ge=
macht habe.

Deinen Sohn hatte sie ungemein lieb. Da er zum letzten=
mal bei ihr war, forschte sie ihn aus, ob er seinen Vater recht
liebe; er sagte ihr nun, daß all sein Lernen, all sein Tun
dahin gehen solle, dich recht zu ergötzen. Sie mag sich wohl
stundenlang mit ihm von dir unterhalten haben; wenn ich
dazu kam, brach sie ab. Den Tag, wo er fortgegangen, war
sie sehr lebendig: sie erzählte mir sehr viel Liebenswürdiges
von ihm und prophezeite Dir viel Freude. An der Katharinen=
pforte, da wo der letzte Punkt war, daß er nach ihren Fenstern
sehen konnte, schwenkte er sein Taschentuch; dies hatte sie im

tiefſten Herzen gerührt. Sie erzählte es mir mehr wie einmal.
Als am anderen Tag ihr Friſeur kam und ihr ſagte, daß er
den vorigen Tag noch dem jungen Herrn begegnet ſei, der
ihm aufgetragen, am anderen Morgen die Frau Rat noch
einmal von ihm zu grüßen, war ſie gar ſehr erfreut und
rechnete ihm dieſe Liebe hoch an.

Bettina an Goethe
Aus Goethes Briefwechſel mit einem Kinde.

Ihr Gedächtnis war nicht allein merkwürdig, es war
ſehr herrlich; der Eindruck mächtiger Gefühle entwickelte ſich
in ſeiner vollen Gewalt bei ihren Erinnerungen, und hier
will ich Dir die Geſchichte, die ich Dir ſchon in München
mitteilen wollte und die ſo wunderbar mit ihrem Tode zu-
ſammenhing, als Beiſpiel ihres großen Herzens hinſchreiben,
ſo einfach wie ſie mir ſelbſt es erzählt hat.

Eh ich ins Rheingau reiſte, kam ich um Abſchied zu
nehmen. Sie ſagte, indem ſich ein Poſthorn auf der Straße
hören ließ, daß ihr dieſer Ton immer noch das Herz durch-
ſchneide, wie in ihrem ſiebzehnten Jahre,[1] damals war
Karl VII., mit dem Zunamen der Unglückliche, in Frankfurt,
alles war voll Begeiſterung über ſeine große Schönheit, am
Charfreitag ſah ſie ihn im langen ſchwarzen Mantel zu
Fuß mit vielen Herren und ſchwarz gekleideten Pagen die
Kirchen beſuchen. Himmel was hatte der Mann für Augen;
wie melancholiſch blickte er unter den geſenkten Augen-
wimpern hervor! — ich verließ ihn nicht, folgte ihm in alle
Kirchen, überall kniete er auf der letzten Bank unter den
Bettlern, und legte ſein Haupt eine Weile in die Hände,
wenn er wieder empor ſah, war mirs allemal wie ein
Donnerſchlag in der Bruſt; da ich nach Hauſe kam, fand ich
mich nicht mehr in die alte Lebensweiſe, es war als ob Bett,
Stuhl und Tiſch nicht mehr an dem gewohnten Ort ſtänden.
Es war Nacht geworden, man brachte Licht herein, ich ging

---

[1] In Wirllichkeit war ſie noch einige Jahre jünger.

ans Fenster und sah hinaus auf die dunklen Straßen, und
wie ich die in der Stube von dem Kaiser sprechen hörte,
da zitterte ich wie Espenlaub; am Abend in meiner Kammer
legte ich mich vor meinem Bett auf die Knie, und hielt meinen
Kopf in den Händen wie er, es war nicht anders wie wenn
ein großes Tor in meiner Brust geöffnet wär; meine
Schwester, die ihn enthusiastisch pries, suchte jede Gelegenheit
ihn zu sehen, ich ging mit, ohne daß einer ahnte wie tief
es mir zu Herzen gehe. Einmal da der Kaiser vorüberfuhr,
sprang sie auf einen Prallstein am Wege und rief ihm ein
lautes Vivat zu, er sah heraus und winkte freundlich mit
dem Schnupftuch, sie prahlte sich sehr, daß der Kaiser ihr so
freundlich gewinkt habe, ich war aber heimlich überzeugt,
daß der Gruß mir gegolten habe, denn im Vorüberfahren sah
er noch einmal rückwärts nach mir; ja beinah jeden Tag
wo ich Gelegenheit hatte ihn zu sehen, ereignete sich etwas
was ich mir als ein Zeichen seiner Gunst auslegen konnte,
und am Abend, in meiner Schlafkammer, kniete ich allemal
vor meinem Bett und hielt den Kopf in meinen Händen, wie
ich von ihm am Charfreitag in der Kirche gesehen hatte, und
dann überlegte ich, was mir alles mit ihm begegnet war, und
so baute sich ein geheimes Liebeseinverständnis in meinem
Herzen auf, von dem mir unmöglich war zu glauben, daß
er nichts davon ahne, ich glaubte gewiß, er habe meine
Wohnung erforscht, da er jetzt öfter durch unsere Gasse fuhr
wie sonst, und allemal heraufsah nach den Fenstern und mich
grüßte. O wie war ich den vollen Tag so selig, wo er mir
am Morgen einen Gruß gespendet hatte; da kann ich wohl
sagen, daß ich weinte vor Lust. — Wie er einmal offne Tafel
hielt, drängte ich mich durch die Wachen, und kam in den
Saal statt auf die Gallerie. Es wurde in die Trompeten
gestoßen, bei dem dritten Stoß erschien er in einem roten
Sammetmantel, den ihm zwei Kammerherren abnahmen, er
ging langsam mit etwas gebeugtem Haupt. Ich war ihm
ganz nah, und dachte an nichts, daß ich auf dem unrechten

Platz wäre, seine Gesundheit wurde von allen anwesenden großen Herren getrunken, und die Trompeten schmetterten drein. Da 'jauchzte ich laut mit, der Kaiser sah mich an, er nahm den Becher um Bescheid zu tun und nickte mir, ja da kam mirs vor als hätte er den Becher mir bringen wollen, und ich muß noch heute daran glauben, es würde mir zu viel kosten, wenn ich diesen Gedanken, dem ich so viel Glückstränen geweint habe, aufgeben müßte; warum sollte er auch nicht, er mußte ja wohl die große Begeistrung in meinen Augen lesen; damals im Saal bei dem Geschmetter der Pauken und Trompeten, die den Trunk, womit er den Fürsten Bescheid tat, begleiteten, ward ich ganz elend und betäubt, so sehr nahm ich mir diese eingebildete Ehre zu Herzen, meine Schwester hatte Mühe, mich hinaus zu bringen, an die frische Luft; sie schmälte mit mir, daß sie wegen meiner des Vergnügens verlustig war, den Kaiser speisen zu sehen, sie wollte auch, nachdem ich am Röhrbrunnen Wasser getrunken, versuchen wieder hinein zu kommen, aber eine geheime Stimme sagte mir, daß ich an dem, was mir heute beschert geworden, mir solle genügen lassen, und ging nicht wieder mit; nein, ich suchte meine einsame Schlafkammer auf und setzte mich auf den Stuhl am Bett und weinte dem Kaiser schmerzlich süße Tränen der heißesten Liebe. Am andern Tag reiste er ab, ich lag früh Morgens um vier Uhr in meinem Bett, der Tag fing eben an zu grauen, es war am 17. April, da hörte ich fünf Posthörner blasen, das war er; ich sprang aus dem Bett, vor übergroßer Eile fiel ich in die Mitte der Stube und tat mir weh, ich achtete es nicht und sprang ans Fenster, in dem Augenblick fuhr der Kaiser vorbei, er sah schon nach meinem Fenster noch eh ich es aufgerissen hatte, er warf mir Kußhände zu und winkte mir mit dem Schnupftuch bis er die Gasse hinaus war. Von der Zeit an habe ich kein Posthorn blasen hören, ohne dieses Abschieds zu gedenken, und bis auf den heutigen Tag, wo ich den Lebensstrom seiner ganzen Länge nach durchschifft habe, und eben im Begriff bin zu landen, greift mich sein weitschallender Ton noch schmerzlich an, und wo so vieles worauf die Menschen Wert legen, rund um mich versunken ist, ohne daß ich Kummer darum habe. Soll man da nicht wunderliche Glossen machen, wenn man erleben muß, daß eine Leidenschaft, die gleich im Entstehen eine Chimäre war, alles Wirkliche überdauert und sich in einem Herzen behauptet, dem längst solche Ansprüche als Narretei verpönt sind. Ich hab auch nie Lust gehabt davon zu sprechen, es ist heute das erstemal. Bei dem Fall, den ich damals vor übergroßer Eile tat, hatte ich mir das Knie verwundet, an einem großen Brettnagel, der etwas hoch aus den Dielen hervorstand, hatte ich mir eine tiefe Wunde über dem rechten Knie geschlagen, der scharfgeschlagne Kopf des Nagels bildete die Narbe als einen sehr feinen regelmäßigen Stern, den ich oft darauf ansah während der vier Wochen, in denen bald darauf der Tod des Kaisers mit allen Glocken jeden Nachmittag eine ganze Stunde eingeläutet wurde, ach, was hab ich da für schmerzliche Stunden gehabt, wenn der Dom anfing zu läuten mit der großen Glocke, es kamen erst so einzelne mächtige Schläge als wanke er trostlos hin und her, nach und nach klang das Geläut der kleinern Glocken und der ferneren Kirchen mit, es war als ob alle über den Trauerfall seufzten und weinten; und die Luft war so schauerlich, es war gleich bei Sonnenuntergang, da hörte es wieder auf zu läuten, eine Glocke nach der andern schwieg, bis der Dom so wie er angefangen hatte zu klagen, auch die allerletzten Töne in die Nachtdämmerung seufzte. Damals war die Narbe über meinem Knie noch ganz frisch, ich betrachtete sie jeden Tag und erinnerte mich dabei an alles.

Deine Mutter zeigte mir ihr Knie, über dem das Mal in Form eines sehr deutlichen regelmäßigen Sternes ausgebildet war, sie reichte mir die Hand zum Abschied, und sagte mir noch in der Tür, sie habe niemals hiervon mit jemand gesprochen als nur mit mir; wie ich kaum im Rheingau war, schrieb ich mir aus der Erinnerung so viel wie möglich mit ihren eignen Worten alles auf, denn ich dachte gleich daß Dich dies gewiß einmal interessieren müsse. Nun hat aber der Mutter Tod dieser kindlichen Liebesgeschichte, von der ich mir denken kann, daß sie kein edles männliches Herz, viel weniger den Kaiser würde haben ungerührt gelassen, eine herrliche Krone aufgesetzt und sie zu etwas vollendet Schönem gestempelt.

Im September wurde mir ins Rheingau geschrieben, die Mutter sei nicht wohl, ich beeilte meine Rückkehr; mein erster Gang war zu ihr, der Arzt war grade bei ihr, sie sah sehr ernst aus; als er weg war reichte sie mir lächelnd das Rezept hin, und sagte: „Da, lese, welche Vorbedeutung mag das haben, ein Umschlag von Wein, Myrrhen, Oel und Lorbeerblättern um mein Knie zu stärken, das mich seit diesem Sommer anfing zu schmerzen, und endlich hat sich Wasser unter der Narbe gesammelt, Du wirst aber sehen, es wird nichts helfen mit diesen kaiserlichen Specialien von Lorbeer, Wein und Oel, womit die Kaiser bei der Krönung gesalbt werden. Ich seh das schon kommen, daß das Wasser sich nach dem Herzen ziehen wird, und da wird es gleich aus sein;" sie sagte mir Lebewohl und sie wolle mir sagen lassen, wenn ich wieder kommen solle; ein paar Tage darauf ließ sie mich rufen, sie lag zu Bett, sie sagte: „Heute lieg ich wieder zu Bett wie damals als ich kaum sechszehn Jahr alt war, an derselben Wunde;" ich lachte mit ihr hierüber, und sagte ihr scherzweise viel was sie rührte und erfreute; da sah sie mich noch einmal recht feurig an, sie drückte mir die Hand und sagte: „Du bist so recht geeignet um mich in dieser Leidenszeit aufrecht zu halten, denn ich weiß wohl, daß es mit mir zu Ende geht!" — Sie sprach noch ein paar Worte von Dir, daß ich nicht aufhören solllte Dich zu lieben, und ihrem Enkel solle ich zu Weihnachten noch einmal die ge= wohnten Zuckerwerke in ihrem Namen senden.

Zwei Tage drauf, am Abend, wo ein Conzert in ihrer Nähe gegeben wurde, sagte sie: „Nun will ich im Einschlafen an die Muſik denken, die mich bald im Himmel empfangen wird." Sie ließ ſich auch noch Haare abſchneiden und ſagte man ſolle ſie mir nach ihrem Tode geben, nebſt einem Familienbild von Seekatz, worauf ſie mit Deinem Vater, Deiner Schweſter und Dir als Schäfer gekleidet in anmutiger Gegend abgemalt iſt. Am andern Morgen war ſie nicht mehr, ſie war nächtlich hinübergeſchlummert.

Literatur

Außer den Büchern der Bettina von Arnim
sind die folgenden Werke benutzt worden:

Robert Keil, Frau Rath. Briefwechsel
von Katharina Elisabeth Goethe. . . . . . .
Leipzig 1871. F. A. Brockhaus.

C. A. H. Burkhardt, Briefe von Goethes
Mutter an Anna Amalia. . . . .
Weimar 1885. Goethe-Gesellschaft.

B. Suphan, Briefe von Goethes Mutter
an ihren Sohn, Christiane und August
von Goethe. . . . .
Weimar 1889. Goethe-Gesellschaft.

Albert Köster, Die Briefe der Frau
Rath Goethe. 2 Bände. . . . .
Leipzig 1903. Carl Ernst Poeschel.